出雲を原郷とする人たち

岡本雅享

藤原書店

発刊に寄せて

第八十四代出雲国造・出雲大社宮司　**千家尊祐**

この度、岡本雅享先生の長年にわたる新聞連載が単行本として発刊されますこと、まず以てお慶びを申し上げます。

先生は「出雲」から全国各地に移り住んだ人々の祈りの象徴である神社、あるいは地名を探し求め、今も各地で大切に継承されている様を明らかにされました。

私も修行を終え故郷である出雲に帰ってからは、折に触れて出雲大社の御祭神である大国主《おおくにぬしの》大神《おおかみ》、また祖神である天穂日命《あめのほひのみこと》をお祀りされている全国の神社を巡拝しております。国造《こくそう》を襲職してからは以前に増して巡拝に努めており、一千社を超える巡拝の中で、先生の連載は指南書ともいえる存在でありました。

その集大成であるこの本を多くの方々に手に取っていただき、出雲とのご縁に結ばれた地がかくも広きにわたっていること、出雲の人々の遠祖が辿った遥かなる道程に思いを馳せていただければ、私にとりましても大きな喜びであります。

いつか先生とご一緒に、私共の祖先が遷し祀った出雲ゆかりの神社を巡る日を楽しみにしています。

出雲を原郷とする人たち　目次

加賀国

能登国

越中国

伊予・讃岐国

備後・安芸国

紀伊国

越後・佐渡国

信濃国

出雲を原郷とする人たち

天下無双の大社《おおやしろ》と称えられてきた出雲大社本殿（出雲大社提供）

凡　例

1　本書は二〇一一年四月から二〇一六年一月まで『山陰中央新報』で連載した「出雲を原郷とする人たち」（全一〇四回）を一冊に纏めたものである。登場人物の所属や肩書きも含め、掲載当時のままの文章に、必要な所だけ追記を加えた。連載時に入っていた年齢は生年に改めている。武蔵国と岩代国を入れ替えた他は、順番も連載時のとおりとした。

2　神名表記

出雲国風土記が天《あめ》の下造《つく》らしし大神《おおかみ》大穴持命《おおなもちのみこと》と称える出雲大神は、古事記で大国主神《おおくにぬしのかみ》、大穴牟遅神《おおなむちのかみ》、八千鉾《やちほこの》（矛）神《かみ》、日本書紀で大己貴神《おおなむちのかみ》、大国主命《おおくにぬしのみこと》とも記される。上田正昭『論究・古代史と東アジア』がオホ（大）ナ（土地）ムチ（貴）がオホ（大）クニ（国）ヌシ（主）に転化したというように、前者がより古い呼称とみられる。これらはいずれも出雲大神を意味している。また出雲国一宮の祭神、熊野大神には熊野加武呂乃命《くまのかむろのみこと》（出雲国風土記）、櫛《くし》御気野命《みけぬのみこと》（出雲国造神賀詞《かんよごと》）の二つの神名がある。また、

	出雲国風土記	古事記	日本書紀	延喜式神名帳
スサノオ	須佐能袁	須佐之男	素戔嗚	
スクナヒコ（ナ）	須久奈比古	少名毘彦名	少彦名	宿那彦
アジスキタカヒコ（ネ）	阿遅須枳高日子	阿遅鉏高日子根	味耜高彦根	
ヌナカワ（ヒメ）	奴奈宜波比売	沼河比売		奴奈川

のように、同様の発音で漢字表記が違う場合もあるが、祭神や伝説上の表記は各神社の公称や原典に従った。

3　出雲国造

古代ヤマト政権は列島各地を統合する過程で、服属した地域王国の王や豪族たちを国造《くにのみやつこ》に任命し、統治を委ねた。律令時代に入ると国造制はなくなり、ほとんどの元国造も政治権力を失うが、出雲国造は八世紀末まで意宇《おう》郡大領であり続け、現代に至るまで国造と呼ばれ続けている。八世紀前半の諸国風土記の中で出雲国風土記のみが、畿内政権派遣の国司ではなく出雲国造の編纂で、独自性の高い神話を伝える。延暦十七（七九八）年、朝廷に意宇郡大領を解かれた出雲国造は、本拠地・意宇郡（現松江市）から出雲郡（現出雲市）へ移り、杵築《きずき》の大社《おおやしろ》（一八七一年以降、出雲大社と改称）で出雲大神の祭祀に専念、十四世紀半ばに千家家と北島家に分かれ、現在に至る。国造は一般に「くにのみやつこ」と読むが、千家尊統『出雲大社』によれば、出雲では昔から音読み、清音で「こくそう」と呼んでいる。

4　式内社

延長五（九二七）年に完成した律・令・格の施行細則をまとめた法典、延喜式（全五〇巻）のうち、神祇官が把握する官社を国郡別に集成した九・一〇巻を神名帳といい、そこに収録された二八六一社（三一三二座）を「式内社」と呼ぶ。十世紀初めに主要社の地位を固めていた式内社は、それより早い時代に創建された古代の有力社とみられる。ただし中世・近世をへて社名を変えたり、由緒不詳になった社も多く、式内社（を引き継ぐ社）と断定はできないが、有力視される社を式内比定社という。比定社が複数あり、いずれか定めがたい場合、各々が式内論社と呼ばれる。

出雲国風土記要図
出雲大海
神名火山
加賀郷
美保郷
美保埼
美保社
島根郡
佐太御子社
神名樋山
秋鹿郡
楯縫郡
杵築御埼
気多島
美佐伎社
杵築大社
杵築郷
出雲郡
神門水海
薗の長浜
出雲大川
神名火山
入海
伯耆国
夜見島
門江浜
伯太川
安来郷
屋代郷
神名樋野
国府
忌部神戸
玉作山
拝志郷
宍戸郷
屋代郷
意宇川
熊野大社
野城
野城社
加茂神戸
母里郷
大原郡
熊野山
意宇郡
木次郷
古志郷
神門川
神門郡
多伎郷
須佐社
須佐郷
飯石郡
長江山
石見国
阿伊川
仁多郡
鳥上山
佐比売山
須佐川
備後国
琴引山
野見野
国界
郡界
国府

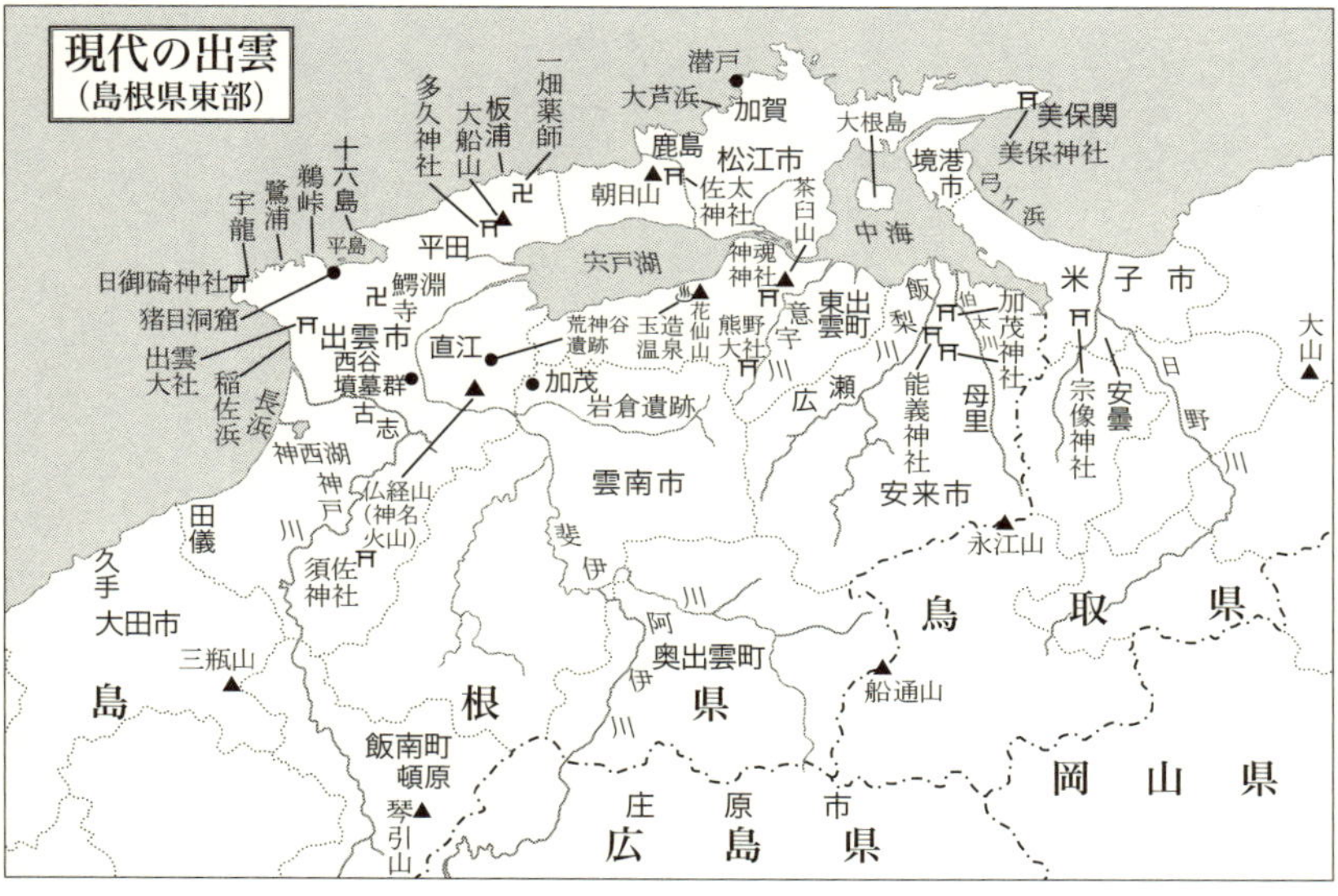

現代の出雲
(島根県東部)
潜戸
大芦浜
加賀
一畑薬師
板浦
大船山
多久神社
鹿島
松江市
佐太神社
朝日山
大根島
美保関
美保神社
境港市
弓ヶ浜
十六島
鵜峠
鷺浦
宇龍
平島
日御碕神社
猪目洞窟
出雲大社
稲佐浜
長浜
出雲市
平田
鰐淵寺
宍道湖
茶臼山
中海
神魂神社
花仙山
玉造温泉
荒神谷遺跡
直江
西谷墳墓群
加茂
岩倉遺跡
東出雲町
熊野大社
意宇川
飯梨川
伯太川
加茂神社
能義神社
母里
米子市
宗像神社
安曇
日野川
大山
広瀬
安来市
古志
神西湖
神戸川
仏経山(神名火山)
雲南市
斐伊川
須佐神社
田儀
久手
大田市
三瓶山
永江山
鳥取県
阿伊川
奥出雲町
船通山
島根県
飯南町
頓原
琴引山
庄原市
岡山県
広島県

序 海の道のフロンティア

出雲からの人の移動、文化伝播の足跡を訪ねて

出雲の古志《こし》で生まれた私が、今は筑紫(福岡)に住み、ここ数年、越《こし》(北陸)に通っている。出雲の縁のなせる業であろう。これまで様々な識者が、出雲世界の広がりを論じてきた。

歴史学者の上田正昭京都大学名誉教授が「出雲人の住んだ地域は律令制下の出雲国の領域内だけではない」(『古代史から日本を読む』)といえば、水野祐早稲田大学名誉教授も「(前方後)方墳、出雲伝説の分布、出雲系神社の分布を統合して考えると、百済から(瀬戸内海を通る)大和への文化に対して、新羅とか高句麗を通して、日本海ルートで出雲に入ってくる文化」があり、「新羅と結びつく出雲文化は、さらに日本海を北上して能登半島から越の国に伝播していき、さらに信州へ、関東の北部に入って南下していく」という(『朝鮮と古代日本文化』)。真田信治大阪大学名誉教授は言語学の観点から、日本海文化を特徴づける海人の文化の多くが、出雲地方を発信基地として北へ進展しており、出雲から北陸を経て東北に至る日本海側に、連続してズーズー弁が分布しているという(『方言の日本地図』)。

それは、出雲が日本列島における海の道の一つのフロンティアだったからではないか、と私は思う。島根半島は縄文時代、大きな島で、今、出雲平野となっている地域は、本島との間の海峡(水道)だった。

東西砂州のデルタ作用で次第に本島と島がつながり、弥生時代にかけて半島となったのである。海峡の西部が出雲大川（斐伊川）や神門（戸）川が作り出す砂州で陸続きになっても、出雲ではかなり後までも、杵築の湾から美保湾まで外洋を迂回《うかい》せず、水路で移動できたと思われる。

天保八（一八三七）年国郡全図の出雲国を見ても、今は宍道湖《しんじこ》、中海《なかうみ》と呼ばれ、二つの湖とされている水域が、一つの大きな湾＝入り海として描かれ、今は存在しない水路が縦横に走り、外海と入り海をつないでいる。海から陸を見るこの出雲地図を眺めていると、海岸が人の移動、物流、情報の最前線であり、入り海が水上交通の要だったことが分かる。その図中、手前にあって存在感の大きい島根半島は、出雲の建国神話―八束水オミヅヌの国引神話の舞台である（『出雲国風土記』［七三三年］所収）。八束水オミヅヌの八束水は「長大な水路」を、オ（大）ミヅ（水）ヌ（主）は水の主宰神を意味するといわれる。創

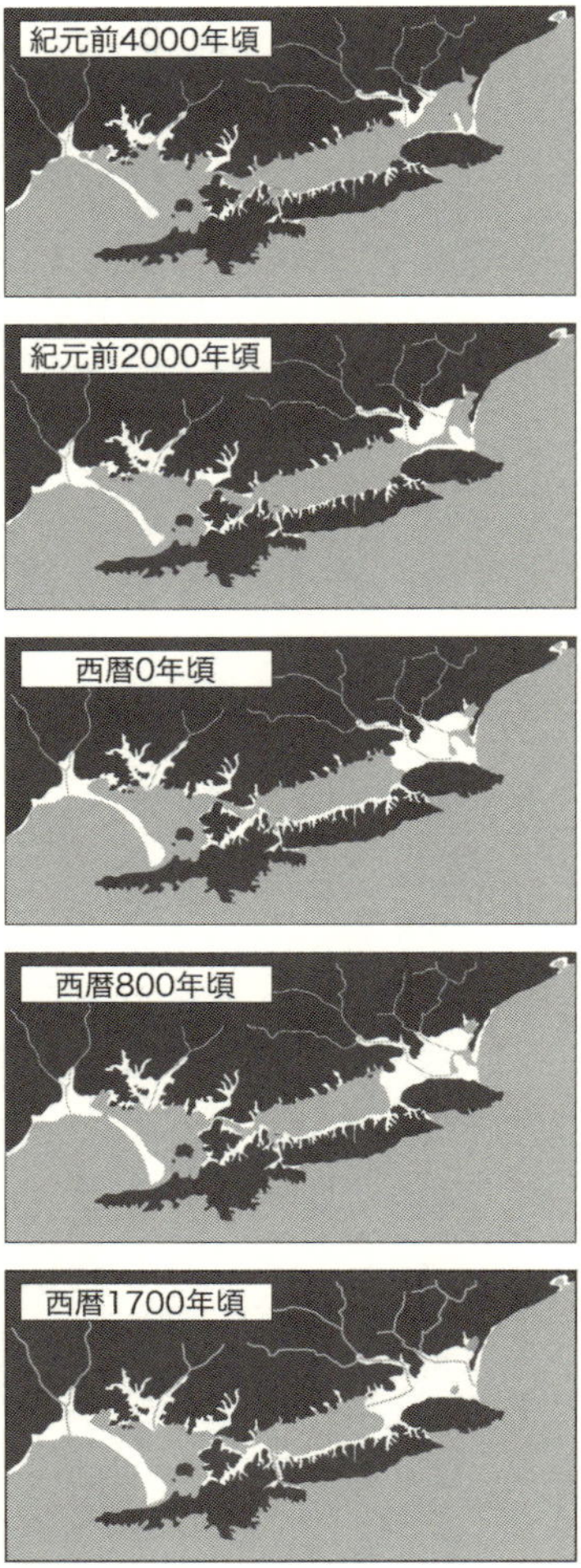

出雲の地形の変化　中村唯史さん（島根県立三瓶自然館）作成。

天保年間国郡全図：出雲国（天保 8 ＝ 1837 年）　古代出雲歴史博物館提供。

造神が水神であることは、出雲の海洋文化を象徴しているが、出雲人にとって、この入り海をめぐる一帯が非常に重要だったことも分かる。

国引き神話は、出雲の文化・歴史を考える上で大きな手がかりとなるが、その一つが出雲と新羅、越のつながりだ。では何が出雲と新羅、越をつなげていたかというと、海流である。朝鮮半島東南部から出航した舟も、九州北岸から出航した舟も、対馬海流によって、漕《こ》がずとも出雲へ漂着する。対馬海流は出雲沖を回流して能登半島へ向かう。出雲以東へ漕ぎ出した舟が海流にのれば、越前・加賀海岸、能登半島、越後・佐渡へ漂着する。この海の道は、一方通行ではなかった。『出雲国風土記』が、神門郡古志郷の条で「古志（=越）の国人ら来到りて、堤をつくり、やがて宿居れりし所なり、故、古志と云ふ」と記し、博多湾沿岸や糸島で山陰系土器が多く出土していることは、越から出雲、出雲から筑紫へ、移住した人々がいたことを物語る。

現在の島根半島が島で、今の杵築から美保関まで通り抜けできる海峡だったころ、波静かな海峡の両岸は、舟を休めるのに格好の場所であり、朝鮮半島東南部や九州北部を出航し本州北部沿岸を航海する人々が流れ着き、逗留《とうりゅう》し、住み着き、あるいは旅立っていったと思われる。響灘《ひびきなだ》以東の本州西北部（山陰）の海岸線が概して単調な中、出雲は海岸線も屈曲に富み、天然の良港が多い。このような地形は、九州北部から能登の間では出雲にしかない。しかも、ほぼ中間点にある。だから、筑紫と越を往来した人々は、出雲へ立ち寄って休み、物資の補給をしたり、交易したであろう。東西航路の交流点——それが古代、人々が早くから出雲に住みつき、また出雲文化が、海の道を通じて拡がっていったゆえんではないか、と私は考える。

出雲という地名や出雲神社が列島各地にある。それは出雲を原郷とし、あるいは経由した人々による移住の足跡ではなかろうか。出雲は、この列島に住む少なからぬ人々にとっての原郷なのではないか。列島各地に今も息づく出雲（地名）や出雲神社を中心に、その足跡を訪ね、原郷との縁を結び直す旅に出かけよう。

筑前国

1 穂波郡の土師郷と出雲村——出雲からの移住伝説と土師氏の末裔

「仕事で日本全国回ったけど、出身は出雲だと言うと、『あの出雲大社の？』って、よく言われた」——福岡県飯塚市「出雲」の中野勝彦さんは、現地の出雲公民館などを案内しながら、思い出し笑いをして、そう言った。

ここは筑前国穂波郡の出雲。今も出雲は、飯塚市筑穂町平塚の小字名として残っている。車で行けば、国道二〇〇号線と九〇号線の大きな交差点「出雲」が目印だ。江戸時代前期の『筑前国続風土記』（一七〇〇年頃）には、穂波郡の村名として「出雲村（平塚村の内）」がある。大

福岡県飯塚市平塚の出雲交差点（国道200号）

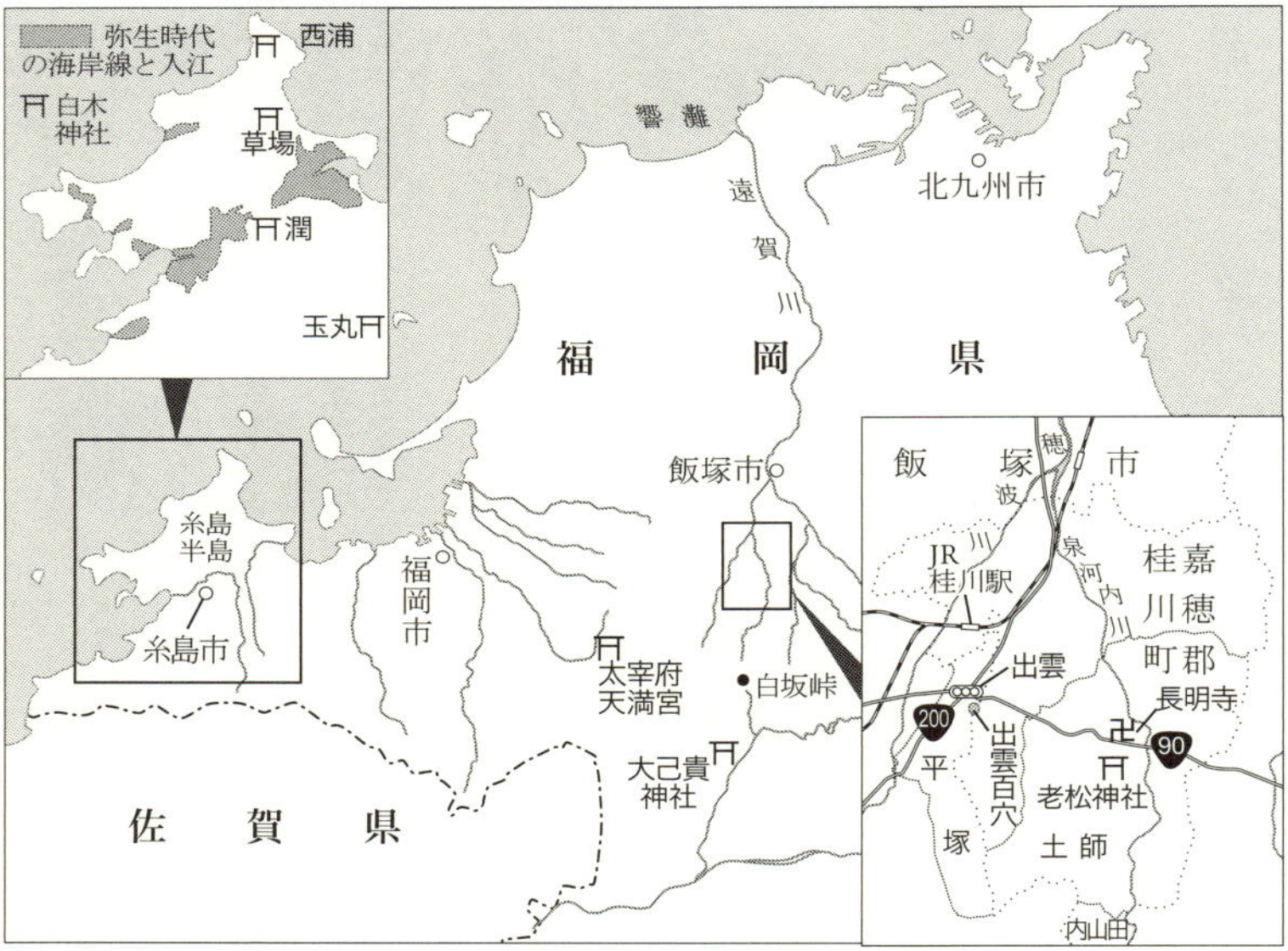

牟田市や長崎市の出雲が比較的新しいのに対し、ここの出雲は、かなり古そうだ。江戸時代後期の『筑前国続風土記拾遺』に、隣村・土師《はじ》村の地名由来として「往昔出雲国より、土師部《はじべ》の人来りて、初めは隣村平塚村に居住し（今その所を出雲という）、後ここに移住して近村を掌りし故、村の名を土師といい、その宅地を御所原という」との伝承が記されている。穂波郡の土師郷は、平安中期（十世紀前半）の倭名抄にあり、霊亀元（七一五）年の郷里制施行時にはあった地名と思われる。

日本書紀（七二〇年）は、出雲国の野見宿禰《のみのすくね》が土《は》師連《じのむらじ》の先祖だと記す。相撲の始祖ともされる野見宿禰が、畿内に移住後、殉死（陵墓に近習の者を生き埋めにする）の代わりに埴輪《はにわ》を考案し、出雲国の土部《はじべ》百人をよんで埴輪を作ったという逸話（垂仁天皇七年、三二年の条）は、出雲と土師氏の一定の史実を反映したものであろう。

土師と平塚はいずれも、古代から中世にかけて、菅原道真の廟所・安楽寺（現・太宰府天満宮）の庄園・土師庄一一カ村の中にあった。そもそも、天応元（七八一）年、大和国菅原郷に住む土師宿弥古人《はじのすくねふるひと》らが菅原に改姓（続日本紀）、古人の曾孫が菅原道真だというから、道真は元来、土師氏になる。出雲人の末裔にあたる菅原道真への御霊《ごりょう》信仰も、「出雲の神は祟る」という畿内の貴族の観念と連なるものがあったのではないか。

筑前の土師氏の末裔は、今も桂川《けいせん》町土師にある老松《おいまつ》神社の宮司・高森家と、長明寺《ちょうみょうじ》の花田家として存続している。高森直臣宮司が見せて下さった家系図では、天文六（一五三七）年に逝去した土師式部太夫直基の跡を継いだ高森兵部太夫直明から改姓している。老松神社は元来「土師宮」と称し、大己貴神《おおなむち》（出雲大神）一神を祭っていたが、古代の土師郷を含む一帯が安楽寺の庄園になってから、菅公を相殿に祭り、道真ゆかりの老松大明神にちなむ社名に変えたとみられている。

筑前の土師と出雲は、響灘に注ぐ遠賀《おんが》川に合流する、穂波川と泉河内川に挟まれたY字の地域にある。このY字地帯には縄文・弥生・古墳時代の遺跡が密集し、出雲古墳群（通称「出雲百穴」）からは、花仙山《かせんざん》（松江市玉造）産とみられる碧玉《へきぎょく》の勾玉などが出土している。山陰系土器が多く出土する博多湾を遡った所にある大宰府とは、古来より往来があった。『嘉穂郡誌』（大正十三年）は、「土師より内山田を経て、千手村の東畑を過ぎ、白坂峠を越えて甘木に出づる郡道あり」と記す。その甘木には古代からある式内社・大己貴神社がある。響灘から川を遡って土師まで来た出雲人が、さらに内陸へ移住したのではないか。大己貴神社近郊でも、多くの遺跡から山陰系土器が出土している。

出雲公民館を案内する中野勝彦さん

潤地頭給遺跡出土の碧玉（上段左の原石から下段右の穿孔段階まで管玉製作工程が分かる）と（山陰からの搬入品の可能性が高いとされる）**二重口縁壺**　糸島市立伊都国歴史博物館提供。

2　海路で伊都へ移住した出雲の玉作工人
——出雲の碧玉原石と独自の穿孔技術——

「これだけ条件が揃えば、出雲から来た人達が、ここ（伊都《いと》）で暮らしながら玉作りをしていたと考えるのが自然です」。伊都国歴史博物館の岡部裕俊さんの言葉は、福岡に住む出雲人——私の心を惹きつけた。

九州では碧玉や瑪瑙《めのう》の原産地がないから、玉作りは行われておらず、出土する碧玉や瑪瑙の玉は他所で完成された搬入品——そうした従来の定説を覆したのが、二〇〇二〜〇三年に発掘された潤《うるう》地《じ》頭給《とうきゅう》遺跡（福岡県糸島市）である。発掘区域内だけで、弥生時代終末期から古墳時代初め（二世紀初〜三世紀半ば）の玉作工房跡が三三軒、大量の碧玉原石や鉄製工具とともに出土したからだ。ただし、どうやらここで玉作りをしていたのは、出雲からの移住者達だったらしい。

京都大学に依頼した蛍光X線分析の結果、潤遺跡の碧玉原石は、出雲の花仙山産と判明した。それだけではなく、出土した製作途中の未成品などから分かる玉作りの工法が出雲と同じで、弥生時代の終り頃、出雲で開発された独自の穿孔《せんこう》（穴あけ）技術—片面穿孔も、水晶製の玉類に施されていた。

さらに、調査区域全域から数多くの山陰系の土器類が出土している。山陰「系」土器の中には、現地で作られた模造品もあり、出雲からの移民が持参したとは断言できない。だが潤地頭給遺跡で出土した二重口縁壺などは、土の色や質から、焼きや調整（表面の仕上げ）まで、出雲で出土する土器と同じだったという。出土地域が限られている出雲固有の甑形《こしきがた》土器（133頁写真）も出ている。

管玉《くだたま》や勾玉《まがたま》の材料となる碧玉の産地は、全国で四箇所しかない。その中でも硬くて質のよい花仙山産の碧玉＝出雲石を使った玉作工房は、今の鳥取、岡山県内域にも拡がっていた。しかし、出雲と北九州の中間地域では生産遺跡が見当たらない。潤地頭給遺跡では、玉作りと同時期の準構造船の部材が出土し、玉の原材料や製品などの搬入、搬出に使われたとみられている。出雲の玉作りが陸路、西へ拡がったのではなく、海の道で飛び越えた往来があったのだろう。日本書紀（七二〇年）は、崇神天皇六〇年の条で、出雲へ使者を遣わした際、出雲振根《ふるね》は筑紫へ行って留守だったと記しており、往古から出雲と筑紫の間で、首長レベルでも往来があったことを伺わせる。

潤の玉作工房群では「耐久年数二〇年程度の竪穴住居が三回程度建て直されている」（糸島市文化課の江野道和さん）から、五〇〜八〇年ぐらい、玉作りが行われていたようだ。碧玉原石の供給を含め、筑

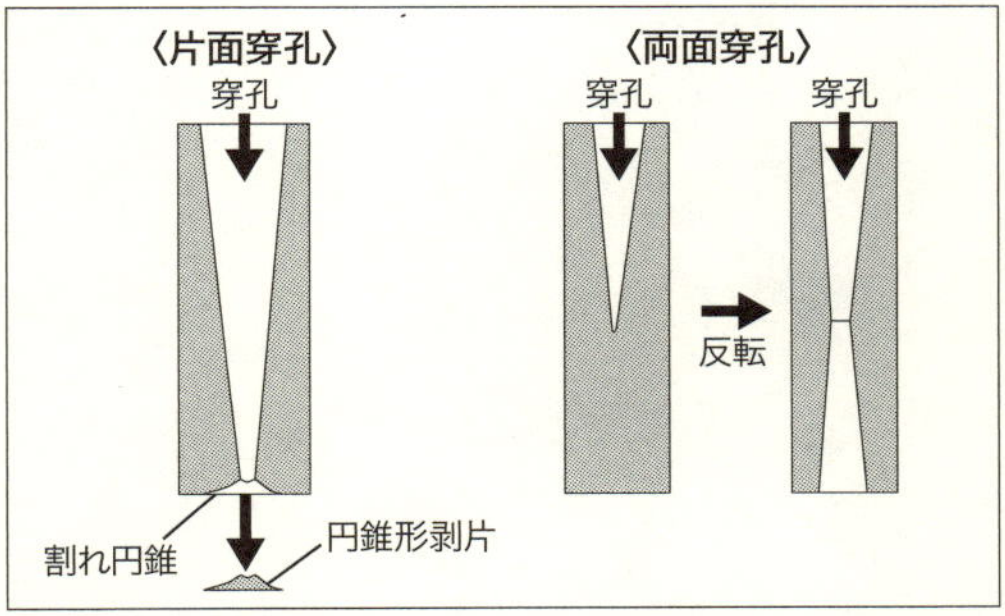

玉の穿孔技術模式図　古代出雲歴史博物館編『輝く出雲ブランド——古代出雲の玉作り』59頁より転載。

福岡県糸島市の潤神社　案内板に祭神がイソタケルで、かつては白木神社だったと書かれている。

紫と出雲の間で、長期間、頻繁な往来が続いていたと思われる。出雲では、西側の海の玄関口・神門水海《かんどのみずうみ》がある出雲平野で、潤の玉作遺跡と同じ時期の北部九州の土器が多く出土し、特に中野清水遺跡では糸島固有の福井式土器も出土している。糸島市文化課の江崎靖隆さんは「福井式甕棺《かめかん》は北部九州の、しかも糸島を中心とする一部の地域でしか出ていないもの」と驚く。花仙山の碧玉原石は、入海《いりうみ》（宍道湖）——神門水海を通じて伊都へ搬出されていたのかもしれない。

潤地頭給遺跡と同じエリアにある潤神社は、明治四十一年に改称するまで白木（＝新羅）神社だった。祭神は日本書紀が新羅から来たとする出雲の神イソタケル。伊都国エリアでは糸島半島北端の西浦（崎）から草場、潤、南の王丸へと白木神社（祭神イソタケル）が並ぶ。ヤマトが百済と結んでいたのに対し、出雲は新羅と関係が深い。糸島を訪れたのは、二〇一一年秋、韓国浦項《ポハン》市庁で開かれた国際セミナーに招かれ「神話に反映された古代出雲—新羅関係」を報告し、帰福した翌日だった。そんな私に、出雲の神が出雲と筑紫と新羅の関係を解く鍵を一つ、与えてくれたのかもしれない。

（二〇一一年四月掲載）

周防国

古代氏族移動の証――佐波郡の式内社・出雲神社と出雲合の地名

周防国佐波《さば》郡（現・山口市徳地《とくじ》）出雲神社――その境内には「本神社は周防国二宮としてその起源は古く、太古出雲種族の佐波川流域への膨張発展に伴い、その祖神を鎮齋《ちんさい》したものと考えられます」との由緒書（表札）が立っている。この出雲神社は、延喜式神名帳（九二七年）に「出雲神社・二坐」と記された周防国の名神十社の一つで、天平十（七三八）年の周防国正税帳（正倉院文書）に「出雲神社弐拾《にじゅう》束」との記録が残る古社である。

「当社の古文書には勧請という言葉は、ほとんど見られません。氏神祭祀の原則からみても、出雲から移り住んできた人達が祖神を祭ったものだと考えています」――そう語る金子正尚宮司（一九三六年生）は「祖父や父から、この神社は、出雲から移ってきた豪族が建てたもので、金子家の祖先はその連れ人だった」と聞かされてきたという。毛利の時代、先祖が藩にそう上申した時の逸話も、金子宮司家には

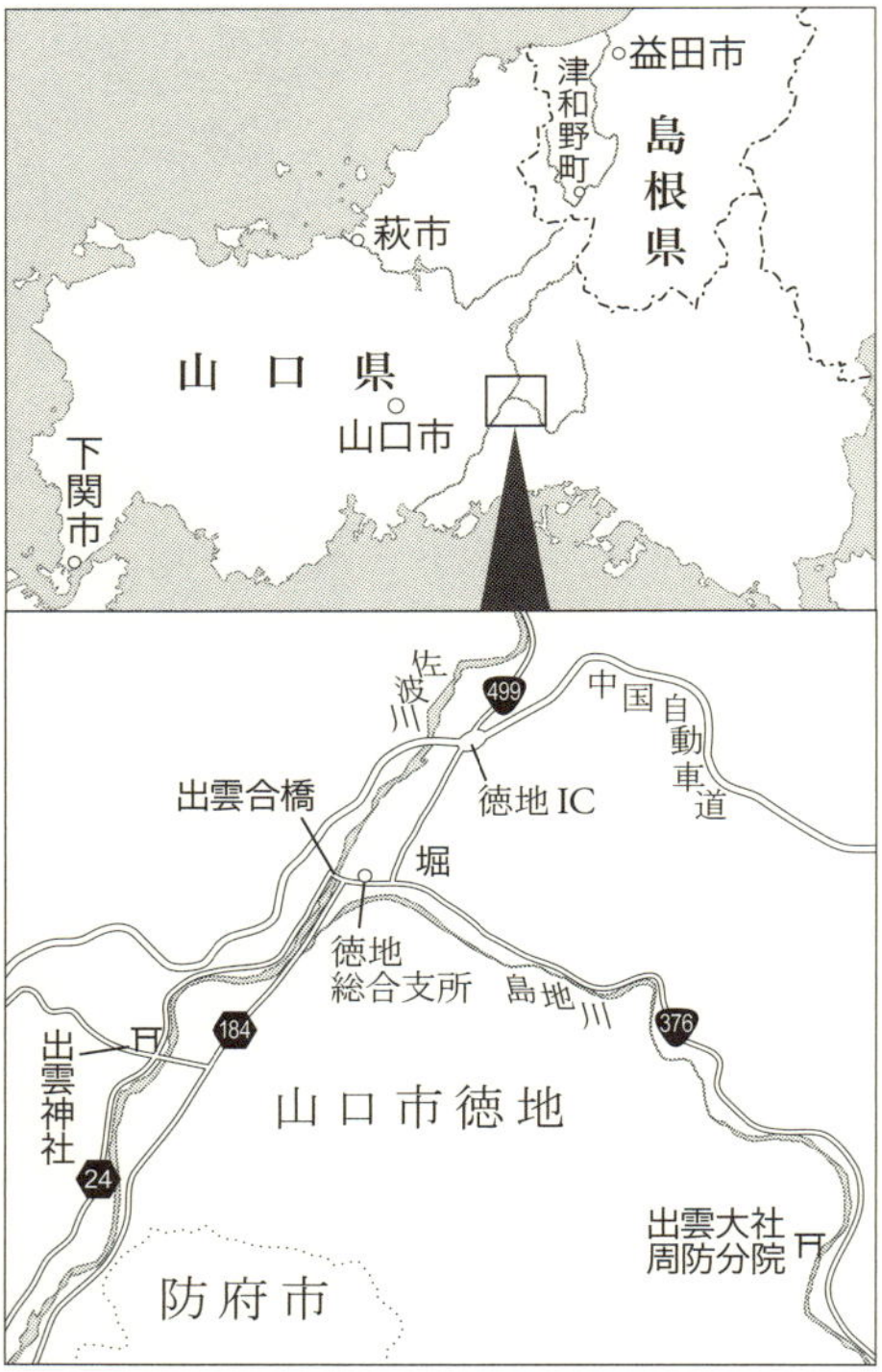

伝わっていた。

民俗学者の石塚尊俊元広島修道大学教授は著書『出雲信仰』で延喜式神名帳にのる出雲国以外の出雲神社（九社）は、勧請型信仰の嚆矢《こうし》である八幡や日吉が始まる平安末期よりずっと古く、杵築大社からの勧請などではなく「記紀よりもっと古い時代における出雲を本拠とする大きな氏族移動の結果と考える他ない」とする。出雲神社の社伝では、霊亀元（七一五）年の創建で、天平九（七三七）年、周防国二宮に定められたというが、金子さんは「律令制度が浸透したその頃を創建とする古社が多く、出雲神社の場合も、当時の律令国家に公的に認められたのが七一五年で、本当の創建はもっと古いでしょう」という。

出雲神社がある地域は近世、堀村と呼ばれていたが、江戸後期の『防長風土注進案』に「当村往古は出雲合《いもう》村といいしに、いつの頃よりか今の名（堀）によびしか不詳」とある。山口県地名研究所の高橋文雄さんは、「出雲合は出雲郷の当て字で、後に合（郷）は書いても読まなくなったもの」だという（『続・山口県地名考』）。地元では、出雲神社はかつて佐波川の上流にあり、川の氾濫で社殿が流され、後世、川下の二宮に社殿を建て替えたとの伝承がある。『徳地町史』編纂者の一人・河野正さん（元徳地町図書館長、一九三四年生）は「佐波川と島地川に挟まれたY字地帯─佐波川にかかる出雲合橋から東、旧・徳地町役場がある中心地域を今でも出雲合と呼ぶが、その一帯に弥生時代の遺跡があり、金子宮司家の祖先も住んでいたので、かつて出雲神社があった場所がこの地域の中心・出雲合だったのではないか」と推察する。

山口市徳地の出雲神社　金子正尚宮司（左）に「出雲人の末裔だと思われますか」と尋ねると「はい」と返された。

江戸中期の『防長地下《ちげ》上申』は「掘村の儀、本郷（最初に開け、基礎となった土地）をいもうと申候」とし、『山口県地名明細書』は、江戸時代の出雲合を堀村の小村としているから、出雲合は小村名に転じながら、江戸時代もずっと存続していたのだろう。明治十二（一八七九）年の郡区町村編制法で、出雲合は堀村の戸長役場設置地となり、明治二十二年の市町村制で、堀、岸見ほか三カ村が合併して出雲村《そん》となった。出雲合の「合」の字を省いて名付けたと、当時の「佐波郡町村合併及名称撰定事由一覧書」は記す。一九五五年、出雲村ほか四カ村が合併して徳地町となって以降も、出雲は地区名として残った。国道三七六号線沿いに、今も「出雲ファーム」という看板

明治 32（1899）年開教の出雲大社周防分院

がある。

周防国（全六郡）の式内社十座八社のうち、佐波郡に六座四社が集まり、一宮・玉祖神社（二坐）を除く四坐三社―出雲神社（大己貴命・事代主命）、三坂神社（大国主命）、剣神社（素盞嗚尊）が出雲系である。逆に佐波郡以外、周防国内で出雲の神を祭る式内社はない。周防国の中でも佐波郡が、出雲と特定の関係にあったと思われる。

では出雲から佐波まで、昔の人々はどう移動していたのか。掘の隣の島地にある出雲大社周防分院は明治時代の出雲講に端を発すると聞いたので、訪ねてみた。明治三十二（一八九九）年に開教した分院の松長直道副長は、明治三十五年の御分霊鎮座の折、杵築を出た千家管長一行は下関まで海路をとり、その後陸路で佐波郡へ来たという。益田との街道も古くからあるというので、家族連れでの移住なら、益田まで海路、そこから陸路が便利だったろう。

周防国佐波郡では、古代の出雲信仰に、近現代の出雲信仰が重なる。歴史の記録に残らない多くの人々の往来が、出雲と佐波の間で続いていた――その人々の縁のなせる業ではなかろうか。

（二〇一一年五月掲載）

越前国

1　そり子と呼ばれた海民――中世出雲から移住、ソリコ舟を伝える

越前海岸出身の荒井栄太郎さん（一九〇〇年生）は一九七四年の著書『いもけもん』で、こう述べている。「福井県丹生郡越前町四ヶ浦城ヶ谷。……若狭湾に面した、この小さな漁村が私の生まれた故郷だ。……古い祖先は島根県の出身で、遠い昔に越前海岸に住み着いたと聞く」。島根県というが、それは島根県がまだなかった頃、今から約四百年前にさかのぼる。

越前海岸には、「反《そ》り子」と呼ばれてきた海民の集落がいくつかある。城ヶ谷（新保浦）もそうだが、清水谷（鮎川浦）の「そり子」について、江戸時代の『越前国名蹟考』（文化十二＝一八一五年）はこう記している。「此浦にそり子と云者あり。……いつ比《ごろ》の事にや、出雲国猪の島とやらむいふ所の漁人数十人、海上にて暴風にあひ、此浦の沖に漂ひ船破れて既に溺死すべきに及びて、浦人に救われ命助かりし由、其報謝に直に此所にとどまり、漁業をなして恩に答えしとなり。其子孫相続し蔓延して外浦々へも移住

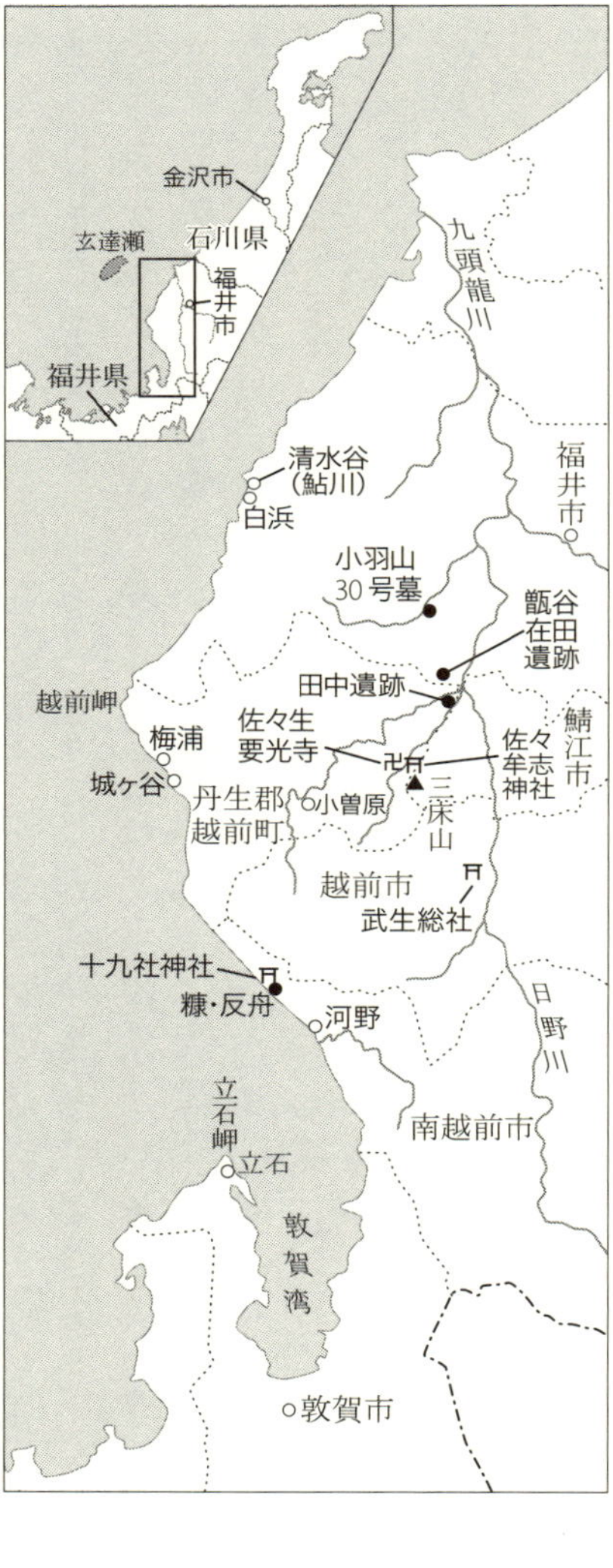

する者あり。当初乗来りし舟のそりたる故にそり子とは呼ぶなりといへり」。

出雲出身の民俗学者・石塚尊俊さん（一九一八年生）は、この記事に初めて触れた時、ソリコといえば、郷里出雲の中海に浮かぶ小舟の名だと思っていたから、同じ名で呼ばれる「人」が、しかも越前にいることに大いに驚いたと、一九五九年の「採訪記——越前岬の同胞たち」で述べている。

ソリコは、舳先《へさき》に長く反ったツラがついている出雲独特の刳《くり》舟（一本の丸木を刳り抜いて作る舟）である。一九六〇年頃には中海で約六〇隻が使われる程度になっていたが、かつては七類や諸喰など島根半島の浦々や、隠岐島など外海でも使われていたことが、幕末等の記録に残っている。ソリコ舟研究の第一人者でもある石塚さんによれば、元来その用途は広く、タイ縄やブリ縄の他、大正の終わり頃までは、帆をかけた大型のソリコ舟が物資の運搬にも使われ、その積載量はヒラタ舟の一・五倍あり、堅牢で速かった。また航行範囲も広く、出雲近海だけなく、丹後の与謝半島や敦賀湾などにも就航の跡があったという。

越前そり子の渡来時期に関する諸伝承は一致していないが、城ヶ谷の場合、いずれも慶長年間（一五九六〜一六一五年）内におさまる。二〇〇九年に城ヶ谷区長からいただいた「城ヶ谷の歴史」には、「慶長九（一六〇四）年、出雲の国よりこの地に移り住む」と記されていた。「出雲国より慶長九年の春、当新保浦へ流れ付き」云々と記す慶長十一（一六〇六）年十一月の相木惣兵衛家文書「永譜代子方筋口書事写」に基づいているのだろう。

赤貝（サルボウガイ）採りに使われていた中海のソリコ舟
1963年、松江市大海崎町で伊藤英一さん撮影。

二〇〇七年三月の福井県文書館『文書館だより』九号でも紹介された、寛永九（一六三二）年十二月の「預り舟之銀子之事」（丹生郡米ノ浦の庄屋・玉村家の古文書）には、糠浦の孫兵衛が丹生郡米ノ浦の彦左衛門に、「そり子舟」を抵当に銀二〇匁《もんめ》二分を借用したと記されている。江戸時代の初期、越前海岸にソリコ舟が実在し、それを操る人たちがいたことを、証明する古文書だ。そり子と呼ばれるようになった人たちが、慶長年間あたりに来たという記録・伝承とも合致する。

越前そり子集落の出身者の中には、祖先の地を求めて、今でも島根・鳥取へ訪ね来る人たちがいる。出雲人である私が越前海岸へ四度足を運んだのは、そうした人々の思いにひきつけられたからだろう。石塚さんの「越前岬の同胞たち」から半世紀経った今、私も微力ながら、越前と出雲との繋がりを掘り起こし、縁を結びなおす作業をしてみたい。

2　糠浦に残る小字名・反舟——出雲からの移住者が村を創建？

越前海岸の糠浦（旧河野《こうの》村・現南越前町）には、海岸沿いに「反舟《そりふね》」という小字名があり、「むかし出雲の漁夫四人が、出漁してここに上陸した。その時乗っていた舟が、そっていたので、そり舟と名付け、以後この地もそり舟と呼んでいる」との伝承がある（『越前若狭の伝説』）。その糠浦を、河野北前船研究会（当事、会長）の右近了一さん（一九三三年生）の案内で、私が初めて訪れたのは二〇〇七年秋だった。河野役場総務課長時代、『河野村誌』（一九八四年）の編纂委員も務めた右近さんは、字「反舟」は以前、網乾し場（砂浜、岩場）で、人はほとんど住んでいなかったという。一九六八年、越前海岸が国定公園に昇格し、国道三〇五号が整備されたのに伴い、糠集落内の人々が移り住みはじ

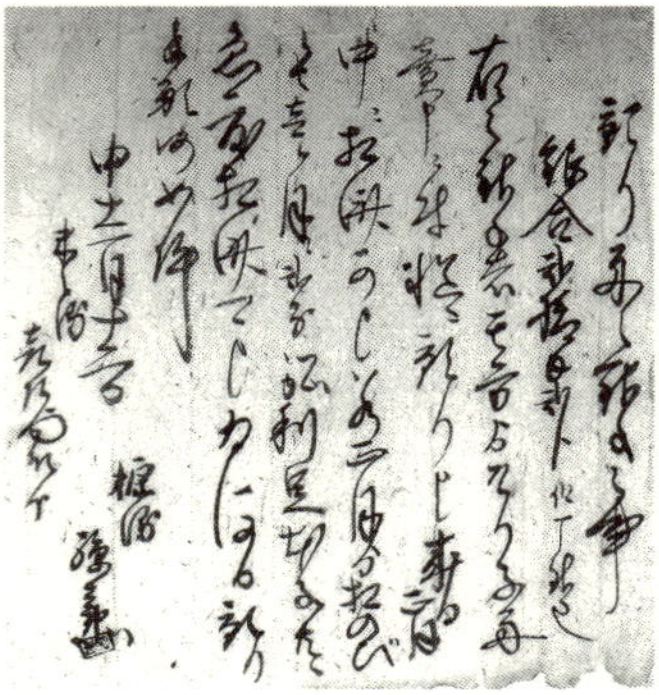

寛永９年12月の古文書「預り舟之銀子之事」　加嶋惠さん（福井市上細江町）所蔵。福井県文書館提供。

め、今では旅館や民家が建っている。

その糠集落に鎮座する十九社神社は、出雲から舟で流れ着き、村の創始者になった一九人衆が創建したという言い伝えがある。それなら糠浦の人々は、出雲からの移住者の末裔ということになろう。十九社といえば、出雲大社で神在月、神々が集うという十九社を思い出す。何か関係があるのではないかと、右近さんもいう。十九社神社の創建年代は不詳だが、糠には神護景雲二（七六八）年の創建と伝えられる円光寺があり、古くはその住職が十九社の別当を兼ねていたともいうから、村の創建は古代にさかのぼる。いっぽう字「反舟」の伝承は、約四百年前の越前海岸におけるそり子集落の形成と軌を一にするものだろうから、反舟と十九社神社の伝承は、歴史の異なる時期に、出雲から越前海岸へ、重ねて人が移住してきたことを物語っているように思われる。

出雲から舟で流れ着き、村の創始者になった19人衆が創建したという言い伝えのある十九社神社（福井県南越前町）

河野は、越前国府の武生と敦賀を結ぶ海運で栄えた村で、近世は北前船（弁財船）の船主地として名を馳せた。海岸道路を走っていると、海側にある巨大な北前船のモニュメントが目をひく。その向かいにあるのが、幕末、北前船五大船主の一人に数えられた右近権左衛門の館「北前船主の館・右近家」だ。ここで一九九一年から開かれてきた北前船「西廻り航路フォーラム」には、その航路で繋がっていた北前船の寄港地・温泉津（島根県大田市）からも、清源寺の明楽文教住職らが参加している。

北前船のモニュメント（北前船主の館右近家の前）

旧河野村の人々は、意外なところでまた出雲とつながっている。武生《たけふ》にある越前国総社の祭神は大己貴《おおなむち》＝出雲大神だが、その御神体は河野浦にあがって、府中に入ったという。安政二（一八五五）年二月二十三日、総社の大宮司・糟谷忠幹が、南条郡河野浦の刀祢新左衛門に宛てた書簡（「武生総社獅子頭に関する由緒」）は、こう記している。「当社祭り神は、大己貴命にして、出雲国大社御同体にして、天平二（七三〇）年、出雲より勧請なり。御神体出雲より来幸の砌、角鹿（敦賀）の津より、御船に乗し玉ひ、四月二十九日、河野浦へ着きたもふ。其時、河野浦刀祢氏といへるもの、今新左衛門と云うなり、御輿を請し奉り一夜とめ奉り、種々の舞楽を奏し祭り奉り、夫より、刀祢氏御供申して、赤萩山の峯より、五月朔日当社へ、御鎮座なり」（刀祢新左衛門家蔵）。河野と武生は一五km程度。河野川を遡って赤萩に至り、春日野（谷）へ抜ける古道があったと、右近さんはいう。

越前国総社の宮司・糟谷《かすや》家は「元筑前国糟屋郷より出たるを以て、糟谷を氏とする」（由緒沿革）と伝えられ、禰宜《ねぎ》を務める糟谷直毅さんによれば、以前は字も「糟屋」を使っていたという。出雲の古志《こし》で生まれた私が今住んでいるのが、福岡県糟屋郡粕屋《かすや》町。博多湾から内陸へ、香椎《かしい》（宮）―粕屋―宇美《うみ》（八幡）―太宰府が直線状に並ぶ。右近さんから二〇〇七年夏にいただいた書簡には、私の自宅住所に「不思議なご縁を感じて驚いております」と書かれている。筑前と出雲と越前が、ここでもつながっていた。

3　城ヶ谷青年団の放送劇「七人の開拓者」――故地を探して出雲と交流

地元では「じょ（う）がたん」とよぶ越前海岸の城ヶ谷（福井県越前町）。その城ヶ谷青年団が地元（四ヶ浦青年団）の演芸会で「七人の開拓者」という放送劇を発表した。慶長九（一六〇四）年、戦乱の世を憂いて新天地を求め、「船の先が高く反り弓になった小舟」にのって出雲の国を後にした治郎左衛門、長右衛門など七人が越前海岸に辿り着き、未開地を出雲の国と同じ城ヶ谷と名づけて開拓し、出雲から妻や子どもも呼び寄せて、城ヶ谷の礎を築く――というストーリーだ。この劇を指導したのが、城ヶ谷出身の越前町教育長（当時）、長田長次郎さんだった。一九五九年二月のことである。

同年六月、石塚尊俊さんは、福井県文化財専門委員の斉藤槻堂さんから一通の手紙を受け取る。「越前町城ヶ谷の住民は、慶長九年、出雲の城ヶ谷という所からの漂着民だというので、城ヶ谷区民としては、ぜひ先住の地である出雲の城ヶ谷まで出かけ、先祖の事情を調べてみたいし、場合によっては調査団を送ろうと思っているが、出雲の城ヶ谷とはどこか」との問い合わせだった。放送劇「七人の開拓者」の上演で、「出雲の城ヶ谷」を探そうという気運が高まったのだろう。

この劇は、城ヶ谷に伝わる二つの古文書に基づいている。慶長十一年十一月の城ヶ谷相木宗文書は、「反子《そりこ》」は出雲国より慶長九年の春、新保浦へ流れ着き、城ヶ谷に住み着いたと記す。別の相木宗文書は、出雲国城ヶ谷という浜辺に浪人たちが大勢いて、漁業で生計を立てていたが、未だ世の中が乱れており、舳先《へさき》が高く反っている漁船に四人のり、越前海岸の新保浦へ着岸し、住み着いたと記す。そして、彼ら

大正末頃の城ヶ谷集落　岡田健彦さん（丹生郡越前町梅浦）提供。

は四季を通じて鯛を釣る技術に長け、藩主に献上して褒賞されたとも、出雲国の城ヶ谷という所は、分散の後、人家無く、今は名のみ残る旧跡になっているとも記す。

依頼を受けた石塚さんは、地図や地名一覧・郡村誌にあたったが「出雲の城ヶ谷」は見つからない。困っていた時、ヒントをくれたのが、この「七人の開拓者」だった。越前の郷土研究誌『南越』一一号に掲載された、その粗筋を台本風に読んでいたら、はずみで「城ヶ谷」の「ヶ」を飛ばして読んで、「野波の城谷」に思い当たったという。

島根半島四十二浦の一つにも数えられる野波湾（松江市島根町）は、夏になると青碧の海と白い砂浜、赤瓦屋根の家並が美しく映える湾である。その野波湾から里路川沿いの谷を五〇〇mほど上がった所に、小字「城谷」がある。石塚さんは「じゃだに」と書いているが、現地では「じゃだん」と発音している。『島根町史』は、この里路谷の頂上あたりに城があったといい、北川の麓には今も「的場」などの地名が残っていると記す。島根県教育委員会の『中近世城館跡分布調査報告書』（一九九八年）は、この野波「城谷の城跡」は、「山が荒れ、踏査不可能」と記すが、以前上ったことがある相見鐘治さん（島根支所）は、山頂は約二〇m四方の平らな床状態になっていたという。

野波の城谷が「出雲の城ヶ谷」なのかは分からない。だが野波にある日御碕神社の朝倉宮司家は、越前朝倉氏が亡んだ際、その一族が落ち延びて野波に至った子孫だと伝える。朝倉輝美（第二十四代）宮司によれば、初代の朝倉孫三郎が野波に来た年は不詳だが、第二代宮司・朝倉官右衛門は慶長十七（一六一二）年から神事を執り行っている。であれば、越前朝倉家の野波への渡来は、そり子と呼ばれた人々の越前への渡来と、ほぼ同じ時期となり、出雲と越前との間には、この時代にも双方向の往来があったことになる。

初めて城ヶ谷を訪れた二〇〇九年六月、越前海岸から福岡へ戻った翌週、大学の講義で、福井へ出張していたと言うと、講義後、質問に来た学生が、福井出身だという。福井のどこへ行ったのかと聞かれたので、知らないだろうが、越前海岸の城ヶ谷などだと言うと、自分は城ヶ谷の出身だという。しかも、私が三人の方と面談した城ヶ谷区民会館のすぐ隣が実家だという。私も驚いたが、彼女も「城《じょう》ヶ《が》谷《たん》を知っている人が福岡にいるとは」と驚いていた。出雲出身の私が、越前城ヶ谷から帰ってすぐ、城ヶ谷出身の学生と福岡で出会う。出雲の縁には時々驚かされるが、おもしろいめぐり合わせだ。

4　白浜そり子の末裔――四百年前の恩に感謝の法要

越前海岸白浜町（福井市）在住の中野定路さんに初めてお会いしたのは、二〇〇九年六月、梅浦で郷土史を研究する岡田健彦さんに連れられてのことだった。その時、漁師として周囲の海を熟知する中野

白浜そり子の伝承を語る中野定路さん（福井市白浜町）

さんは、海岸を指差しながら、「出雲の中海あたりに住んで漁をしていた先祖が、漂流してあの辺りに流れ着き」と、四百年前の出来事を、つい先日のことのように語って下さった。

越前海岸に流れ着いた先祖が、小丹生の塩ヶ浜を追い出されて困り、沖で会った漁師に頼むと、大丹生の浜崎家を頼れと言われ、浜崎彦兵衛の世話で白浜に住み着くようになったという。白浜には寛文三（一六六三）年、そり子の宗左衛門らが福井藩役人から受け取った「大丹生浦の内白浜に西国の猟師、先年新村を立て居住仕候に付」云々と記す書簡があるが、その宗左衛門の子孫が中野さんだという。

白浜町は一九九〇年十月、白浜生誕四百年記念祝典を行った際、大丹生の浜崎家を招いて、困っていた先祖を大丹生の空いている浜＝白浜へ案内した恩人、浜崎彦兵衛に感謝する慰霊法要を行ったという。四百年前に助けた者、助けられた者の子孫が今も同じ所で暮らし、当時の恩に報いる。人の寿命は長くはないが、人の記憶は数百年にわたり受け継がれていくのだと、改めて感じた。

当時、白浜自治会長として、この祝典を主催した梅村誠さん（一九二四年生）は、その約半年前（一九九〇年五月）、「福井市白浜生誕四百年のあゆみ」と題する一三頁の文書をまとめていた。その冒頭、白浜の由来について「四〇〇年前に石見の国から落人が来て土着し」たと書かれている。文政九（一八二六）年の白浜浦区有文書は、「白浜の儀は、先年西国岩見国より落人にて、福井御家中にても一類これ有り」と記している。梅村さんらは、落人伝承から白浜のルーツを尼子勢の武士に求め、一九八九年十月に安来市広瀬町で開かれた第一回尼子一族全国大集会に参加。この大集会に触発されて翌年行ったのが、白浜生誕四百年記念祝典だった。梅村さん達はそこに、尼子一族会の事務局がある安来市広瀬町からも来賓を招いている。

古文書や伝承を改めて分類していくと、越前そり子の出自は一つとは言えない状況が見えてくる。梅村さんは、白浜の場合、ソリコ舟に乗ってきたという伝承は一つもないという。城ヶ谷の場合、古文書も口承伝承も出身地は出雲であるのに対し、白浜の場合、来歴は「岩見国」や「西国」で、出雲と書かれた古文書はない。素直に受け止めれば、城ヶ谷は出雲から、白浜は石見からということになろう。ただし、『福井県の伝説』（一九三六年）には「昔、出雲の国居野津の二三人の漁夫が大丹生、小丹生へ漁業を習いに来たのが、土着して白浜部落の元を作った」という国見村白浜の伝説が載っている。その一年前の『国見郷土誌』（一九三五年）は、白浜町の沿革について「当部落は往昔石見国居の津と言ふ所より二、三人の人、大丹生・小丹生漁村へ漁業法を伝授せんとて来りしものか、遂に大丹生に土着せしものにて」云々と記している。出雲なのか、石見なのか、漁業を教えに来たのか、習いに来たのか、伝承は同じ時期でも食い違っている。

江戸時代、そり子集落とされた越前海岸の城ヶ谷、白浜、清水谷と敦賀の立石は、盆と正月互いに呼び合い、親密な付き合いをしていたという。そうした中、それぞれの伝承が入り交ざっていったのかもしれない。越前朝倉の武士が出雲に落ち延びてきたなら、尼子（勢）の武士が越前に落ち延びていくということも、あり得ただろう。梅村さんや中野さんは尼子一族会に入り、五年に一度開かれる全国大集会に毎回参加している。

5 清水谷のそり子集落——出雲の美保神社から祭神を勧請

越前海岸そり子集落の一つ、清水谷（福井市鮎川町）では——城ヶ谷もそうだが——海辺で谷などないため、住民たちは、海を渡ってきた先祖が故郷の名を付けたのだと語り継いできた。

一九七七年、『越前町史』編纂にあたり、他のメンバーと地域の伝承を聞き歩いていた編纂委員の岡田健彦さん（梅浦在住、一九三八年生）は、清水谷で病床にあった古老の枕元で、そり子の話を聞いたことがある。その話では、代官の圧政から逃れるため、村全体が家に火を放って逃げ、その火が真っ赤に燃え上がっていたという。この話は『越前町史』に載らなかったが、岡田さんは、病床で語った古老の言葉が強く印象に残った。私は二〇〇九年にこの話を聞いたが、岡田さんは当時のメモを紛失し、その古老の名も、家も、訪ねた年月も分からなくなっていた。ところがそのメモが、二〇一一年六月十二日、岡田さんと清水谷を再訪する前夜に出てきた。古老の名は岩崎與三兵衛さんで、訪ねた日は一月三十日。その小さなメモには、さらに出身地が「インシュウイナバ」と片仮名で書かれていた。

そのお宅は、清水谷の鎮守・蛭子《えびす》神社の隣にある岩崎さんだった。訪ねてみると、一人暮らしの岩崎節子さんが、與三兵衛は屋号で、岡田さんが会った義父の名は岩吉といい、その半年後の一九七七年六月十二日、九十一歳で他界したことを教えて下さった。私たちが訪ねた日が祥月命日で、前夜に三四年間見当たらなかったメモが出てきた——私は仏壇を拝んで、岩吉さんに感謝した。岡田さんが聞き書きした「インシュウイナバ」は「因州因幡」だろうか。

清水谷は一九二三年、全戸の九割が焼失する大火にあい、現存する古文書は少なく、十八世紀半ば以降のものしかない。出自を示すものは、「無役のそりこ、明暦元（一六五五）年の証文もこれ有り……往古雲州纔《わずか》の人数当浦へ参り、村高悪地の内に住み、夫よりそりこと名付け」云々と記す宝暦十一（一七六一）年の「鮎川浦反子内済証文」や、「鮎川浦そり子共儀は、明暦年中に雲州居野津より漂着いたし、村人百姓の介抱を請け、御高地の内に罷あり候共」云々と記す、明和五（一七六八）年の鮎川浦文書（差上申一札之事）がある。福井藩右筆・井上翼章による文化十二（一八一五）年の『越前国名蹟考』は「出雲国猪の島とやらむいふ所の漁人数十人……此浦の沖に漂ひ」と記す。これらを見る限り、出自は出雲に限られている。

清水谷蛭子神社前で話す岩崎節子さん（左）と岡田健彦さん（福井市鮎川町）

「雲州」の聞き違いなら、出雲市松寄下町の「稲葉」がある。今の松寄下は稲佐の浜から五kmほど内陸にあるが、中近世はもっと海辺に近かった。だが薗の長浜や杵築あたりでソリコ舟が使われていたという話は聞かない。「出雲から因幡あたり」という漠然とした地域を指して、岩崎さんは「雲州・因幡」と言ったのかもしれない。

民俗学者の谷川健一さん（日本地名研究所長）は以前、清水谷の住民から、出雲の美保関の港を出て、ソリコ舟を横に繋ぎあわて安定させ東へ向かったが、途中遭難して船団は散り散りになり、その一部が清水谷に辿り着いたという伝承を聞いたという。蛭子神社の御神体（えびす像）は、出雲から奉持してきたもので、江戸後期に盗難にあい、二代目を出雲の美保関神社から勧請したとも伝えられている。越前移住後も、出雲との往来があったことを物語る。

瀬川清子さんが一九四〇年八月、『島根民俗』に書いた「ソリコの事」はこう記す。「今日でも、この（越前海岸）梅浦から老人妻子一家をのせた船が、土用から九月上旬まで越前、丹後、出雲の海岸づたいの出雲の美保関まで海膽《うに》とりにめぐる風習がある。……かうした定期的の家族船は昔程多く、二、三代前は今よりも盛であったと云ふ」。二十世紀半ばになっても、越前海岸の梅浦から美保関まで、ウニをとる家族船が毎年出ていたというなら、越前岬と美保関という陸の突端を目印とした海路による浦々の往来は、今の陸上交通に慣れきった感覚では想像もできないほど、よくあったに違いない。

6　越前そり子の出自——バラエティに富む伝承

『福井県史』近世編（一九六六年）はこう記している。「近世初頭の越前では、四季ともに鯛釣りができる漁師はおらず、西国出身の鯛釣り専門の「反子」と呼ばれた漁師だけが釣っていた。彼等の乗っていた舟は、越前では見かけない舳先（船首）が著しく反った、いわゆる「反子舟」であった。この舟は近年まで出雲地方で使用されていた丸木型の舟であるが、容易に転覆せず、波を切って快速であったという。この西国の鯛釣り漁師は、彼等が乗っていた舟名をとって「反子」と呼ばれ、やがて丹生郡の城ヶ谷・白浜・清水谷などに定住して、鰈《かれい》や鱈《たら》のはえ縄漁にも従事した」。

出雲のソリコ舟に乗る西国出身の猟師——こうした漠然とした記述になったのは、越前そり子の来歴が、古文書だけでも一様でないからだろう。城ヶ谷相木文書では、「出雲国より当新保浦へ流れ付く」（慶長十一＝一六〇六年文書）、「出雲国より来り候」（延宝八＝一六八〇年文書）、「出雲より新保浦へ罷越候」など「出雲（国）」と記すものが三件、「出雲国城ヶ谷という浜辺から新保浦へ着岸」、「雲州猪野津《いのつ》より当（新保）浦へ漂着」と記すものが二件ある。城ヶ谷区有文書（明治九年）は「出雲のエノチ浦より」と記している。いっぽう宿の小塙《こばな》文書（享保二十＝一七一五年）は「石見の国湯の津浦より厨浦《くりや》へ参候」と記し、白浜区有文書は「西国の猟師」（寛文三＝一六六三年文書）、「西国岩見の国より」（文政九＝一八二六年文書）と記している。清水谷の場合、鮎川浦文書は「雲州」（宝暦十一＝一七六一年）、「雲州居野津より漂着」（明和五＝一七六八年）とし、福井藩右筆井上翼章による『越前国名蹟考』（文化十二＝一八一五年）は「出雲国猪の島とやらむいふ所」と書いている。

これら伝承の一体どれが本当なのか？　高松清さん（一九二七年生）は、城ヶ谷の役員を務めていた一九七〇年頃、他の役員と議論になり、一緒に先祖の地を探しに行くことになった。高松さんらは、「猪野津」に音が近い、石見の温泉津《ゆのつ》町で泊まった旅館で、郷土史に詳しいと紹介された楞厳寺《りょうごんじ》の笠木智光住職から、温泉津に城ヶ谷があったという話を聞く。その後、長田長次郎さんら『越前町史』編さん委員の三人が温泉津の楞厳寺を訪れ、一九七四年五月、今度は笠木住職が越前海岸を訪問した。

こうした交流を経て、梅浦の郷土史研究家・糸生博章さん（当時、越前町教育長）が、一九七七年『越前町史』で「反り子の由緒」と

「先祖の地を求め温泉津を訪ねた」と話す高松清さん（越前町新保）

題する論考を書き、笠木さんの説に拠って、そり子＝石見国出身の武士説（尼子勢の落人）を展開。その記述には「石見でもソリコ舟を使っていた」など頷けない点も多いが、その後一九八三年に刊行された『国見の歴史』が『越前町史』の説を史実として引用し、石見温泉津出身の尼子勢の落人説は、代表的なそり子集落の人々の間で広がった。

越前海岸では、『越前町史』の前と後で、そり子の伝承が大きく変わっている。今、城ヶ谷・白浜・清水谷で、そり子の伝承を聞けば、まずこの『町史』の内容を語られる。『町史』以前の伝承は、古文書以上にバラエティに富んでいた。清水谷出身の坪内一秋さん（大阪狭山市在住、一九四八年生）が以前、一二人の同郷者から聞き集めた伝承の中には、「出雲の大名の家老が殿の重税策を諌め、その怒りにふれて討たれそうになり、一族を連れて船で脱出した」「先祖は妻子を出雲に置いてきた」「出雲には先祖の墓がある」といったものもある。『町史』以前の伝承を知り、それ以降のものと混同せず語れる人は少なくなったが、その一人でもある高松清さんは「町史の前、城ヶ谷では、（出身地は）みな出雲だった」という。自身、子どもの頃、先祖は「出雲からソリコ舟で、六人ほどで着いた」と聞いていた。こうした家々で語り継がれてきた、町史に載らない伝承の中にも、越前そり子の出自を解く大事な鍵はあると思う。

7　美保神社のサバニーから考える越前そり子のルーツ

越前そり子の出自を、古文書に書かれた出身地名から探ろうとすれば、どの地名をとるかで、探索の

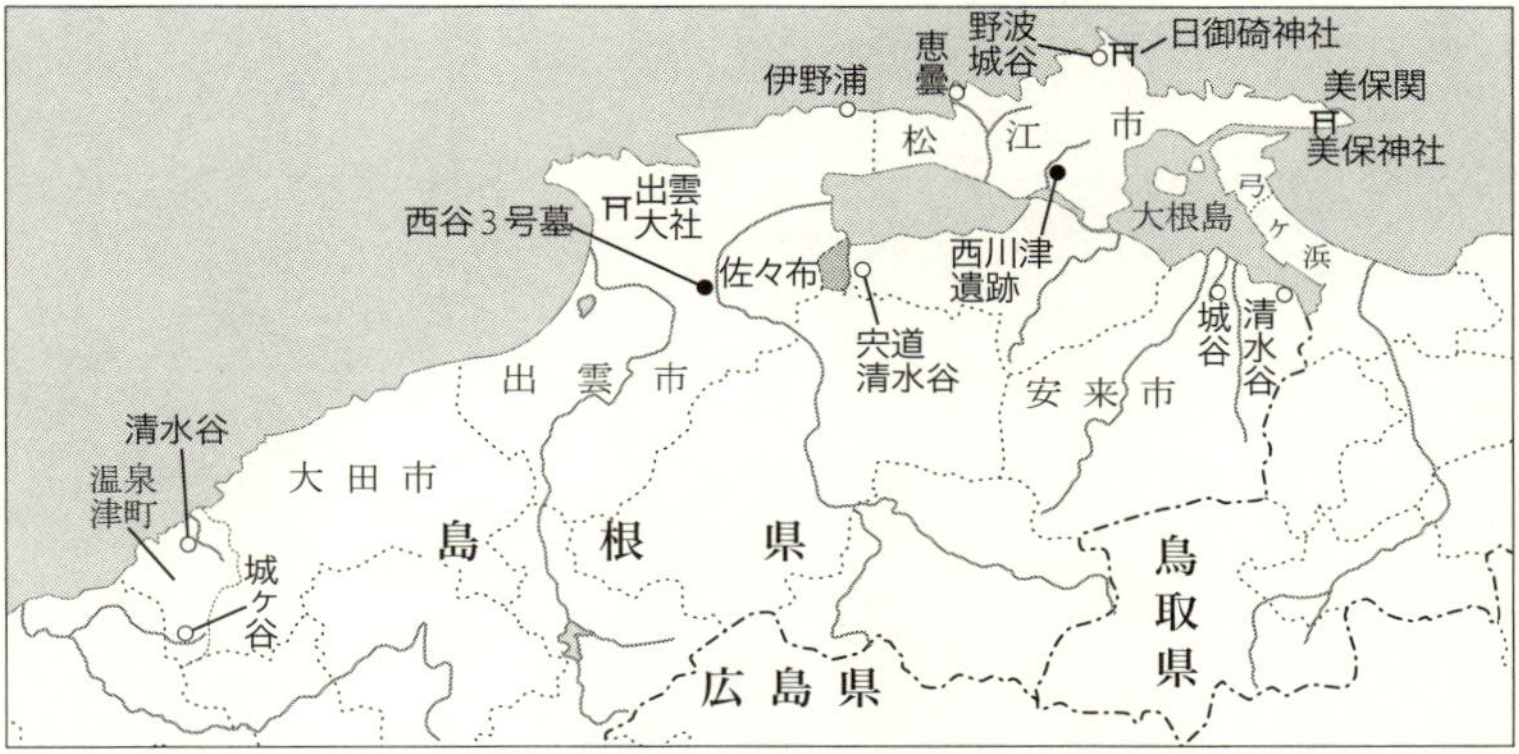

方向が全く違ってくる。羽原又吉『日本漁業経済史』（一九五三年）は「雲州居野津」をとり、「そりこ舟の故郷は、出雲の中海から外海にかけた地方である」から、「雲州の居野津」は、島根半島のほぼ中央部に位置する「いの浦（出雲市地合《ちごう》町伊野浦）」とみて間違いないとする。浦を津と言い換えれば「いの津」になる。伊野浦であれば、私の曾祖父（旧姓・坂浦）宗次郎の出身地、坂浦の東隣の浦だから、先祖同士は顔見知りだったかもしれない。一畑《いちばた》信仰の総本山・一畑薬師（八九四年創建）の薬師如来は、坂浦の漁師・与市が西隣の赤浦の沖で海中から引き揚げたと伝えられるが、その赤浦へ車では行けない。今の陸路（公道）で辿り着けないため、道路地図には載っていない「名のある」浦々も、島根半島には多い。

「出雲国城ヶ谷」をとれば、話はまた違ってくる。先に野波の城谷を紹介したが、安来市安来町にも城谷がある。字「城谷《じょうや》」は、近くにある城山（尼子氏のとりでが置かれた山）と関連のある地名だといわれ、中海に注ぐ伯太川の河口を二～三km遡った所にある。『毎日新聞』島根版一九七六年十一月一日掲載の「安来加茂町物語」は「加茂町の小字名に『城谷』があり、城谷橋にその名が残っている」「毛利軍に対処するため、この地の古い農家には矢の竹という弓矢に使

沖縄糸満の漁師たちが隠岐島近海で使っていたサバニー　美保神社蔵。松江市まちづくり文化財課提供。

う竹が植えられており」と記し、戦乱の名残をうかがわせる。

安来には字「清水谷」もある。中海の西南端、米子湾の対岸にある八尋鼻の東岸、島田町の清水谷だ。船着場やヨットハーバーがあり、二〜三〇〇m先の米子湾観測所がある八尋鼻の先端に立てば、前方には最短五〇〇mの対岸に弓ヶ浜がひろがり、右後方には伯耆大山《ほうきだいせん》、左手には中海《なかうみ》に浮かぶ萱島、松島、その後方の大根島も見渡せる。越前海岸清水谷出身の坪内一秋さんが同郷の先達から集めた伝承の中には「帆立船の走らせ方が、米子地方と同じ」だったというものもある。この伝承とロケーションは一致する。

数多の城があった戦国時代、城近くにある谷で「城(ヶ)谷」と呼ばれた所はほかにもあっただろうし、清水が流れる谷＝清水谷も珍しい地名ではない。宍道湖《しんじこ》畔近くの清水谷遺跡一帯(旧宍道町白石)も、字「清水谷」だった。また、城ヶ谷や清水谷が本当に出身地の地名だったとも言い切れない。相木嘉文書は「反り子」は新保浦の「字城ヶ谷と申す荒地芦原」を切り開いたと、従前からその字名があったように書いている。

私はやはり、出雲でソリコ舟が使われていた中海周辺から島根半島と縁の深い人々だと思う。越前におけるソリコ舟の初出文献は、寛永九（一六三二）年十二月の「預り舟之銀子之事」（「そり子舟」を抵当に銀二〇匁二分を借用した証文）だが、相木文書は、承応二（一六五三）年に「新保浦五右衛門家居並に猟船弐艘、城ヶ谷曾理子《そりこ》舟三艘〆《しめて》代銀弐拾貫目《かんめ》にて誓道（＝相木宗兵衛）親より買貰、新保浦へ罷り出たり」と記している。十七世紀前半から半ばの越前海岸で、確かにソリコ舟は実在した。

美保神社に出雲の刳《く》り舟ソリコと共に、琉球の刳り舟サバニー（全長七・八メートル）が保管されている。戦前（一九三〇年代後半）、毎年夏季（六～九月ごろ）、沖縄本島糸満の漁師たちが島根半島鹿島町（恵曇《えとも》）をベースに、隠岐島《おきのしま》近海で漁をしていた時に使っていたものだ。漁をする時は、遠方でも乗りなれた舟を使う。出雲でサバニーを操る糸満の海人の姿に照らしても、ソリコ舟を操る人々は、やはり故郷でソリコ舟を使っていた人たちだと思える。

越前でそり子と呼ばれた人々は、一時に一つの場所からではなく、違う浦から、時期もずれて、何度か渡来したと考えてはどうか。そうすると、同じそり子と呼ばれた集落で、城ヶ谷に関する古文書がほとんど出雲で、白浜が石見である理由も、城ヶ谷の中で「出雲国城ヶ谷」「雲州猪野津」「出雲のエノチ浦」などと違う理由も、筋が通る。

8　今も続く故郷探しの旅——越前から北海道へも移住

温泉津町楞厳寺の笠木智昇住職は二〇〇九年末、温泉津の「城ヶ谷」を発見した。それは、同町井田の字切り図（明治初期、地租改正に伴って作られた地籍図）の中にあった。『越前町史』は、「石見福光に流れる川の上流にある川島谷をもと城ヶ谷と称していて、徳川中期迄は無人の谷であった」「城ヶ谷反り子の先祖は、不言城の武士達（城主・福屋隆兼の家臣）で、福光の城ヶ谷に侍屋敷を連ねて住んでいた」と記している。これは笠木智昇さんの父・笠木智光さんの話に基づく。

二〇〇八年十月、温泉津を訪れた清水谷そり子集落の末えい・中森憲治さん（盛岡市在住）に頼まれ、そこへ案内した笠木さんが気になって調べると、そこに城ヶ谷があったという証拠は何もない。「父は何を根拠に言ったのか？」――首をかしげながら、でも「城ヶ谷を探す人たちの気持ちに応えたい」という思いの中での発見だった。井田の城ヶ谷は、楞厳寺や不言城跡から三一号線を一〇km、邑智《おおち》郡方面へ遡った井田井尻の高野寺《たかのじ》近くにある。この地には水黒城や殿村（高越）城があったため、城ヶ谷という字名が生まれたのであろう。ただし殿村（高越）城は、もともと福屋氏が敵とした吉川氏の居城で、いずれにせよ『越前町史』は、見直しを求められることになる。

中森さんの曽祖父は明治二十五（一八九二）年、十六歳の祖父を連れて、越前海岸の清水谷から北海道の岩内へ移住したという。『岩内町史』は明治十三年頃、清水谷の北間次郎兵衛が岩内に移住したと記す。越前の凶作凶漁で、川崎船に一家を乗せての移住だったという。それを機に明治十年代後半、清水谷の人々が続々と移住した。『岩内町史』が掲載する明治時代の岩内におけるタラ・スケソウダラ釣りの親方人名簿には、五三戸もの越前衆の屋号が並んでいる。その内のかなりの人々が清水谷と白浜の出身者、と中森さんはいう。四百年前、出雲から越前海岸に移住した人々の子孫が、百余年前、今度は北海道に移住していた。曾祖父が越前清水谷の出身だと知った中森さんは、一九九九年に初めて越前を訪ね、その後清水谷や白浜出身者との交流を深める中、さらなる源流を求めて温泉津に至ったのである。

中森さんが温泉津に来たのは、温泉津町の清水谷を探し当てた、越前海岸清水谷出身の坪内一秋さん（大阪狭山市在住）の調査報告を見たのがきっかけだった。坪内さんは十五歳まで住んでいた清水谷で、昔からの伝承を聞いて育った。祖母（山本せんさん、一八九二年生）がいつも囲炉裏端で話してくれた話では、先祖は出雲の尼子方の武士で、石見銀山の近くに住んでいたという。小学生の頃、坪内さんの尊敬する人物は尼子十勇士の一人、山中鹿之助だった。坪内さんは鮎川浦文書（宝暦十一＝一七六一年）のいう「雲州居野津」は（石州）温泉津だと考え、一九九二年八月に温泉津町を訪れ、清水谷を探し歩く。湯里の字「清水」近くにある瀧光寺の新治弘念住職に会って、見せられた字切り図に「清水谷」という字名を発見した時は、興奮したという。それ以来、新治住職との交流が続いている。新治住職に確認すると、今はなきその字「清水谷」があった場所は、国道九号清水トンネルの近くだった。

明治 30 年頃の北海道岩内港　岩内町郷土館提供。

　私は、城ヶ谷や清水谷の出身者から、出雲に城ヶ谷という地名はないか、清水谷という地名はないか、と何回も聞かれた。移住者の歴史は、移住先で刻まれても、移住元にはほとんど残らない。まして四百年前のことである。それが分かっていても、聞かずにはおれないのだろう。人々は、なぜ越前海岸で、そり子と呼ばれる集団の末えいとして生まれたのか、自分のアイデンティティをかけて、出雲なら出雲のどこから、なぜ渡ってきたのかという問いの答えを、探し求めている。

一九五九年、城ヶ谷で放送劇「七人の開拓者」を指導した長田長次郎さん（一九〇六年生）は、越前町助役を退職した一九六三年、単身松江に入り、大根島から島根半島を一周、石見との国境まで一カ月、故郷探しをしたという。それから半世紀余り――越前そり子のルーツ探しの旅は、今も続いている。

9　往来物語る海揚がりの土器――小舟で航海できた北ツ海

土器といえば、「出土」するものと思われがちだが、越前岬沖では、同岬の北西五五kmにある玄達瀬（30頁図）付近などから、弥生～古墳を含む様々な時代の土器が引き揚げられている。越前の玄達瀬は沖合に突如として現れる大きな浅瀬（縦一八km、幅七km）で、周囲の海深三〇〇～二〇〇mの所から最も浅い「中の瀬」（水深一〇m）まで急にせり上がっている。「海の米櫃」とも言われるよい漁場である一方、対馬海流が浅瀬に当たって複雑な流れとなり、船の難所としても知られ、海難事故が多発してきた。この玄達瀬の海底に沈む土器が、漁師たちの網にかかって時々引き揚げられる。北前船の航路上に位置していたことからも、沖合を航行する船がよく通る場所で、往古から人々が舟に土器を積んで移動していたことを物語る。出雲近海でも、一九八三年に隠岐島沖で引き揚げられた北部九州の土器（弥生後期、鳥取県立博物館所蔵）や島根半島鹿島沖で引き揚げられた朝鮮半島楽浪の土器（弥生時代終末）など、他所で作られた海揚がりの土器が発見されている。弥生時代、人々はどんな舟に乗って、外海を航海していたのだろう。

越前そり子と呼ばれた人々が、出雲からソリコ舟で渡来したという伝承に対して、木造の小舟での航海は無理ではないかという声も聞くが、近年、本州北岸域にハングル標記の木造の小舟が何隻も漂着している。二〇一〇年六月には、越前海岸の対岸・立石岬（敦賀市）の沖を漂流していた無人の小型木造船（長さ七・九m、最大幅一・九m、船首両舷にハングル表記）が敦賀港に曳航された。これを報じた福井新聞は、その四カ月前、同じような木造船が、隠岐島北約五五kmの海上を漂流していたと書いている（同年六月十一日「敦賀沖でハングルの木造船発見」）。時間的にみて別の舟だろうが、朝鮮半島から流された無人の小舟が対馬海流にのって、同じような航路を沈まず、辿っていたことが分かる。

福井県陶芸館が所蔵する弥生時代後期の土器　同館提供。1982年、越前町の漁師が越前岬沖64kmの海底から引き揚げた。『図説福井県史』は西日本系と記し、山陰地方で焼成されたものとの説もあるが、堀大介さん（越前町教育委員会学芸員）の鑑定では畿内系。

北部九州には、大正時代、木造の小舟で玄界灘を渡っていた人たちがいる。西日本新聞記者だった横尾和彦さん（九州文化協会理事）が、一九八二年、明治生まれの中村幸三郎さん（当時83歳）から聞いた話では、中村さんは、長さ二〇尺（約六m）で五尺肩（幅一・五m）、本帆と弥帆の二本を備えた小舟で、兄と二人、東風を待って日の出前に筑前大島を出て、本帆と弥帆を使い、無風だと櫓を漕いで、対馬経由で朝鮮半島を目指し、夕方六時には釜山に着いていたという。北部九州の筑前大島から釜山まで、直線距離で二〇〇km。出雲の美保関から越前岬までは約二五〇km。そう比べてみれば、大差はないし、対馬海流を利用できる。北ツ海を熟知した船乗りならば、小舟でも十分航海可能であったろう。

現存するソリコ舟は、中海（内海）で使われていたものだが、かつて外海や隠岐島で使われていたソリコ舟は、『隠岐島前漁村採訪記』（一九三五年）が、「この地のソリコは出雲中海に残るソリコ舟とは形を異にしている」と記すように、舳先がそれほど反っておらず、帆をかけた大型のものもあるなど、形が違っていたといわれる。

一九八一年夏、松江市の教員グループ「からむし会」が、縄文時代の黒曜石の運搬ルートを再現すべく、隠岐島（知夫里島の郡港）から島根半島（旧八束郡の七類港）までの五六kmを、全長八・二mの丸木舟「からむしⅡ世号」で漕ぎきった（所要時間一三時間）。それから三〇年、同会の錦織明、森泰さん（松江市在住）らは、古代の新羅―出雲の海の道を再現すべく、からむしⅣ世号を製造。韓国の浦項（慶尚北道・迎日湾）と出雲の三〇〇km渡航へ向けた進水式（二〇一〇年夏、宍道湖）には、私も参加して漕いだ。

10　出雲墨書土器と出雲守宮川要光――越前佐々生と出雲の佐々布

二〇一一年春、古代出雲歴史博物館で、越前で出土した九世紀前半頃の「出雲」墨書土器が、初公開された。越前町教育委員会の堀大介さん（学芸員）が、同町に移管された土器類の中に、「出雲」と書かれた須恵器が複数あるのを発見したのは二〇〇二年。一九八六年の福井朝日線（現県道二八号）のバイパス工事にあたり、丹生高校の教員・生徒が田中遺跡（30頁図）で発掘した埋蔵物の中に含まれていたという。

堀さんは、土の成分から、「出雲」墨書土器は田中遺跡から直線で約一〇km南西にある、同じ越前町の小曽原《おぞわら》の窯で焼かれたものと判定した。出雲で焼かれたものでないなら、「出雲」という墨書は何を意味するのか。堀さんと共に調査にあたった釘谷紀さん（当時、同町教委嘱託）は、氏族名ではないかと考えた。越前には古代、出雲氏が存在した。天平神護二（七六七）年の『越前国足羽郡司解』（東南院文書）は、主政（郡司に次ぐ官）として出雲部赤人を記載している。同年の『越前国司解』（東南院文書）にも、足羽郡額田郷の戸主として、出雲枚夫の記載がある。中でも、釘谷さんが注目したのは、田中遺跡の南方四km、佐々生《ささお》にある要光寺と佐々牟志神社に縁の深い出雲守宮川要光だった。

『要光寺由来』は、「当山は弘仁十三（八二二）年、当地の領主宮川出雲守要光が豊原寺の諄恵法印（白山信仰の巨刹・豊原寺の高僧）を請待し三床山麓に一宇を創建、三床山大泉院要光寺と号す。鎮守には三床山山頂より笹虫八幡宮（＝佐々牟志神社）を勧請し、住持其の別当職を兼ぬ」と記す。いっぽう佐々牟志神社の由緒には「往古当村三床山の山頂に鎮座なるを、当地領主宮川出雲守要光、弘仁十三年、宮地を村内に移し、壮麗の大社と崇め、神職別当等も之れ有り、其後ち保元平治己来の大乱に出雲守廃晦《はいかい》となり、城郭共に滅亡す」とある（『神社明細帳』）。

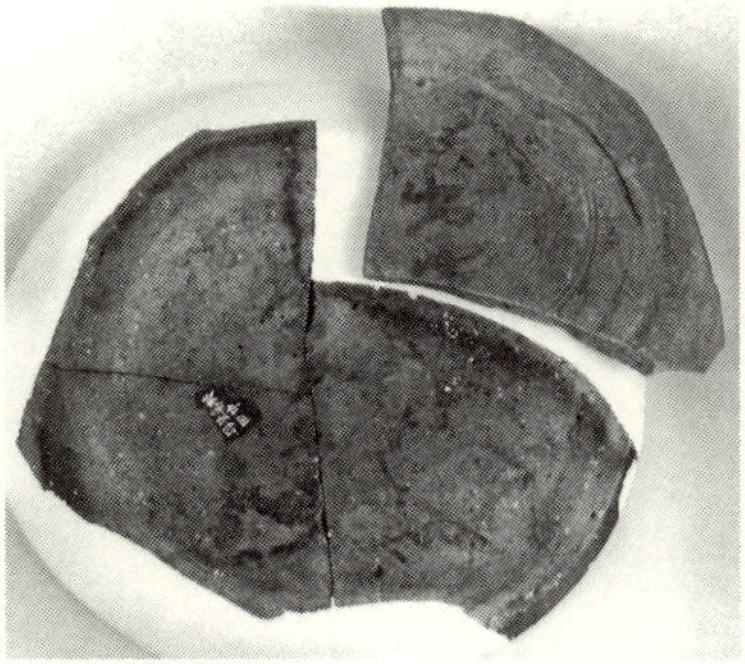

出雲の墨書がある９世紀前半頃の土器
福井県越前町教育委員会提供。筆者撮影。

佐々生は、「出雲」墨書土器が出土した田中（遺跡）と、それが焼かれたという小曽原とのほぼ中間地点に位置する。出雲守宮川要光は天長十（八三三）年に没したという（『要光寺由来』）。要光が後半生を生きた九世紀前葉は、「出雲」墨書土器の年代とも一致する。それから約三三〇年後、一一五〇年代後半の保元・平治の乱以降の大乱で宮川氏の城郭は滅んだと、『丹生郡誌』（明治四十二年）などは記して終わる。だが『要光寺由来』には、文明年間（一四六九〜八七年）の頃、出雲守の末裔の宮川亀之輔が村高二〇石を寄進して寺の維持を図ったことが記されている。この由来書を拝見するため、二〇一一年六月十日夜、雨の中辿り着いた私を、要光寺で山崎良晃住職と共に待っていたのが宮川敏一さん。出雲守の末裔の一人だった。二人から、要光寺の檀家二七戸は今でもすべて宮川家だと聞いて、驚いた。

大正九年の『朝日村志』は、「佐々生は佐々牟志の転訛なり、即ち佐々牟志神社の名に因みて命名せし所なり」と記す。江戸中期一七二〇年頃の『足羽社記略』が根拠だと思われるが、佐々生「母々木《ほうき》の会」（郷土学習会）の藤井與三郎さん（一九二九年生）は、出雲守は出雲の佐々布から越前に来て、領地にその名をつけたのではないかという。

出雲の佐々布とは、出雲国風土記（七三三年）が、意宇郡と出雲郡の境の「佐雑《ささふ》の埼」「佐雑の村」と記す、松江市宍道町の佐々布《さそう》である（45頁図）。宍道湖が巨大な入り海だった風土記の時代、水域は今より西に一〇km近く広がり、今の斐川《ひかわ》平野の大部分は入り海で、当時、佐雑の埼はその海岸に突き出す岬だったという。佐雑は、中世の荘園時代までに表記が佐々布（郷）に変わっている。越前の佐々生も、中世の表記は「佐々布（村）」だった。読みも戦前までは駅名にも平がなで「ささふ」と書かれていたと、藤井さんはいう。藤井さんは戦前、海軍通信兵として出雲の斐伊川《ひいかわ》河口付近に滞在した際、出雲の佐々布と出会った。出雲守宮川要光の導きだったのかもしれない。

11　海を越えて伝播した出雲の墓制——小羽山三〇号墓

出雲墨書土器（九世紀頃）が出土した田中遺跡の北わずか一・五kmの地に、弥生時代中期初頭の集落跡・

甑谷《こしきだに》在田《あいだ》遺跡がある（30頁図）。古川登さん（福井市文化財保護センター主幹）は、「甑谷の遠賀川系土器には、出雲の西川津遺跡（松江市）の甕形土器に酷似するものがあり、玉作りも西川津の技法と同じ系譜のもので、紀元前三世紀頃、今の西川津あたりにいた人々が移住してきたことを示すもの」だという。西川津遺跡は、出雲における最古の玉作遺跡（弥生時代前期末）で、各地に伝播した西川津技法と呼ばれる施溝分割技法が知られている。いっぽう、甑谷遺跡は越最古の管玉製作址であり、越最古の弥生土器群が出土した遺跡でもある。

小羽山30号墓を案内する古川登さん（福井市小羽町）

その甑谷遺跡の四km北には、弥生時代後期後半（二世紀頃）の小羽山三〇号墓がある。古川さんは、その発見者としても有名だ。一九九二年、福井県の小羽山墳墓群で発見された小羽山三〇号墓（三三m×二七m）は、出雲を代表する四隅突出型墳丘墓・西谷三号墓（弥生時代後期後半、五五m×四〇m）との類似性が注目されてきた遺跡である。越地方最古の四隅突出型墳丘墓であり、また越地方最古の大型墳丘墓でもある。この遺跡は、四角形の墓の四隅が突き出た形をしている。前方後円墳が鍵穴型であるのに対し、ヒトデ型ともいえる。この墳墓は弥生時代の中期に今の中国地方で発生し、後期後半、その大きさと数で出雲が中心となり、海を越えて越に伝播した。その第一号が小羽山三〇号墓とみられている。

小羽山三〇号墓は、造営時期が同じである上、墓の形から副葬

貼石などが復元された西谷２号墓（出雲市大津町、出雲弥生の森）
渡辺貞幸出雲弥生の森博物館長提供。

品の組成まで西谷三号墓とよく似ている。「小羽山三〇号墓は山陰から伝えられた墓制」という古川さんは、「墓制の受容とは、単に墓の形が似ているだけでなく、墓作りから埋葬、祭式土器の片付け方まで、特にその根幹思想である埋葬儀礼が似ている必要がある」という。小羽山三〇号墓では、発掘調査から、墓の上で行われた祭り（葬式）も、西谷三号墓と本質的な部分でよく似ていることが分かっており、「被葬者が山陰の首長と直接的関係を持っていた可能性は高い」と、西谷三号墓の発掘調査を指揮した渡辺貞幸さん（島根大学名誉教授、出雲弥生の森博物館長）もいう。

　西谷三号墓とそこまでよく似た墓が、なぜ越にあるのか。出雲と連合する越の首長が、出雲との関係を象徴的に見せるためとの説もあるが、それが出雲型の墳墓であると、当時どれだけの現地（越）人が識別できただろう。そう首を傾げた時、二〇〇九年春、ハワイのオアフ島で見た、日本式の墓石が群立する日系人墓地を思い出した。故郷と同じ墓を作りたいというのが移住者の心理ならば、小羽山三〇号墓は、出雲を故郷とする人の墓ではないか。ただし、小羽山三〇号墓には、西谷三号墓にある貼石・列石がないし、山陰（系）土器の出土も確認されていないなどの疑念点があり、古川さんは「越前地方の政治的

米国ハワイ州オアフ島の日系人墓地　三重塔の下に日本式墓石が立ち並ぶ。

統合を達成した在地の初代の首長」とみる。その古川さんも「出雲（西谷三号墓）の葬式のやり方を知っている人間が、越前まで来たのではないか」という。西谷三号墓では越系の土器が出土している。当時出雲と越の間で、密接な人の往来・交流があったのは確かだろう。

越前岬を基点とする扇状の地域には、隣接する地域に、古代から近世まで、時代の異なる出雲人の移住や往来の足跡がある。それは出雲を原郷とする人たちの越への移動が、一過性のものではなかったことを物語る。二〇一〇年四月、西谷三号墓を核とする西谷墳墓群史跡公園に「出雲弥生の森博物館」がオープンした。古川さんらが長年出せなかったという大著『小羽山墳墓群の研究』（研究編と資料編で七五〇頁）が、偶然その一月前に刊行されたのも、出雲の縁ではなかろうか。

（二〇一一年六～九月掲載）

加賀国

1　金沢に密集する出雲神社——海や潟湖に通じる立地

JR金沢駅の西方二㎞の地に、石川県金沢市出雲町がある。この町名は一九四三年、石川郡戸板村が金沢市に編入された時、大字「渕上《ふちのえ》」が改称したもので、古くはない。だが、その名の由来となった村社・出雲神社（祭神・大国主命）は、かなり古そうだ。大正十三（一九二四）年の『石川県石川郡神社誌』は、渕上の出雲神社は「創立の年代詳ならず、されど往古よりの鎮座にして一村の産土神なり」と記している。出雲神社境内付近一帯はその昔、犀川流域の大きな渕で、渕の北岸と南岸（現・玉鉾町内）は広い森林地帯だったという。江戸時代、加賀藩主・前田侯がその森林でよく狩りをし、出雲神社を休憩所としたので、

金沢市出雲町の表示

武家が頻繁に往来し、村人も様々な便益を得たと伝えられている（『戸板村史』一九四五年）。この伝承から、江戸時代、既に今の場所にあったことは間違いなかろう。

金沢市の出雲神社は、実はここだけではない。JR金沢駅の西から西北二kmの地帯に、出雲神社という名の社が五社ある。比較的狭いエリアに、出雲神社がこれだけ集まっている所は、全国でも他にない。さらに、金沢駅の西と北一・五kmの地点には少彦名神社が二社ある。名前を見ただけで、出雲系と分かる神社が計七社もあるのだ。

金沢市出雲町の出雲神社

大正七（一九一八）年の『石川県之研究・神社編』は、出雲神社五社は、いずれも「由緒詳ならず」としている。祭神は、四社（出雲町、北町、二ツ屋町、二宮町）が大国主神一神を祭り、西念の社が大国主神・少彦名神・貴船神の三神を祭る。少彦名神社二社（薬師堂町と諸江町）の祭神は、その名のとおり少彦名神一神である。出雲系神社が多い能登では、大己貴や少彦名あるいは出雲の名を冠する神社は古社が多い。一社一神というもの、古くから連綿と続いてきた社であることをうかがわせる。

二〇〇三年『横向きに座る大国主神——能登と出雲の神々』を著した円山《えんやま》義一《ぎいち》さんは、二〇一〇年の『今昔能登の路』で、金沢市出雲町と能登の志賀《しか》町出雲は地形的に酷似していると指摘する。能登国の章を少し先取りすることになるが、羽咋《はくい》郡志

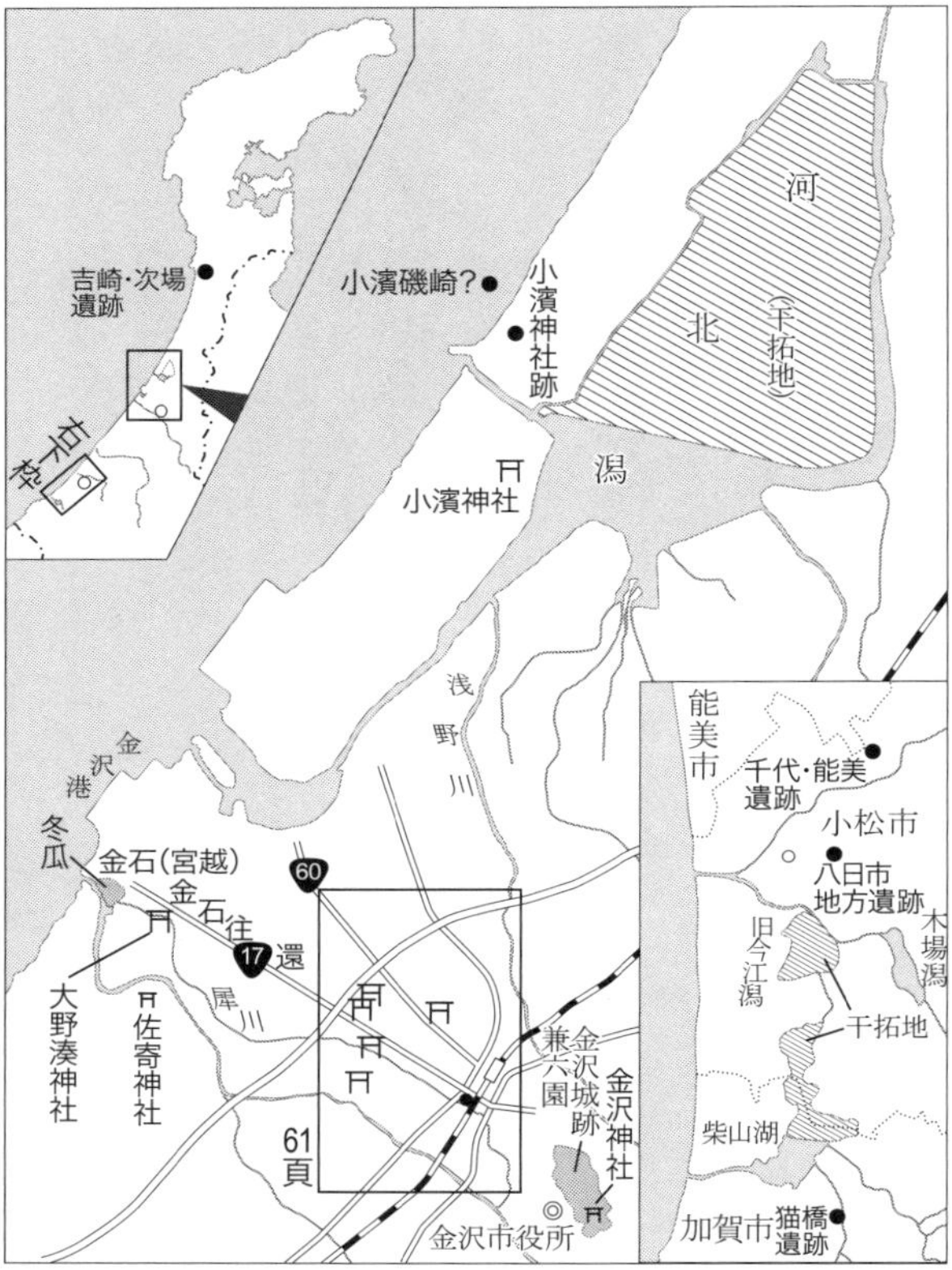

賀町火打谷出雲の地名由来は古く、古代出雲国の住民が海を渡り、福野潟を越えて、この地に居を定めたためといわれる（『角川日本地名大辞典17・石川県』）。また『石川県神社誌』は、この火打谷の出雲神社について、その地の開祖といわれる旧家が「出雲の地よりこの地に来り部落を出雲と名付け、出雲神社を創祀せり」との伝承を記している。円山さんは、志賀町の出雲も、昔は海に続く福野潟が近くまで入り込んでいて、両者とも海―砂丘―潟―そして出雲神社という順に並び、潟と海の間には共に水路があり、「海につながる出雲神社」だという。その洞察通りなら、金沢市の出雲神社も、古代、出雲から海を渡り、加賀の潟湖を経て、加賀平野に移住した人々が創祀したものということになる。

金沢市の出雲神社五社は、いずれも海岸から四～五kmの場所にあり、犀川と浅野川で、海や潟湖（河北潟）と通じる位置にある。潟湖は古代の良港として知られるが、加賀の海岸線には、北潟、小松、内灘など総延長一〇〇kmにわたる砂丘が連なり、これら砂丘の発達が北潟湖、柴山潟、今江潟、木場潟、そして河北潟などの海跡湖を生んだ。これら潟湖は干拓で大幅に縮小（河北潟は三分の一以下）ないし消滅したが、往時は今より広く、明治期までは船着場もある水運の発達した場所だった。金沢の出雲神社の源流が、海路をわたり越へ来た、出雲を原郷とする人々が祭った産土神だったという可能性を、地形と神社の位置が物語っているのである。

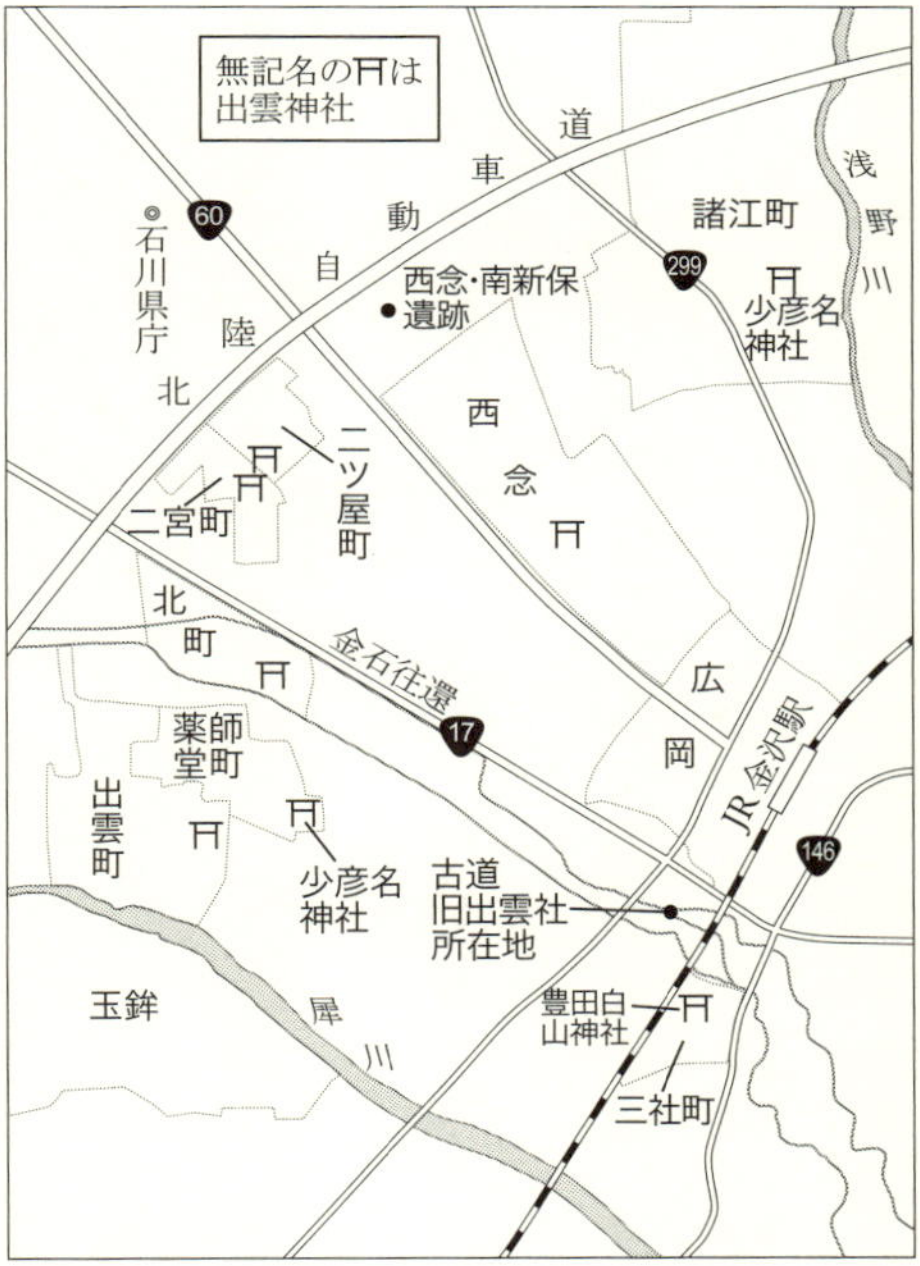

2　戸板七村の氏神・出雲社と金沢宮腰口の別当出雲寺

金沢には明治四十四（一九一一）年まで、もう一つの出雲神社があった。加賀藩時代、出雲寺が別当を勤めていた、藩政文書に登場する唯一の出雲社がそれだ。享保六（一七二一）年七月の別当出雲寺「豊田《といた》郷出雲社略縁起」は、「当社出雲大明神の草創は古代の事と申伝へたり」と記す。出雲寺は本名「常楽寺」で、長らく出雲社の別当だったため、出雲寺と汎称されるようになった

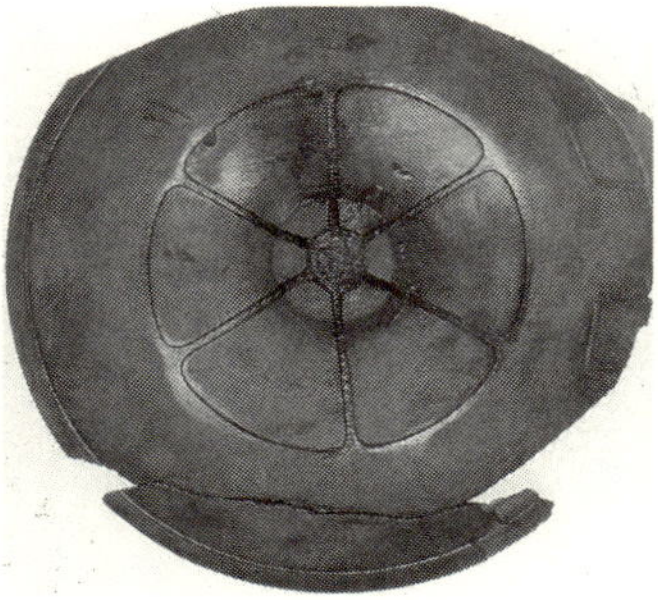

西念・南新保遺跡出土の刻文精製高杯　金沢市埋蔵文化財センター提供。

という。加賀では寺院の勢力が強く、百万石の城下町金沢でも、五社と呼ばれた神社以外は、神仏習合の中で、僧侶か山伏が運営していた。

　金沢宮越口出雲寺快通の名で書かれた貞享二（一六八五）年七月の出雲社由来書は、「往古は石川郡の内西念新保《さいねんしんぼ》に在り、戸板七村の氏神」だとしている。出雲社は同郡の広岡村へ移転した後、慶長元（一五九六）年の検地で社領を没収されるが、明暦元（一六五五）年、戸板七村の氏子が宮地を寄進し、東照宮（寛永二十＝一六四三年、金沢城北の丸に創建）神護寺の支援も得て再興。快通は由来書の末尾で「拙僧の代、天和三（一六八三）年より東照宮役僧罷り成り、神役相勤め申し候」と記している。加賀藩の信頼が厚かったのだろう。宮腰口出雲寺という自称から、当時、出雲社が宮腰（式内社・大野湊神社がある犀川河口の港湾・金石地区）と金沢城下町を直線で繋ぐ街道「金石往還」の入り口あたりに鎮座していたことも分かる。

　同社が初め鎮座したという西念には、現在出雲神社がある。『石川県石川郡神社誌』（一九二四年）は、西念新保の出雲社は文明三（一四七一）年の坊舎・西念坊の創建に関わる、或いは木曾義仲（一一五四〜八四年）上洛の際に社記・神宝が焼失したとの伝承をもつと記す。同社は創建以来、西念を出たこともないから、両社は別物で、西念新保には一定期間、二つの出雲社があったことになる。「戸板七村の氏神」の方は、出雲社の惣社だったのではないか。

　石川県埋蔵文化財センターの林大智さんによれば、八日市地方《じかた》遺跡（小松）、吉崎・次場《すば》遺跡（羽咋）

と並ぶ、石川県内の三主要遺跡の一つが、西念・南新保遺跡だという。ここの遺跡からは、西川津遺跡（松江市）、姫原西遺跡（出雲市）、青谷上寺地《あおやかみじち》遺跡（鳥取市）と同様の刻文精製高杯《たかつき》など、弥生時代後期の北陸と山陰の密接な関係を物語る遺物が出土している。西念は古くから、出雲を原郷とする人達が住み着いた場所だったようだ。今ある金沢出雲神社五社の中で最も大きいのが西念の社なのも、無縁でないかもしれない。

現存する金沢出雲神社５社の中で最大の西念出雲神社（金沢市西念町）

江戸末期の弘化二（一八四五）年、古道《ふるみち》木揚場町に移転した出雲寺＝出雲社は明治二年、神仏分離政策で常楽寺（出雲寺）が廃止され、古道の出雲神社となる。明治十四（一八八一）年の石川県『加賀国金澤区地誌』は、同社について「面積一三七坪、県庁の西北凡二九町古道にあり大己貴神を祭る、古道辺六三戸の産土神なり」と記している。この段階の同社は、明らかに惣社ではない。『金沢古蹟志』（一九三四年）の「明治二年出雲守復飾して、尾崎神社の神職と成り、当（出雲神）社を兼務」したとの記述からは、支え＝出雲寺を失った出雲社の衰退が伺える。同社はその後、明治末の神社合祀政策（石川県内の神社が約二九〇〇社から一九〇〇社に減少）で明治四十四年、豊田白山神社（三社町）に合併された。その時、盛大な合祀祭が行われたとの話が、白山神社の中村宮司家には残っている。

この白山神社も元来、出雲と縁のある古社だ。同社は養老二（七一八）年、泰澄法師が白山嶺上の三所明神を勧請し、三社権現と称したのが始まりで、三社村の産土神だったという（貞享二年の金沢三社別当「常光寺」による由来書）。一九一九年の『金澤市史社寺編』は、同社の三所明神は白山比咩《ひめ》、別山大山祇《おおやまつみ》神と大己貴嶽《だけ》大己貴神だと記す。明治二年の神仏分離政策で常光寺が廃止され、豊田白山神社となり、今は菊理媛《きくりひめ》、応神天皇、武甕槌《たけみかづち》を主祭神とする。出雲大神は本殿にひっそりと祭られている。同社のわずか数軒隣に、出雲大社教金沢分院がある。歴史の表舞台から消えた、今はなき出雲社の導きのような気がする。

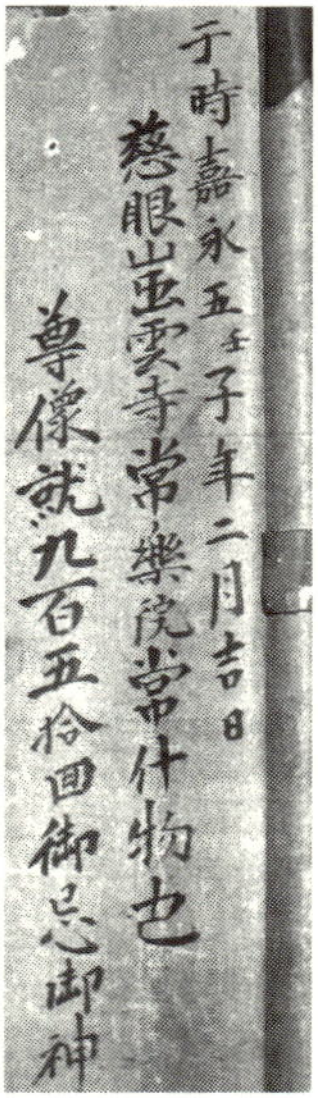

嘉永五＝一八五二年の出雲寺巻物　豊田白山神社蔵。筆者撮影。

3　河北潟砂洲の小濱神社と兼六園の白蛇龍神――加賀海岸部の出雲信仰と文化

河北潟を覆う海浜の砂洲地帯に鎮座する式内社―小濱《おばま》神社（石川県河北郡内灘町）の祭神は、もともと大己貴神一神で、九世紀半ばから少彦名神と事代主神を相殿で祭るようになったという。海岸の砂丘地にある社は、海浜の浸食による社地の崩壊や飛砂の被害で何度か移転。今の大根布には明治二十二（一八八九）年から鎮座する。

小濱神社の最初の鎮座地は「小濱磯崎」と伝えられるが、今その地名は地図上にない。その場所を同社の齋藤政史さんに尋ねると、海岸より数百m離れた海中を指差された（60頁図）。弥生時代の海岸線は今より一～二kmほど沖の方にあったとされ、大正九年の『石川県河北郡誌』は「今日も尚ほ地方漁夫等は……沖の海底に石鳥居見ゆといへり」と記す。内灘町は一九九五―九六年、その海底鳥居を探す調査を行った。小濱神社は古くから黒津船権現とも呼ばれるが、養老二（七一八）年に遷座したという南方の森林地帯が黒津船で、それは「往古異国の黒船着岸以来の地名」（天保五年「小濱神社訳譜」）といわれ、渤海《ぼっかい》国の船だとの伝承もある。黒津船権現森の海岸近くに小濱神社趾があると聞いて行くと、砂丘の緑地の中に礎のような石群が現れ、その背後に海が開けていた。地理環境と当初の祭神、創建年代から、小濱神社は往古、河北潟へ入った出雲人が祭り始めた社である可能性が高い。

小濱神社の旧社地（石川県河北郡内灘町）

加賀では、特に弥生時代後期の山陰系の土器や木製品が目立って出土していると、林大智さん（石川県埋蔵文化財センター）はいう。姫原《ひめばら》西遺跡（出雲市）の刳物桶《くりものおけ》やジョッキ形容器と酷似した木製品が、西念・南新保（金沢市）や猫橋（加賀市）遺跡で出土し、中でも千代《せんだい》・能美《のみ》遺跡（小松市）のナスビ形鍬は出雲以外でほぼ類例がなく、その形が海《かい》上《じょう》遺跡（出雲市）のものとよく似ている。出雲人の祖先は、加賀海岸のあちこちに移住したようだ。

加賀の海岸部に出雲人やその信仰・文化が入ってきた足

西念・南新保遺跡出土の木製刳物桶（上） 金沢市埋蔵文化財センター提供。
小松市千代・能美遺跡出土のナスビ形鍬（右） 石川県埋蔵文化財センター提供。

跡は、近世にも見られる。金澤神社は江戸時代、加賀藩主が兼六園竹沢御殿の鎮守として創建した社だが、主祭神として、前田家の先祖とされる菅原道真公（天神）と並んで、白蛇龍神を祭る。その御神体二体は、同社に残る「出雲国日御碕大神宮龍蛇神徳略記」などから、いずれも日御碕神社の龍蛇神だと知られている。加賀藩では、金龍院の諡号をもつ十二代藩主・前田斉広と妻隆子（諡号は真龍院）が龍神信仰に篤く、一体はその子斉泰（十三代藩主）が弘化三（一八六四）年、竹沢御殿鎮守に合祀させたもの。もう一体は城中で代々藩主の妻が祭り、十五代利嗣の妻・朗子の逝去に伴って一九四九年、金沢神社に納められた。同社では毎月一日、白蛇龍神祭を行い、藩政時代、毎年十月一日に白蛇龍神の姿を映した神札を百体のみ作り、頒布していた伝統も継承している。出雲の竜蛇信仰が、金沢で独自の発展を遂げた形だ。

　その金澤神社の厚見正充宮司は、今はなき江戸時代の出雲社（古道）をご存知だった。江戸時代中期に巡拝され始めた「金沢二五天神」の中に「出雲寺大社別殿（古道の出雲

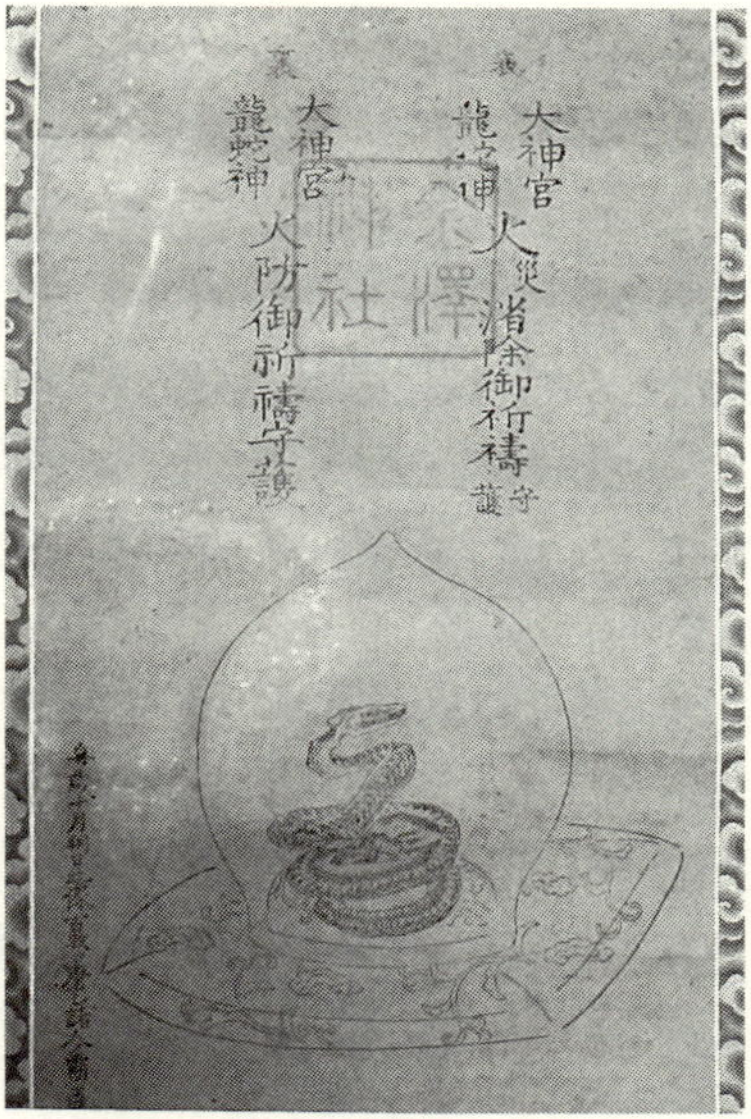

龍蛇神の神札（明治期）　金沢神社蔵。筆者撮影。

社)」が含まれていたからだという。菅原氏は道真の曾祖父の代まで土師《はじ》氏で、その土師《はじの》連《むらじ》の先祖が出雲国の野見宿禰《のみのすくね》だとする日本書紀、続日本紀が史実なら、道真を先祖とする前田家も、出雲人の末裔になる。加賀藩が出雲の龍蛇信仰を受け入れ、出雲社が「金沢二五天神」の一つに列せられたのも、それを意識してのことだったかもしれない。

出雲町出雲神社がある犀川の河口近くに鎮座する佐奇神社の鏑木紀彦宮司は、金石の冬瓜《かもり》地区の住民は一六二〇年頃、石見から移住してきた人々だという。その人々は「かもうり舟」を操り、鯛釣りに長けており、その舟は舳先が上に延びた型だったとの伝承もある。越前そり子とよく似ている。山陰から越へ——私たちの知らない移住の歴史が、まだまだありそうだ。

（二〇一一年十〜十一月掲載）

能登国

1 能登半島の出雲——開祖の谷崎家と出雲神社

石川県志賀町の出雲集落

二〇一〇年秋、出雲で全国の国津神が集う神在祭が行われていた頃、私は能登半島の「出雲」にいた。石川県羽咋《はくい》郡志賀《しか》町の出雲——その地の開祖で、かつては産土神・出雲神社（祭神・大己貴神《おおなむち》）の祭祀も司っていたという谷崎家の招きを受け、出雲へ行く神々と逆行しての能登入りだった。

志賀町出雲の地名由来は古く、古代出雲国の住民が海を渡り、福野潟を越えてこの地に居を定めたためといわれる（『角川日本地名大辞典 17』）。また『石川県神社誌』は、その出雲神社について「創祀年代不詳なるも、応永四（一三九七）年神職補せらる。同字（出雲）に谷崎弥市という旧家があり、同字の開祖といわれ、出雲の地よりこの地に来り、部落を出雲と名付け、出雲

志賀町出雲神社の秋祭り　三本の竹筒を束ねた燈籠が並び照らす神社の石段を一気に神輿が駆け上がる。2016 年 9 月撮影。

神社を創祀せり」との伝承を記している。

現在、出雲区長も務める当主・谷崎紀男さん（一九四四年生）によれば、谷崎家は四百年前、母屋が火災に遭い、それまでの文書が焼失したという。その時火災を免れた板碑（鎌倉～室町時代に作られた平板石の卒塔婆）から、家の起源が中世以前に遡ることが確認される。第三者による記録を探れば、元和二（一六一六）年八月の雄谷《おうや》家文書（苦竹運上極）に「出雲村」の記載があり、宝暦十一（一七六一）年、気多大社大宮司・桜井監物が加賀藩寺社奉行に提出した「羽咋郡触下社号相改書上申帳」には「出雲大明神」という社名が記され、文政十一（一八二八）年の「羽咋郡社家社号并祭神等書上申帳之扣」に、「出雲村鎮座産神」として「出雲社」（祭神・大己貴命）がある。これらの文書から、中近世に出雲村があり、出雲（神）社がその産土神だったことも確認できる。明治十三年の神社明細帳でも、この出雲神社の祭神は大己貴命で、一貫している。

志賀町の出雲には、『石川県羽咋郡誌』（一九一七年）が、「風致甚だ佳なるを以て夏日来遊するもの多し」と記す「出雲滝」がある。『土田の歴史』（一九五四年）によれば、出雲の山中に発し、梨谷小山で米町《こんまち》川にそそぐ川が「出雲川」と

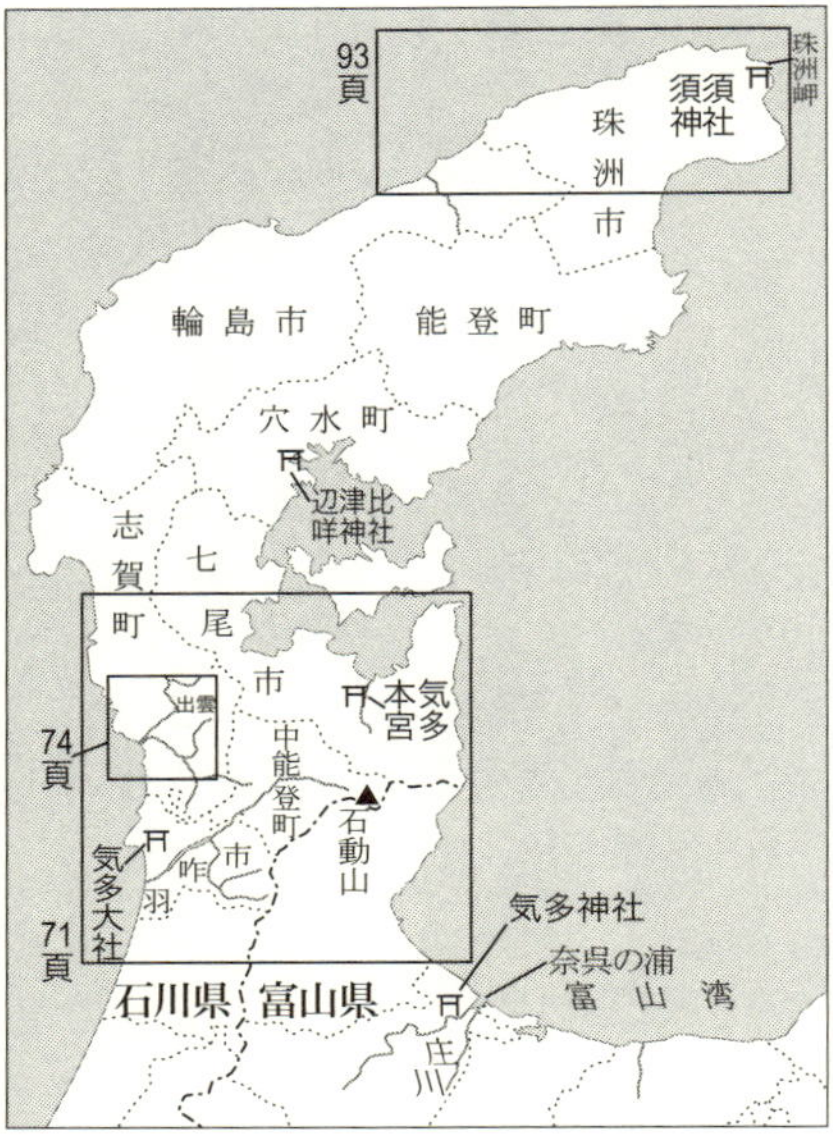

呼ばれていた（今はほとんどが道路の下で、名称も忘れられている）。出雲集落南東の山腹で採れる「出雲石」は、建物の土台や神社等の石段の石材として、県外でも使われてきたという。これら「出雲」を冠する自然物の名称も、「出雲」が現地で古くから根付いていた名であることを物語る。

出雲の北に火打谷の集落がある。その名のとおり火打石（燧石）の採れる所だが、『能登志賀町の昔話・伝説集』には、出雲の神オオナムチが海から火打谷にあがり、拾った火打石で着けた火で、冷えた体を温めたから火打谷という名がつき、出雲の神が着いた所だから出雲という、との地名伝説も載っている。志賀町の出雲や旧福野潟周辺には、こうした海を渡る移住を示唆する伝承が多い。

能登は本州から一〇〇km突出した半島で、対馬海流がぶつかり、九州北部や出雲方面から沖合を渡航する船が漂着する。『志賀町史』は、縄文時代の異なる時期、沿岸部の川尻なべんたか遺跡や火打谷遺跡でムラを開いたのは、使用した土器の文様から、海流に乗って移住してきた西日本系縄文人だと記している。有史以前から、対馬海流を使った度重なる西方からの移住があったのだろう。

志賀町の突端に鎮座する意富志麻《おおしま》神社（大島）は宗像《むなかた》三神を祭り、かつての福野潟とその上流の川筋には、出雲系の神社が一〇社近く集まっている。さらに、出雲（村）の隣は安津見《あづみ》（村）だ。志賀町の地名・神社・伝承は、筑前志賀島の安曇《あづみ》と宗像の海人、そして出雲人が三つ巴となって、能登へ移住してきた歴史を刻んでいるようにみえる。

2　谷崎家にある出雲神社元宮――集落全体の鎮守は後世の創建

志賀町の出雲に着目したのは、七尾市在住の円山義一《えんやまぎいち》さんだ。大正十一（一九二二）年生まれの円山さんは、夜勤もこなす円山病院の現役医師だが、能登にある出雲系神社を丹念にまわって二〇〇三年、『横向きに座る大国主神――能登と出雲の神々』を刊行した郷土史家でもある。二〇一〇年九月、羽咋から能登半島を海岸沿いに周った時、私は海岸部から離れた出雲に気づかず志賀町を通り過ぎ、七尾で三年ぶりに再会した円山さんの著書『今昔能登の路』（同年）で、その存在を知った。

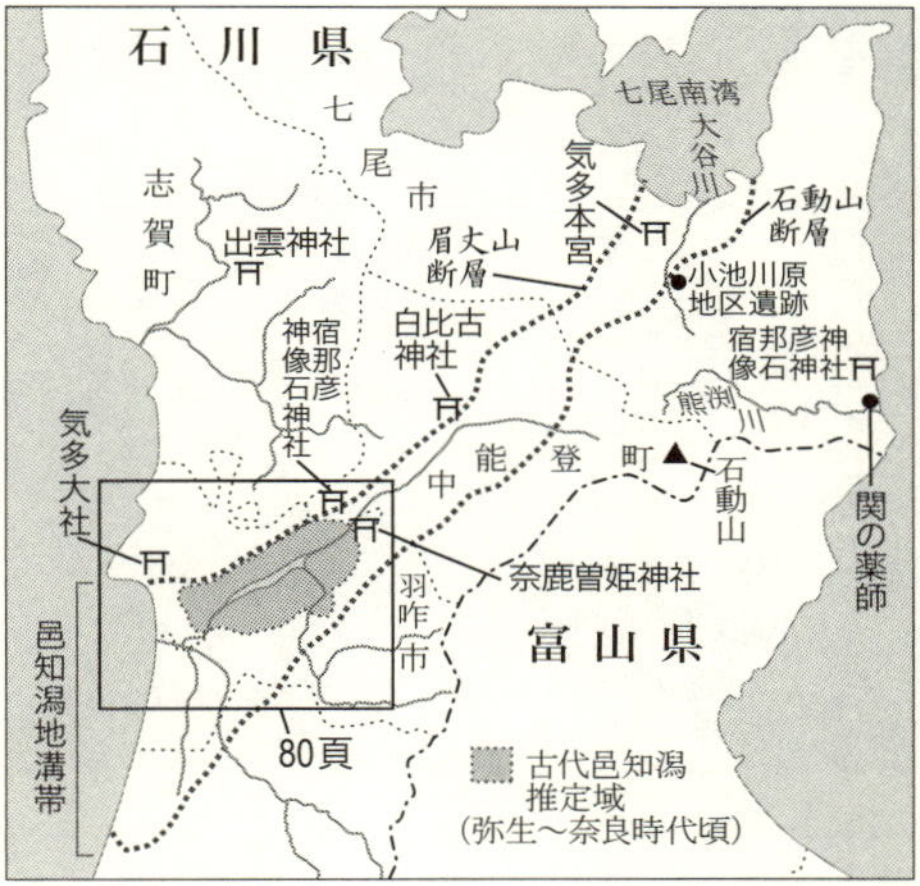

加賀国の章でも紹介したが、円山さんは同書の「能登と出雲」で、海―砂丘―潟―出雲神社という並びは、金沢市の出雲神社と地形的によく似ており、志賀町の出雲は山裾にあるが、昔は海と繋がる福野潟がすぐ近くまで来ており、定住地として相応しい場所だったと洞察している。

志賀町の出雲神社は、長い石段を登った山の中腹に鎮座す

石川県志賀町の出雲神社

る。両脇を大木が囲み、社殿も小さくはない。円山さんが「いかにも古社」と記すとおりだ。だが毎年初夏（五月末〜六月初旬）に行われる出雲神社創建を祝う例祭は、その出雲神社では行われず、谷崎家敷地内の神社で行われる。出雲集落では、三十数軒ある全戸の神棚に出雲神社の分霊（神札）が祭られ、例祭時、（出雲神社を兼務する）宮谷宮司が谷崎家の社で祭りを行った後、各家をまわって祝詞をあげるという。

谷崎紀男さんは、祖父・作太郎さんから、谷崎家敷地内の神社は、先祖がこの地に来た時からあるものなので、大切に祭るよう言われて育ったという。同家の伝承によれば、それが出雲神社の元宮で、山の中腹に鎮座する出雲神社は（集落の拡大に伴う）後の創建らしい。谷崎家の神社は海のある西南――それは出雲国の方角でもある――を向いて鎮座し、御神体の大きな石は、地元の石ではないという。その社の裏手には、出雲一号墓と名づけられた横穴墓がある。内壁に木の葉状の絵が線刻されており、出雲の横穴式石室や横穴墓の線刻壁画に顕著な、樹木崇拝とみられる図形との関連が指摘されている（志賀町史資料編一巻）。谷崎家は四百年前の火災以前からずっと、今の場所にあるという。

越の出雲で生まれ育った谷崎紀男さんは、警察庁勤務時代、福岡（久留米）に三年、出雲に三年、赴任していた経歴をもつ。出雲の古志《こし》で生まれ、今は福岡に住みながら、越に通う私とは、自ずと通じるものがあった。出雲国風土記（七三三年）は、神門《かむど》郡古志郷の条で「古志の国人ら来到りて、堤をつくり、やがて宿居れりし所なり、故、古志と云ふ」と記し、同郡狭結駅《さよふのうまや》の条でも「古志国の佐与布と云ふ人来りすめり、故、最邑《さよふ》と云ふ」と記し、越《こし》人の出雲への来住を示している。今、神西湖《じんざいこ》（周囲五km）となっている水域は、八世紀初め、神門水海と呼ばれる、出雲の二大河川――出雲大川（斐伊川）と神門《かんど》川――が流れ込む周囲一八・八kmの潟湖だった。古志郷は、神門水海《かむどのみずうみ》から二kmの地にあり、神門郡の郡家（役所）が置かれ、外海から船が出入りする要所だった。神門郡は出雲郡と並び、オオナムチ信仰の中心地だったともいわれる。

谷崎家敷地内にある出雲神社の元宮　左が谷崎紀男さん、右は円山義一さん。

出雲在住時代、神西湖近くの官舎に住み、漁師からシジミをよく貰っていたという谷崎さんは、能登へ戻って一〇年以上たった二〇〇九年末、和倉温泉の加賀屋で、朝食に出たシジミの味噌汁を「神西湖のシジミではないか」と言い当て、料理人を驚かせたという。越の出雲の開祖の末裔・谷崎さんが、出雲の、しかも古志と縁の深い神西湖（神門水海）近くに住む。出雲の縁は絶妙だ。当時谷崎さんは、関係ないとは思いながらも、出雲で谷崎という姓の家を探し、訪ねたことがあるという。ルーツへの、それが人の思いなのだろう。

3　オオナムチを祭る神社が集まる福野潟周辺——海路の移住を物語る伝承や遺跡

出雲国風土記（七三三年）が「所造天下（天《あめ》の下造《つく》らしし）大神」と記すオオナムチは、その名からして地上界創造神である。「所造天下」は中国の世界観に由来し、オオナムチのナはアルタイ語系の土地を表す語、ムチは尊・貴を意味する尊称で、オオ（大）ナ（土地）ムチ（貴）という神名が、ヤマト神話でオオ（大）クニ（国）ヌシ（主）と呼ばれる神名を生じさせたといわれる（上田正昭『論究・古代史と東アジア』）。

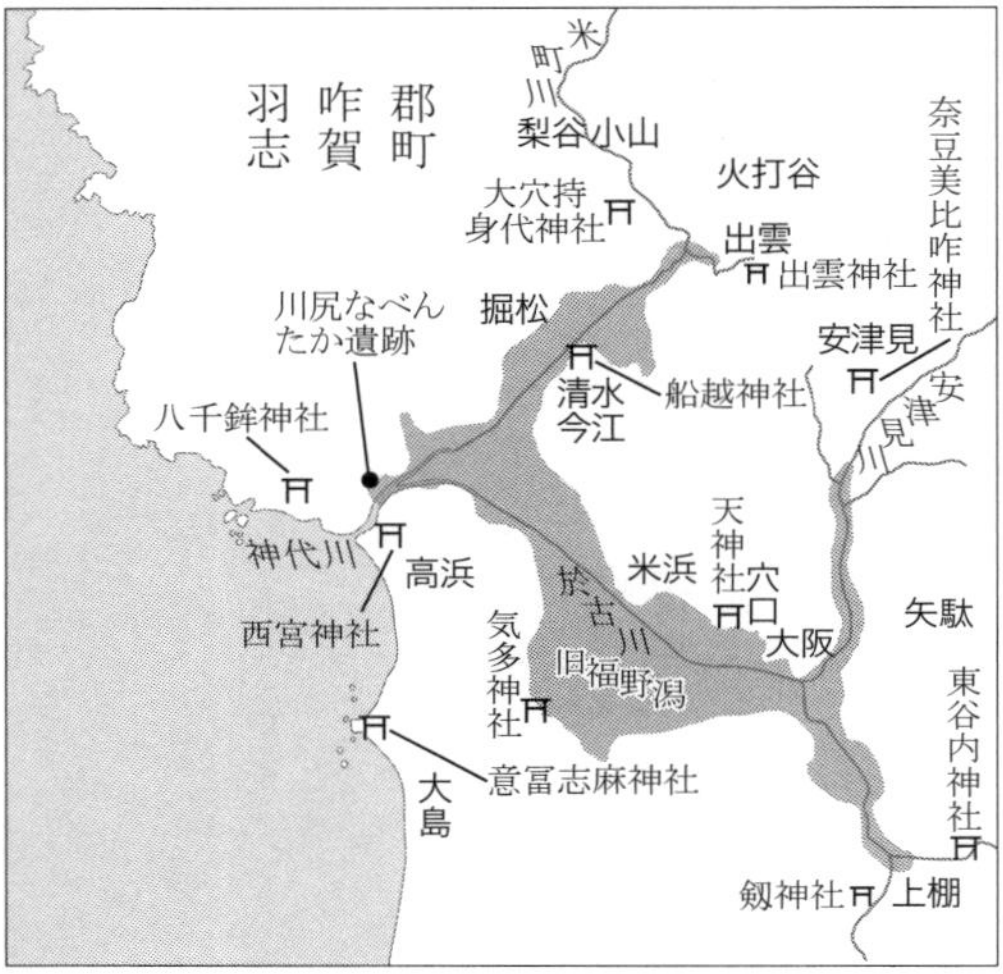

そのオオナムチを祭る神社が、能登の出雲がある旧福野潟周辺に集まっている。福野潟は、縄文海進でできた入江の湾口が海岸砂丘の形成で閉じられてできた。旧福野潟を囲んで分布する多くの遺跡からも、往時は周囲一〇km以上あり、北は出雲の近くまで、南は劔神社（祭神スサノオ）や東谷内神社（祭神スクナヒコナ）——いずれも出雲神——がある上棚付近まで広がっていたとみられている。潟は、潟へ流入する河川が運ぶ土砂で埋められ、また近世以降の干拓で平野・水田へと変わったが、享保十一（一七二六）年の福井村孫十郎訴状（雄谷家文書）は「此

潟廻村々は、大念寺村・末吉村・福野村・大島村・館村・福井村・米浜村〆七ケ村にて御座候」と記し、江戸中期頃、これらの村々がまだ潟に面していたことを伝える。かつて福野潟の畔にあったとみられる大阪（村）では古代（古墳～奈良時代）の丸木舟が出土し、米浜には舟着場の地名が残っている。

その大阪と米浜の間にあって、やはり旧福野潟の畔に位置する穴口では、能登半島では二カ所でしか出土例がない、山陰特有の甑《こしき》形土器（弥生後期後半～古墳時代）が出土している。穴口（村）の産土神・天神神社（祭神は大己貴と少彦名）は、文化五（一八〇八）年の社殿造替棟札によれば、もともと大穴持《おおなもち》神社と称し、村名も祭神名に由来する穴持村だったという（後世、神社近くの洞穴にちなみ穴口村と改名）。

火打谷の出雲からみて米町川の下流に位置する清水今江の産土神・船越神社の祭神も大己貴《おおなむち》神で、同神は古代に海を渡って隣の堀松あたりに着座し、再び船で当時の福野潟を越えて、今の地に鎮まったとの伝承がある（『角川日本地名大辞典17　石川県』）。堀松は、石川県内最大規模の貝塚（縄文中期）でも知られる。当地で生まれ育った松田清さん（一九二六年生）は、著書『清水今江の歴史』で、堀松平野は昔、一面に入江で、船着場だった堀松の海岸に神様をのせた石の船が流れ着いたという、船越神社の由緒伝承も載せている。福野潟を船で越えて来たから「船越」というわけだ。福野潟を人々が感覚的に「入江」「海岸」と認識していたことも、

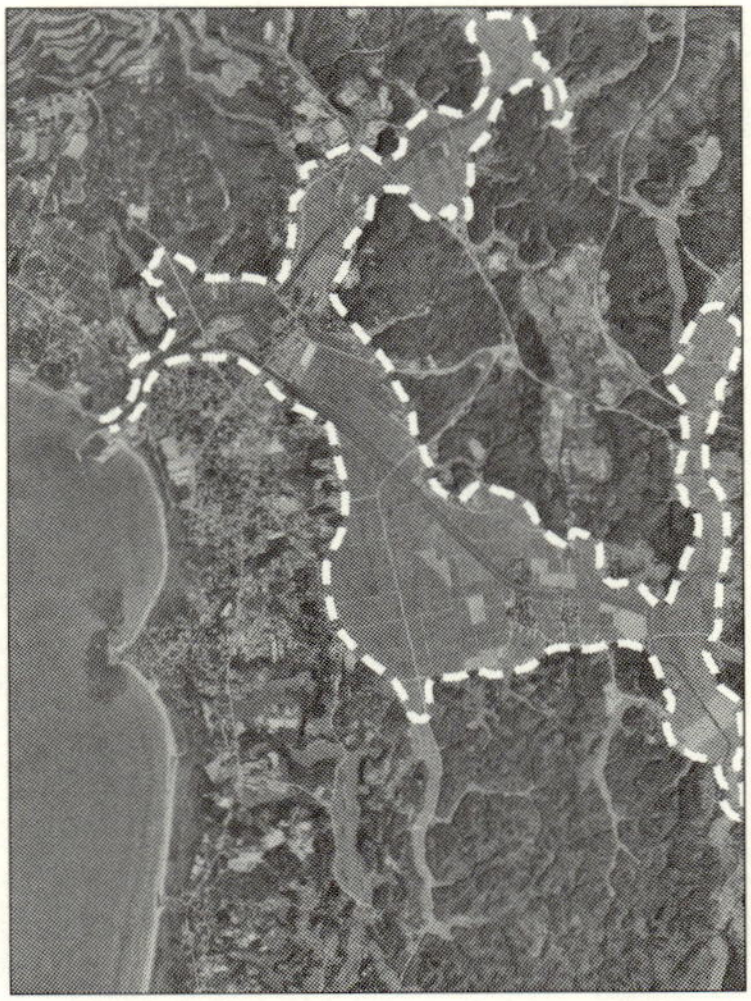
旧福野潟（点線内）の地形がうかがえる航空写真　石川県志賀町提供。

うかがえる。

羽咋郡の臨海地域には、このように神が流れ着いた故事から起こった地名や、よその土地から移住した人々によって開かれた町や村が多いといわれる。例えば、若狭国高浜（現福井県大飯郡高浜町）から漁師が移住したことに由来するのが、高浜だ。米町川と於古川は河口一km足らずの高浜で合流し、神代《かくみ》川となって海へ注ぐ。その河口付近にも、大己貴を祭神とする西宮神社がある。慶長・元和年間（一五九六～一六二四年）頃から、毎年夏、漁に来るようになった若狭国高浜・小浜の漁師らが、寛永九（一六三二）年、加賀藩の許可を得て大念寺新村を村立てして定住。西宮神社はその新村創立の際、若狭国の助左衛門らが守護神として勧請したという。若狭高浜には、大己貴を祭る式内社・佐伎《さき》治《ち》神社がある。新旧大念寺村が合併し、高浜町と改称したのは明治二十（一八八七）年。実に二五〇年の時を経て、祖先の故郷の名をつけたことになる。人の記憶とルーツは世代を超えて受け継がれる。ならば、出雲のつく地名の誕生が中世であっても、実際に出雲を原郷とする人々が移住したのは古代だったというようなことも、あり得るのだろう。

4　海を渡りくるオオナムチ——寄り神と像石信仰

大和の太陽信仰に対し、出雲は水神・龍神信仰だといわれる。太陽神アマテラスを最高神とする大和信仰では、神々の世界は高天原のような天上界にあり、神は天（界）から降（臨す）るが、水神オミヅヌを建国神とする出雲信仰では、神々の世界は海の彼方にあり、神は海原を渡って寄り来たり、海の彼方へ去る。伊勢神宮の祭神が太陽に向かい南向きで、出雲大社の祭神が海に向かい西向きで鎮座しているのは、陸の文化と海の文化の反映ともいえよう。その点で、出雲と似ているのが能登だ。

能登ではシケの翌朝、海岸に流れ着く寄り物を拾い集める「浜歩き」の習慣があったという。そうした時、海の彼方から流れ着いた神（霊がこもるもの）と巡りあうことも多々あった。寄り神伝承をもった社祠は、能登全域で百カ所を超えるという。漂着神を祭る神社の中には、流れ着いたり、海中にあった石を御神体として祭る社もかなりある。それが社名に表れたのが「像石《かたいし》神社」だ。

『延喜式神名帳』（延長五＝九二七年）をみると、能登国に大穴持神像石《かむかたいし》神社（羽咋郡）と宿那彦《すくなひこ》神像石神社（能登郡）が載っている。この特異な呼称は、全国二八六一の延喜式内社のうち能登の二社だけで、そのいずれもが出雲神を祭る。森田平次（旧加賀藩の歴史家、一八二三～一九〇八年）著『能登志徴』は「神像石とは所謂石神にて、石を以て神体となしたる社なり」と記す。神像石は古来、海の彼方から渡来する客人《まろうど》神として信仰されてきた。『文徳実録』は斉衡三（八五六）年十二月二十九日の条で、常陸国鹿島郡の大洗磯に怪石が現れ、「我は是れオオナムチ・スクナヒコナなり」と名乗ったとの報告を、『三代実録』は貞観十六（八七四）年九月八日の条で、出雲国から石見国に石神が渡来したとの報告を受けて、律令府が神階を授けたと書き残

羽咋市寺家町の大穴持像石神社

志賀町梨谷小山の大穴持身代神社

している。スクナヒコは海の彼方から漂着し、常世国へ去ったという典型的な客人神だが、能登ではオオナムチもまた、出雲からの渡来神として信仰されてきた。

羽咋郡には近世まで、オオナムチを祭る像石神社が少なくとも三社あったが、そのうちの二社が志賀町の出雲神社と同じく、福野潟周辺に鎮座する。米町川を挟んで出雲集落の隣にある梨谷小山の大穴持身代《みしろ》神社と、神代川河口近くにある八千鉾《やちほこ》神社だ（74頁図）。両社は江戸時代中期の社号論争と明治初期の神社政策を経て改名し、羽咋市寺家《じけ》の大穴持像石神社だけが、今もその名を残している。

大穴持身代神社は、出雲国から舟で流れ着いたという大真石を神体として祭る。『能登志徴』は同社の「御像石は高六尺四寸（一九四cm）・幅六尺五寸（一九七cm）、厚三尺（九〇cm）の石にて、大地より生出たり」と記す。これは地表に出ている部分の大きさで、梨谷小山の区長・藤井芳信さんは、土中に埋まっている部分も、かなりあるのではないかという。今はその像石を覆って、本殿が建っている。

八千鉾神社について『能登志徴』は「林中に片石ありて其傍に社を建。……像石となす片石の辺りに、いにしへの社の遺石なりとて石堂の嶺石など散乱。また石堂の扉石と見ゆるもの、近年社辺の土中より掘出したり」と記す。その拓影が石川県立図書館にあるが、石扉表面に「大穴持像石神社」「応永八（一四〇一）年三月二十五日」の文字が刻まれている。

先に紹介した谷崎家の出雲神社の神体も石だが、集落の出雲神社の神体も、現地では見かけない大きな石だという。オオナムチを渡来神とする能登の信仰は、出雲大神を信仰する人々が能登へ度々渡ってきたことの反映、或いは能登で暮らす出雲を原郷とする人々が、対馬海流にのって漂着する寄り物に故郷の神霊が篭っていると受け止めたことが、始まりだったのかもしれない。

［追記］七尾市黒崎町の海岸、熊渕川の河口近くに、宿那彦《すくなひこ》神像石神社の御神体といわれる石神「関の薬師」の御神石が、目に見える形で祭られている（71頁図）。スクナヒコが沖合から黒崎の関の浜に着き、在地の阿良加志比古《あらかしひこ》神と協力、民を苦しめる悪獣や怪鳥を退けた。その神徳を敬い、当初の着岸地にあった要石（大石）を御霊代として祭り始めたのが、黒崎の宿那彦神像石神社だという。古来、春秋の祭りをこの神石の周りで行ってきたが、戦後同社は神石を残したまま、海岸を一・五kmほど北上した旧諏訪神社の地へ移転。神石も一九六〇年代半ばの国道一六〇号建設で一二〇m南東へ移され、住民がコンクリートの祠に納めた。『能登志徴』が記す大穴持身代神社の御像石に並ぶ、高さ七尺二寸（二一八cm）・下幅三尺八寸（一一五cm）という大石は、能登の像石信仰の有り様を私たちに伝える貴重な石神といえよう。

宿那彦神像石神社の御神体ともいわれる関の薬師（七尾市黒埼町）

5 気多神としてのオオナムチ——出雲の気多島が起源か？

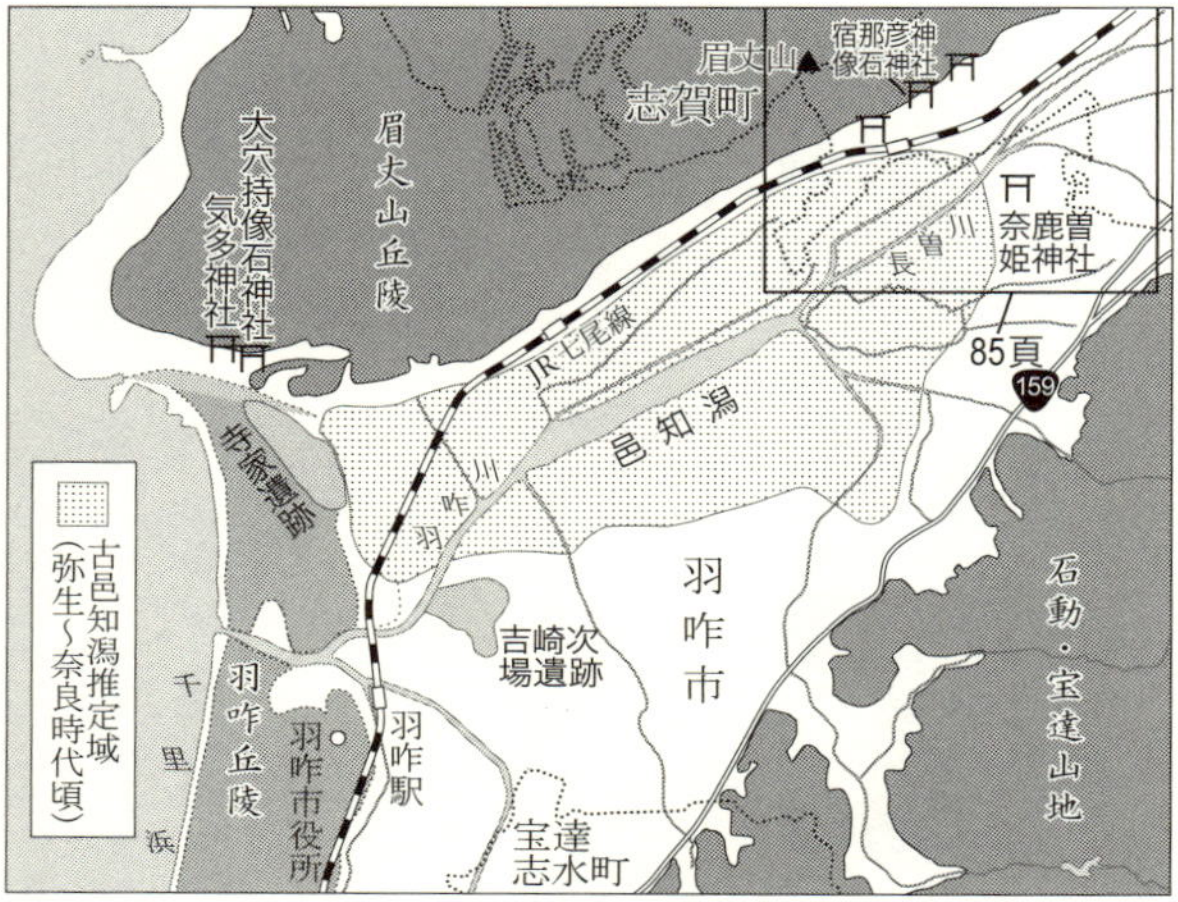

古邑知潟推定域は羽咋市歴史民俗資料館の中野知幸学芸員の研究成果に依拠。

石川県羽咋市の千里《ちり》浜は、山陰で水害があると、流失した物が漂着する場所だという。対馬海流によって様々な物が流れ着くことから「塵《ちり》浜」と呼ばれたのが、地名由来だともいう（櫻井正範『気多祝の源流』）。このちり浜＝羽咋砂丘によって、縄文海進でできた入江が閉じられて生じたのが、能登半島最大の潟湖であった邑知潟《おうちがた》である。その邑知潟を見下ろす海岸段丘上に鎮座したのが、能登国一宮・気多《けた》大社だ。天平二十（七四八）年春、大伴家持が能登巡行の際、「気太《けた》の神宮に赴き参り、海辺を行く時に作る歌一首」と題し「しお路から、ただ越え来れば羽咋の海」と詠んだ歌が万葉集に載っている。気多大社近くの縄文前期〜室町時代の大規模な寺家《じけ》遺跡から出土した、古代の祭祀に使われた様々な遺物も、その創始が有史以前に遡ることを裏付ける。

この気多大社の祭神（気多神）はオオナムチである。

気多神社古縁起（室町時代末期）は、往古、越中北島の魔王が化鳥となって人民を害し、海では船の通行を妨害し、また鹿島路湖水（邑智潟）で大蛇が現れ人々を苦しめていた時、大己貴が出雲国より三百余神・末社の眷属《けんぞく》を率いて能登国に来て、化鳥と大蛇を退治したという。『気多本宮縁起』（享保十六＝一七三一年）は、大己貴は出雲から因幡の気多崎に至り、そこから能登に渡ってきたとし、それが気多の神名の由来だとも説く。古事記（七一二年）の「因幡の白兎」にも登場する「気多前《さき》」は、鳥取市白兎《はくと》海岸西方の岬に比定されている。

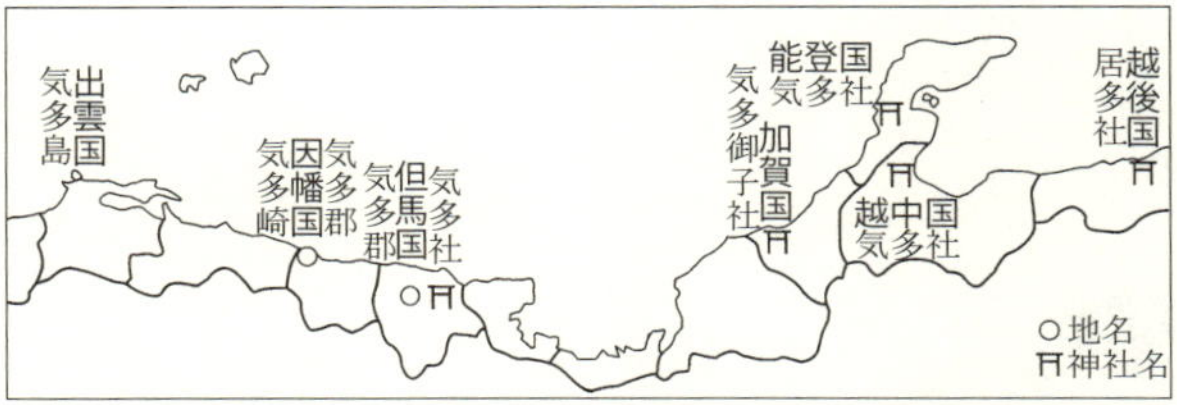

ケタ地名・神社の分布　浅香年木『北陸の風土と歴史』所収の図をもとに作成。

能登国一宮・羽咋市の気多大社

気多は、出雲から越後にわたる本州北岸域に特徴的に分布する名だ。気多神は、様々な縁起を見ても、出雲から能登へ海を渡って来ている。対馬海流に沿ってみれば、出雲国気多島（出雲郡）→因幡国気多崎・気多郡→但馬国気多郡・気多神社→加賀国気多御子神社（江沼郡）→能登国気多神社（羽咋郡）→越中国気多神社（射水郡）→越

出雲国風土記に登場する気多島とされる平島（出雲市河下町）

後国居多神社（頸城郡）と並ぶ。ならば、起点は出雲国の気多島だ。出雲国風土記（七三三年）記載の気多島は、島根半島西部の十六島《うっぷるい》湾の端、出雲市猪目《いのめ》町と河下町の境界近くの海上にある平島《ひらじま》とされる。平島は、岩棚のようにみえる二等辺三角形に近い平たい岩島で、海岸から一〇〇mも離れておらず、また東端から陸地へ向けて、飛び石のように小さな岩礁が連なる。

民俗学者の折口信夫さんは、ケタとは「水の上に渡した橋」「間のあいた渡し木」のようなもの、或いは「海から陸地へつなぐもの」「海中や水中に突出した棚のようなもの」で、神はそれを足溜りとして陸地に上ると説いた（『旅と伝説』一九三一年一号）。海から寄りくる神がケタを通って陸に上がると、ケタが延長されてその陸地もケタになる、と。そのケタ概念と平島の地形は合致する。

猪目で生まれ育った野津《のつ》雅史さん（河下町の常光寺住職、一九六三年生）は、平島は今でもアワビ、サザエ、ワカメの好漁場だという。「海苔、海松《みる》が生殖し、アワビ、サザエ、ウニがいる」と記す風土記の記述と変わらない。『風土記』全訳注の著者・萩原千鶴お茶の水女子大学教授は、アワビは古代も優れた潜水技術をもつ海人が獲る貴重品で、平島のある島根半島北西一帯は、日御碕を中心とする海人の一大居住地だったとする。平島は、杵築の出雲大社から、北前船で栄えた鷺浦を通って十六島へ行く時、陸路でも目印となる島だ。周りには海草が生い茂り、夏場は碧青の美しい海が人目をひく。南洋との交流を物語るゴホウラ貝の腕輪が出土した猪目洞窟からも、一km余と近い。

対馬海流の流れ、また出雲と因幡では地名の気多が神名に変わりゆく様をみても、気多神は出雲〜因幡を起源とし、伝播した信仰だと思われる。

6　出雲系神社が並ぶ邑知地溝帯——越の八口は羽咋か七尾？

能登半島は洪積世の頃は島で、羽咋と七尾を結ぶ邑知（潟）地溝帯が海峡だった。青木賢人金沢大学准教授（地理学）は、この地溝帯は平坦な台地に亀裂が生じ、南側の石動山断層と北側の眉丈山《びじょうざん》断層が逆ハの字型に持ち上がって真ん中が相対的に低下した、珍しい逆断層地溝だという。その地溝帯の西部に縄文時代の海進で断層に沿って半島をフの字形に大きく抉る巨大な入江ができ、その後弥生時代にかけて南から延びてきた砂洲（海岸砂丘）が入江の口と南部を覆い、邑知潟ができた。古くはその潮口（海へ注ぐ所）が今より北、眉丈山断層の直下（寺家町あたり）にあったと知れば、気多大社の鎮座地が頷ける。「羽咋の海」とも呼ばれた邑知潟は、戦前の県営、戦後の国営干拓事業を経

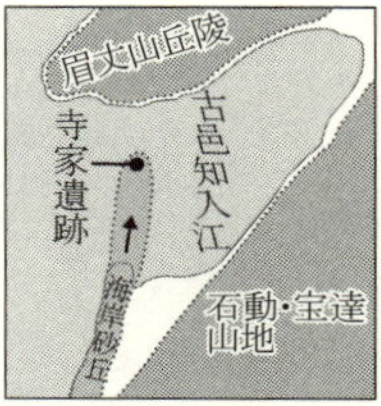

縄文早期末〜前期中葉頃の邑知入江
『寺家遺跡発掘調査報告書Ⅰ』等をもとに作成

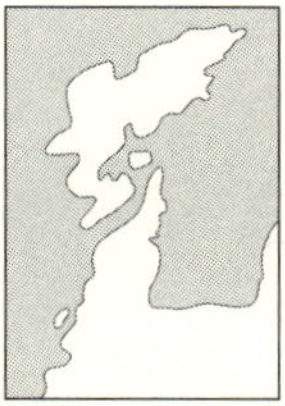
洪積世初期の能登
『金丸村史』5頁の図をもとに作成

上空からみる邑知潟地溝帯　左が眉丈山丘陵、右が石動・宝達山地、真ん中に見えるのが現在の邑知潟。羽咋市教育委員会提供。

て潟水面積八六haに縮小したが、昭和初期までは周囲一四・五km、潟水面積四五六haの大きさがあった。

出雲国風土記は意宇《おう》郡母里《もり》郷の条で、天の下造らしし大神（オオナムチ）が「越の八口《やくち》を平《ことむ》け賜ひて還り」云々と記す。能登にはそれに対応するかのように、平国祭《くにむけ》がある。毎年三月十八～二十三日の六日間、オオナムチが羽咋の気多大社から、その元宮と伝えられる七尾所口の気多本宮まで、邑知潟地溝帯沿いを一往復する神事だ。途上、各地の神社等へ立ち寄るその総行程は三〇〇kmに及ぶという。この大規模な神幸祭の由緒を、明治三十五年の調査書はこう記す。「上古、大己貴大神、国土を経営し給ひし時、此国に邪悪、妖賊屯聚して庶民を悩害せるを誅除して一国平定し給へる古式を伝ふる祭典なり、故に平国祭と云ふ」。気多本宮の縁起では、オオナムチは始め出雲国から（七尾の）所口に着き、その後、鹿島路の湖水（邑知潟）に棲んで人民を苦しめる毒蛇を退治し、（羽咋の）竹津浦に鎮座したとされる。

「越の八口」は新潟県岩船郡関川村の八ツ口付近との説もあるが、加藤義成『出雲国風土記参究』は、「八口の原義は谷口、即ち谷の入口の集落の意であろう」とする。であれば、「越の八口」は邑知潟地溝帯

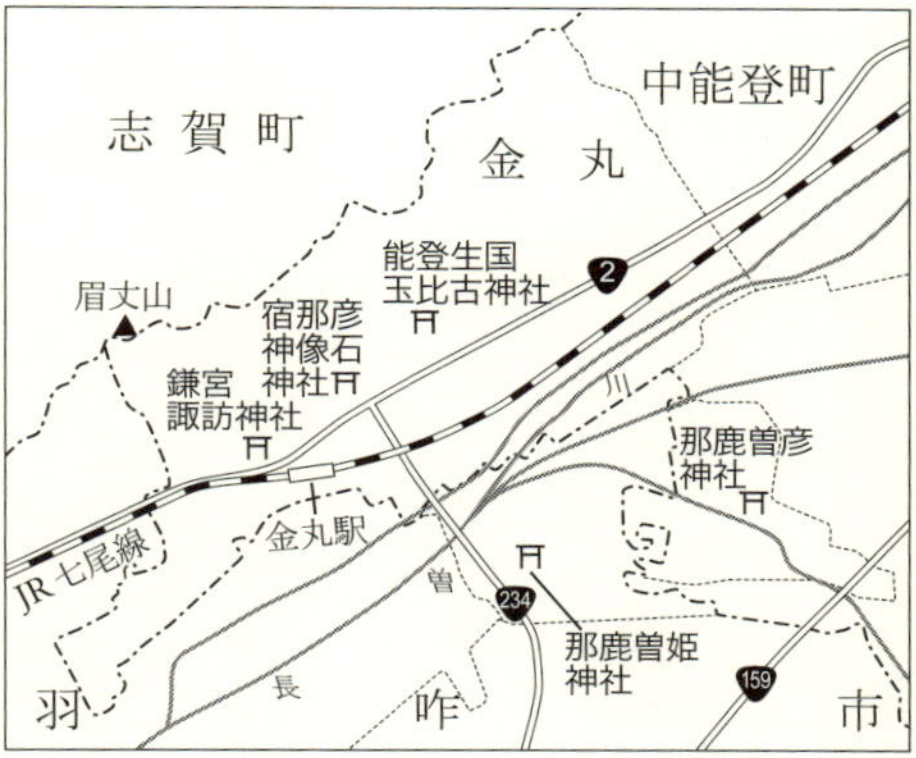

という窪地（凹地）の入り口となる羽咋か七尾を指しているとみてもよいのではないか。国引き神話の舞台「高志《こし》の都都《つつ》の岬」とされる珠洲岬があるのも、能登半島だ。

近世、邑知潟の最奥部、金丸村には藩の米蔵が立ち並び、羽咋村までの「潟下げ」や外海へ出て金沢の宮腰、大野湊へ向かう御用船の波止場があった。当時の邑知潟は水深もあり、大型の船も航行できたという（『金丸村史』）。いっぽう金丸から七尾までは約一六km。外海から船のまま邑知潟へ入って金丸まで進めば、あとは徒歩でも半日で七尾湾に抜けられる。能登半島を外周するより、はるかに短距離で内浦へ出るこの道が古来、主要な幹線路だったことは容易に想像できる。潟の先の長曽《ながそ》川の水運も活用されただろう。

その鹿島郡中能登町金丸に鎮座するのが、宿那彦神像石神社と能登生国玉比古《いくくにたまひこ》神社だ。社伝では、能登の国津神・多気倉長《たけくらお》がオオナムチ、スクナヒコと協力し、人民の災いを除き、その姫神・伊豆目比売《いずめひめ》がスクナヒコと結ばれ、御子神・菅根彦《すがねひこ》が誕生。その子孫が金丸村の村主《すぐり》で、梶井宮司家の祖先だという。梶井重明現宮司に尋ねると、菅根彦を初代と数えて第七十四代だという。

平国祭では途中から同社のスクナヒコが同行するが、そのルート上の邑知潟地溝帯沿いには、奈鹿曽《なかそ》姫神社（羽咋郡下曽祢町）など、オオナムチが現地の姫（神）との間にもうけた御子神を祭る神社が目立つ。白比古《しらひこ》神社（鳥屋町良川）の祭神も、オオナムチが現地

鹿島郡中能登町金丸鎮座の宿那彦神像石神社　邑知潟が広かった昔は、同社近くも竹ヶ浜と呼ばれる水辺で、船が出入りする良津だったという。

の乙女との間にもうけた御子神で、荒野に水を引き田や窪地を作った現地開拓の祖神とされる。七尾市在住の円山義一さんは『能登と出雲の神々』で、古代の出雲と能登は海を通じて深く交流し、生活・文化上だけでなく、血縁的にも近い関係にあったため、出雲神が遠く離れた能登に根付いているのだという。であれば前記の伝承は、能登へ来た出雲人が越人と結ばれたことの反映だとも思えてくる。

7　舳倉島沖で山陰系土器——能登で合流する宗像と出雲

本州から約一〇〇km突出した能登半島の北岸（輪島あたり）から、さらに約五〇km北の沖合に『海女の島』（F・マライーニ）で知られた舳倉《へくら》島がある。この周囲約七kmの平坦な島に弥生時代から人が渡っていたことが、現地の遺跡で分かっている。その舳倉島の西北約三〇kmの海底から引きあげられた古墳時代前期の山陰（系）土器の一部が、石川県立歴史博物館（金沢市）に展示されている。壺の形と頸部にある綾杉文（山陰地方特有の土器の文様）から、四世紀後半の山陰（系）土器とされ、小嶋芳孝金沢学院大学教授は、山陰と能登の海を介した交流を示すものだとする（『日本海と北国文化』）。

舳倉島には、古事記が出雲大神と結ばれたとするタギリヒメを祭る式内社・奥津比咩神社がある。タギリヒメは「筑紫の胸形君等が祭る」（日本書紀）宗像三女神の一神で、筑前大島から約五〇km、玄界灘の只中に位置する周囲四kmの沖ノ島に鎮座する。荒井秀規「宗像大神と沖ノ島祭祀」によれば、もともと海上がタギる（水が激しく湧きあがる）ことのないよう信仰された海人の神、航海安全を掌る神だった。

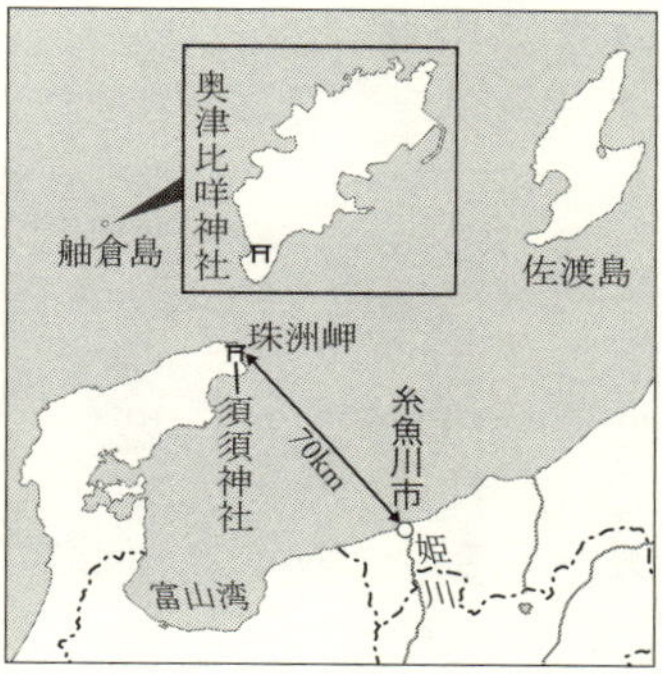

舳倉島沖揚がりの山陰系土器　高田秀樹さん（能登町真脇遺跡縄文館館長）所蔵。

舳倉島は筑前国宗像郡と縁が深く、近世初め、宗像の鐘崎から移住したと伝えられる海士の子孫たちも住む。古文献によれば、一六二〇年代から季節漁業で能登へ来はじめた宗像鐘崎の海人が、一六四〇年頃から秋になっても本国に帰らず定住するようになり、当初八軒だった戸数は一七〇二年に五〇軒を超えるに至ったという。

能登半島西岸で、出雲大神を祭る神社が集まる福野潟を形成した高浜海岸砂丘の突出部にも、宗像三神を祭る意冨志麻神社が鎮座する（志賀町大島、74頁図）。創建年代は不詳だが、康永年間（一三四二～四五）にはすでに存在し、航海守護神として、沖を行き交う船人は帆を巻き下ろして拝礼したという。能登半島の東岸、七尾湾に面する穴水町にも、宗像三神を祭る古社・辺《へ》津《つ》比《ひ》咩《め》神社がある（70頁図）。円山義一さんは『出雲と能登の神々』で、能登半島沿岸部における宗像三神を祭る神社の分布は、出

意冨志麻神社が鎮座する志賀町海岸砂丘の突端　写真左下の石積六角地蔵塔の請願堂は昔、大島沖で遭難した肥前国（現長崎県）大村の船員を供養するため、船主が故郷の石材を運んで作ったとの伝承がある。北部九州の船の頻繁な往来を物語る。

雲族と宗像族の結びつきが能登半島にも及んでいることを示すものだ、と記す。

　福岡市宗像市で二〇〇六年七月に開かれた講演会「出雲族と宗像族」では、講師の松本肇さん（宗像市文化財審議委員）が、製鉄を主力とする出雲族と航海術に長じた宗像族の間には深い関わりがあり、両者は文化や技術が先取りできる生活環境を作りながら、共に活動していると述べていた。出雲大社には摂社として筑紫神社がある。日本書紀の崇神天皇六十年七月の条には、出雲大神の宮にある神宝が見たいと使者を送った時、出雲臣の遠祖・出雲振根《ふるね》は筑紫国に赴いており、留守だったというくだりも出てくる。一九八五年、出雲の神庭《かんば》荒神谷遺跡で出土した銅矛一六本は、筑紫とのつながりを示す北九州系のものだった。

　出雲と宗像間の人の移動は、対馬海流の関係上、宗像→出雲が多かったと思われる。米子市宗像に式内社とされる宗形神社があり、その三km南南東に上安曇・下安曇がある（古代は伯耆国会見郡安曇郷、14頁図）。弓ヶ浜は出雲国風土記（七三三年）の時代は夜見島と呼ばれる島で本州につながっておらず、今の米子市中心部は海だった。米子の宗形神社の位置はその夜見島南端の対岸、門江《かどえ》浜の海岸近くにあたる。瀧音能之駒沢大学教授は「古代の美保湾と宗形神社」で、対馬海流にのって美保湾に入り、居住した宗像系の海人が、自分たちの信仰対象を祭ったのが米子の宗形神社の起源だと結論している。

相互に交流していた出雲と宗像が、能登で合流しているのは、対馬海流がもたらす人の流れのなせる業だろう。米子の宗形神社は、宗像から能登へ向かう海路の中継点だったとも考えられる。出雲から能登へ渡った人々の中には、出雲を第二の故郷とした宗像人も含まれていたのかもしれない。

8　アイの風――北陸・山陰特有の神や人を吹き寄せる風名

天平二十（七四八）年一月、越中守の大伴家持は「あゆの風いたく吹くらし奈呉の海人の釣する小舟こぎ隠る見ゆ」と詠んだ。奈呉の浦は、富山湾の庄川河口あたり（70頁図）。万葉集はこの歌に「越の俗語で「東風をあゆの風といへり」と註記している。だが一九三五年に國學院大學方言研究会がまとめた『風位考資料』（全国で収集した風の名と採取地点の調査書）によれば、アイ（ノ）カゼの使用事例は島根・鳥取両県が全体の三七％（一四九件）を占め、福井・石川・富山・新潟四県の合計（一〇二件、二五％）より多かった（関口武『風の事典』）。山陰以西ではほとんど事例がなく（山口二件、福岡一件）、太平洋や瀬戸内側では皆無。この結果から、関口武・元筑波大学教授は、一九四〇年に『地理学評論』で発表した論文で、アイ系統の語は古代出雲の海民の間で発生し、その移動に伴って越方面へ伝播したものだと説いた。それを室山敏昭・元広島大学教授は、アイの風名は大和の言語文化とは全く関係のない、出雲を中心とする海民の言語文化を特徴づけるものだという、

アイ（ノ）カゼの道府県別使用度数（1935年）

北海道	58
青　森	53
秋　田	14
山　形	3
新　潟	28
富　山	24
石　川	38
福　井	12
京　都	17
兵　庫	6
鳥　取	80
島　根	69
山　口	2
福　岡	1
合　計	405

＊『風の事典』の表から作成

アイの風が吹きつく能登半島の先端、珠洲岬ランプの宿周辺の海

文化論に発展させている（『アユノカゼの文化史』）。

アイの風は一般に、春から初秋にかけて東北（東または北）から吹く風で、対馬海流が運ぶ魚介類や海藻、木材などが海岸に吹き寄せられるという。対馬海流と逆向きの南西方向へ舟を運ぶ風のため、北前船の西廻り航路でも重宝された。北海道と青森・秋田両県でこの風名の使用例が多いのは、近世以降の北前船による伝播だろう。

アイの風を「越の俗語」とした畿内人は、その風名が出雲から越にわたる広域で使われていた「共通語」だったことを、知らなかったのかもしれない。浅香年《とし》木《き》元金沢女子大学教授は、三方を山に囲まれた越は、南（畿内＝大和）からみれば、孤立した世界かも知れないが、北の海からみれば、東西に幅広い繋がりをもつ世界だと述べている（『北陸の風土と歴史』）。北陸の弥生時代後期以降の遺跡から、山陰系の土器や木製品が目立って出土している状況を合わせ見れば、越における風名「アイ」の登場は、有史以前に遡るとも思われる。

七尾南湾に注ぐ大谷川を三km遡った小池川原地区遺跡から、八世紀前半頃の、能登にはない特異な文様と技法の瓦が出土した（71頁図）。二〇〇三年、それが石見国以外では出土例のなかった重富《しげとみ》廃寺（浜田市旭町）系軒丸瓦にそっくりだと分かって話題になり、石見の工人が海を渡って移住し、製作に携わったものと報じられた。家持が「アユの風」と歌った時期にも、山陰と越の海を介した往来は、確かに続いていたのである。

能登の寄り神には、アイの風にのって海の彼方から漂い着いたという伝承が多い。神が寄り着く時、アイの風が吹くと信じられた。石川県珠洲《すず》市在住の西山郷史さん（「加能民俗の会」副会長、一九四七年生）は、海辺の神社で盗まれた神（御神体）がアイの風にのって帰ってくるとか、平国祭が始まる時、気多神の留守番をするため、珠洲（神社）の神がアイの風にのって気多本宮（七尾）にやって来る、といった言い伝えもあるという。能登でアイの風が、海から吹いてくる爽やかな良い風とされるのも、そうした信仰と結びついているのだろう。

富山県氷見市沿岸で見かけた店「あいの風」

一九八〇年、半世紀ぶりに全国の風名調査を行った関口元教授は、山陰におけるアイの風名使用が、他地域と比べても激減していることに驚いた。海に向かって開いていた出雲が、陸に閉じ込もるようになったからかもしれない。だが隠岐島在住の高松照佳さん（一九三四年生）は、今も船上の会話で「アイが太い」（東風が強い）などと言う。アイは、海から人や物を吹き寄せる。高松さんの父は一九四五年九月上旬、朝鮮半島東岸の九龍浦《クリョンポ》から出航した船が翌日故障し、九日間漂流した後、島根半島の鷺浦に漂着した体験をもつ。日御碕《ひのみさき》を見るまで一度も陸を見なかったというから、対馬海流にのって沖合を流されていたのだろう。その船を島根半島に寄せ付けたのも、アイの風だったのではないか。

9　ミホススミ――島根・能登半島をつなぐ神

出雲国風土記（七三三年）は国土創世神話「国引き」で、オミヅヌが杵築御崎《きづきのみさき》を新羅（朝鮮半島東部）の岬から、狭田《さだ》・闇見《くにみ》両国を佐伎《さき》・良波《よなみ》両国（隠岐《おき》の島前・島後説がある）から、美穂崎（美保関《みほのせき》）を「高志（越）のツツの三崎」（能登の珠洲《すず》岬）から引寄せ、島根半島を造ったという。出雲が西の新羅、北の隠岐、東の越と海路で繋がっていたことを物語る。また越の珠洲岬＝能登半島の先端と繋がる島根半島の先端＝美保郷について「天の下所造らしし大神命、高志の国に座す神、オキツクシイ命の子、ヘツクシイ命の子、ヌナカワヒメ命に娶ひて産みまし神、ミホススミ（御穂須々美）命、是の神坐す。故、美保と云ふ」と記す。これらから、美保神社がミホススミを祭る社として創建されたことや、珠洲岬に鎮座する式内社・須須神社の祭神がミホススミだったことが窺える。ミホススミは、美保と須須＝珠洲のつながりを象徴する神、両者を海路でつなぐ神として生まれたのかもしれない。

白石昭臣『島根県の地名辞典』は、美保の美＝御は神聖を表す語で、保＝穂は先端、突端を意味し、神霊の寄りつく所だとする。出雲国風土記をみると、美保と同じ島根郡に「須須比《すすひ》埼」があり、『風土記抄』（一六八三年）は「大芦浦のうち、須々美なり」と注記し、『風土記参究』は、島根半島の加賀と鹿島の間にある大芦浜の北方に突出す岬（越島鼻か待が鼻）がそれだという。ススミも海岸部や岬と縁の深い名のようだ。

美保神社は現在、事代主（右殿）と三穂津姫（左殿）を本殿に祭り、ミホススミは約一km離れた境外末社・

地主社の祭神となっている。石塚尊俊・元広島修道大学教授は、様々な古文書の記述を照合し、中世の間に主祭神が美穂津姫と事代主に代わり、幕末頃からその序列が逆転し、事代主が主になったと分析している（『式内社調査報告』第二〇巻）。

一方、須須神社は現在、珠洲市三崎町の高座宮《たかくら》と金分宮をさすが、今は大和神ニニギの夫婦神を主祭神としている。十七世紀前半以前は現地神・高倉彦の夫妻神を祭っていた両社が、ミホススミを祭神に加えて須須神社を名乗り始めたのは、十七世紀後半以降とされる。専門家の間では、寛永二（一七四九）年の「珠洲組由来並社付帳」が、美穂須須美命が主祭神と記している狼煙《のろし》町の現須須神社奥宮（山伏山＝須々嶽山頂）を式内社・須須神社とみる説が有力だ。

同式内社の祭神がミホススミだと明記した古文献はないが、高倉宮が江戸時代、式内社・須須神社を名乗るにあたりミホススミを祭神に加えたとされる（『式内社調査報告』第一六巻）のは、そう認識していたからだろう。また高倉宮が須須嶽山頂の神社を自社の奥宮と位置づけたとされるのも、それが式内社の流れをくむ社であることを暗示する。

ヌナカワヒメは、越後国頸城《くびき》郡奴奈川《ぬなかわ》郷の女神。その本拠地ヌナ川＝姫川の河口（新潟県糸魚川市）から珠洲岬までは海路なら直線距離で約七〇kmと、陸路よりはるかに近い（八七頁図）。能登半島の北岸、珠洲岬の西方三〇kmの南志見《なじみ》川河口近く（輪島市里町、旧鳳至《ふげし》郡内）には出雲神社があり（明治四十一年、南志見住吉神社に合祀）、同郡内には、式内社・奥津比咩《おきつひめ》神社（舳倉島）と辺津比咩《へきつひめ》神社（輪島市あたり）があった。海の沖の神オキ（沖）ツクシイ―海辺の神ヘ（辺）ツクシイの子である川の神ヌナカワヒメと出雲大神の間にミホススミが生まれたという神々の系譜から、出雲と能登と越後の海上交通の線が浮かび上がる。

ミホススミを主祭神とする須須神社奥宮　石柱に「式内社」とある。（石川県珠洲市狼煙町）

　門脇禎二元京都府立大学教授は以前、能登半島の先端地域で、ある谷筋の神社を調査した時、現代の祭神ではほとんど大和系の神名だが、合祀された神を元へ解きほぐしていくと、その谷筋がほぼ全て出雲系の神に変わった、という（『古代の日本海諸地域』）。出雲を原郷とする人達の足跡は、そうした覆いを剥がして初めて見えてくることがある。

10　合祀後百年を経て続く出雲神社の祭り――輪島市里町

大国主命を祭る石川県輪島市里町の出雲神社は、南志見《なじみ》川流域に発達した、鳳至郡男心郷《なじみ》（和名類聚抄）

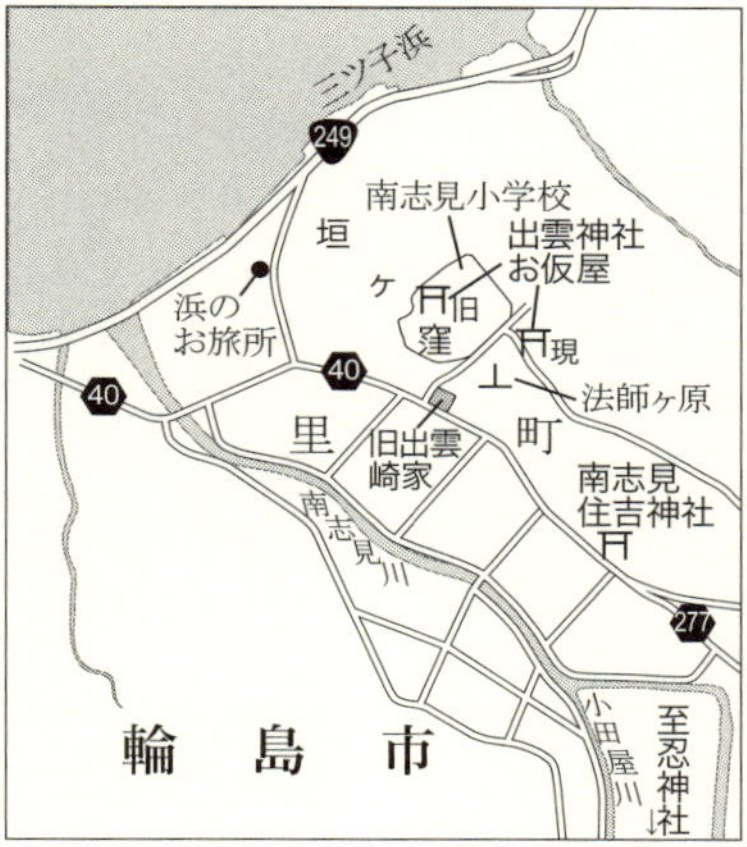

の中心集落の産土神といわれ、文政十三（一八三〇）年の書上でも「出雲社」と記されている。旧里村の海岸部、現在の南志見小学校あたりに鎮座していた。明治四十一年の南志見住吉神社への合祀後も、旧社地の上方に出雲神社の（神輿が渡御して一泊する）お仮屋を設け、春秋の祭りを行い、今も里地区住民の氏神であり続けている。住宅地図に出雲神社とあるのは、このお仮屋だ。

当地で明治四十五年に生まれた若宮文二さんが、その出雲神社にまつわる伝承を『ふるさと南志見』に綴っている。「出雲屋敷の台地を中心とする一帯」とされる、垣ケ窪《かくがくぼ》の地名物語だ。風待ち、船待ちに適した里の浜には船乗りの出入りが多く、海岸に近い垣ケ窪に住み着く人もいた。その垣ケ窪の海人たちを束ねて海上に勢力を張ったのが出雲崎四郎左衛門の祖先で、出雲崎氏は屋敷の裏山に祖廟を建て出雲の太祖・大国主命を祭り、浜の氏神とした。これが現在の出雲神社である——と。ならば里の出雲神社は、もともと出雲崎氏の氏神で、出雲大神の鎮座地が出雲屋敷と呼ばれたことになろう。

南志見住吉神社の中川宮司は旧家で、貞享二（一六八五）年、第二十代中川出雲守直清が加賀藩に提出した由来書上などが残る。その第二十五代中川直孝が、明治元年十月に書いた「由来先祖年号等書上帳」は「予が先祖……出雲崎と申す能登国に流浪し、南志見里村松ケ浦と申処にて居住し」云々とある。能登あるいは南志見川河口域が、出雲崎と呼ばれていたのか。その地名と出雲崎氏も無縁ではなかろう。

移転前の出雲神社お仮屋　中川直哉宮司所蔵。南志見小学校旧校舎は1941年にできたが、この写真は昭和30年代（1955～65）頃ではないかと、今井由夫さんはいう。

二〇一六年九月、四年半ぶりに訪れた南志見で、出雲神社の氏子の方々から、旧輪島駅（現道の駅輪島）近くに、里から移った出雲崎家があると教わった。その出雲崎康弘さん（一九四二年生）を訪ねると、里を離れたのは明治四十年生れの父、家秀さんが二十歳すぎで、昭和の初め頃だという。家秀さんは三男で、長男は京都、次男は金沢へ移住していた。その出雲崎家は現南志見小学校のすぐ南にあった。

いっぽう出雲神社のお仮屋は一九七〇年代初め、同校の新校舎建築に伴い移転するまで、旧校舎校庭の北端と接する段々畑への上り際にあった。昔のお仮屋が映る写真から、そう説明するのは南志見小学生時代、お仮屋の周りでよく遊んだという一九五五年生まれの今井由夫さん（輪島市役所町野支所長）。当時は校庭の一〇ｍほど下に校舎が建っており、お仮屋の前に広がる校庭で出雲神社秋祭りの子どもキリコ（神輿巡幸の夜道を照らすため担ぎ出す大型で縦長の角行灯《あんどん》）もしたと懐かしむ。出雲崎家裏山にあった旧社地の上方にお仮屋を建てたという位置関係によれば、出雲神社の境内は旧南志見小学校舎あたりにあったとみられる。出雲崎家歴代の墓があった法師ヶ原（集落旧墓地の丘）も隣接している。

中川直哉第二八代宮司が執り行う出雲神社の秋祭りは、里町集会所内に二〇一〇年に新設した遥拝所における宵祭《よいまつり》から始まる。そこを発った出雲神社の神輿が南志見住吉神社や浜へ渡御し、お仮屋に一泊。翌日、お仮屋を出た神輿は浜やお立寄り所を巡って遥拝所へ戻り、湯立て神事を含む祭りを行う、二日がかりの神事だ。

　中川宮司の兼務社には、出雲国風土記上の大穴持《おおなもち》命を祭神名とする忍《しのぶ》神社もある。天保十一（一八四〇）年の「大国主社」拝殿棟札が残る大国主神社を、明治四五年に合祀した社で、南志見川と分岐する小田屋川を四kmほど遡った忍町に鎮座する。出雲崎家の先祖は、その小田屋川を二kmほど遡った荒覇吐《あらはばき》から浜へ下りてきたという言い伝えもある。小田屋川沿いに出雲（信仰）とゆかりのある人たちが住み着いたことがうかがえる。

　輪島から珠洲岬を回って能登半島の内浦に至ると、飯田湾岸に大己貴命を祭る総神社や上戸気多神社がある。かつて一の鳥居が海中に立っていたという上戸気多社は、天安元（八五七）年、羽咋郡の一宮から分神したと伝わる古社だ。南志見は、羽咋から今の志賀町、輪島、珠洲を回って内浦へ伝わった出雲信仰の、一拠点だったのだろう。合祀後百年を経てもなお、独自の祭祀を続ける里の出雲神社が、それを物語っている。

出雲の小祭り宵祭（輪島市里町集会所内に2010年新設の遥拝所）　秋の例祭だが、南志見住吉神社の大祭「水無月祭り」に対して、そう呼ばれている。2016年9月撮影。

（1～9は二〇一一年一～三月、10は二〇一六年十月に番外編として掲載）

越中国

1　熊野大神を祭る社――出雲系移住者が創建と伝わる

富山市婦中町友坂の熊野神社境内には、漆黒の大きな御影石の碑文「延喜式内熊野神社御由緒記」が建っている。そこには「太古の北陸一帯は出雲族によって開拓されたもので、当神社は出雲族の氏神様である出雲の国幣大社熊野神社の系統」で、「我々富山人の先祖である出雲族の総氏神様として、当神社は砺波《となみ》の大国主命を祭る高瀬神社と共に、最も古い神社の一つ」だと記されている。同社の祭神は熊野加武呂《かむろ》命。出雲国風土記（七三三年）の意宇郡「出雲の神戸」の条に登場する熊野大社（松江市八雲町熊野）の祭神だ。天長十（八三三）年の令義解《りょうのぎげ》が「出雲国造が斎《いつ》く神」と記す熊野大神は、出雲国造神賀詞《かんよごと》では櫛御気野《くしみけぬ》命と呼ばれている。この出雲国造が祭っていた神が、越中国に鎮座しているのだ。

延喜式神名帳（九二七年）は、越中国婦負《ねい》郡に熊野神社を記す。富山県神社庁によれば、県内の熊野神社は七二社。その内の四社が式内社の論社で、神通川を遡上した井田川近くに三社、熊野川近くに一社

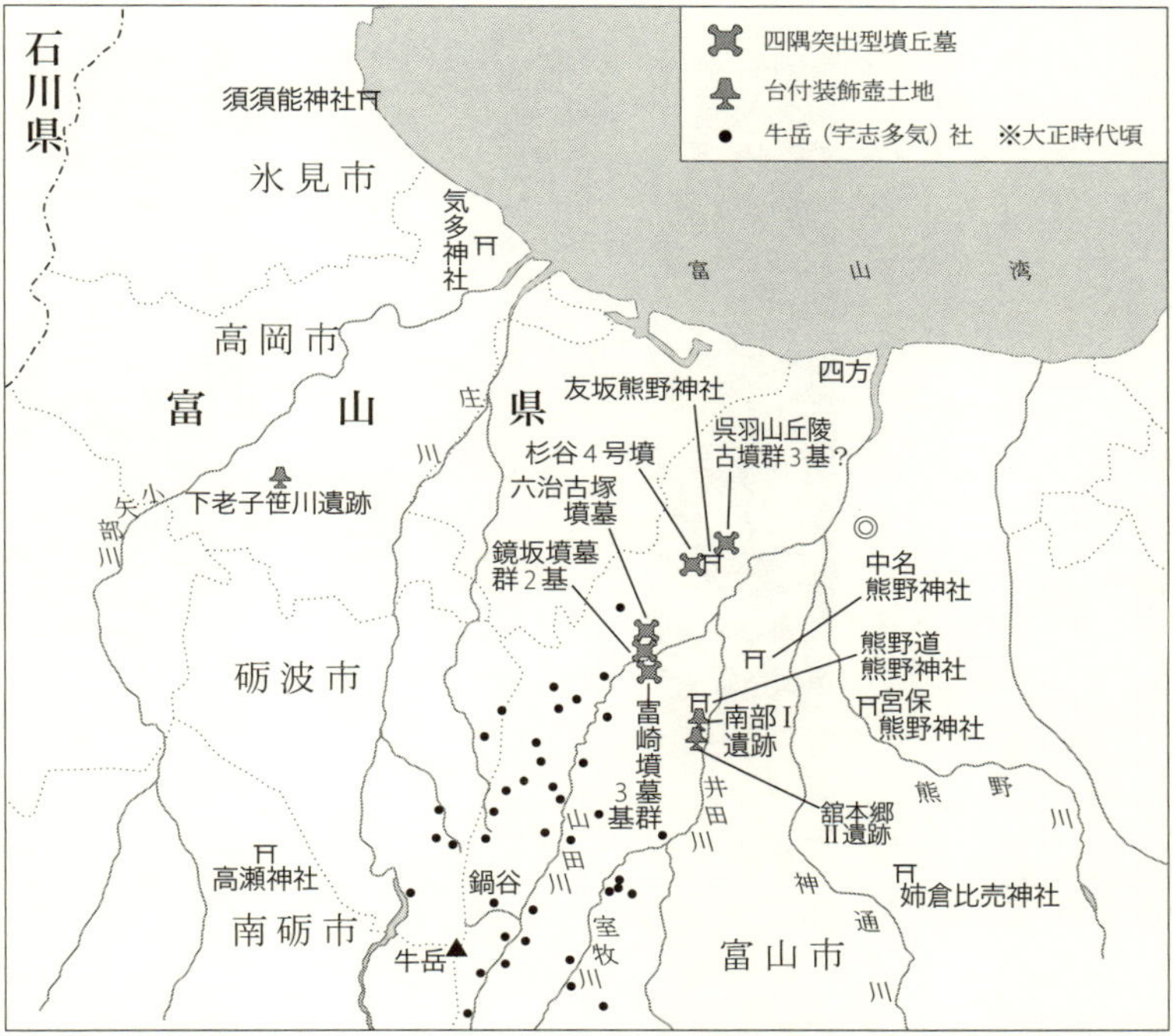

あり、前三社が「婦負郡の中央」—婦中町（富山市）内に鎮座する。『婦中町史』（一九六八年下巻）は、それら熊野神社は「他所から移住してきた人達によって斉かれた神社」であるが、「紀州の熊野神社ではなく、それより一段古い出雲の熊野神社」で、その「熊野神社を奉じて移住して来た出雲系の人達によって斉かれたものだろう」とする。紀州の熊野三山信仰は平安時代の終わり頃（十二世紀）から盛んになり、御師の布教と勧請で中世各地に広がるが、十世紀初めの延喜式の時代すでに存在していた越中熊野神社は「それ以前の出雲の熊野神社の系統」で「出雲民族と呼ばれる人達によって祀られた古代の神社」のはずだと。

　婦中町友坂在住の郷土史家・高嶋善治《ぜんじ》さん（一九三二年生）は、自らまとめた『郷

富山市婦中町友坂の熊野神社

土の伝承』第十話「蛇ガ池」（熊野加武呂命の大蛇退治）で、「婦負郡朝日村（現富山市婦中町内）一帯は出雲系の人々によって開拓されたと伝えられる」と記す。地元で若い時から、そうした伝承を聞いてきたという。第三話「式内熊野神社は何処？」でも、友坂の熊野神社は婦負郡地方に移住した出雲系の人々が祖先神を祭ったものだろうと記す。同社が鎮座する旧朝日村は井田川と山田川の合流点近くに位置し、古くから開拓されたことは、社の後背部に広がる古墳群からも分かる。その中に、高嶋さんらが「出雲型古墳」と呼ぶ杉谷四号墳（四隅突出型墳丘墓）があり、当地が弥生時代から山陰と深くつながっていたことを物語る。

　こうした地域の伝承や遺跡も参照しながら、一九八二年に冒頭の碑文を書いたのが、山田方輝宮司（一九四二年生）だ。その碑文に登場する高瀬神社は、オオナムチを祭神とする越中国砺波《となみ》郡の式内社で、現在の藤井秀弘宮司で第六十八代を数える古社である（南砺波市高瀬）。社伝では、オオナムチ神が北国開拓の折、この地に守り神を祭り、国成り終えて後、自らの御魂をも鎮め祭り、出雲へ帰ったとされる。『高岡市史』（一九五九年）は「能登の気多、高岡の気多、砺波の高瀬と、大己貴命を祀る三つの古社の配置は、出雲勢力拡大の歴史、外来文化伝播の経路を示唆するものだろう」と記す。高岡の気多とは、能登半島東部の付け根・高岡市伏木一宮に鎮座する越中式内社・気多神社だ。能登（羽咋）のオオナムチと越後（糸魚川）のヌナカワヒメを結ぶかのように、この二神を祭る。越中氷見《ひみ》の海岸近くには、両神の御子神ミホススミを祭る須須能神社もある。文化十二（一八一五）年の『肯構泉達録』（富山藩の儒者・野崎雅明著）に、越中の姉倉ヒメ（式内社・姉倉比売神社の祭神）と能登の能登ヒメ（中能登の神）が神戦をした時、仲裁したのがオオナムチだったと書かれているのも、能登から越中への出雲信仰の拡がりを反映していて興味深い。

2　出雲国造が祭る熊野大神——山陰発生とされる台付装飾壺が出土

出雲国風土記が数多の神々の中で大神と称えるのは、天の下造らしし大神と熊野大神、佐太大神、野《の》城《ぎ》大神の四神で、かつ出雲国内三九九の神社中、大社《おおやしろ》と呼ぶのは杵築と熊野の二社だけだ。さらに室町時代の半ば頃まで出雲国一宮と言えば、熊野大社を指していたことも知られている。それは、出雲東部の意宇《おう》地方を拠点とした出雲国造の祖先がもともと祭っていたのが熊野大神だったからだと、瀧音能之駒沢大学教授はみる（『古代出雲の世界』）。その意宇の王が出雲全土を統治し、西部に拠点を移してから、全域の神として祭り始めたのが杵築《きづき》（出雲）大社の天の下造らしし大神だという。

出雲国造の継承神事「火継《ひつぎ》式」では、国造の嗣子が火きり臼、火きり杵を携えて熊野大社に赴き、火殿できり出した神火で作った斎食を食べることで新国造となる。火は霊《ひ》で、国造は火（霊）継式で祖霊を躬にうけ、歴代国造の霊能を継承する。熊野大神の神名カムロは「聖なる祖」を、クシミケヌは「神秘な御食主」を意味するというから、熊野大神は本来、出雲国造の祖霊・霊威に関わる食物を司る神な

舘本郷Ⅱ遺跡で出土した弥生時代後期の台付装飾壺　富山市教育委員会埋蔵文化財センター提供。

のであろう。今でも出雲大社の古伝新嘗《しんじょう》祭の神饌《しんせん》を調理する火は、熊野大社の火きり臼・火きり杵できり出したものを用いる。

そうであれば、越中式内熊野神社の創建者は、出雲の意宇あたりを原郷とする人たちだと思えてくる。同社について『婦中町史』（通史編）は、「古代の日本海沿岸によく見られた出雲信仰の一形態」だとし、『熊野郷土史』は、「出雲の熊野神を信仰した人々が、対馬海流に乗って日本海沿岸に発展し、各地に熊野神社を祭った」ものだろうとする。現在、越中式内熊野神社の四論社中、友坂以外の三社――宮保、中名《なかのみょう》、熊野道《ゆやんど》――は紀州系の神を祭っているが、もともと出雲神だった可能性も否定できない。富山の『熊野郷土史』は、宮保の熊野神社は紀州熊野信仰の進出で神名が書き変えられたとみている。『特選神名牒』は『延喜式神名帳』が記す丹後国熊野郷の熊野神社について、「熊野郷に熊野神社あるは必ず出雲の熊野神を遷し祭れるにやあらむ」と記すが、嘉永四（一八五一）年の「御郡方奉加帳」は、宮保の社について「この神社の鎮座を以て、郷名を熊野郷と唱し、熊野村と申して上下に二村あり、熊野川と申すは熊野神社御手洗《みたらし》川と申す事にて」云々と記している。当地の熊野という地名は、応永三十四（一四二七）年六月十五日の「足利義持御教書」の「熊野保」（保は荘や郷と並称される所領単位）まで遡れる。同社の周りには今でも熊野川、上熊野、下熊野といった地名が残る。

いっぽう熊野道の熊野神社の近くからは、山陰が発生地とみられる弥生時代後期の台付装飾壺が出土している。鳥取県教育文化財団の松井潔調査室長の統計によれば、二〇〇八年時点で全国の台付装飾壺の出土総数二二三点のうち八六％が因幡（九五点）・出雲（五二点）・伯耆（四四点）に集中するが、山陰以外でまとまった数が出ているのが、加賀（一二点）・越前（五点）・能登（三点）・越中（三点）の北陸だ（計二〇点で九％）。その越中三点のうち二点が、熊野道の熊野神社の三〇〇m南の南部Ⅰ遺跡と一・四km南の舘本郷Ⅱ遺跡から出ている。

友坂の熊野神社は中世、五万余坪の境内に社家と正念院、金乗坊、光明寺など二四坊があったといい、宮保の社は近世、富山藩主の祈願所で、中名の社は稚児舞の伝統神事で有名だ。いずれも由緒ある古社である。古代に遡るなら、式内社でなくても、出雲を原郷とする人々が出雲意宇の王（出雲国造）が祭る神を移住先で祭ったものではないか。「他に出雲系の熊野神社はありますか？」――そう尋ねる私に、友坂熊野神社の山田方輝宮司は「富山の熊野神社は、ほとんどが出雲系でしょう」と返される。紀州熊野信仰の神社もかなり混ざっているだろうが、出雲人の心に響く言葉であった。

3　牛に乗ったオオナムチ――牛嶽信仰

神通川河口西海岸部の地を四方《よかた》という。その『四方郷土史話』（布目久三著）は「神代、大国主命（オオナムチ）が海路によって越州を綏撫《すいぶ》した時、水口（神通川の河口）が越中入国の地点であったとの口碑がある」と記す。その神通川を遡った井田川、山田川、室牧川沿いなどに密集するのが、出雲神を祭る牛嶽《うしだけ》（宇志多気）神社だ。その数は現在二六社。もともと山田村と婦中・八尾両町を擁する婦負郡が一九社と一番多かったが、二〇〇四—五年の市町村合併後は富山市内に二〇社（山田九社、婦中六社、八尾四社、三熊一社）、砺波市内に六社（うち旧庄川町一社）の分布となっている。祭神は二一社がオオナムチで、五社がスサノオ。これでも十分多いが、大正時代まで遡ると、牛嶽神社の数は山田村だけで一六社、総数三八社（旧称「牛嶽社」を合わせると四二社）にのぼる。

牛嶽社は、旧婦負郡と砺波郡に跨る標高九八七mの牛嶽（岳）を神体山とする神社だ。その牛岳は、オオナムチが牛に乗って登った山だから牛岳という、との伝承が語り継がれてきた。実際、旧山田郷三三カ村の総社と呼ばれてきた牛岳真下の鍋谷（富山市山田）にある社の御神体は、天保九（一八三八）年の「持宮改書上帳」が「国造神牛に乗給ふ」と記すとおり、牛に乗ったオオナムチだったという。オオナムチが国造りの大神として牛岳に鎮座したという古伝は、寛文八（一六六八）年の「越中一宮伝記」にも見える。

牛岳　2011年4月24日、谷口弥一郎さん撮影。牛の形が見える。

牛岳は昔から知られた霊峰で、十五世紀前半の中原康富《やすとみ》の日記『康富記』は、宝徳二（一四五〇）年七月十六日の条（越中国奇異）で「大風大雨の中、牛嶽と云ふ所より光物」が出て、艮《うしとら》（北東）に向かって飛び、山河草木が一〇里にわたって損失したと記している。光物は神霊の出現を意味するともいわれ、牛岳信仰が古くからあったことがうかがえる。

牛岳は地域を潤す水源地でもあり、住民は残雪や頂上の雪を見て、農耕の開始期や冬の到来を察知してきた。天明三（一七八三）年頃の『越中旧事記』は「弥生（三月）の頃、雪消えかかる時、牛の形によく似たり、よって牛岳の名あり」と記し、天保九（一八三一）年の「山田郷三三ケ惣社宇志多気社縁起」も、「春雪消いる時に峯に牛の形の如く消え初める。この消え方に依って其の年の豊凶を知ることが出来る」とする。今でも毎年春になると、牛岳に牛の形が現れるという谷口弥一郎さん（山田総合行政センター市民福祉課長）は、牛の形が一番よく見えるのは四月中旬から下旬だと語る。

いっぽう『庄川町史』は、ウシは動物の牛ではなく、「主」や「治める」を意味する宇志＝宇志波伎《うしはき》麻須《ます》のことで、厳しさ・愛情・統率力・生活力など全ての条件とその力をもつ者の呼び名だとする。それがオオナムチ＝天の下造らしし大神だということか。現在、宇志多気の表記は砺波の三社だけだが、以前はもっと多かった。砺波市在住の郷土史家で「北陸石仏の会」理事等を兼任する尾田武雄さんは、牛嶽神社の中で御神体が明らかなのはオオナムチを祭神とする三社で、いずれも牛に乗った男神像だという。一九八四年、再建された牛岳山頂の社へ移された総社（鍋谷）の御神体と砺波市川内《こうち》の社の神像は左手に宝剣、右手に宝珠をもち、富山市山田牧の社の神像は両手で払子をもつ、神仏習合の影響がみられる江戸時代のものだ。

牛嶽神社は、海から神通川、庄川を遡った地域に分布する。

富山市山田牧の牛嶽神社神像　尾田武雄さん撮影。御神体の入れ替えで神殿外に出され、今では「牛に乗ったお地蔵さん」として路傍に祭られている。

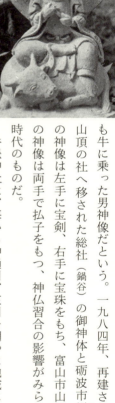

両川の流域や河口近くには、出雲神を祭る式内社の高瀬神社、気多神社、熊野神社がある。明治二十六（一八九三）年生まれの郷土史家で富山県神社庁副長も務めた河合正則は、『高志人』一九四六年七月号で「ウシダケ信仰は、出雲系の住民の間に生じたものである」と記し、『山田村史』は、牛岳は「出雲民族が進出していた頃の越中古代史との関係をもつ山」だという。出雲人が川を遡ってここまで移住してきたのだろうか。それを知る牛岳は、座して語らない。

4　糠塚の伝説――日本海文化論の原点となった四隅突出墳

富山の考古学者・藤田富士夫さんが、北陸における四隅突出型墳丘墓の最初の発見者となったのは一九七四年だ。当時、全国の古墳はすべて畿内から波及したというのが通説だったが、発生期、その影響を受けない独自の古墳文化があった――それが、出雲文化圏以外で最初の四隅突出墳・杉谷四号墳を発見した時に抱いた思いだったと、藤田さんはいう。越と出雲の中間地域にそれがみられないのは、陸路でなく海路で伝わった証だ。その発見は裏日本と呼ばれていた日本海沿岸地域に光を当て、「日本海文化論」発展の出発点となったともいわれる。

富山県ではその後、富崎墳墓群一～三号墓、六治古塚墳墓、鏡坂墳墓群一・二号墓の六基が四隅突出墳と確認され、呉羽山丘陵古墳群中の三基もその可能性があるとされる。このうち杉谷四号墳は一辺約四七ｍと最も大きく、築造時期も新しい（三世紀前半頃）。

杉谷四号墳は『越中志徴』にも記載のある「糠塚」という名で、昔から知られていた。富山市杉谷在住の郷土史家・村藤政雄さん（一九二七年生）が子どもの頃、父・作次郎さん（一八八八年生）や古老から聞いた伝説では、糠塚は大昔の王の墓で、王らは船を操り沿岸の国々と交流し栄えていたが、それを妬んだ畿内の王が国を奪いに派兵してきたという。大軍に押され、もはやこれまでと思った王は、残った兵や女、子ども達を守るため、雷神を招いて自らを蛇体と化し、空は荒れ、敵は恐れ慄き退いた。蛇体となった王の魂は地底に消え、そこから清水が噴出。その湧水「蛇清水《しょーず》」は今も健在で、一九九五年の阪神大震災の際は、トラックで二度ほど被災地へ届けられたという。

四隅突出型墳丘墓の杉谷４号墳（富山市杉谷）　画面左下が突出部。

糠塚に鎮まった王の霊は、天高く松の木を伸ばし、樹上から海の遠くを眺めて往時を偲び、その巨木は沿岸航海の目印にもなった。王の化身の蛇は地中を潜り信州の諏訪湖畔へ行き、大神として祭られ、そのため蛇清水は地下で諏訪湖に通じている——との事後談もある。村人たちは代々、糠塚がある森を「祖霊が宿る森」として敬い、雨の降る静かな夜は、糠塚から火の玉が出て神通川へ向かう、と言い伝えてきた。祖霊は故郷へ向かい神通川を下るのだろうか。海を渡る往来、水（龍蛇）神信仰、諏訪とのつながりなど、伝承には出雲的要素が散在する。村藤さんは一九七四年よりずっと前の子どもの頃から、糠塚は出雲から来た人達が

富山市杉谷の蛇清水涌き出し口　もとの涌き出し口は北陸自動車道の建設で埋没したが、村藤さんらが県庁と交渉し、自動車道の北側に清水を引き出し、新たな涌き出し口が作られた。呉羽山観光協会提供。

作ったという話を、古老たちから聞いてきたともいう。

この伝説は、二〇〇九年三月、富山市の古沢校下ふるさとづくり推進協議会が刊行した『海を越えての交流――杉谷四号墳と四隅突出墳』にも掲載された。同書の中には、二〇〇五年十一月、同市古沢小学校の六年生たちが、杉谷A遺跡で出土した素環頭《そかんとう》大刀《たち》を題材に制作・公演した劇「二振りの大刀」の台本も載っている。出雲から贈られた二振りの素環頭大刀が、国を奪いに来た強大な敵を追い払い、古沢の危機を救うというあらすじで、劇では、海を渡ってきた出雲人との交流、古沢に残り貢献する出雲人、出雲の危機を知り救援に向かう古沢人なども描かれている。こうした出雲への親近感は、代々受け継がれてきた歴史の記憶なのか。村藤さんは子どもの頃、富山人の中には出雲族の子孫が多いという話も、大人たちから聞いていたという。

富山市埋蔵文化財センターの大野英子さんは、越中における四隅突出墳は二世紀半ば（富崎三号）からほぼ一世紀にわたり築かれたとし、出雲からの情報が継続的にもたらされていた可能性を指摘する。杉谷四号墳の約四〇〇m東には、出雲の熊野大神を祭る友坂の熊野神社があり、富崎、鏡坂、六治塚の六基が集まる山田川流域から、オオナムチやスサノオを祭る牛嶽神社の分布が始まる。それは出雲文化の流入が一世紀間に止まらないことを示唆している。それをもたらしたのは、やはり出雲を原郷とする人たちだったのだろう。

（二〇一二年五〜六月掲載）

伊予・讃岐国

道後温泉養生湯（現放生園足湯）湯釜に刻まれた「出雲尊福」の名と和歌　前面（写真右）に大国主の神像。

1　出雲二神が開いた道後温泉——国造の和歌を刻む湯釜

無嘉志與理《むかしより》　多延努奈我麗母《たえぬながれも》　佐良耳麻太《さらにまた》　和幾伊豆留湯廼志《わきいずるゆのし》留志乎叙淤母布《るしをぞおもふ》——愛媛県松山市の道後温泉本館「養生湯の湯釜」に刻まれた和歌だ。古より伝わる道後温泉の霊験を歌ったその末尾に刻まれた「出雲尊福」の文字が、第八十代出雲国《こく》造《そう》・千家尊福《たかとみ》（一八四五〜一九一八）の作であることを表している。

日本三古湯の一つといわれる道後温泉は、年間一一〇万人の入浴客で賑わう名高い観光地だ。その象徴である道後温泉本館は、明治二十七（一八九四）年、城大工・坂本又八郎を棟梁にして建てられた三層楼の木造建築で、一九九四年、現役の公衆浴

道後温泉本館　左下に見えるのが「玉の石」。

場で初めて国の重要文化財に指定された。養生湯の湯釜は、その本館が完成する二年前の一八九二（明治二十五）年から一九五四年まで、道後温泉の浴槽で使われたものである。今は道後温泉の玄関口―駅前広場「放生園」に置かれ、無料で楽しめる「放生園足湯」の湯釜として、現地を訪れる多くの人々に憩いを与えている。この湯釜は一九七三年、駅前にあった「放生池」を埋めて広場「放生園」を造った時、移転されたという。その湯釜（足湯）の隣には、道後温泉本館百周年を記念し、一九九四年に建てられた「からくり時計」があり、行き交う人々を楽しませる。現役の道後温泉湯釜の中で最も古く、製造から一二〇年を経た今もなお滾々と湯を流しだす、この放生園足湯（旧養生湯）の湯釜の前後には、二つの愛らしい神像も浮き彫りされている。正面が大国主（オオナムチ）で、後面が少彦名《すくなひこな》。道後温泉を開いたとされる二神が、湯釜を守っているのだろう。

道後温泉の由来を記す最古の伝承が、八世紀前半の『伊予国風土記』逸文「湯郡」の中にある。オオナムチがスクナヒコナを死なすまいと、大分から伊予まで下樋《したび》（地下水道）を通して速見の湯（別府温泉）をひき、その湯にスクナヒコナをつけた。すると間もなくスクナヒコナは生き返り、「しばらく寝てい

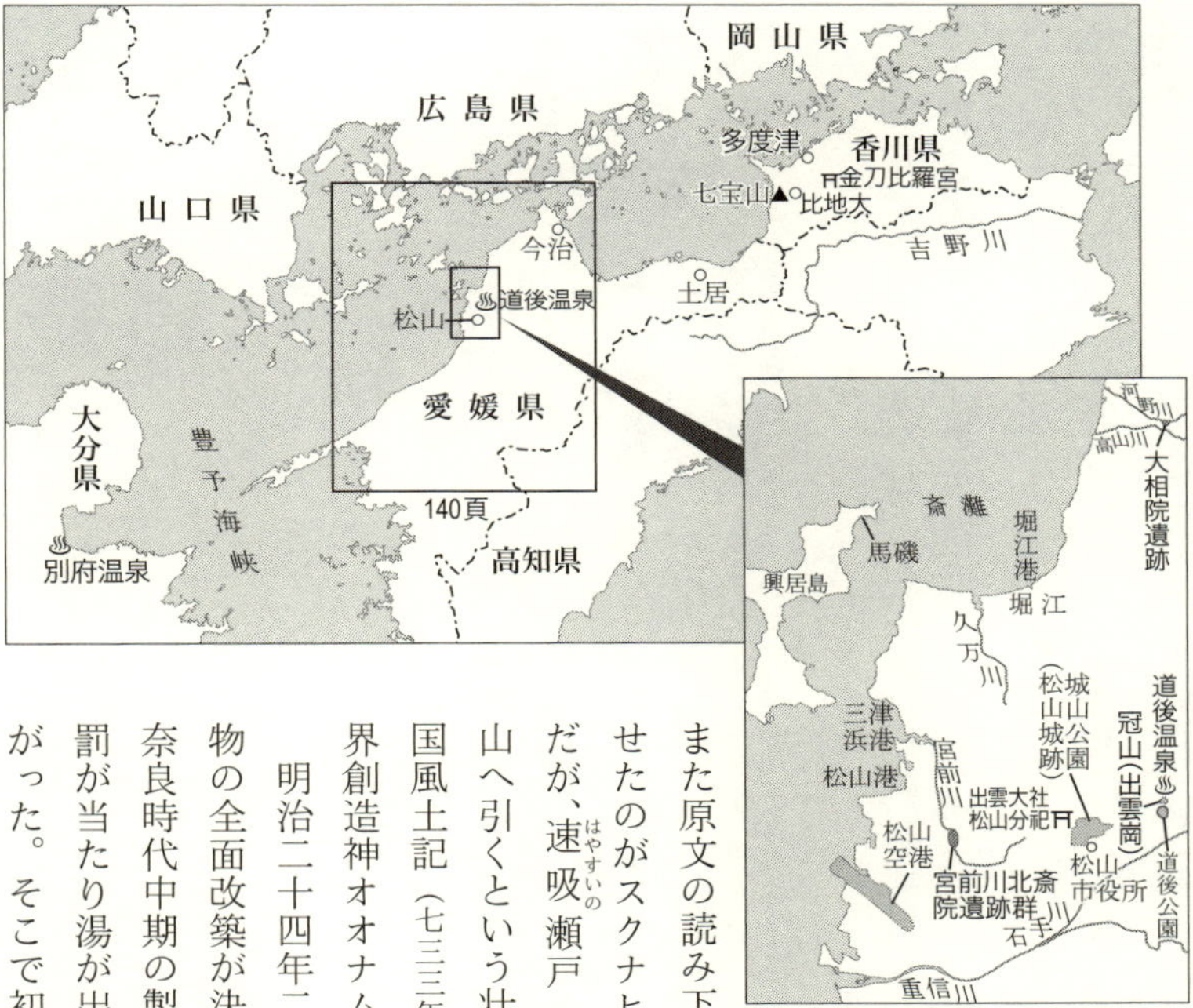

たらしい」と言って元気よく足踏みした。その跡が、今も温泉の中にある石の上に残っている——という内容だ。その時、スクナヒコナが踏んだとされる「玉の石」が、道後温泉本館の北側側面に置かれている。

この逸話は前段が欠けているため、スクナヒコナがなぜ死にかけたのかは不明で、また原文の読み下し方によって、瀕死のオオナムチを蘇生させたのがスクナヒコナだという説もある（『伊予温故録』など）。だが、速吸《はやすいの》瀬戸（豊予《ほうよ》海峡）の底に下樋を通し、別府の湯を松山へ引くという壮大な作業をやってのけたのは、やはり出雲国風土記（七三三年）が「天《あめ》の下造《つく》らしし大神」と称える地上界創造神オオナムチとみるのが自然だろう。

明治二十四年二月の道後湯之町議会で、老朽化した温泉建物の全面改築が決まり、養生湯から着手することになった時、奈良時代中期の製造と伝わる従来の湯釜を取り換えれば、神罰が当たり湯が出なくなるとの心配や反対が、町民の間で広がった。そこで初代町長・伊佐庭如矢《ゆきや》は、特に湯釜の製作に

今は放生園足湯として親しまれている、もと養生湯の湯釜（道後温泉駅前広場）　左は、からくり時計。

慎重を期し、享禄四（一五三一）年に河野通直が修繕した際の故事にちなんで、広島県尾道の石工・石井源兵衛を招いて作った本体に、尊福国造の題字を願い出た。出雲大神の御杖代《みつえしろ》（神霊が拠り留まる人）として生き神視されていた出雲国造の和歌を、湯釜の上部に刻むことで、湯釜を鎮め、町民の不安を取り除こうとしたのだろう。

道後温泉本館の南側、道を挟んだ冠山の古称は出雲崗で、現在出雲神を祭る二つの式内社が鎮座する。四国の中で伊予の国は、出雲を原郷とする人たちの足跡が最も目立つ地だ。出雲の名を冠する式内社が鎮座してきた松山を筆頭に、その足跡を辿っていこう。

2　道後温泉を見守る出雲崗——冠山に集まった出雲四神

延喜式神名帳（九二七年）には、出雲国外で出雲の名がつく神社が九社載っている。石塚尊俊・元広島修道大教授は、これら出雲神社の存在は、記紀や風土記よりさらに古い時代の、出雲を本拠とする氏族移動の結果だとする（『出雲信仰』）。その中の一社が『式内社調査報告』が「出雲神を祭る岡の神社」を意味するという、伊予国温泉郡の出雲崗神社だ。道後温泉本館（愛媛県松山市）の南側、道を挟んだ出雲崗が古来の鎮座地。今は一般に冠山と呼ばれ、湯神社の鎮座地として知られている。

湯神社も式内社で、もとは三〇〇ｍほど北の祝谷にあったが、中世に遷座し、出雲崗の社に合祀、相《あい》殿《どの》として祭られるようになった。原因は大永年間（一五二一～二八年）の地震で社殿が崩壊したからとも、神社が衰微したからとも伝わる。その後、人々は次第に出雲崗の社を湯神社として崇めるようになり、

江戸後期とされる松山市指定文化財「道後温泉絵図」の部分　中央の出雲崗の上に二つの社が描かれており、手前の大きな建物が道後温泉。松山市立子規記念博物館提供。

主客が逆転したらしい。この点、志賀剛『式内社の研究』は「後に湯神社が判り易い名の故に主神に代ったのだろう」と推察している。宝永四（一七〇七）年の地震で止まった温泉が湯祈禱を経て再びわき出した翌年、松山城主・松平定直は、式内の名社を相殿に祭るのはよくないとし、新たな神殿を建てて出雲崗神社と湯神社を別々に祭らせた（湯神社由緒）。江戸時代とされる松山市指定文化財「道後温泉絵図」をみると、出雲崗の上に二つの社が並んで建っている。この頃のものだろう。その後、出雲崗神社の神殿は衰微したらしく、幕末には「湯神社の傍なる小祠に祭りたてまつれる是なり」（明治二＝一八六九年刊行の『愛媛面影』）という状態になっていた。明治四年、官命でその小祠も廃され、出雲崗神社は湯神社に合祀、相殿として祭られるに至った。

明治14年発行の絵図「道後温泉の記」の中央部　出雲崗（中央）の頂上に湯神社、そこへ道後温泉側（岡の麓にある左手の大きな建物）からまっすぐ登る参道と鳥居も描かれている。松山市立子規記念博物館提供。

出雲崗が古くから生活や祭祀の場だったことは、一九五〇年頃、この岡の頂上近くで紀元前三世紀頃の弥生式土器（木葉状文土器や沈線文入り壺形土器）が、また六、七合目あたりから紀元前十世紀頃とされる縄文式土器の破片が出土したことからも、うかがえる。一九六四年、その出雲崗の上部を削って四階建ての複合施設「温泉センター」が建てられ、神社も移転となった。出雲崗はもと四〇ｍほどの岡で、今の社は本来の七、八合目あたりに位置すると言われる。南側から登る参道は、頂上部分を失いながらも往時の姿をとどめているが、北（道後温泉）側の参道はすっかり様変わりしている。今は道後温泉の駐車場（センターとその後のホテルの跡地）へ登るコンクリートのスロープ・階段と言った方が分りやすい。往時の出雲崗の形と社の位置は、明治十四年の発行の絵図「道後温泉の記」に残されている。出雲崗を囲むようにして道後村の家屋が立ち並んでいる様も、よく分かる。古来、人々は出雲崗から温泉がわいていると信じ、木を植えるなど大切にしてきたという。道後温泉の隣にどんと座す山（岡）

が、温泉を守ってくれていたのだろう。

湯神社の南側参道　冠山と刻まれた標石（右端）後方に千家尊統出雲国造書の神名石が立つ。

現在、湯神社の祭神はオオナムチとスクナヒコナの二神、出雲崗神社はスサノオとイナダヒメの二神となっているが、延喜式神名帳ではいずれも一社一座（神）。当初は出雲崗神社の祭神がオオナムチで、湯神社がスクナヒコナだったのかもしれない。そうであれば、湯神社は本来、出雲崗神社の機能神だったという志賀剛著『式内社の研究』の説も頷ける。

一九九〇年代半ばに出雲崗の社を訪れ、故烏谷長誠《ながのぶ》第二十代宮司と面談した時の様子を郷土誌『ゆづき』（二〇〇四年特別号一）に寄稿した井上妙子さん（一九二二年生）は、探索の終わりに「道後に渡来した出雲族がこの地を拓き、その人々が自分達の祖先神を祭ったのが、あの出雲崗神社であったのかも知れない」と綴っている。現状をみると、「出雲神を祭る岡」は外観を損ないながらも、内的な性格は創建当時よりかえって強まっているともいえる。道後温泉を見守る岡の上に、今では出雲神が四神も集まって祭られているのだから。道後を守る出雲神は健在だ。

3　出雲崗を中心に並んだ三式内社——国造書の鎮め石が交差

明治二十七（一八九四）年刊行の『伊予温故録』は「祝谷村に今在る小祠二神《にかみ》の社地は湯神社の旧地な

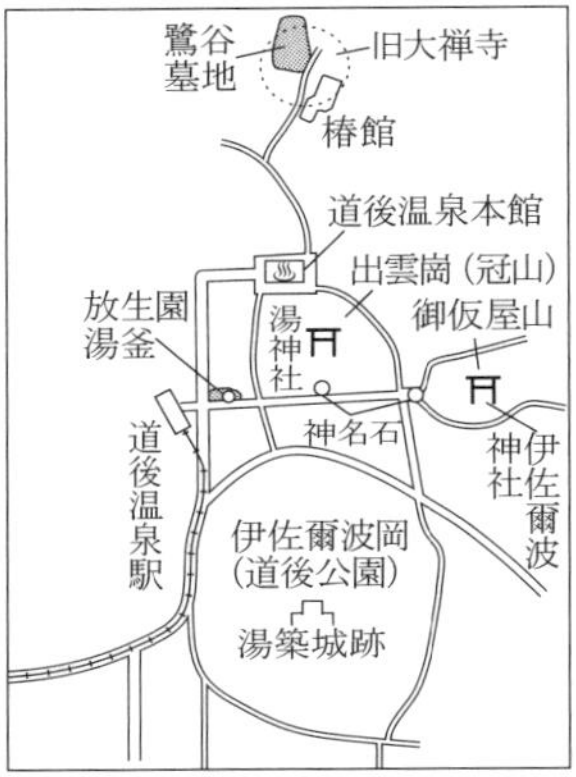

り」「土地の字を二神といふて今猶《なお》一の小祠あり」とも、「往古湯神社は湯より三町（三三〇ｍ）ばかり北、大禅寺の前にあり」「其の前を二神と唱へ……二神とは大己貴命・小彦名命の二神なり」とも記す。また一九一六年の『温泉郡神社誌』には、湯神社の旧鎮座地は鷺谷で「現今、道後村祝谷に穂ノ木二神と称する地あり、此所なり」とある。

大禅寺（古称・鷺谷寺）は元禄九（一六九六）年開基の寺だが、大正年間頃になくなった。当地出身の二神將《にかみすすむ》さん（伊予史談会監事、一九四一年生）は、今の椿館（松山市道後鷺谷町）から松山市営の鷺谷墓地あたりが旧大禅寺の寺領で、そのあたりの谷筋の狭い場所が字「二神」だったという。明治四年の上知令で寺領の三分の二を失う前は、一町三反八畝二八歩（約四一七〇坪）の広さだった。明治九年の『段別畝《せ》順帳』第一号（和気郡祝谷村）が記載する公的な字名は「鷺湯」で、「穂の木二神」は、それ以前から地元の人々が呼んできた字名のようだ。二神家には、湯神社が出雲崗（冠山）へ移動した後、跡地に小祠を建てたのが同家の先祖で、その功績として殿様から二神の姓を授けられたとの伝承が残る。明治二十一年十一月三日付『海南新聞』は「二神社の祭典は昨二日執行し、神楽などもありて賑はしきことなり」と報じ、近代まで二神社＝湯神社元宮跡で祭祀が続いていたことを伝える。だがその後鷺谷は大きく変わり、明治二年の『愛媛面影』が大禅寺の「山際に小社あり、二神社と云ふ」と記す社祠も今はなく、湯神社の旧跡を正確に特定はできない。

道後温泉近くにあるもう一つの式内社は、現在出雲崗の東隣・御仮屋山《みかりや》にある伊佐爾波《いさにわ》神社だ。もと

尊統国造の名と和歌を刻む道後温泉本館神の湯男西浴室湯釜　道後温泉事務所提供。

「千家尊統謹書」と刻まれた伊佐爾波神社の神名石

は出雲崗から四〇〇ｍほど南の伊佐爾波崗（現道後公園）に鎮座し、建武年間（一三三四〜三八年）に河野通盛がこの丘陵に湯築《ゆづき》城を築いた時、移転させられたという。すると、道後温泉地域に鎮座する三式内社は、もともと出雲崗を中心にして（北の鷺谷と南の伊佐爾波崗の）南北一直線上に、ほぼ等間隔で並んでいたことになる。その線をずっと北へ伸ばした先に、杵築《きづき》大社を擁する出雲国の出雲郡があるのを知っていたのだろうか。湯神社の社伝は、出雲崗神社は第七代天皇の、湯神社は第十二代天皇の頃の創建という。いずれも実年代とはみなせないが、出雲崗神社の創建が湯神社より早いという伝承は注目すべき点だ。延喜式神名帳上の掲載も、出雲崗、湯、伊佐爾波神社の順になっている。

　現在、その湯神社（南側）と伊佐爾波神社の参道登り口に立っている神名石（石碑）には、いずれも「出雲大社宮司千家尊統《たかむね》謹書」と刻まれている。民族学・歴史学に精通し、一九六八年刊行以来のロングセラー『出雲大社』（学生社）の著者としても知られる第八十二代出雲国

かつての養生湯湯釜を引き継いで尊福国造の和歌を刻む現在の神の湯女湯浴室湯釜　道後温泉事務所提供。

造だ。尊統国造（一八八五～一九六八年）の文字が二つの神名石に刻まれた経緯は不明だが、現在、道後温泉本館・神の湯男湯西側浴槽で使われている湯釜には、尊統国造の和歌「知《ち》波《は》彌《や》布《ふ》留《る》可《か》美《み》世《よ》那《な》賀《が》良《ら》乃《の》　伊《い》伝《で》湯《ゆ》尓《に》波《は》　阿《あ》彌《や》尓《に》可《か》志《し》古《こ》支《き》　美《み》多《た》麻《ま》左《さ》支《き》波《は》布《ふ》」が刻まれている。この湯釜は一九三五年の製造というから、それと同じ頃かもしれない。ちなみにこの浴室は、もともと神の湯女湯で、それが養生湯跡に改築移転した一九五四年から、男湯となった。新たな神の湯女湯の湯釜（一九五四年製造）は、養生湯湯釜を引き継いで尊福国造の和歌を刻む。

　尊福国造の筆を刻んだ放生園の湯釜と、尊統国造の筆を刻んだ湯・伊佐爾波両神社の神名石は東西一直線上に、ほぼ等間隔で並び、さらに三式内社の元の鎮座地を結んだ南北の線と垂直に交わる。人智を超えた出雲神の計らいか。位置を変えた式内社の並びに代わって出雲国造の筆を刻んだ石が鎮め石となり、道後の町を守っているかのようだ。

4　出雲の生神様——尊福国造と松山の縁

道後温泉の湯釜は独特で、湯をわかす釜ではない。温泉を集めて湯口から流しだす石造りの大きなタンクで、浴槽内の涌出口に置かれている。二〇一二年六月、松山市内の出版社が刊行した『湯の町道後隅々案内』は、「出雲の二神ゆかりの温泉をこの世に注ぐ湯釜は、神の世界と現世をつなぐ神聖なものだ」と紹介している。その歴史は古く、明治二十七（一八九四）年まで一の湯で使われた湯釜は、天平勝宝年間（七四九～七五七年）の製造と言われ、最上部の宝珠（霊験を表す球形の玉）には正応元（一二八八）年、一遍上人が刻んだという「南無阿弥陀仏」の六字名号があり、釜の笠から中層円柱部には、享禄四（一五三二）年の湯釜修繕時、河野道直が尾道の石工に彫らせた薬師像があり、また天徳寺の僧が霊泉の効用を記した「温泉記」も刻まれている。今は道後公園内に湯釜薬師としてある、一一五〇年も湯を注ぎ続けたとされる湯釜は庶民の信仰対象となった。それが明治二十三年、養生湯や神の湯（本館）など温泉建物を全面改築する計画が立った際、湯釜の交換に人々が反対した理由だったと、道後温泉事務所の古茂田幹《もとき》さんは語る。尊福国造《こくそう》の文字と大国主の神像は、新たな湯釜をそれに比肩するものにすべく刻まれたのだ。

道後公園に移された湯釜薬師　古代の製造といわれ、庶民の信仰対象だった。

尊福国造と松山の縁は、今の出雲大社松山分祠が設立される明治初期まで遡る。明治九年十月十八日付『東京曙新聞』の記事は、こう報じている。「愛媛県松山なる大社教会所開業式執行のため、大教正千家尊福様が出雲国より立越されし途中、同県浜村に一泊せられし時、近郷近在の農民等が国造様の御来臨と聞伝えて旅宿に群集せし老幼男女数百人にて、大教正の神拝さるるため一寸座られる新薦を、群集の者ども打寄って摑み

千家尊福（第80代）出雲国造　出雲大社提供。

合って持行くもあれば、又這入られし風呂の湯は、銘々徳利に入れて一滴も残さぬ程なり」。生神が触れた物は聖なる力をもつという生神信仰が、当時は濃厚だった。

十八世紀後半、津村淙庵は『譚海』で「出雲の国造は……神霊のごとし。……神事に国造の館より出向ふ時、其際の道筋へ悉く藁を地に敷みちて、土民左右の地にふし、手に此藁を握りて俯しをる。国造藁を踏んで行過る足を引ざる内に、みなみな藁をひき取り家に持帰り、神符の如く収め置なり」と書いている。柳田国男も『故郷七十年』で、明治十年代半ば頃、辻川（播磨）で尊福国造の行列を見た時のことを、こう回顧している。「生き神様のお通りだというので、村民一同よそ行きの衣装を着て道傍に並んだ。若い国造様が五、六名のお伴を従えて、烏帽子に青い直垂姿で馬で過ぎていった時、子ども心に、その人の着物にふれでもすれば霊験が伝わってくるかのような敬虔な気になった」。その当時の人々が出雲国造の自筆が刻まれた湯釜に、どれだけの霊験を感じたか、計り知れない。

古代出雲意宇の王の末裔・出雲国造は、延暦十七（七九八）年に政治的権力を奪われて以来、杵築（現・出雲）大社で「天の下造らしし大神」オオナムチ（大国主）の祭祀に専念してきた。歴代国造霊を継承する火（霊）継式など古来の祭事や神事を継承し、明治に至るまでは、地面に直接足をつけてはならず、常に神火を携行し、その火で焚かれた飯以外は食べてはならない等の厳しい戒律も保ち続けた。石原広吉「生神様」(『幽顕』五二一号)は「尊福様が東京へ出られるまでは、国造様は、毎朝お火所で潔斎をして常に神火によって食事をなさる。また一生土を踏むことを許されない。……厳重な御生活の神性さから、生神様として拝まれたのだ」と述懐している。その出雲国造の手で書かれた文字は、一千年以上使われ続けた湯釜薬師に比肩する霊験をもっと思われたのだろう。養生湯の湯釜は、出雲国造の書いた文字に触れることができる湯釜として誕生した。湯が清浄になったことなどもあり、客はこぞって養生湯に入り、神の湯をしのぐ程になったと記録されている。

5　神の湯二階席の出雲世界——五万人を集めた尊福国造の愛媛巡講

道後温泉本館の入浴コースは四通りあり、「神の湯二階席」コースでは、神の湯(二階)入浴後、二階の大広間で休憩できる。その五五畳ある大広間の床の間には、大正四(一九一五)年の尊福国造直筆の書が掛けられ、長押上の欄間には、湯釜に刻まれた尊福・尊統両国造の和歌が拓本にして飾られている。掛け軸筆頭の「憫民夭折始製温泉之術」は、伊豆国風土記逸文「温泉」の「玄古《むかし》……大己貴と少彦名と……民の夭《よう》折《せっ》を憫《あはれ》み、始めて禁薬《くすり》と湯泉《ゆあみ》の術《みち》を制《さだ》めたまひき」の一節で、湯釜の宝珠部にも刻まれている。尊福国造は大正四年五月末から七月初めにかけて愛媛県を巡講し

神の湯二階席の広間の床の間に掛けられた大正４年の尊福国造直筆の書を説明する道後温泉事務所の古茂田幹さん

神の湯二階席　欄間に掛けられた尊福国造（左）と尊統国造の和歌の拓本、奥の床の間には尊福国造直筆の掛け軸。

ているので、その時請われて書いたものだろう。

第七十六代出雲国造・千家俊秀の実弟・俊信は、『校訂出雲国風土記』（一八〇六年）などを刊行した学者で、尊福国造の祖父・尊孫（第七十八代）、父・尊澄（第七十九代）は、いずれも俊信に学び、歌人、神学者として名を馳せた。尊孫、尊澄両国造の学識と素養を受継いだ尊福国造は、多くの歌や書（物）を残している。今も広く知られているのは「年の始めの例《ためし》とて、終りなき世のめでたさを、松竹たてて門ごとに、祝う今日こそ楽しけれ」と歌う「一月一日」（一八九三年作）であろうか。

明治五（一八七二）年十一月、二十八歳にして第八十代出雲国造となった千家尊福は、同年六月、大教正（教導職最高位）兼神道西部管長（全国の半分─一府二港三六県を統括）となったこともあり、全国を幅広く巡教することになる。それにあたり尊福国造は、古来の戒律を自ら撤廃し、地面の上を直接歩いたり、大社の祭事の時を除いて、神火以外で焚いた飯を食べたりし、移動の不自由を取り除いた。大胆な決断だったろう。

尊福国造は優れた指導者でもあった。明治初頭、出雲大社の分社と関連ある祭神の神社は全国で一三〇〇余社にのぼり、各地では、出雲講や甲子講などの信者団体が活動していたが、尊福国造はこれら諸講を結集・再編成し、明治六年に出雲大社敬神講を結成。その後改称した大社教は、明治末・大正初期の段階で「大社教現時……教師の職にあるもの四一八七人にして、協賛員一万四八九二人を算し、教徒四三三万六六四九人の多数を有す。本祠の外に東京分祠ありて全国を二分し……分院二〇箇所、教会所一七〇箇所あり」（『出雲大神』大正二年）という教勢に至っている。当時日本の総人口は約五千万人だから、全人口の約一〇人に一人が大社教の信者だったことになる。

松山には、その全国大社教会の中で最も設立が早い五教会の一つ、出雲大社松山分祠がある。近世、松山の名士が創建したという大社遥拝所（府中町一丁目＝現若草町）を基に明治六年、出雲大社松山敬神講が結成され、明治十年、尊福国造が大社教の開業式を親祭し、松山教会所が誕生。代々、伊予国を檀場（受持ち地域）としてきた出雲大社の御師《おし》・加藤家の七代目当主・加藤昌純（一八四七〜一九〇一年）が初代教会所長に就任した。現在の西嶋三卓分祠長で五代目となる。

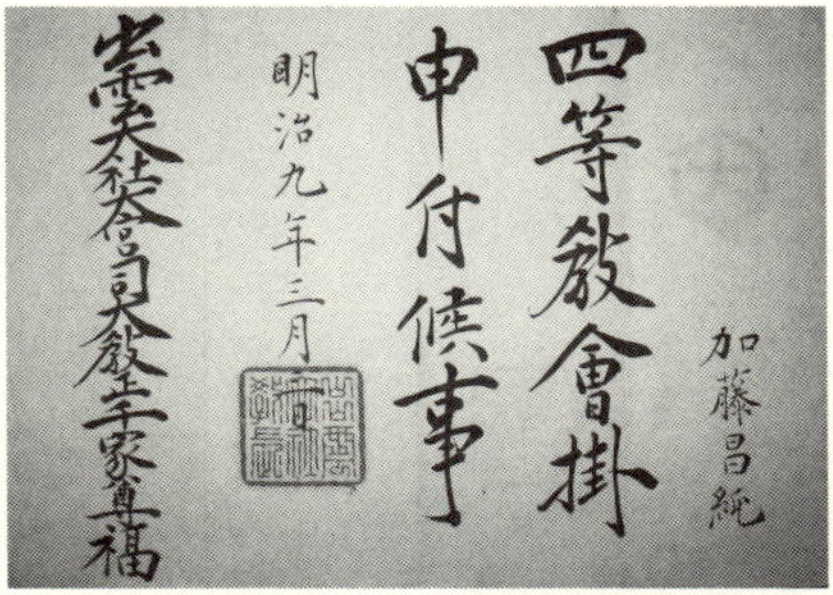

明治９年大社教松山教会所開設時の尊福国造からの任命書　出雲大社教松山分祠所蔵。

明治四十二（一九〇九）年六月の雑誌『太陽』臨時増刊が掲載した、読者の投票による「新進二五名家」では、尊福国造が「宗教界の泰斗」のダントツ一位に選ばれた。二位の（浄土真宗本願寺派第二十二世門主）大谷光瑞（三万八一〇票）、三位の海老名弾正（二万四五五五票）を大きく引き離す四万七八三八票という圧倒的多数の得票だった。この時、「文芸界の泰斗」の一位、夏目漱石が一万四五三九票、「政党首領適任者」の一位、犬養毅が一万七五二五票だったことからも、尊福国造の知名度・人気の高さがうかがえる。

大正四年、愛媛県内各地で行われた尊福国造の講演には、多い時で三千人の県民が集まり、その延べ人数は記録されているだけで四万七千人にのぼる。古くから出雲信仰が浸透した松山で、尊福国造直筆の書が、神の湯二階席の名物になったことは想像に難くない。

6　御師加藤家の軌跡を語る幕末の棟札——出雲大社土居教会

「四国で最も古い出雲さん」を称する出雲大社土居教会（愛媛県四国中央市）——その敷地内に立つ設立記念碑には「出雲大社に鎮座す大国主大神の御分霊を（宇摩郡）土居村の郷に御勧請申し上しは……安永六（一七七七）年にして……小祠出雲鎮守社を創立せり。……文久二（一八六二）年二月、始めて一棟の舎宇を建立し出雲舎と称し」と刻まれている。

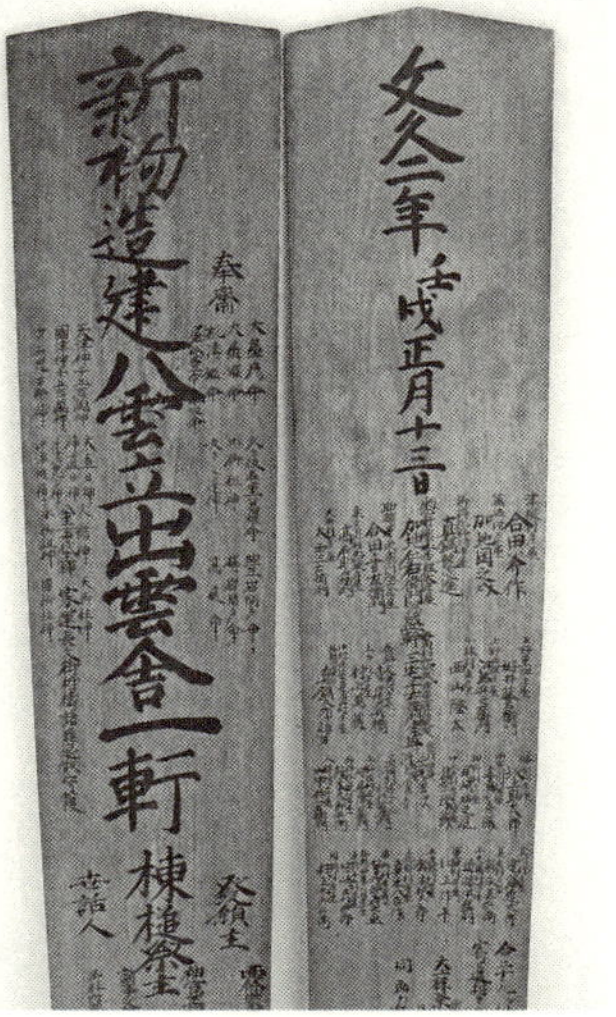

「八雲立つ出雲舎」と書かれた文久年間の棟札　祭主として加藤庫之進の名が記されている。

土居教会には「出雲皇太神宮一座」と書かれた万延二（一八六一）年一月五日の棟札《むなふだ》が一つと、「八雲立（つ）出雲舎一軒」「出雲皇太神宮一座」と書かれた文久二年一月十三日の棟札が二つ残っている。出雲舎建立に寄進した二九カ村の代表者（庄屋）名を列記したその棟札の表面中央下には「祭主・天日隅宮《あめのひすみのみや》神官正禰宜《ねぎ》加藤庫之進昌晨《くらのしんまさあきら》名代」云々と書かれている。天日隅宮は杵築（出雲）大社を指し、その神官で禰宜の加藤庫之進昌晨が祭主ということだ。加藤昌晨（文久三＝一八六三年没）は、伊予国を檀場《だんば》（担当布教地域）とする杵築大社の御師《おし》・加藤家の六代目庫之進である。

御祈禱《きとう》師が語源といわれる御師は、毎年同じ頃、祈禱された玉串（神符）を持って各自の檀場を回り、神符の授布や祈禱を行って帰国する。檀場では出雲講や甲子講など信者の講社ができ、信者の出雲参りの際は屋敷（宿）に泊めて、参拝案内や祈禱の取次ぎをした。

出雲大社教土居教会設立当初の様子（昭和初期）　人物は初代教会長の古川相助さん。出雲大社土居教会所蔵。

杵築大社では熊野や伊勢より遅く、中世末頃から社家のうち主に中官（中級神職）が御師となり、活動し始める。大社は中世一二郷七浦、五四五〇石の社領を持っていたが、天正十九（一五九一）年、豊臣秀吉の朝鮮侵攻への協力を拒んだため、社領の大半（七郷五浦、三三二〇石）を没収されて経済的に窮迫し、御師の活動が本格化したという。「出雲さん」や「（出雲の）大夫さん」と呼ばれた彼らの活動範囲は、明治初頭の段階で、関東以西の二七カ国と大阪・江戸に及んでいた。

寛政十二（一八〇〇）年、松山の大森乙右衛門ら四人が杵築大社参りをした時の旅行記『出雲大社伯耆大山行程記』は、杵築に着いた一行が「加藤庫之進の坊につく、伊予の国へ年毎檀廻に見へ候故相尋る」とし、毎年伊予国へ檀場回りに来ている加藤邸で二泊したと記している。寛政十二年だから、四代目庫之進・加藤正雄（文政三＝一八二〇年没）の時だろう。

土居教会の設立記念碑には「出雲大社授布神札係兼創始者」として、その加藤庫之進、第二代として加藤昌健《まさたけ》、所長として加藤順三の名が刻まれている。加藤昌健は加藤家八代目（一九二八年に72歳で没）で、七代目の加藤昌純《まさひろ》（一九〇一年に54歳で没）の跡を継いで出雲大社松山教会の第二代分院長となっている。記念碑文の庫之進は、この加藤昌純かと思われる。

九代目の加藤順三（一九六〇年に79歳で没）のことは、土居教会の創立者・古川相助さん（一八八五〜一九六三年）の娘・静枝さん（一九三一年生）が、子どものころ二度会ってもおり、覚えていた。宇摩郡関川村出身の相助さんは呉服商を営む兄を手伝って九州などで行商をしていたが、杵築大社の神職になりたくて杵築へ行って修行をし、念願かなって杵築大社の神職となり、四十代半ばで故郷へ戻り、土居教会を創立した。当初、大社で断られても諦めず、数日門前に留まった相助さんを引き取って世話をしたのが、加藤順三だったという。静枝さんは、出雲舎の頃には常駐の神職がおらず、出雲大社の人が出張してきて神札を配布していたように父・相助さんから聞いていた。加藤家の人が、出雲舎を基盤に神札を授布していたと思われる。

土居教会の拝殿には、千家尊統・第八十二代出雲国造の書「神光満殿」が掲げられている。古川相助さんが出雲鎮守社を源とする土居教会を今の地で創立したのは一九二八年。その頃に授けられたものだろう。静枝さんの孫・龍太郎さん（一九八二年生）は、二十代半ばの二年間、杵築に住み、出雲大社国学館で学んだ。出雲の縁は繰り返し結ばれ、繋がっている。

7　桃山虫封じの祈禱――讃岐へ移住した出雲御師・中西村家

出雲大社讃岐分院（香川県三豊市豊中町比地大《ひじだい》）の拝殿には、出雲御師・第十四代西村右大夫《うだゆう》光安《みつやす》（明治七＝一八七四年に39歳で没）が明治五年、天領金刀比羅《ことひら》（仲多度郡琴平町）で撮った写真が飾られている。近世出雲御師の姿がうかがえる貴重な写真だと、西村忠臣分院長（一九三九年生）は語る。出雲大社には、鎌倉時代の初め頃から出雲国造家に仕えてきたという社家・西村家があるが、その奥西村家から寛永三（一六二六）年に分家した中西村家の第二十代目が西村忠臣さんだ。讃岐分院は、杵築（出雲）大社の御師だった西村さんの先祖を、信者が招いて設立された。

御師・西村光安　明治5年、天領金刀比羅（現琴平町）の写真館で撮影。讃岐分院所蔵。

「金刀比羅宮の社史」は、「天保十二（一八四一）年九月十八日、出雲大社西村右大夫登山」「天保十三（一八四二）年九月二十一日、出雲大社の西村右大夫、例の通り配札に来着」と記す。これは年代から第十三代都信（万延元＝一八六〇年に47歳で没）とみられるが、この記録と光安の写真は、讃岐を檀場（布教担当地域）とする出雲御師・西村右大夫が讃岐入りする際、金光院（金刀比羅宮）に挨拶に行っていたことを示している。

讃岐は当初（中世末期）から西村家の檀場で、毎年七、八月になると、歴代右大夫が家扶二、三名を連れて出雲を発ち、讃岐へ向かった。神札の他、ワカメやお茶など出雲の特産を両掛鋏箱《りょうがけはさみばこ》に入れて背負い、中国山地を越え、瀬戸内海を渡る七～一〇日の旅だったという。讃岐へ着くと、村の庄家や旧家に立ち寄り逗留しながら神札を授布し、村人の病気祈禱や出雲屋敷（土地屋敷のお祓い）の求めに応じ、終われば次の村へ行く。一月末になると、大社への参拝希望者を連れて出雲へ帰り、参拝者は西村家の屋敷（宿）に数日泊まり、大社に参拝したり、名所見物をしたりした。一行が去ると次の一行が来て泊まるという具合に、出雲詣での客足は八月頃まで続く。そうした慣行が、明治四年の（神宮）御師廃止令が全国に浸透する明治十年頃まで、三百～四百年間続いたという。

香川県三豊市豊中町の出雲大社讃岐分院

中西村家が住居を讃岐へ移したのは、十五代西村槙之助昌澄（明治二十六＝一八九三年に33歳で没）の時だ。『出雲大社讃岐分院記録』には、その移住にまつわる「桃山虫封じの祈禱」という逸話が記されている。同分院の裏手に回ると、平野の向こうに七宝山が横たわる。その南北に連なる七宝山の東側山麓一帯が桃山で、明治の初め頃は一面に桃畑が広がり、夏になると多度津や備前へも出荷されるほど有名だったという。それがある年、開花も終わり、桃の実が大豆程になった五月初め、名も知れぬ害虫が広い畑一面に群がって桃の葉を食い荒らし、日に日に被害が拡大。村中、鐘太鼓で虫祈禱しても効果なく、農民たちは施す術なく愁い嘆き、村々の有志が紋付袴の正装で出雲大社へ御祈禱願いに赴いた。国造は本社から西村右大夫を派遣し、随官を伴って来た右大夫は、桃畑を見下せる熊岡八幡宮に斎場を設け、笠を立てしめ縄を張り巡らせ、幔幕《まんまく》を引き廻し、斎場には唯一人入れず祈禱すること数時間。時折エー、ヤーと式を打つ声だけが聞こえた。時を経て右大夫が終わったぞと叫び、一同が畑へ行って見ると、何と木の上に虫は一匹もおらず、地面一面に黒い虫が落ちて死んでいる。村人たちは驚き恐れ、足がすくんで動けなくなった者もいた。人々は神威赫々《しんいかくかく》、生神様と拝み、神社から帰る右大夫に向かって賽銭を投げて止まらなかったという。この一件の後、村人たちの間で出雲大神をお祭りし、生神様（右大夫）をお迎えしたいとの声が一気に高まり、村制で廃止された戸長役場の土地建物を献上しようと衆議一決。五カ村の戸長がその年秋、出雲大社に参上して請願した。こうして比地大の五カ村戸長役場跡に出雲大社教会所が設立され、中西村家が出雲から讃岐へ移り住むことになった。出雲大社から御分霊を移し、千家尊福国造による鎮祭で正式に比地大教会が設立されたのは、明治十四（一八八一）年五月一日と記録されている。

8　御師の往来が結んだ縁——江戸時代の旅行記が示す出雲街道

出雲大社讃岐分院の西村家には、御師の往来がもたらした出雲と讃岐の人の縁が語り継がれている。江戸時代の終わり頃、御師・西村右大夫は数人の伴を連れて讃岐へ来ていたが、その内の一人、加地良

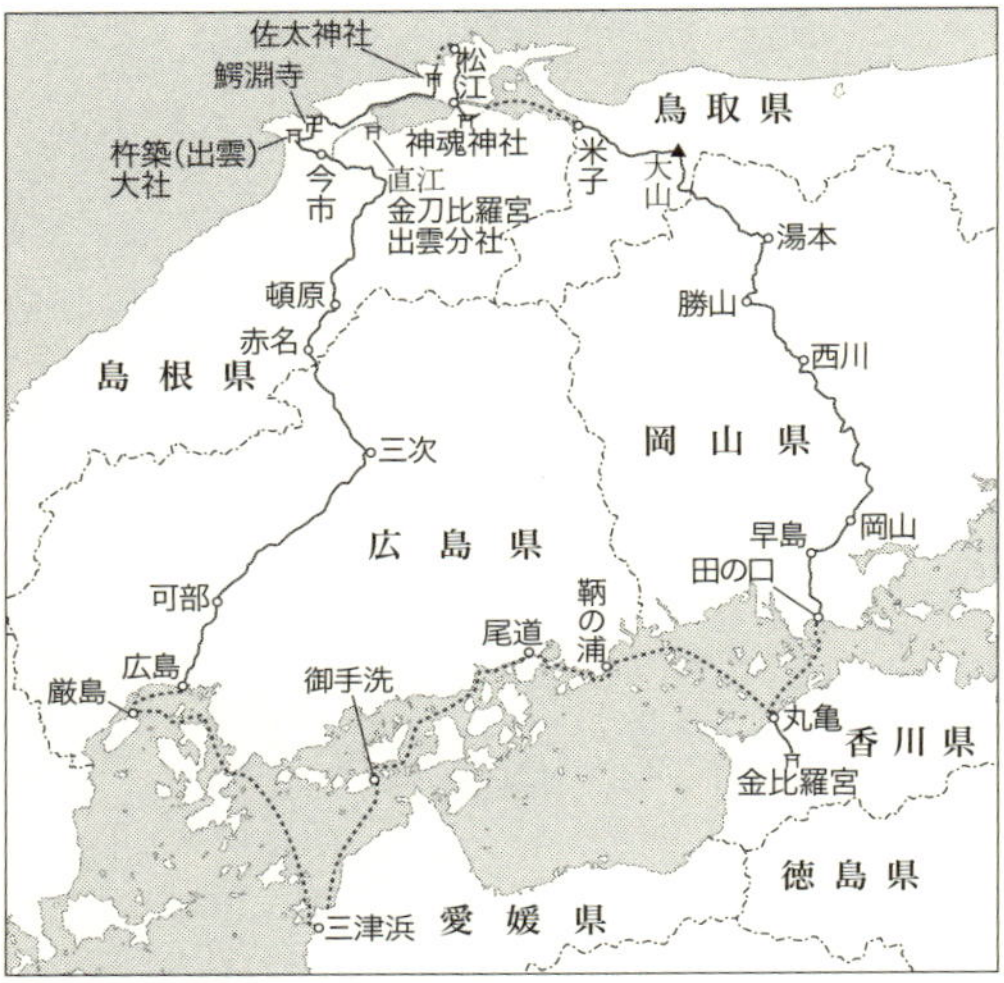

寛政12（1800）年、松山の大森乙右衛門らが杵築大社参りをした時のルート　『出雲大社伯耆大山行程記』をもとに作成。

三郎永充（日御碕神社の社家、明治三十五＝一九〇二年に77歳で没）が、三野郡上高瀬村（香川県三豊市高瀬町）の旧家・政本松助の娘と恋仲になって出雲（日御碕の宇龍）へ連れ帰った。それが出雲大社の教務部長も務めた加地修一さん（一九二三年生）の曾祖母・いまさん（明治六年に36歳で没）だという。加地家は代々、日御碕神社の社家を勤め、永充の代の元治元（一八六四）年に分家、修一さんはその四代目にあたる。出雲の加地家と讃岐の政本家は今でも交流がある。

また明治に入ったある年、西村右大夫昌澄（明治二十六年に33歳で没）が出雲から讃岐へ向かう途中、中国山地の頓原《とんばら》（島根県飯石郡飯南町）あたりで律儀で実直な男に出会って気に入り、出雲国造家の許可を得て讃岐へ連れて行ったという。それが後に大野原教会（旧豊田郡大野原村石砂子《いっさこ》、現観音寺市大野原町大野原）を任せる杠《ゆずりは》角之助（一九四〇年没）だった。角之助は昌澄が早逝した後、讃岐の布教を担って五八年間にわたり大野原教会を支え続け、その意志は二代目の杠薫（一九六七年没）、その妻・美代子さんにも引き継がれた。なお父・昌澄を幼くして亡くした昌訓《まさのり》（一九四九年に68歳で没）は、母に連れられ故地・出雲へ戻り、大社小学校に通った時期があるという。のち讃岐へ帰って比地大教会（讃岐分院）を建て直す、西村忠臣現分院長の祖父だ。

西村右大夫とは逆に、出雲へ移住した讃岐の布教者もいた。讃岐国象頭《ぞうず》山に鎮座する金刀比羅《ことひら》宮（香川県仲多度郡琴平町）は、近世半ば頃から海神として崇めた船乗りたちによって信仰が広まり、「こんぴら船々追手に帆かけて」の民謡でも知られる。その金刀比羅宮の全国に六つしかない分社の一つが出雲にある。讃岐金刀比羅宮出雲分社（出雲市斐川町直江）だ。しかも六分社中（他は神戸、松山、尾張、鳥羽、東京）唯一の世襲宮司。初代の富田彦三郎宮司（一九一六年に64歳で没）は、毎年讃岐から出雲へ布教に来ていたが、明治十五年の金刀比羅宮崇敬教会の直江での発足（明治十一年の出雲・意宇等六郡連合崇敬講社が前身）に伴って出雲に移住した。富田康彦現宮司（一九二九年生）で四代目になる。同宮司が知るある直江の信者（故人）は、毎年出雲から讃岐の金刀比羅宮まで徒歩で参るのを五〇年間続けていたという。

こうした人々が行き交った道が出雲街道だ。

讃岐金刀比羅宮出雲分社（出雲市直江町）

寛政十二（一八〇〇）年『出雲大社伯耆大山行程記』を書いた松山の大森乙右衛門らの足取りを辿ってみよう。五月七日、三津浜（松山港）を出立した一行は、海路で馬磯（興居《ごご》島）—厳島（宮島）—広島へ移動し、そこから陸路で可部《かべ》—入江—甲立—三次—上布野—赤名—頓原—掛合—三刀屋—上津—今市を経て、同月十七日（広島から五日で）杵築大社へ着いている。出雲で杵築・日御碕・佐太・八重垣・神魂《かもす》神社や鰐淵寺《がくえんじ》を参拝、加賀の潜戸《くけど》など周遊した後、二十二日松江から海路で米子《よなご》へ入って大山へ。

寛政12年の『出雲大社伯耆大山行程記』 忽那祐三さん（松山市在住）提供。

二十三日下山後は御机―下蚊屋―延助―郷原―藤森―湯原（温泉）―真賀―勝山へ至り、そこから久世―落合―西川―福渡―金川―岡山城下の京橋までの一八里（約七〇km）を川舟で下り（二十五～二十七日）、続いて陸路で早嶋―藤戸―林―瑜伽山（由加）―田の口へ移動。そこから海路丸亀に入って金毘羅《こんぴら》（＝金刀比羅宮）へ参拝し（二十九日）、再び丸亀へ戻り海路で鞆《とも》の浦―尾道―御手洗（大崎下島）―風早と渡って、六月六日堀江の浦（堀江港）へ着き帰宅している。

出雲街道によって、どれだけの多くの人の縁が育まれてきたことだろう。出雲信仰を伝える道は、それ自身が縁結びの道でもあったのだ。

9
松山の山陰特有・甑形土器――出雲街道と重なる出土地点

寛政十二（一八〇〇）年、松山の大森乙右衛門らが出雲詣での旅の起点とした三津浜（松山港）。そこから宮前川を約三km遡った所に、四国の山陰系土器出土地の中でも突出した宮前川北斎院《さや》遺跡群がある（111頁図）。一九八三年の宮前川河川改修工事に伴って発見された、松山市の北斎院町から別府町に跨る川沿いの南北約一kmに及ぶ遺跡だ。宮前川の周辺には、その名のとおり多くの神社があり、古くから人が住んでいたことがうかがえる。その後の発掘調査で古墳時代初頭（三世紀後半頃）の山陰系土器が大量に出土。その中に四国で出土例がなかった甑《こしき》形土器まで含まれていたため、大きな注目を集めた。甑形土器が七個体出土した西山地区では、半分以上を占める外来系土器の大多数が山陰系だったという。

甑形土器は、山陰系土器群の中でも出土地域がより限られる特殊な土器だ。しかも弥生時代の終わりから古墳時代の初め頃の限られた時期に、現れて消える。山陰地方特有の土器で、制作・使用期間が比較的短く、基本的に集落跡から（墳墓からの出土は一例のみ）、他の山陰系土器と一緒に出土するという特徴から、その出土地域には山陰からの人の移住が考えられてきた。加賀・能登や筑前は海路による移動とみられる。それが瀬戸内海を渡った伊予で一度に九個体、破片も含めると二八個体以上も出土したのである。松山市考古館の梅木謙一主任学芸員は、鼓《つづみ》形器台や低脚鉢など他の山陰系土器も数多く出土した宮前川遺跡群は、愛媛県内の山陰系土器研究の起点になったと振り返る。

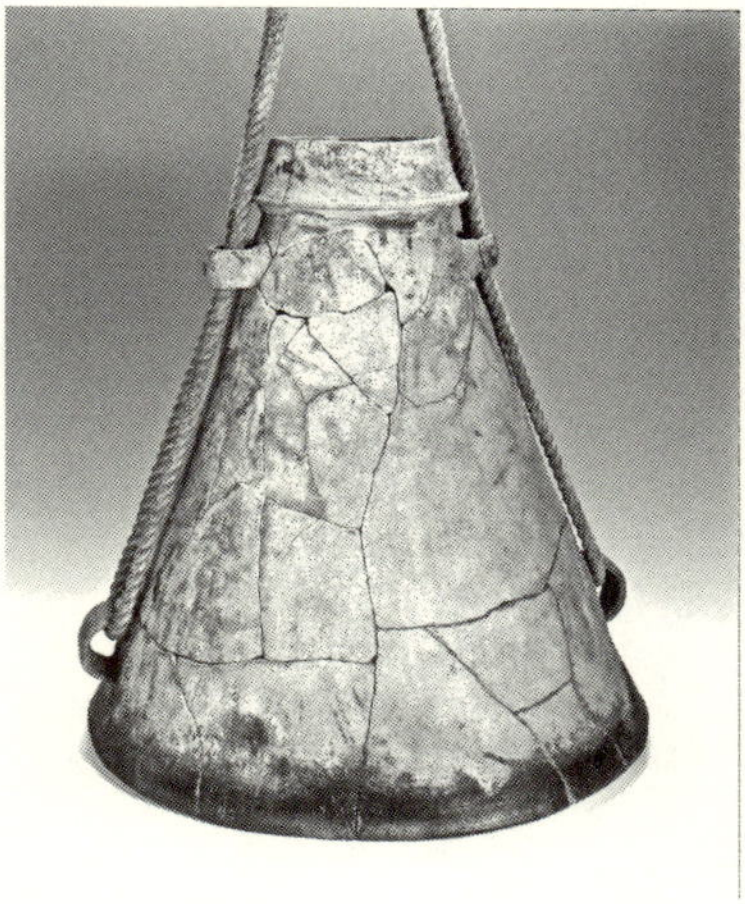

宮前川北斎院遺跡群で出土した甑形土器　愛媛県埋蔵文化財センター提供。コシキに形が似ていることによる命名だが、底がなく、高さ50㎝を超える大型のものが多い。用途や天地の向きをめぐって諸説がある。

山陰外で出土する山陰系土器を本場の山陰土器と比べると、酷似するものもあれば、違いがあるものもある。それが、山陰で作った土器を持ち込んだものか、山陰から来た人が現地の土で作ったものか、現地の人が山陰の土器をまねて作ったものかを考える根拠となる。梅木さんは、宮前川遺跡群の出土品には山陰の土器と形状や胎土が酷似するものが多く見られるので、山陰からの人々の移動と一定期間の居住は充分想定できるという。梅木さんは、二〇〇八年に発表した論文「伊予の山陰系土器」で、伊予出土の山陰系土器が辿った経路を考えると、出雲・伯耆から中国山地を越えて瀬戸内海を南下する経路と、日本海を西に進み下関経由で瀬戸内海に入り伊予灘を航海する経路とに二大別され、さらに前者は①広島の安芸路、②尾道・竹原の備後路、③岡山経由の吉備路の三経路が想定されるとした。明治三十五年、出雲大社周防分社の御分霊鎮座の際、杵築を出た一行が下関まで海路をとり、その後陸路で佐波郡へ来たという話（周防国の章）は、下関経由の海路が近代まで機能していたことを物語る。中国山地越えの三ルートは、ほぼ出雲街道と重なる。

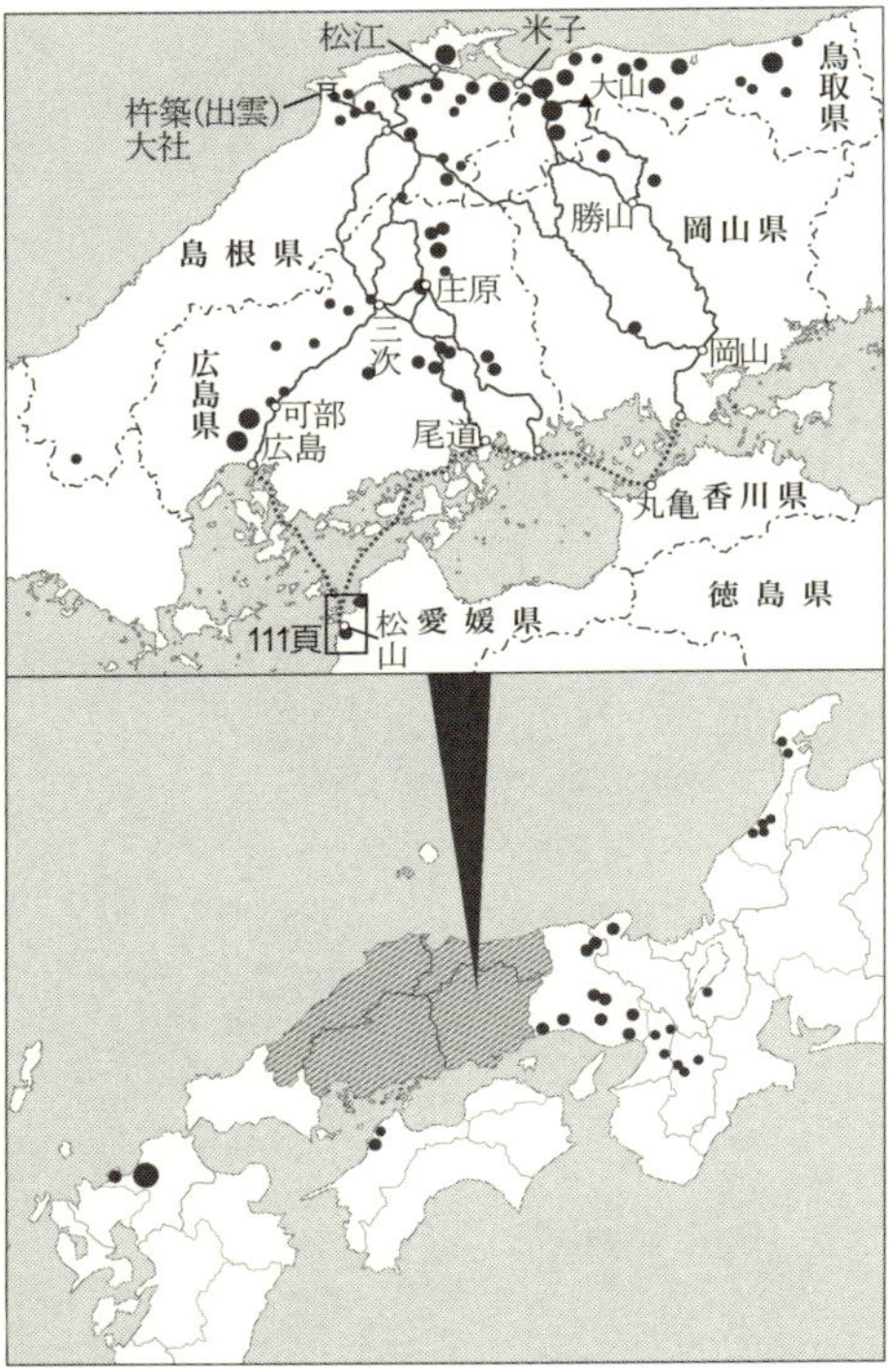

甑形土器の出土地点と出雲街道　●が甑形土器の出土地点。長川加奈子「山陰型甑形土器」などをもとに作成。

　松山が位置する高縄半島の西には伊予灘、西北には安芸灘、北には斎《いつき》灘があり、防予・芸予諸島で対岸とつながる。広島県教育事業団埋蔵文化財調査室の伊藤実室長は、甑形土器が広島市内の一三遺跡か

鼓形土器　宮前川北斎院遺跡群出土、古墳時代初頭。愛媛県埋蔵文化財センター提供。鼓に形が似ていることから命名。土器をのせる台に使われたとされる。

ら出土していることから、この土器の伊予へのルートは広島湾岸からとみる。同市北部、可部町の発掘調査（二〇〇五〜二〇〇七年）でも、トンガ坊城遺跡（三入）から一三個体、上ヶ原遺跡から三個体出土しており、出雲―三次など中国山地―可部―広島湾岸―伊予のルートが描けるという。であれば、まさに大森乙右衛門らが出雲参りで通った道だ。

甑形土器は、破片が松山市常保免《じょうほうめん》の大相院《だいそういん》遺跡（二〇〇〇〜二〇〇二年発掘）でも出土したが、四国内ではいまだ二遺跡に限られている。大相院遺跡は松山平野の北に位置する風早平野の拠点集落で、宮前川遺跡群と同様、高縄半島西岸の河口から川（河野・高山川）を約二・五km遡った所にある（111頁図）。その風早もまた、大森乙右衛門らが帰路経由した地だ。広島県内の出土地を見ると、もう一つのラインは尾道―三次への、やはり出雲街道と重なるように見える。出雲街道が整備されたのは主に近世とされるが、ほぼ同じ道筋が古代における出雲人の移住ルートでもあったのではないか。

10　瀬戸内海島伝いの道――北部沿岸に偏る四国の山陰系土器

愛媛県埋蔵文化財センターの池尻伸吾さんは、二〇〇一年発表の論文「四国の山陰系土器」で、その分布を愛媛県三二、香川県六、徳島県一遺跡とした。その後の状況はどうだろう。松山市考古館の梅木

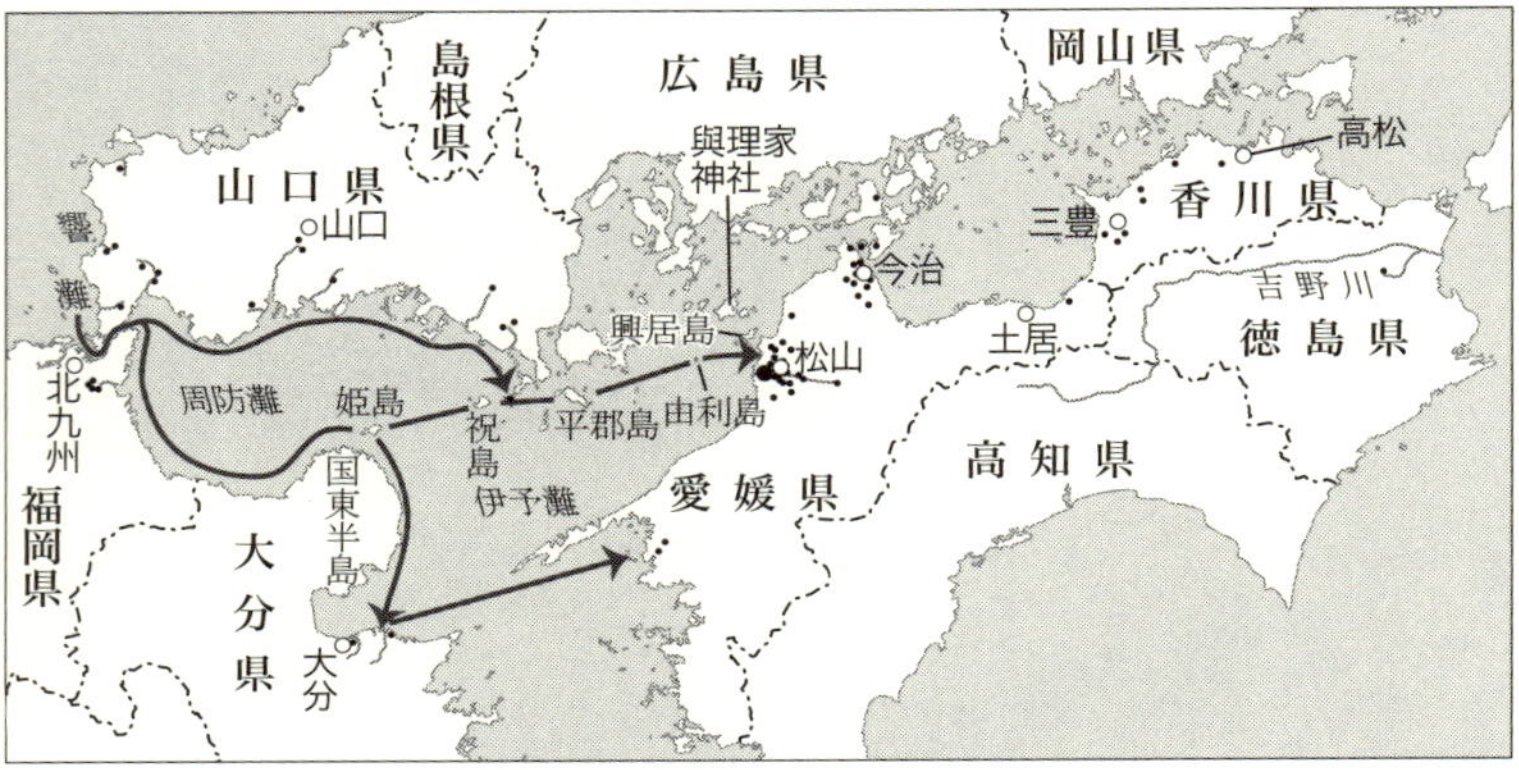

四国と響・周防・伊予灘沿岸の山陰系土器出土地点（山口県内は主な地域の遺跡のみ）と松山までの推定航路

謙一主任学芸員に尋ねると、愛媛県内では三九遺跡二六七点に増えていた。香川県埋蔵文化財調査センターの信里芳紀さんは、坂出市の旧練兵場遺跡で低脚杯が二点出土し、同県内では七遺跡一五点になったという。徳島県埋蔵文化財センターの近藤玲さんによれば、同県内では吉野川河口を約一八km遡った石井城ノ内遺跡で複合口縁甕が一点出土しているだけで、変わらない。高知県の状況を同県埋蔵文化財センターの出原恵三さんに確認すると、ゼロのままだった。

四国の山陰系土器の出土は瀬戸内海に面した伊予・讃岐に偏り、特に高縄半島西岸の松山・北条平野あたり（二二遺跡二〇七点）と東岸の今治《いまばり》市域（一四遺跡四四点）、三豊《みとよ》から高松の香川県西部沿岸に集まる。いずれも本州と島づたいで繋がり、近世は出雲御師の檀場となり、古い大社教の分社（松山、今治、土居、讃岐、高松）が現存する地域だ。今治と尾道を結ぶ「しまなみ海道」の馬島（亀ヶ浦とハゼヶ浦遺跡）、大島（赤岸鼻遺跡）、大三島（多々羅製塩遺跡）における山陰系土器の出土は、瀬戸内海の島づたいルートを物語る（140頁図）。

出雲からのもう一つのルート、関門海峡まわりでも山陰系土器が伝播したなら、その途中にも形跡があるはずだ。北九州市埋蔵文化財調査室の佐藤浩司さんに尋ねると、周防灘から竹馬川を五kmほど遡った上清水・長野小西田遺跡など小倉南区の四遺跡で、山陰系二重口縁壺や脚付鉢などが出土していた。大分市文化財課の長直信さんは、別府湾に注ぐ大分川を二km余り遡った大道遺跡群と大野川河口の大在浜遺跡から、鼓形器台や二重口縁壺などの山陰系土器が一五点（前者一四点、後者一点）出ているという。また山口県埋蔵文化財センターの石井龍彦さんによれば、同県の響・周防・伊予灘沿岸の多くの遺跡で二重口縁壺・甕や鼓形器台、装飾壺などの山陰系土器が出土している。

姫島―松山間を航海中の丸木舟ゆりひめ（1985年7月）　豊田渉さん（中島総合文化センター副主幹）撮影。

一九八五年七月、一隻の丸木舟が大分県国東《くにさき》半島沖の姫島を漕ぎ出した。古代、伊予灘の潮流を利用して姫島産の黒曜石を松山へ運んだ海の道を再現しようという実験航海だ。姫島を小潮時の早朝に発った舟「ゆりひめ」は、南から北に流れる潮流を横切って半日で祝島に至り、祝島からは沖を流れる上げ潮に乗って松山を目指す。行く手の島を目指して漕ぐ島見航法で、島づたいに姫島―祝島―平郡島《へいぐんとう》―由利島―興居島―松山（港）と渡り、平郡島と由利島で二泊し、直線距離一〇〇km、航行距離一四〇kmを漕ぎきった。当時、丸木舟に乗った愛媛県埋蔵文化財センターの岡田敏彦調査課長は、潮流にのると舟は想像以上にはやく走ることを実感したという。

山口県西岸の響灘から関門海峡を通って周防灘に抜けた舟が、左岸に沿って進めば、室津半島・長島・祝島で囲まれた海域に至る。長島の田ノ浦遺跡、室津半島の付根から田布施川を遡った明地《みょうじ》・開明遺跡（熊毛郡田布施町）がある所だ。右岸に沿って進めば竹馬川の河口に着き、そこから周防灘の南岸沿いに姫島へ達する。姫島から東の祝島方面へ向かえば、ゆりひめの航路。国東半島を回って南下すれば別府湾の南岸にあたり、そこから豊予海峡を渡り佐田岬半島の南岸に沿って進めば八幡浜に着く。西予の山陰系土器出土地点の近くだ。山陰系土器の分布と丸木舟の航海からは、そうした海路が描ける。

今治市松木の大己貴神社

興居島に近い中島の小浜に鎮座する與理家《よりえ》神社は、もともと寄瓶《よりへ》神社で、往古スサノオが八岐の大蛇を退治した時に酒を入れた瓶が、玉浦（＝小浜）に漂着したのを島民が拾いあげて社殿を造り、瓶を納めて奉祀したとの由緒が伝わる。出雲から伊予への海の道を想わせる伝承だ。

11　風土記固有の神を祭る——今治の多伎神社と大洲の少彦名終焉の地伝説

四国で松山に次ぎ山陰系土器の出土が多い今治は、出雲系神社の分布でも特異な所だ。愛媛県内で大己貴（大名持・大穴牟遅）神社と称する二八社のすべてが現今治市・旧越智郡内にある。明治以降の神社廃合政策の結果、今も自社の境内があるのは松木の大己貴神社一社だけだが、明治十年の越智郡神社明細帳では全郡二二三社中四一社と二割を占め、杵築神社（八社）や出雲神社などの名でオオナムチ（大国主・八千矛）を主祭神とする神社も合わせれば計六三社、全郡の三割を占める。さらにスサノオを主祭神とする二八社を加えれば、両神だけで四割を超える。これは越智郡式内社の半分が出雲神を祭るのと対応する。

山陰系土器が出土した松木広田・新谷畦田《にやあぜた》遺跡にも近い松木の大己貴神社には「昔、大己貴命、少彦名命が天下経営の時、此《こ》の里に駐蹕《ちゅうひつ》の古跡に、国造《くにのみやつこ》が神籬《ひもろぎ》をたて祭祀をした処《ところ》」との伝承が残る。この地方一帯は七世紀半ばまで小市《おち》国で、その国造は『国造本紀』が乎致命《おちのみこと》と記す越智氏だ。続日本紀神護景雲元（七六九）年二月二十日の条に、伊予国越智郡大領・越智《おちの》直《あたい》飛鳥磨の名があり、八世紀も子孫が統治していたことが分かる。多くの歴史家がその越智氏の宗社とみるのがスサノオ、タキツヒコ、タキツヒメの三神を祭る式内社・多伎《たき》神社だ。

今治市古谷の多伎神社　多伎川から引いた水が流れる境内（上）と奥の院（下、多伎神社所蔵）。境内周辺に古墳群がある。

高縄半島西岸に流れ出る頓田川の支流・多伎川上流の谷合いに鎮座する多伎神社は、神社奥の院の

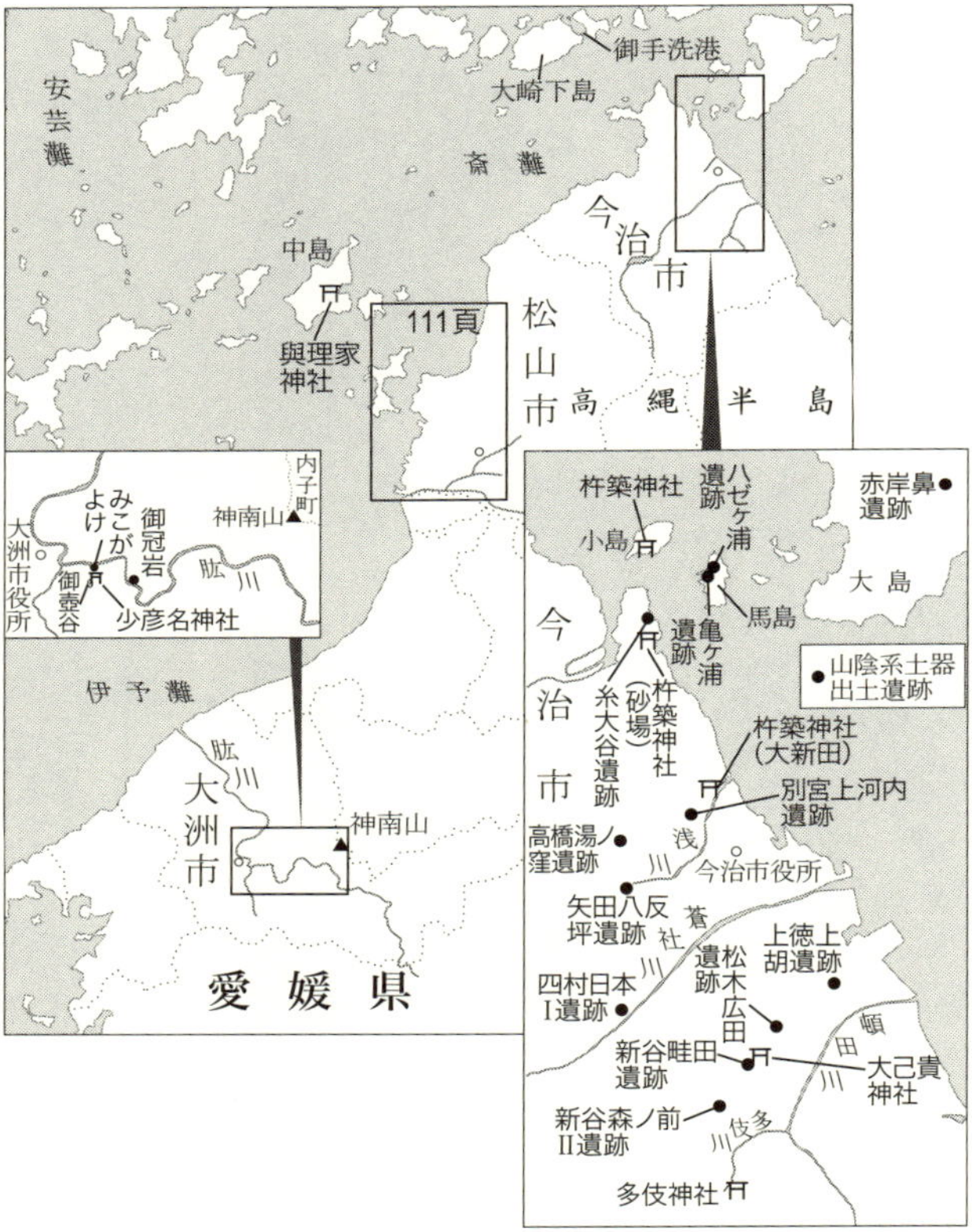

磐座《いわくら》信仰が起源とされる。『日本三代実録』が貞観年間（八五九〜八七七年）に重ねて神階が授けられたと記す伊予国瀧神とされ、近世には今治藩の雨乞祈願所となり、幕末の嘉永六（一八五三）年まで大規模な藩雨乞が行われている。であれば延喜式神名帳（九二七年）が「名神大一座」と記す同社の本来の祭神は、タキツヒコ一神だろう。

タキツヒコは出雲国風土記（七三三年）や延喜式神名帳にも載る古社・多久神社（出雲市多久町）の祭神。同風土記は楯縫《たてぬい》郡の神名樋《かんなび》山の条で、頂上付近に（オオナムチの御子神）アジスキタカヒコの御子神タキツヒコの依り代の石神（高さ一丈＝三m）があり、「旱天《ひでり》に当りて雨を乞ふ時は、必ず雫《ふ》らしめ給ふ」と記している。加藤義成『出雲国風土記参究』等によれば、多伎都比古《たきつひこ》の多伎は滝に通じて、水がたぎり音をたてて流れる滝や早瀬の神。同神を祭る立石神社《たていわ》（出雲市坂浦町）は一〇mを超える巨石を神体とし、明治初期まで雨乞いの祈禱が行われていた。この磐座信仰を起源とする川や瀧の水神タキツヒコは、大和の記紀には出てこない神だ。それを越智氏の祖先が祭り、越智国造が松木の大己貴神社の祭祀にも関わっていたなら、出雲ゆかりの人がいたのだろう。伊予では父神アジスキタカヒコを祭る神社も三三社と、本国出雲より多い。

大洲市の少彦名神社の神体山、梁瀬山と肘川　肘川対岸の護岸石掛けの切れた、画面やや右あたりがミコガヨケ、画面中央上部のくぼみ（沢）が御壺谷。画面左の山腹に少彦名神社の参籠殿が見える。

いっぽう少彦名神社が集まる大洲は、熟田津《にぎたつ》の湯（道後温泉）で蘇生した少彦名が、その後国づくりに来て没した地と伝わる。神南《かんなん》山に登って眼下を蛇行する川を肱川と名付けた少彦名は、ある日その肱川を渡る時、対岸にいた老婆に「そこは浅いか」と尋ね、老婆が「深い」と言って白い布を打ち振って制止したのを「早く来い」と勘違いし、深みに入って溺れたという。少彦名を救けようと駆けつけた人々が「さあ急げ」と叫んだので「さいさぎ」、遺体が流れ着いたので「命《みこ》がよけ」、遺体を壺に入れて埋葬したので「御壺《おつぼ》谷」という地名がつき、少彦名の冠が流れ着いたという御冠岩の近くを川舟で通る時は、積荷の一つを投げ込んで拝む慣わしがあった。

『愛媛県史』は、伊予国を神格化したのが愛比売《えひめ》で、

ミコガヨケや冠岩が記された「史蹟と景勝の大洲町」　大洲市立博物館提供。

それは寄り来る神（大己貴や少彦名）と結ばれるヒメの国を意味するとの説を挙げる。伊予における寄り神・少彦名信仰の広がりを考えると、散逸した風土記に、そんな逸話があったのかもしれない。

【追記】二〇一五年夏、おすくな社中の叶豊代表と台越昭夫さんに命《みこ》ガヨケや冠岩を案内いただいた。叶さんが城主加藤貞泰の移封に伴い、元和三（一六一七）年に米子（藩）から大洲（藩）へ移り住んだ石工、尾崎九兵衛から数えて十四代目と聞き、出雲神の結ぶ縁を感じる。神体山の梁瀬山に鎮座する少彦名神社は、二・五km離れた伊予大洲駅前の通りに一の鳥居がある大社ながら、氏子がおらず荒廃していたという。その再興を願って叶さんたちが二〇〇二年に結成したのが、おすくな社中だ。春秋の大祭を再開し、絵馬やお守りを作り、少彦名神社の調査や、同神ゆかりの出雲や能登との交流もしてきた。二〇一二年、山腹の社殿まで登れない参詣者のため参道横に建てられた総石作りの下宮は、石材店を営む叶さん自らの設計だ。

二〇一二年五月に訪れた時は、床や天井が抜け落ちるほど荒廃していた参籠殿も、見事に蘇っていた。梁背山の斜面に築かれた、清水の舞台と同様の「懸け造り」で、二〇一一年の愛媛県近代化遺産調査も、建築技術の優秀さと歴史的価値を認めた参籠殿。叶さんらは同年、修復に向け清水英範医師を長とする実行委員会をつくる。二〇一三年、米国のワールド・モニュメント財団（ＷＭＦ）がこの参籠殿を「緊急に保全・修復が必要な文化遺産」に選定。檜の建材四〇本を寄付した木藤幸治さんら三百人を超える個人の寄付とＷＭＦの助成を得て、二〇一四年から本格的な修復工事を始めたという。参籠殿は二〇一五年三月に落成し、二〇一六年五月に大洲市の指定有形文化財となる。そして同年九月、この参籠殿の修復は、地域住民が草の根的に保全に取り組んだ優れた事例として、ユネスコのアジア太平洋文化遺産保全賞の最優秀賞に選ばれた。

かつて奉納舞台や結婚式場でもあった参籠殿を、地域住民交流の場として活用していきたいという叶さん。鎮守を蘇らせる活動が、地域住民の絆も再生させる。その貴重な取り組みを、出雲神スクナヒコナが、喜びながら見守ってくれるだろう。

（二〇一二年七〜十月掲載）

修復された少彦名神社参籠殿　傾斜30度の急斜面に建てられ、建物の93％が地面に接していない三方懸けで、床下の懸け部分は8.3 mに及ぶ。2015年8月撮影。

備後・安芸国

1 出雲路を往来した人々——永田の地名・出雲石と宮内の旅館・出雲屋

口和町宮内の旧雲伯往還沿いにあった旅館・稲田亭出雲屋 『げいびグラフ』36号（1985年3月）より転載。

広島県庄原市《しょうばら》に出雲石という地名がある。口和町《くちわ》永田の現地へ行くと、六二号沿いに出雲石集会所やバス停上出雲石といった表札が目に映る。文政八（一八二五）年完成の広島藩の地誌『芸藩通志』は、「恵蘇郡永田村に出雲石と称するあり」（巻131）、同村に「生石《おいし》神社とよぶあり、昔出雲より小石をとりかへりしが、逐年大になりたるを、神に祭るといふ。因て出雲石とも称す」（巻136）と記す。出雲から持ち帰った小石が年々大きくなるので、付近の人々が生石（生きた石）と呼んで神として祭り、その地を出雲石と呼ぶようになったというのだ。『通志』永田村の絵図には、円形の出雲石と大石大明神の社が描かれ、出雲石谷という地名もみえる。

その出雲石は現在、出雲石集会所の道を挟んだ向かい側、八幡神社の参道入り口の鳥居の近くに安置され、生石神社と呼ばれている。同社の氏子の一人・森岡豊さん（一九四八年生）は、集落では古くから三軒がこの「石神さん」の祭りを担ってきたという。出雲石は以前、今の場所から北東へ少し離れた田の中の杉の古木の下にあって、今の三分の二くらいが地表に出ており、傍には小祠もあった。一九八〇年代後半、出雲石地区の圃場《ほじょう》整備に伴い、出雲石を掘り出して移転することになった時、祠の下からも大きな石が出土したので、粗末にすべきでないということで、あわせて安置したという。移転後に新しい祠を作り、八幡神社の御旅所として神輿を置く石製の台座も置いた。今でも森岡さん達は毎年秋、元々の出雲石にしめ縄を張り、一月初旬に「石神さん」の家《や》祭りをする。

庄原市口和町の生石神社　写真の祠後ろにあるのが元々の出雲石。

近世、領内を貫通する主要道を往還、そこからの脇道を小往還と呼んだが、奥出雲の阿井方面から王貫峠を越えて新市《しんいち》に至る往還・出雲路を、そのまま南へ進めば小往還・雲伯路《うんぱくじ》で、奥門田《もんで》を経て金尾峠を越え宮内に至る。宮内から大月、泉吉田方面に向かえば三次《みよし》へ、永田、門田方面に向かえば庄原へ至る。永田の出雲石は、この街道の人々の往来が生み出した伝説だろう。永田在住の松村充さん（一九四九年生）は、

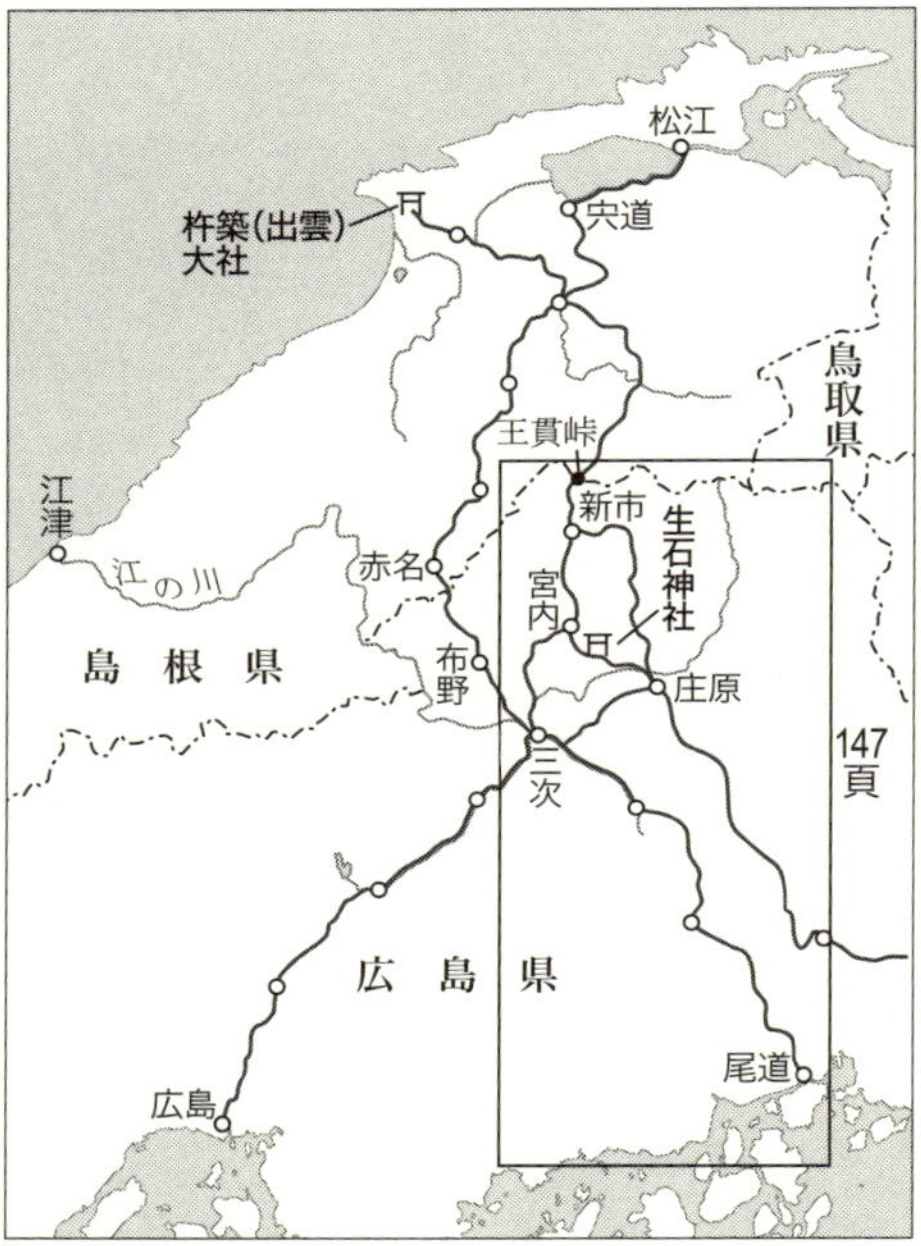

現地では出雲から行商に来た人が置いていったという説、庄原の人が出雲から持ち帰ったという説があるという。

永田と出雲を最短距離で結ぶ小往還沿いの宿場町・宮内は、式内社・多加意加美《たかおかみ》神社の鎮座地で、古代から地域の要所だったことが分るが、三次市の出版社・菁文《せいぶん》社発行の『げいびグラフ』三六号（一九八五年三月）には、その口和町宮内にあった旅館「出雲屋」の写真が載っている。説明文によれば、先祖が出雲出身だったことから屋号を出雲屋とし、一九三〇年頃から一九七二年まで商人宿として営業。撮影当時すでに旅館をやめて久しかったが、看板は付けたままとある。その看板は今、「昭和三十六年一月起　宿泊簿記　比婆《ひば》郡口和町出雲屋事稲田カツノ」と表書きされた宿帳とともに、口和郷土資料館に保管・展示されている。口和町元恒の槙原数彦さん（一九二三年生）は、出雲屋があった通りは雲伯路の宿場町として栄え、明治の初め、現口和町域初の郵便局ができ、昭和の初め頃までは登記所や銀行、別の旅館もあって賑わっていたという。

かつて出雲や石見の行商人は、備後との国境いを頻繁に往来した。新市や口和では石州サバが有名で、雪解けの頃には出雲の女性が行商に来て、出雲言葉でワカメや青のりなど海藻類、スルメやイリコなど干物を売り歩くのが、春の風物詩だったという。昭和四十年代まであったという出雲ワカメの行商人たちも、きっと出雲屋に立ち寄ったことだろう。

出雲石の四kmほど北の湯木川上流には伊予谷がある。伊予国から来た人たちが住み着いた場所だという。口和町の地名には、出雲街道を往来した人々の営みが、今も息づいているのだ。

2　水中に浮ぶ巨石の伝説——穴笠の出雲石

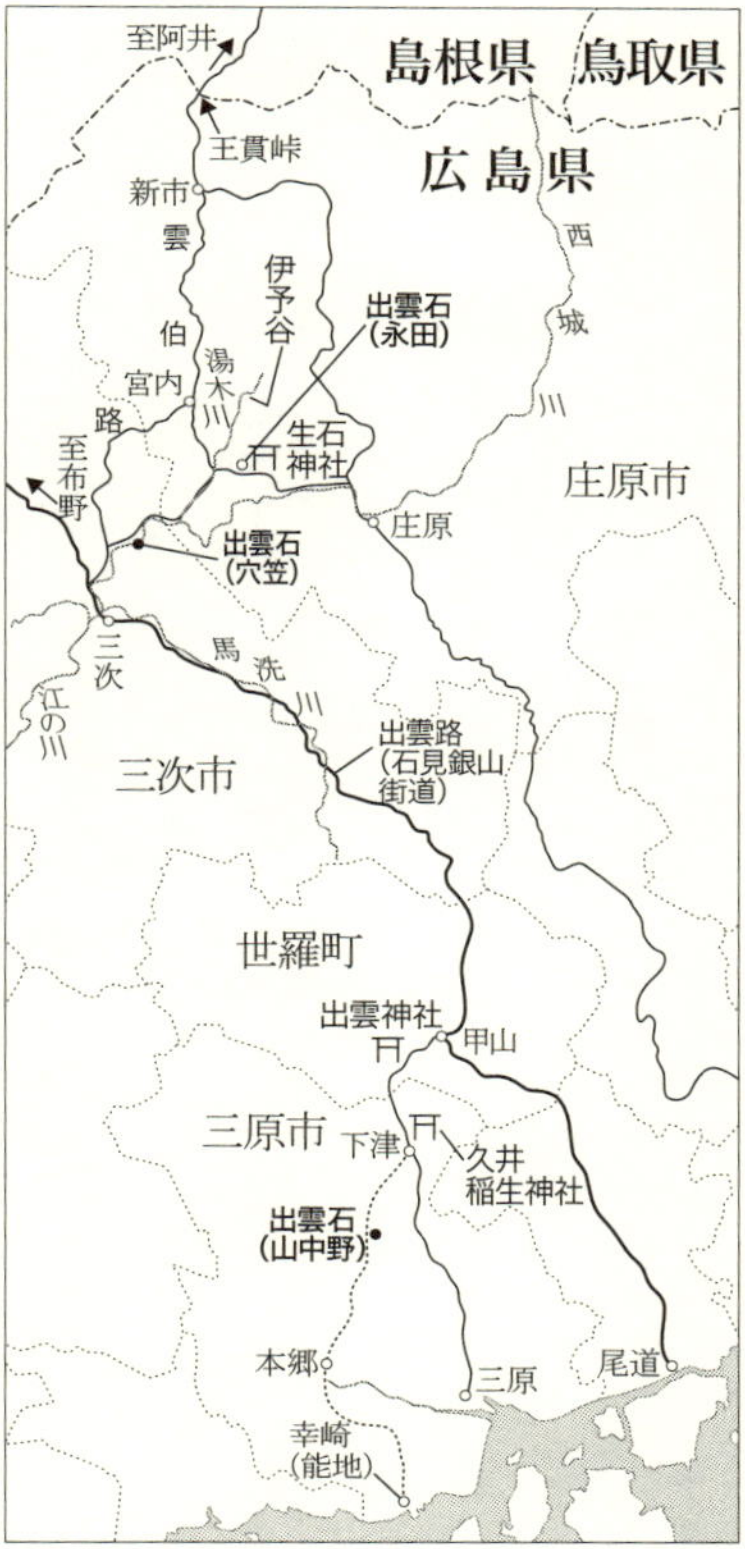

三次市十日市の大井和貴さん（一九三四年生）宅の玄関には、「左　いづも　石州道」と書かれた小さな道標《みちしるべ》の模型が置いてある。夫の四郎さんが生前作った模型だ。実物は、国道からも垣間見れる家の前庭にたたずむ。嘉永二（一八四九）年の建立年とともに刻まれた世話人・溜屋傳右衛門《たまるやでんうえもん》が四郎さんの十代前の先祖だ。一九五五年頃、国道建設で巴橋東にあった道標が撤去され、道端に横たわっていたのを見かねて、大井家が引き取ったという。人の考えや行いの条

大井家所蔵、嘉永２年の出雲街道の道標（三次市十日市）

理をも意味する「道」を教える道標の建立は、功徳に通じるという考えが近世あった。模型には、先祖が携わった道標への四郎さんの思いが詰まっている。それを受け継ぐ和貴さんによって、私が見てきた中で一番古い出雲街道の道標は、最もきれいな形で保存されていた。

三次の巴橋付近は、馬洗《ばせん》川と西城川の合流点で、そこから西城川を六〜七km遡った川中に、穴笠《あながさ》の出雲石《いわ》がある。地元では昔、出雲から来た旅人が、河内《こうち》の穴笠を通る途中、懐に入れておいた小さな石を西城川に投げ入れると、みるみるうちに大きな岩になり、岩は故郷の出雲に向かって毎年米一粒ずつ動いているとの伝承がある（『三次の伝説と民謡』）。江戸時代の『芸藩通志』も三次郡の「古蹟名勝奇樹恠石」の項でこの出雲石を挙げ、「穴笠村にあり、竪一間（一・八m）、横二間（三・六m）、河中に浮ぶ。試《ため》に縄を石底に通すに碍《さまたげ》るものなしといへり」（巻131）と記す。

子どもの頃、その出雲石付近でよく川遊びをしたという、穴笠在住の神田《じんだ》茂幸さん（元河内公民館長、一九三六年生）は、出雲石には水深三mくらいの所に一mほどの穴が開いていて、その穴を潜れるか、友達と競い合ったものだと笑う。「縄を石底に通すに碍るものなし」という水中に浮ぶ巨石の伝説は、そこから生まれたのだろう。

近世の絵巻「西城川舟運図」には、出雲石を含む一一の岩石や五二の瀬、一〇の淵と浜（舟着場）が描かれている。数々の瀬や淵の名は、庄原と三次を結ぶこの舟運が盛んだった頃の人々の営みを伝える。

西城川の舟運は三百年間、一九三三年まで続いた。『西城川の瀬と淵』（江の川水系漁撈文化研究会）は、立岩ナガセを抜けた船頭たちが伝説の出雲石で休息をとり、着物を乾かしたり、大声で舟歌を唄ったりしたという往時の話を載せている。

江戸時代、五万石の城下町として栄えた三次は諸街道が交差する要衝で、穴笠から西城川を二kmほど下れば、宮内から大月、君田方面に進んで三次へ至る雲伯路と、そこからさらに四km下れば、赤名、布野方面からの出雲路（現国道五四号）とつながる。また巴橋付近で合流した馬洗・西城川は、その一km下流で全長二〇六kmの大河・江《ごう》の川へ流れ込む。北前船の時代、庄原の年貢米は西城川の川舟で三次へ、そこから江の川の舟運で江津へ送り、西廻り（下関経由瀬戸内海）航路で大阪堂島へ運ばれたという。今の陸上主体の交通網からは考えられない遠回りだが、水上交通が盛んだった近世は、その方が合理的だったのだ。

三次市穴笠町の西城川上に浮ぶ出雲石を指差す神田茂幸さん

西城川の舟運には荘原の門田から三次まで九つの舟着場があり、永田の出雲石の一・五km南に位置する高瀬から一〇km下った浜が穴笠だった。永田と穴笠の間にある口和町の金出《きんで》には、オオナムチを祀る杵築神社（下金田）やスサノオを祀る木山神社（本谷）が

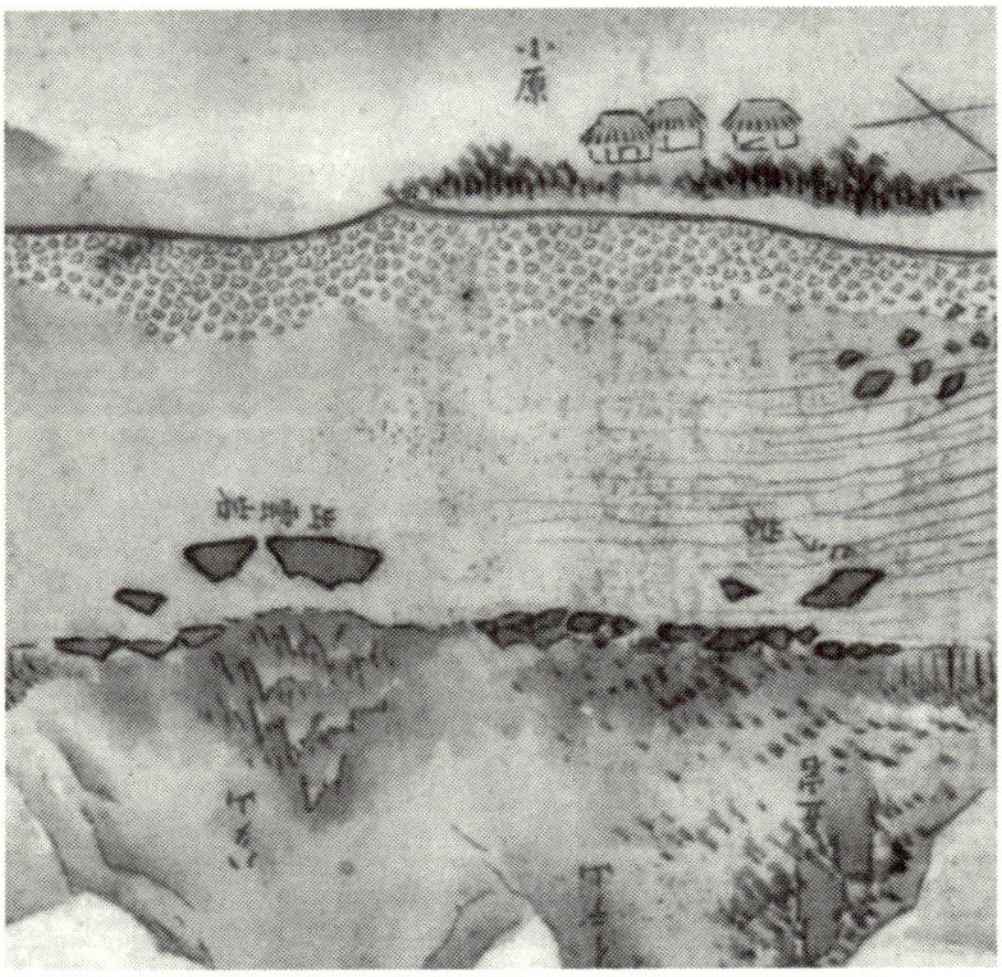

庄原市指定文化財「西城川舟運図」の出雲石付近
山脇哲夫さん（庄原市門田町）所蔵。今は西城川舟運図と同じく、発音に合わせて出雲岩と表記されることが多い。

あり、出雲信仰の浸透を物語る。穴笠の出雲石は出雲から流れてきた石、出雲から来た行商人が休んだ岩、といった伝説も地元にはあり、出雲からの人や物の流れが頻繁にあったことをうかがわせる。天保三（一八三二）年、赤名峠で起きた万右衛門殺害事件の記録から、石見国久手《くて》浦（現大田市）の行商人・万右衛門が半年に一〇回の頻度で三次まで往来し、布野辺りにも顔見知りが多かったことも分かる。穴笠と永田の出雲石は直線距離で一〇kmと近く、『芸藩通志』は「いかなる謂にや」と訝るが、出雲や石見からそれほど頻繁に人が来ていたなら、異なる二つの出雲石の伝説があってもおかしくなかろう。

3　孝行息子の心温まる物語——山中野の出雲石

広島県内には三つの出雲石がある。地名となった庄原市永田の出雲石、水中に浮かぶ巨石の伝説をもつ三次市穴笠の出雲石。そしてもう一つが、昔話となった三原市（旧御調《みつぎ》郡）山中野の出雲石だ。『ふるさと久井《くい》昔話』などにのる「中野の出雲石」を、少し縮めて紹介しよう。

昔、瀬戸内海に面した安芸国豊国郡能地《のうじ》村（現三原市幸崎町）に、信仰心の厚い母と息子が暮らしていた。年老いた母は、息子によい嫁がくるのが唯一の願い。息子の権松は親孝行者と評判の若者だったが、家が貧しいため、なかなか縁談がこない。悩んだ母は「縁結びの出雲の神様へお参りしてみよう」と思いつき、二人はわずかな路銀を懐に出雲へ旅立った。前々から拝んでいた杭《くい》のお稲荷さん（久井稲生《くいいなり》神社）がある江木で一泊、次に三次、赤名と歩いて出雲に着いたのが六日目の夕方。翌朝さっそく大社の神前に額ずいて一心に祈ると「国へ帰ったら、よい縁談がまとまる」とのお告げがあり、二人は大喜び。ところが母は旅の疲れで、足が痛んで歩けない。そこで権松は天秤棒と苗かごを用意し、後に母を、前には石を乗せてバランスをとり、担いで帰ることにした。肩の重みもいとわず四日目には杭（久井）の江木に着き、下津から黒郷へ、備後境をすぎ安芸の山中野へさしかかった時、母が「足腰が楽になったから、ここからは歩いて帰ろう」という。すると片荷の石はいらなくなる。「親子が世話になった石だから、よくお礼を言って拝もう」と母が言い、二人は出雲石との別れを惜んで跪き「来年お稲荷さんにお参りする時、必ずお目にかかりますから」と約束した。能地に帰った権松には次々と幸せが訪れ、よい縁談がまとまり、商売も繁昌。やがて杭のお稲荷さんへ参る正月が来た。本郷から馬井谷、土取を通って中野へ来ると、なんとあの出雲石が、姿形はそのままに、大きくなっている。権松は驚きながらもよく礼を言い「毎年参るので待っていて下さい」と拝んだ。その

『ふるさと久井昔話』の挿絵　「中野の出雲石」は『広島県の民話と伝説』にも収録されている。

三原市久井町山中野の出雲石　大きさが分るよう、案内下さった三原市教育委員会の和氣康人主任に、石の前に立っていただいた。

後、杭の稲荷神社に参るたび出雲石は大きくなり、それにつれ権松の身代も大きくなったという。

『久井町文化財百選』が「孝行息子の心温まる伝説」と紹介するその出雲石は、久井町山中野の、土取とを結ぶ農道脇の田の中にある。現地に行って、その大きさに驚いた。高さ三m、幅六mはあろうか。『芸藩通志』は、中野村の出雲石は「もと小石にて、ある人出雲よりとり来り、此に据置しが、後に年を逐ひて長太なり。方今一丈八尺（五・五m）、囲六丈八尺（二〇m）余なり」と記す（巻91）。もともと母親の体重とのバランスをとるため担いだという石。貧しくても、誠実で親孝行に心がければ、いつか幸せが訪れ、こんなにも大きくなる。人々がこの昔話に込めた思いなのだろう。

山中野は一見、出雲街道と繋がらないが、久井町の莇原《あぞうばら》に、同町江木から世羅《せら》町の田打《とうち》へ通じる旧街道の石畳が残っている。近世、三原と世羅を結ぶ唯一の街道で、駄馬《だば》がよく通り、馬子唄で「日に千匹の馬が通らにゃ三原はたたぬ」と唄われた。山中野から下津へ出れば、その江木―莇原―田打を通って出雲街道の宿場町・甲山《こうざん》（世羅町）に至る。田打の隣の青山に出雲運送があるので訪ねると、社長の出雲義弘さん（一九三四年生）が五〇年ほど前、自分の姓を冠して起業した会社で、出雲家は戦前、三原から世羅へ移住してきたという。元々の菩提寺だった香積寺《こうじゃく》（三原市本町）の岡本浩彰住職（一九四一年生）

に尋ねると、明治時代の過去帳で出雲姓の檀家が一〇軒もあった。出雲と三原と世羅が、ここでも繋がる。

青山との境に近い西神崎には、大国主大神・少名彦大神ら出雲五神を祭る五社出雲神社が鎮座する。芸藩通志の『世羅郡下調べ書出帳』でも、その存在が確認できる古社だ。出雲街道は三原の一〇km西に位置する尾道に向かうが、能地や山中野との間にも、世羅を介した人の往来が少なくなかったのだろう。

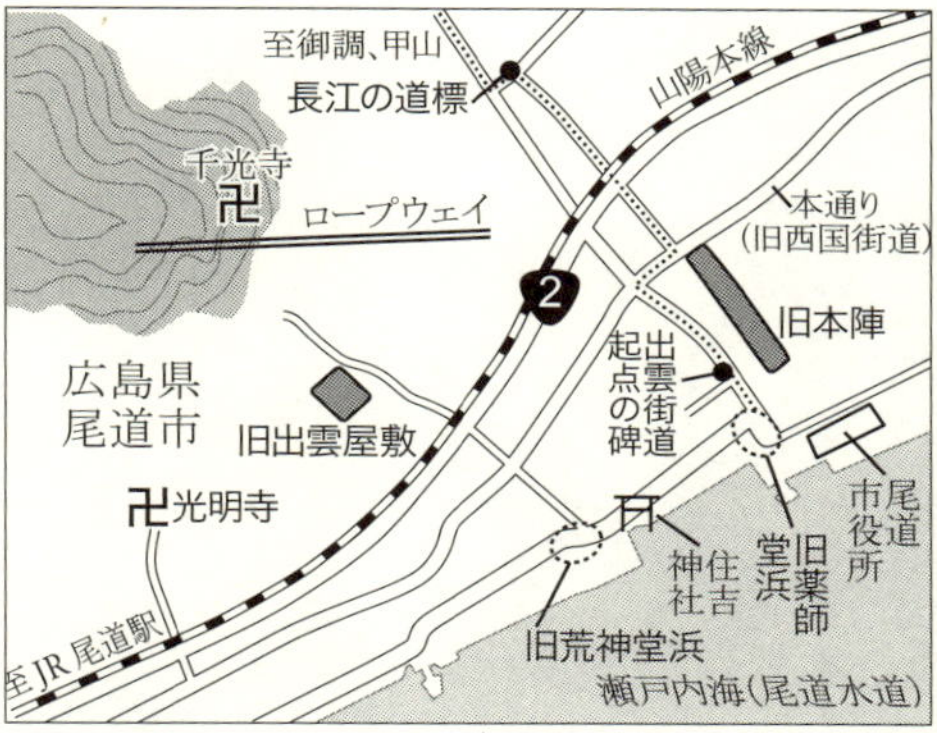

近世の海岸線は、埋め立て地に建つ今の尾道市役所などより内側にあり、出雲大社道の標石は薬師堂浜の桟橋の、より近くにあったとみられる。

4　尾道の出雲屋敷——陣幕久五郎も通った出雲街道

尾道の海岸近くに「出雲街道起点の碑」が立つ。市役所横の船着場から一〇〇m、薬師堂通りにある「出雲大社道」と刻まれた安政六（一八五九）年の標石と説明版（石碑）だ。明治四十二年の出雲大社参詣道案内をみると、伊予の松山と今治《いまばり》、讃岐の多度津《たどつ》から、いずれも尾道への海路が描かれている。近世その上陸地が今の市役所辺りの薬師堂浜や荒神堂浜だったと、同市教育委員会の西井亨学芸員はいう。出雲街道は尾道水道と直角に延び、旧長江通りには「左いづも往来」と刻まれた安政六年の道標が立つ。文政四（一八二一）年の尾道町絵図でみると、薬師堂浜から西国街道（現

光明寺境内に立つ陣幕久五郎夫妻の墓と手形碑（尾道市東土堂町）

本通り）に出て、本陣笠岡屋の前から長江町に入って進むと、この道標に出会うことが分る。そこから長江新町に入れば、街道は尾道をぬけて一路、御調、甲山へと向かう。本陣は大森から運んだ銀を船に積み替える前、一旦蔵に収めた所。出雲街道の起点・尾道は、赤名で合流する石見銀山街道の終点でもあった。

この街道を通って尾道に来た出雲人の一人が、第十二代横綱・陣幕久五郎（一八二九～一九〇三年）だ。生涯の勝率九五％、「負けず屋」と呼ばれた陣幕（本名、石倉槙太郎）は出雲の意宇郡意東村（東出雲町下意東）で生まれ、弘化四（一八四七）年に尾道へ来て、松江大草出身の関取・初汐久五郎（嘉永元＝一八四八年没）に弟子入りした。初汐は陣幕を見込んで娘お雪（一八九三年に56歳で没）の婿とし、久五郎の名を与える。尾道の光明寺には、初汐と陣幕夫婦の墓（陣幕の髭が収まる）、陣幕の手形碑などが、本堂と鐘撞き堂の間に並び建つ。

光明寺の二～三〇〇m東には出雲屋敷とよばれる場所がある。近世、松江藩が藩米の売却のため尾道の山手に設けた出先機関で、松江藩士が駐在し、塩や綿など藩の入用品の調達もしていた。今でも江戸時代以来の白塀、母屋の表座敷や茶室が残る。文政七（一八二四）年八月の尾道町年寄「十四日町年誌」

は、雲州廻米が平均で年一万三、四千石、多い年で二万石ほど入っていると記す。尾道は十八世紀後半から広島藩領の村々への他国米流通の拠点となるが、諸藩廻米の中心的存在が松江藩だったとされる。
その雲州廻米御用を務めた尾道商人の仕事の一つが、出雲屋敷への仕出しで、嘉永六（一八五三）年、大紺屋《おおこん》からその任を継いだ橋本家（角灰屋《かどはい》）の近世文書の中に、天保から幕末期までの「御屋敷毎日献立」が残る。それを調べた大阪都市遺産研究センターの森本幾子研究員は、出雲屋敷には一年を通じて松江藩士が滞在していたという。四人前や六人前との記載から人数は四～六人で、年末に年越御膳、晦日にも御膳が出ているから、年末年始もいた。「鞆《とも》行（き）重四ツ」「鞆より松井様御かへり」等の記載から、福山藩領鞆の浦へ出張していたことも分る。十九世紀、鞆の浦でも雲州廻米の取引が始まったからだ。森本さんは、出雲屋敷詰めの松江藩士は御勝手方小遣衆《おかってかたこづかいしゅう》が中心だったともみる。毎日献立に記された松井様や八百八様が、嘉永七（一八五四）年、橋本吉兵衛の代理で松江城下へ赴いた廻米方・帯屋次郎右衛門の「雲州廻勤之節日記」に頻繁に出てくる、松江藩御勝手方小遣衆の松井勝次（筆頭）や岩崎八百八とみられるからだ。

出雲屋敷の江戸時代以来の白塀（尾道市東土堂町）　明治以降は島居家の別荘として取引先の接待、また明治42年の住友別子銅山四阪島精錬所の煙害補償交渉にも使われた。

出雲屋敷は明治に入り、尾道の島居家《しまずい》が買い取り、現在、敷地の北部分には島居勝さんの経営する帆雨亭《はんうてい》などがある。

出雲屋敷で最も古い面影が残る1階奥の茶室　2015年夏、せとうち湊のやどの吉田挙誠取締役に案内いただいた。

母屋のある南部分は二〇一二年、町屋宿事業などを手がける尾道の企業が譲り受け、宿泊施設として再生。尾道に行って、松江藩士が暮らした出雲屋敷に泊まる——そんな旅ができるようになる。

一九九四年、陣幕の故郷・東出雲町と尾道市が友好交流都市となり、双方の陣幕会合同で百回忌法要を行う（二〇〇二年、光明寺）など交流を重ねた。同町と松江市の合併（二〇一一年八月）にあたり、その絆を発展させようという人々の思いが、二〇一二年二月の尾道市との姉妹都市締結に繋がった。かつて出雲街道を往来した人々が紡いだ縁が、新たな縁を生み出していく。

【追記】日本建築の専門家、中村昌生京都工芸繊維大学名誉教授の監修で改修された出雲屋敷は二〇一二年末、「せとうち 湊のやど／出雲屋敷」としてオープン。江戸後期建造の一階と、近代以降の増築とみられる二階を分けた貸し出しもしている。出雲の出西窯の皿なども、備え付けに置いてある。

（二〇一二年十一～十二月掲載）

紀伊国

1　本州最南端の出雲——鎮守・朝貴神社を創建した吉田家の末裔

串本町出雲字向地の朝貴神社

和歌山県東牟婁《むろ》郡串本《くしもと》町出雲——ここは本州最南端、紀伊半島の先端にある出雲だ。鯨の尾ヒレのように広がる同町南部の東西両端には、大己貴《おおなむち》を祭る朝貴《あさき》神社と少彦名《すくなひこな》を祭る潮御崎《しおのみさき》神社が鎮座する。この南紀出雲の地名は、慶長六（一六〇一）年九月の「紀州室《むろ》郡出雲浦御検地帳」の存在からみて、中世に遡るだろう。天保八（一八三七）年国郡全図などをみると、近世は出雲崎の名が広く知られていたようだ。JR串本駅方面から沿岸の国道四二号を南下して潮岬台地に入り、左手に大島を見ながら二kmほど行くと、バス停出雲浦近くの海側に朝貴神社が見え

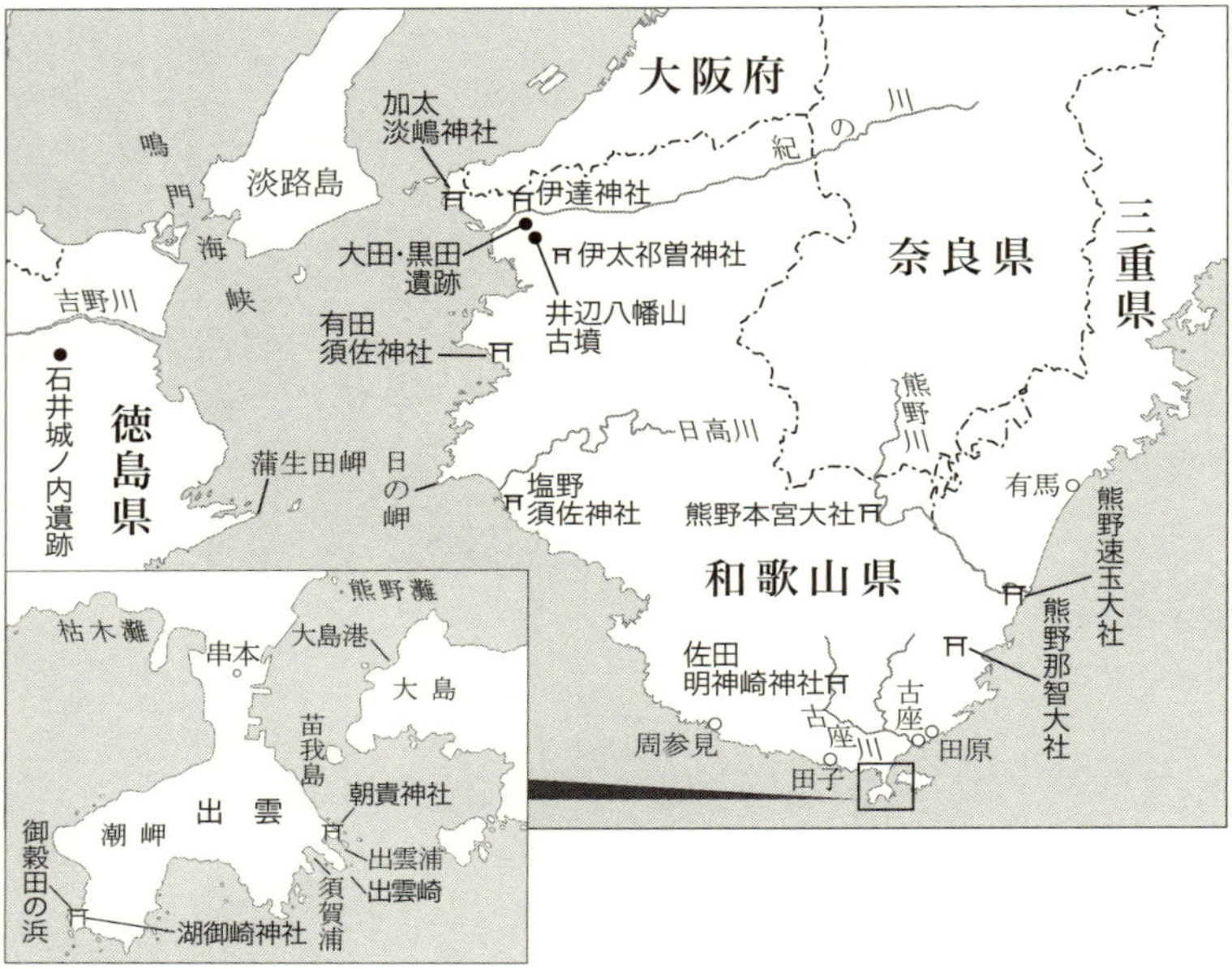

る。神社手前の湾が出雲浦（港）だ。車で走ると、道路標識の出雲にＩｔｓｕｍｏと併記されているのに気付く。出雲を串本弁で発音すると「いつも」になるかららしいが、串本町役場に確認すると、正式のカナ表記は『行政区画便覧』にもある「いづも」だという。出雲浦について「伊都毛《いつも》と清音に称ふるときは出雲の義にはあらざるべし」と記す天保十年『紀伊続風土記』も、その辺の事情をよく確かめなかったようだ。南紀の出雲は安政二（一八五五）年の皇国総海岸図でも、イヅモと表記されている。

　この南紀出雲の地名は、大正時代の「串本漁業組合漁場図」で出雲宮と記される朝貴神社と深く関わる。串本町公民館発行の『串本のあゆみ』（一九八〇年）は、「出雲地名の起原」として「文治（一一八五～八九年）以後（年代不詳）出雲大社の禰宜《ねぎ》、吉田氏なるもの、茲《ここ》に移り住み小社を建て出雲大社を祀る。名づけて朝貴神社と称し、此《こ》の地を出雲と名づく」と記す。その原典『出雲尋常高等小学校沿革史』は、冒頭で「出雲の里（口伝）、里は後鳥羽天皇元暦年間、今を去る七二四年前、僅に茅屋二、三海岸に点々するのみなりしが、其後（年代不詳）出雲大社の彌宜吉田氏なるもの、茲に移住し」云々（以下同様）と記す。元暦年間（一一八四～八五年）から七二四年後というから、明治四十一－四十二（一九〇八－九）年頃に記録された伝承だろう。同『沿革史』の発行年は不明だが、出雲小学校が尋常高等小に改称したのが明治三十六年末なので、年代的にも合う。

串本町出雲の道路標識

朝貴神社が鎮座する出雲向地の宮のセド　沖に向かって岩礁が連なる。

　出雲小学校は明治九年三月、朝貴神社の社務所を校舎として借用し創立された学校だ。その時から出雲宮の伝承を引き継いだのだろう。一九三〇年十二月発行の同校『同窓会報』第一一号は同社由来の付

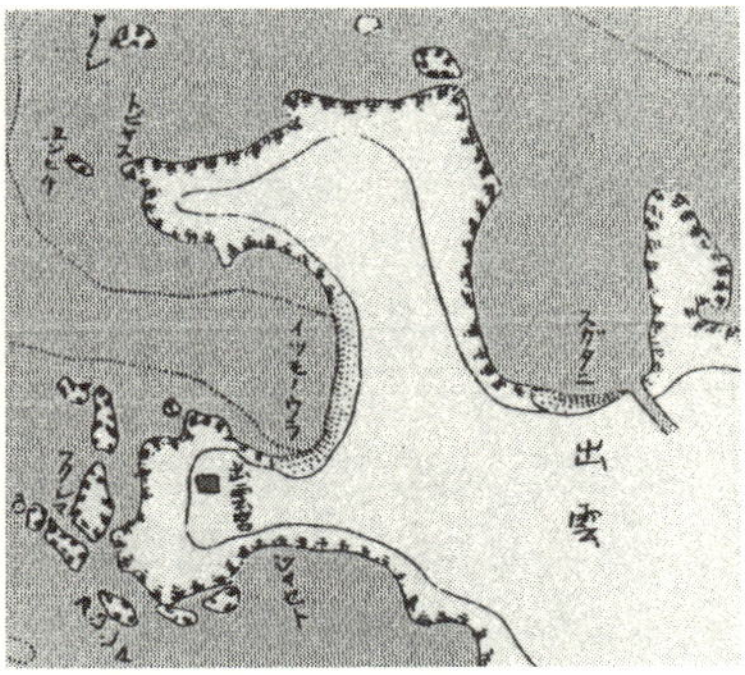

出雲宮と記された大正時代の串本漁業組合漁場図

朝貴神社の創建者、吉田家の25代目という吉田八郎さん

記として「吉田氏は後に土地の女を娶り、祭式などをも伝えたり……吉田氏の子孫は現今、東牟婁大島村に居住せり」と、子孫の消息も書き添えている。

この八〇年以上前の消息が糸口の串本入りだったが、当地の旧家・潮御崎神社の第四十五代潮﨑勝之《かつゆき》宮司（一九三七年生）にヒントをいただき、大島在住の吉田八郎さん（丸八水産代表、一九二四年生）を探し当て、お会いすることができた。これも出雲の縁だろう。二十五代目にあたるという八郎さんは、父の叔父で幕末生まれの久米蔵さんから、吉田家の祖先が朝貴神社を創建したという話を伝え聞いていた。現在、大島の吉田家は一〇軒ほどあるが、八郎さんの家はその本家筋にあたる、一番古い家だという。

慶長六年の「出雲浦御検地帳」は寺一家、神主一家を記すが、明和七（一七七〇）年の「出雲浦持高差出し控え写」では寺一家で、神主一家はない。吉田家はこの間に朝貴神社を離れたのだろう。八郎さんの先祖が大島で営んだ庄助という屋号の船宿が、古座・大島の古文書で確認できるのは弘化年間（一八四四〜四八年）からだ。吉田家は江戸時代終わり頃に大島に移ってきたという、八郎さんが久米蔵さんから聞いた話とも一致する。

朝貴神社には「長禄二（一四五八）年、神祇大副卜部《うらべ》（吉田）兼倶《かねとも》が熊野参詣のとき出雲国清地《すがち》大社（須賀神社）を勧請」という別の伝承もあるが（後に京都吉田神道の創始者となる兼倶がまだ二十三歳の頃、南紀に来て出雲国から神社を勧請・創建したというのは無理があり）、これは吉田神道が絶大な権威となった江戸時代以降に書かれたものだろう。朝貴神社は「明治の頃より串本潮崎本の宮の神官兼務」（『潮岬村誌』）となり、今はそれを引き継いだ坂成宮司家が兼務している。

2　木国の熊野と移住説——出雲の熊野大神を祭る明神崎神社

紀伊半島は気候が温暖で雨も多く、森林がよく茂り良材が育つことから、木国《きの》と呼ばれた。表記が紀伊に変わったのは、国名には二字の好字を用いるとした律令国家の方針による。この「紀伊国に所坐《ましま》す大神」は、新羅から筑紫に渡り大八洲《おおやしま》に樹種を撒いたという五十猛《いたける》だ（日本書紀）。「木種を分播《ほどこし》たまふ神の坐《いま》す故に木国《きの》とは名けしなり」（古事記伝）など、木（植林）の神イタケルの鎮座地が国名の由来ともいわれる。その紀伊と出雲の共通性を、これまで様々な人が指摘してきた。

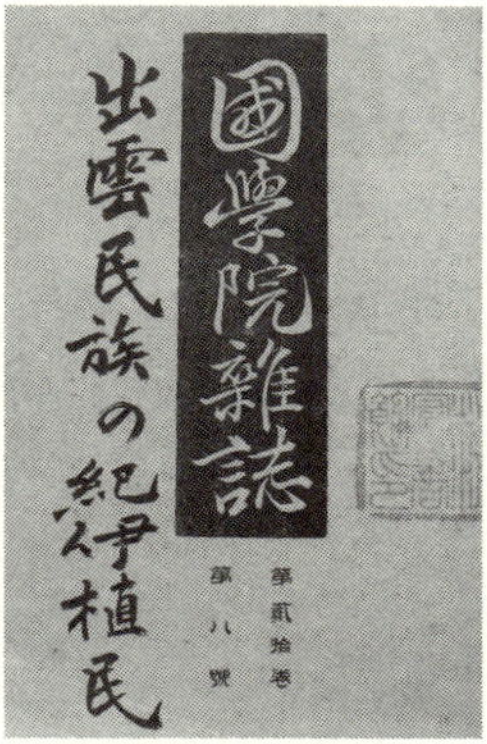

大正時代の論文「出雲民族の紀伊殖民」　島根県立図書館所蔵。

本居宣長は『古事記伝』巻十で「出雲と木国《きの》と同（じ）く通へること多し」として、熊野という地名が両国にあり、意宇《おう》郡の速玉神社と牟婁郡の熊野速玉神社、意宇郡の韓国《からくに》伊達《いたて》神社と名草郡の伊達神社、大原郡の加多《かた》神社と名草郡の加太神社などが同名なのは、五十猛神とその妹二神が「出雲国より遷り渡り坐し時の由縁なるべし」と説いている。

明神崎神社（東牟婁郡古座川町、旧佐田村）本殿の真ん中に櫛御気野命を、左殿に住吉大明神、右殿に春日大明神を祭る。

島根県立図書館には「出雲民族の紀伊植民」と筆で表書きされた文献がある。大正三（一九一四）年『國學院雑誌』掲載の大西源一論文で、熊野は「元来出雲国の地名で、紀伊の熊野は出雲の熊野人に依て立てられた新熊野」だと論じている。本居の説に近代の民族概念が加わった移住説だ。同じ大正期一九二二年の宮地直一『熊野三山の史的研究』は「氏族の移住に伴ひて、本国の地名を移し祭神を迎ふるは古来の慣習」だとし、古代郷名の一致（忌部《いんべ》郷や須佐《すさ》郷）などを、出雲系氏族が紀伊に入り第二の郷土を樹立した証とした。昭和末には、新宮市史料編纂委員（当時）の浜畑栄造さんが『歴史手帖』昭和五十六年七月号掲載の「熊野地名考」で、現存する同音地名の例（ヒノミサキやタコ）も挙げながら「熊野は出雲氏族の植民地で、その名も故郷出雲熊野の呼名である」と説いている。

だが越中や佐渡と違って、紀伊熊野社の場合、出雲から祖神を勧請したとする説に頷ける根拠は希薄だ。かといって、従前の説を一蹴することもなかろう。イタケルを出雲神スサノオの御子神と位置づけ、一時新羅に滞在したとする日本書紀の一書は、新羅と出雲と紀伊のつながりを反映した逸話とみられる。古事記で八十神《やそがみ》の追撃を受けたオオナムチを迎えて救った「木国の大屋毘古《おおやびこ》神」はイタケルと同一神とされ、出雲神と二重に関係付けられている。同じイザナミ神の葬地が、古事記では出雲・伯耆《ほうき》国境の比婆《ひば》山、日本書紀では紀伊国熊野の有馬村になっているとの本居『古事記伝』の指摘も合わせれば、出雲と紀伊には何らかの関連があったと考えられよう。

紀の川河口近くの和歌山市太田・黒田遺跡出土の銅鐸一点と、雲南市の加茂《かも》岩倉遺跡出土の銅鐸《どうたく》の四点は、同じ鋳型《いがた》から作られた同範（兄弟）銅鐸と判定されている。その太田・黒田遺跡の二km南東の和歌山市井辺《いんべ》八幡山古墳（旧忌部郷）と松江市平所埴輪《ひらどころはにわ》窯跡から出土した埴輪（馬や人物の刺青）がよく似ているとの指摘もある。古代における出雲と紀伊のつながりを示唆する考古学上の発見だ。井辺八幡山古墳の南東四km、和歌山市伊太祈曽《いだきそ》には、イタケルを祭る式内社・伊太祁曽《いたきそ》神社が鎮座する。

また紀州熊野の本拠地・和歌山県内にも、出雲の熊野大神・櫛御気野《くしみけぬ》を祭る神社が一社だけある。南紀出雲から二〇km内陸に入った古座《こざ》川上流の佐田《さだ》に鎮座する明神崎神社だ。天保十（一八三九）年『紀伊続風土記』は、同社を（熊野本宮の主祭神・家都御子《けつみこ》と同じとされる）大宮（熊野王子）権現と記す。だがクシミケヌ＝ケツミコ説に従っても、熊野本宮のお膝元で、紀州で知名度の低いクシミケヌをあえて祭神名とする理由が立たない。同社の村上正人宮司は、佐田は古くから古座川を通じて串本の隣浦、古座と深く結びついていたという。南紀出雲の存在と重なる、何らかの要因があるのではないか。

3　潮岬の少彦名伝説——紀伊の日ノ岬は四国を望む

近世の代表的沿岸航路図とされる安政二（一八五五）年皇国総海岸図の総図をみると、紀伊国には比井岬、出雲崎、大島の三地名が記されている。紀伊半島の最西端に突き出した日ノ岬、最南端の出雲崎と天然の良港・大島が紀州沿岸航路の主要地点だったことがうかがえる。

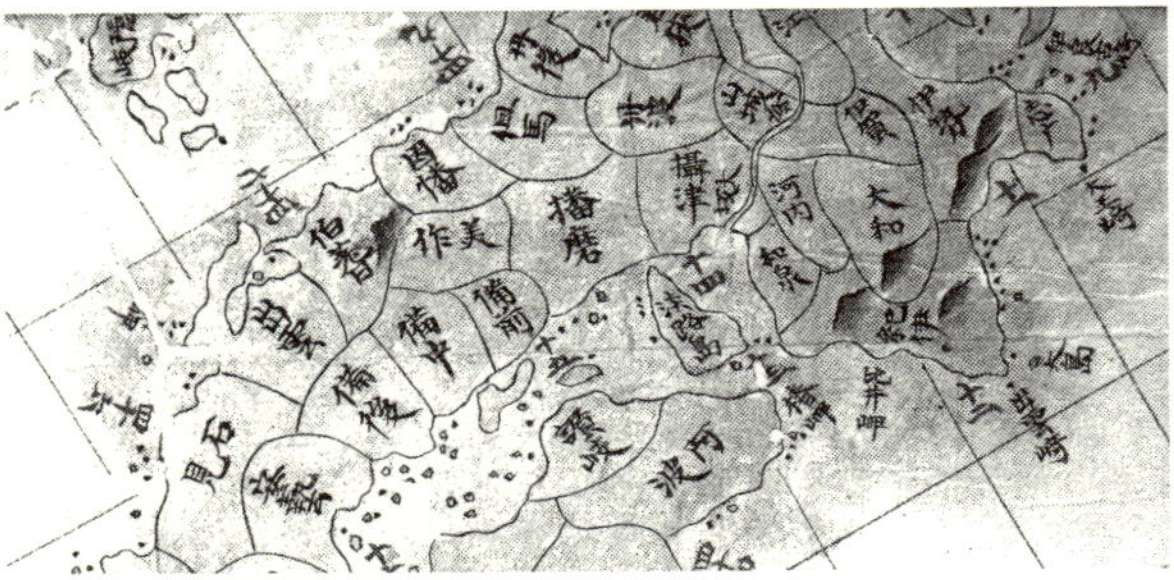

安政２年皇国総海岸図（総図の部分）　国立公文書館所蔵。筆者撮影。

串本浦と向かい合い、背後に山が連なる大島浦は、熊野・枯木灘の難所を通る帆船が荒波や強風を避けて寄港した天然の良港で、江戸幕府が寛文十（一六七〇）年、全国一四カ所に設けた海難救助の漕務場が紀州で唯一指定された港でもある。その海岸に明治半ばまで軒を連ねた船宿の中には讃岐屋、阿波屋、播磨屋など瀬戸内の出自を示す屋号があった。瀬戸内は伊予・讃岐国の章でみた古くから出雲と繋がる地域だ。「ここは串本、向かいは大島」と歌う串本節が南紀先端の沿岸三〇kmの範囲で伝承されてきたのは、昔この一帯が経済や文化のすべてを海から船で受け入れていた証だともいわれる（『民謡串本節』）。

瀬戸内から南紀へは、鳴門《なると》から日ノ岬を目指して紀伊水道を横断し、半島沿岸を南下する航路が、総海岸図にも描かれている。日ノ岬の展望台に立つと、海上に徳島や淡路島が見える。徳島の蒲生田《かもだ》岬まで三〇km、吉野川河口までは五〇km。その河口を一八kmほど遡った石井城ノ内遺跡で、古墳時代初めの山陰系複合口縁甕が、きれいな形で出土している。

日ノ岬から美浜に回った日高川河口南岸の塩屋（御坊市）には、和歌山県内の須佐神社五社のうち出雲からの勧請を明示する社がある。永延年間（九八七～九八八年）の頃、悪蛇が出没して人畜作物を傷害し、怖れた里人が出雲から須佐大神の分霊を勧請して産土神にすると、神威で悪蛇は退散したという。同社を含み、紀の川筋から有田、日高と海岸沿いに出雲神を祭る神社が分布する。『日高郡誌』（一九二三年）が「我が紀伊の地は夙《つと》に出雲派民族の殖民する所、其の北紀より南進して熊野に繁衍《はんえん》するや、日高地方は自ら其の経路に当り、立脚地となれるものの如し」と説く所以だ。

潮岬　灯台の下に見える浜が御穀田の浜。

その最南端「熊野の御崎」とも呼ばれる潮岬に鎮座するのが、少彦名命を祭る潮御崎神社だ。同社は海上守護神として、半島南端の周参《すさ》見《み》から下田原に至る一八カ浦の漁撈民から広く信仰され、一八カ浦の船主・船頭が年三回同社に集い、鰹《かつお》漁の協議と豊漁安全祈願を行う「岬会合」は、中世に遡り二十世紀前半まで続いた。潮岬沖をゆく黒潮の幅は一〇km前後にわたり、その流れは「箭《や》の飛が如し」、渦潮の「白きこと雪の如し」ともいわれる（神社文書）。その絶景を見下す高台「潮見の端《はな》」が、近世まで潮御崎神社の鎮座地で、沖ゆく船は岸壁を見上げながら航海の安全を祈った。慶応二（一八六六）年の江戸条約による灯台建設で一〇〇m西北の静之峰に遷座したのは、明治二（一八六九）年だ。

この静之峰の真下に、少彦名が常世国《とこよのくに》に渡ったと伝わる「静之窟《しずのいわや》」がある。灯台から神社へ向かう道の途中で右側へ崖を降り、かつて神社の穀田が二枚あったという御穀田《おごくだ》の浜へ出て、渚沿いを左（西）へ向かうと、洞窟の入り口がある。海水の浸る入り口から曲がった先は見えないが、潮崎勝之宮司によれば、奥はかなり広い。当初はこの洞窟で祭った少彦名を崖上に遷し、貞観十一（八六九）年の火災で翌十二年、静之峰から潮見の端へ遷宮したと伝わる。この時、社とともに古記録も焼失してそれ以前の系図が不明なため、潮崎宮司は当時の潮崎安守から数えて四十五代目としている。

静之窟の前に立つ潮御崎神社の潮﨑勝之宮司

徳島出身の福永忠一元専修大学教授は草本『串本節あれこれ』の中で「この地方には海人《あま》族である出雲民が活動したと認められる地名や叢祠《そうし》が多い」とする。出雲浦の隣が須賀浦と聞けば、頷《うなず》ける話だ。いっぽう紀伊には「和銅六年、大和国から勧請」と伝わる有田の須佐神社のように、畿内経由の出雲信仰もある。出雲を原郷とする人や信仰の紀伊への流れを見定めるには、畿内や播磨における出雲を合わせみる必要がありそうだ。

（二〇一三年一～二月掲載）

越後・佐渡国

出雲崎町井鼻に立つ北国街道出雲崎宿の看板

1　佐渡に向かう出雲崎——総鎮守の佐渡《たすけわたす》国伝説

「遠い昔に出雲の神が慕いきませし雲の浦」。越後国出雲崎小唄の一節だ。出雲崎の地名については「出雲の大国主命の来臨と出雲との交流にちなむ」（『角川日本地名大辞典』）とか、「出雲臣の一族が往来した海辺の崎の地をいうのだろう」（吉田茂樹『日本地名大辞典』）など諸説あるが、いずれも出雲とのつながりが指摘される。

出雲崎は、中世から佐渡へ向かう拠点港として歴史に名を現す。天正十三（一五八五）年、上杉景勝は後藤勝元を佐渡使者として派遣する際、出雲崎を渡海の港と定め船一艘を用意させている（三月七日朱印状）。要衝の湊《みなと》だったことは、上杉輝虎（謙信）が本庄繁

長との抗争にあたり柏崎、出雲崎、新潟の三津を押えるよう栗林政頼に命じた、永禄十一（一五六八）年十月二十二日の書状からも分かる。江戸時代は佐渡金銀の荷揚げ港として幕府直轄地＝天領となり、陣屋（代官所）が置かれ、北前船の寄港地、北国街道の宿場町としても栄えた。その出雲崎の総鎮守が出雲大神を祭神とする石井神社だ。

二〇一二年六月、私は新潟方面から海岸沿いの国道四〇二号を走って、三度目の出雲崎入りをした。その五十数kmの海岸ドライブを、海上沖に横たわる佐渡島が、つかず離れず見守ってくれる。この区間、両者の海岸線がほぼ平行に向かい合っているからで、地図をみると、まるで佐渡の陸塊がここから離れて沖へ移動したかのように、緩やかに曲がる双方の海岸線の一部がかみ合うようにさえ見える。

その越後海岸から佐渡を見ていると、ふと島根半島から隠岐《おき》を眺めている自分を思い起す。それもそのはず、出雲崎と佐渡は直線距離で約五〇km、出雲―隠岐間とほぼ同じなのだ。安政二年の皇国総海岸図をみると、出雲の加賀浦から隠岐の千振《ちぶり》（知夫里）湊までと、越後の出雲崎から佐渡の小木までの航行距離は、いずれも一八里とある。からむし会の錦織《にしこおり》明さん（出雲かんべの里館長）らは一九八二年、その海を丸木舟を漕いで一三時間で横断した。それと垂直の東西航路にとっても、陸が左右に見える海域は航海しやすい。古来北ツ海を往来した人たちは、隠岐と出雲、佐渡と越後に挟まれた海域を好んで通っただろう。その際、出雲と隠岐の間をぬけた船が、右岸（本州）との距離を保ち対馬海流にのって越方面に向かえば、ちょうど出雲崎と佐渡間の海域に入れたはずだ。その時目に映る両岸の景色から、航海者たちは出雲に戻ってきたような錯角を覚えたに違いない。

石井神社（出雲崎町石井町）境内からの眺め　佐渡がよく見渡せる。

明治二年の石井神社記は、出雲崎と佐渡の地名由来を含む神話をこう伝える。「出雲崎鎮座の石井神社は……大国主神にて……此《こ》の大神、頸城《くびき》郡居多《こた》より此《この》地に遷《うつ》り給ひて海面澳《おき》の方《かた》孤島を平治せんと欲し給へども、船造すべき巨材無《な》きを患《うれ》い、宮居近き石井の水を汲持《くみもち》て大地に灌《そそ》き給へば、一夜の中《うち》に十二株の大樹忽《たちま》ち生ぜり。其《その》大樹を以て船を造り、方《まさ》に解纜《かいらん》（出帆・船出）の朝、紫雲靉靆《あいたなび》き（雲や霞がたなびき）、大小の魚鼈《ぎょべつ》（魚や海亀）悉《ことごと》く浮《うかび》て御船を佐《たす》け護りて渡し奉りしを以て佐渡《たすけわたす》国と云ふ。国中既に平治せしかば……去るに臨みて興言《きょうげん》して宜《よろし》く此《この》地は彼国へ相往還するに宜《よ》き所なり、吾能《われよ》く往来の船を保護せんと。故に十二樹の際《きわ》、石井の辺《あたり》に宮《みや》造《づくり》し海上守護の御神と崇尊《あがめうやま》みける。今に至るまで同国より朝貢渡海の港と称するは此《この》出雲崎に限れり。其《その》旧地即ち井鼻《いのはな》の十二山是《これ》なり。石井の鼻と称すべきを畧《りゃく》して井鼻と云ふ。雲の立騰《のぼ》りし地を出雲の里とも雲の浦とも称す、今の出雲崎是《これ》なり」。

一晩で育った一二株の大樹で造った船で渡海する出雲大神を、多くの魚や海亀たちが佐《たす》け渡したので佐渡、帰ってきた出雲大神が鎮座したので出雲の名がついたというのだ。この海で佐渡とつながる出雲崎から、越後の旅を始めよう。

2　十二株山の神屋敷——出雲崎の原郷、石井神社元宮

「あの山には神様がいなさるんだ——と母は海岸道に足を止め、遙か山の方を拝んで、私にも手を合わせるよう言った」。阿部五郎「十二谷の幻想」の書き出しだ。大正二（一九一三）年生れの井鼻《いのはな》の郷土史家・阿部五郎さんが七、八歳の時だというから、一九二〇年頃の話だ。阿部さんは記す。「佐渡・弥彦山を望み、日本海の大海原が目前に広がり、原始林を思わせるひっそりとした林の奥に石の祠がある。……人々に神屋敷と呼ばれる所である。近年までは、樹齢幾百年という大木が昼なお暗く繁茂し、ここへ来ると体全体が引き締まるような感覚にとらわれたものだ」と。ここが石井神社記が「旧地即ち井鼻の十二山是《これ》なり」と記す元宮の場所だ。現在の石井神社鎮座地の字名・十二山《じゅうにやま》は故地の名をとったものだろう。江戸時代、出雲大神を祭る石井神社が十二権現と呼ばれていた所以でもある。

今地元住民から十二株山《じゅうにとさん》と呼ばれるその地は海岸沿いにあり、佐渡がよく見える（174頁図）。十二株山は、現在の石井神社から三kmほど離れた井鼻と久田《くった》の境の井鼻側にある。井鼻海水浴場近くの東毛臨海学校跡の西側に鎮まる、こんもりとした山がそれだ。

二〇一二年、二年ぶりに訪れた初夏の十二株山は、身の丈近い草草で塞がれていたが、案内いただいた佐藤栄一さん（一九四六年生）が草を刈り、神屋敷への道を開いて下さった。道から少し入ると、左手に高さ五〇cmほどの小さな祠がある。佐藤さんが中学生の（一九六〇年）頃には、それより手前に高さ二mほどの木の鳥居があり、正月になると井鼻に住む山後《さんご》さんがしめ縄をはりに来ていたという。小祠を横に見てさらに奥へ進むと、一面開けた「広場」に出た。樹木が生茂り、草草で覆われた十二株山の中で不意に開けたその空間——ここが神屋敷だ。手前には、祭祀や禊《みそぎ》に使ったのであろう、苔むした石製の小さな天水桶《おけ》がある。そこから「広場」の向こうを見ると、高さ一mほどの形のよい祠が立っていた。昔はその祠を覆う小屋風の屋根付き囲いもあったと、佐藤さんはいう。祠の傍らには、一二株の大樹伝説にふさわしい大木が聳え立つ。一夜の内に一二株の大樹が忽然と生えたという伝説は、佐渡へ渡る船を造る大木をここで見つけて伐り出したことの比喩とみる佐藤吉太郎『出雲崎編年史』の説に頷く。当日は曇天だったが、鬱蒼とした林の中、その祠の背後から木漏れ日が差し込んで輝く——まさに神屋敷にふさわしい光景だった。

十二株山神屋敷の祠　手前は案内下さった佐藤栄一さん。

神屋敷をお世話していた井鼻の山後家は、一九三〇年生まれの小林貞雄さんが子どもの頃（戦前）、十二株山により近い金澤《かなざう》集落から移ってきたという。

出雲大神を祭る石井神社発祥の地十二株山（出雲崎町井鼻十二谷）

春と秋には久田集落側の郷谷《こうや》の人たちが神屋敷のお祭りをし、戦後も痛んだ祠を修繕したりしていたのを、小林さんは覚えている。地元には、大国主神の上陸地が久田の浜だとの伝承がある。

臨海学校の敷地・十二谷にはかつて田畑が広がり、佐藤家も耕していた。阿部さんの記述と小林さんらの記憶を合せみると、かつて十二谷と隣の金澤に一八戸ほどの集落があり、山後一族が神祭りをしていたが、高浪の被害などでよそへ移り住むようになり、その後周りに住む人達も合せて神屋敷を守り、祭りも賑やかに行われていたようだ。

磯部友記雄さん（出雲崎文化財調査審議会委員、一九四四年生）は小学生の頃、明治四十一年生れの父・高松さんから、かつて石井神社大祭では、今は井鼻の相場川までで折り返す神幸の神輿が十二株山まで行っていたと聞いたという。「十二谷の幻想」は「出雲崎の春が一番はやく訪れる場所がこの辺りで……出雲の岬の名もここから付いたと言われ、この浜に漂流してきた船は、何れも安全無事に着岸した」と記す。宮は遷ったが、出雲大神の御霊はここにも留まっている——そう感じさせる十二株山の神屋敷は、出雲崎の原郷といえよう。

3　出雲からの流木——出雲山多聞寺と寄り木神社の信仰

出雲崎の最古刹《こさつ》といわれる出雲山多聞寺には、創建の際、出雲国から流れ着いた榊《さかき》を棟木《むなぎ》として本堂を建てたので、地名を浜出雲と名付け、山を出雲山と呼ぶとの由緒が伝わっている。宝治元（一二四七）年二月付の「多聞寺根元縁起」はこう記す。「神亀《じんき》二（七二五）年……行基菩薩《ぎょうきぼさつ》……万民海上無難のため当地に一宇《いちう》建立して末世の救いをなさんと。然るに人家漸《ようや》く六、七軒に過ぎず、茲《ここ》に暫《しばら》く錫《しゃく》を止めて志を勧示し造立を企たて玉ふ時に、出雲の榊此《こ》の浜に流れよるを海士《あまびと》等取り上げ行基菩薩に是の由を告げれば、菩薩造立一宇の棟木となし玉ふ。……心を励まし造立成就し終んぬれば……地名を浜出雲と名付け、故に山を出雲山と号し……佐州渡海安全の祈願所と申し伝ふ者也」。その前段には、行基菩薩が越前国敦賀の津から帆船で佐州＝佐渡へ渡海し、この地（現在の出雲崎）に至ったと記されており、出雲崎と佐渡のつながり、古くから敦賀—佐渡—出雲崎の航路があったことがうかがえる。

出雲山多聞寺（出雲崎町石井町）

出雲崎には、出雲国から流れ着いた榎《えのき》を祭ったという神社

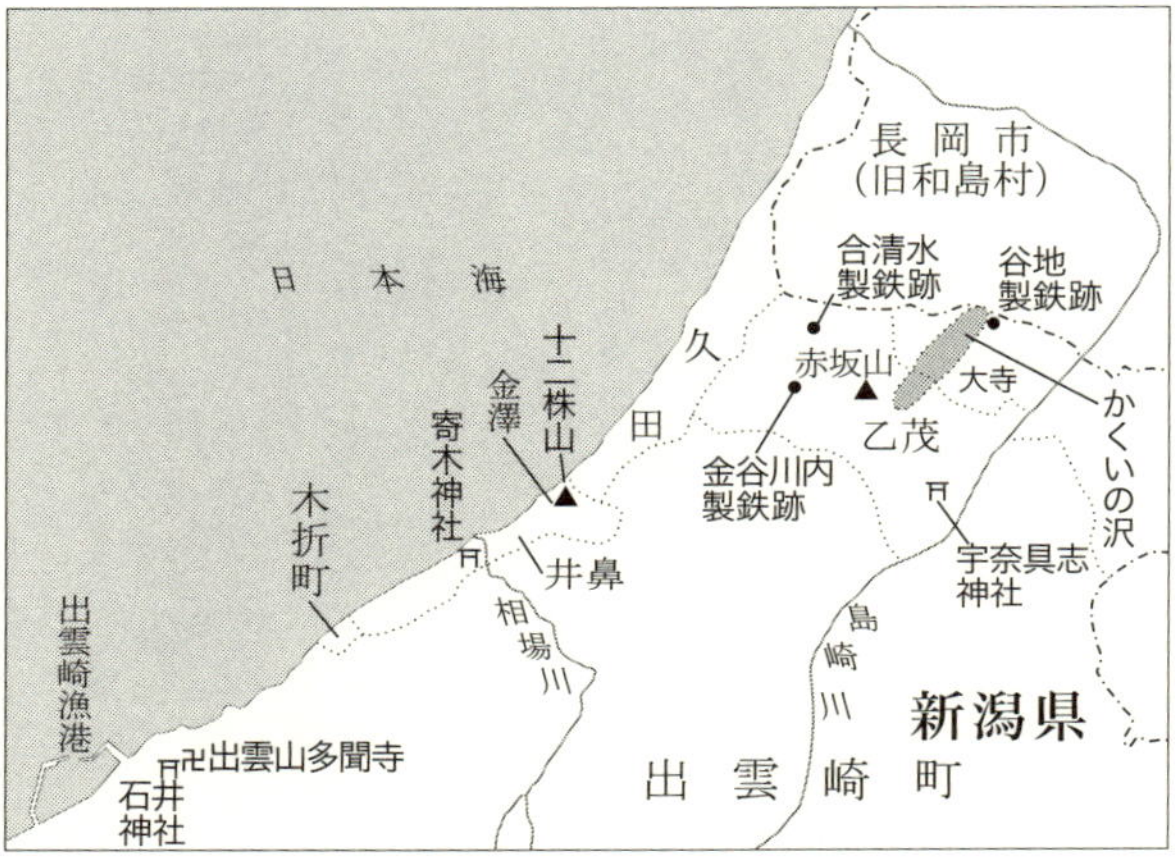

もある。明治二十三（一八九〇）年発行の『温古の栞《しおり》』第六編はこう記す。「井之鼻村寄木《よりき》神社は、伝に上古出雲国日御崎《ひのみさき》より当国人を慕ひ一樹の榎流れ来り、井之鼻の岬へ漂着し忽地《たちまち》根茅を生じ数回の奇瑞《きずい》（不思議な吉兆）あり。土人崇敬して神に祀り寄木神社と称す。……其木固より老樹なりと雖《いえど》も枝葉鬱々《うつうつ》として天日を覆ひ、人をして自ら神木たるを知らしむ」。越後へ来た出雲人を慕って、日御碕から出雲の榎が海を渡ってきたという情緒豊かな伝承だ。相場川河口近くの寄木神社は、十二株山からも数百ｍしか離れていない。古よりこの辺りに、出雲から様々な人やモノが流れ着いてきたのだろう。

明治三十九（一九〇六）年の『北越史料出雲崎』は、寄木神社の「祠《ほこら》は小なれど……行人の目を引くは其境内にある榎樹なり。……其枝蜿蜒《えんえん》幾多の蛇竜、堂宇を取巻くが如く、一見直ちに其奇木なるを知る。小児の痘瘡《とうそう》風邪を煩ふもの祈念すれば、速かに平癒す……今の堂宇は一四、五年前、村民一同醵《きょ》金して之を建立せり」と記す。明治十六（一八八三）年の新潟県神社明細帳には、寄木社の祭神は大己貴命、境内四六坪、信徒二三九人、受持祠掌は池田堅盤雄とある。石井神社の池田宮司家が祭祀を担っていたことは、江戸時代の同家文書「本社末社神名附」に田中明神の名で記載があることからも分かる。

かつて「根幹諸方に蟠屈《ばんくつ》して奇観を呈し」ていた神木は、明治十一年秋、明治天皇巡幸の道路整備で幹を切られ「僅《わず》かにその名残を止めるのみ」（大正十一年『出雲崎の史的趣味』）となった。だが切り株から再び芽吹いていたことが、郷土史家・阿部五郎さんの「子どもの頃（大正時代）、この榎は青々と葉を茂らせていた」（一九六四年『高志路』二〇四号）という回想からうかがえる。その生命力の強い神木も、道路拡張工事などで根を傷つけられ、昭和の初めには枯れてしまったようだ。それでも信仰の厚い人達がお参りしていたのを、子どもの頃、寄木神社が遊び場だった小林貞雄さんは覚えている。

2014 年秋に再生した出雲崎町井鼻の寄木神社

神木を失った同社の祠を、今も守り続けるのが佐藤栄一さんだ。海上がりの芽吹くはずのない流木が芽吹くとは不思議なことだと村人が祭り始めた話や、浜近くの田に上がったので田中明神とも呼ばれ、大正時代には幟《のぼり》も立っていたことなどを、母イツさんから伝え聞いたという。昭和四十年頃までは、四月初めの春祭りに、父一郎さんが乙茂《おとも》に住む神楽師を招いてお祭りもしていた。昭和末期、痛んだ木の堂宇をコンクリート製に建て替えたのは栄一さんだ。「自分は何もしとらん」という栄一さんだが、その雨風を防ぐガラス戸付きの堂宇の中で、出雲大神は居心地よさそうだ。出雲とつながる西の海を向くその祠の前に、いつか日御碕から元気な榎の苗を持ち寄り植えて、佐藤さんの優しさに添えられたら。そんな思いを抱くようになった。

【追記】寄木神社を守る佐藤栄一さんの思いに力添えしたくて、日御碕神社に勤める加地敦子さん（伊予・讃岐国の章8の加地修一さんの長男、崇志さん妻）に相談すると、思いのほか早く、日御碕で芽吹いた榎の若木が見つかった。二〇一四年夏、加地さんが送った日御碕の榎が出雲崎の寄木神社に根付く。私は北九州の老舗に頼み幟を奉納した。榎の若木を囲む玉垣は糸魚川の郷土史家、土田孝雄さんが集めたヒスイ海岸の石。出雲人と越後人の協力で蘇った寄り木神社で、若い神木がすくすくと育つ。出雲崎へ行く楽しみが、また一つ増えた。

半世紀をかけて『出雲崎編年史』をまとめた佐藤吉太郎（耐雪）　良寛記念館提供。

4　石井神社と良寛和尚の生家
――橘屋山本家は出雲人の末裔か――

出雲崎は江戸時代の禅僧・良寛《りょうかん》（一七五八～一八三一）生誕の地としても有名だ。その生家・橘屋《たちばな》は出雲大神を祭る総鎮守・石井神社と縁が深い。参道前に立つ出雲崎町の説明板「石井神社と橘屋」は、同社が現地に移ってから神事は名主橘屋山本家が司ってきたと記す。

慶長三（一五九八）年七月、伏見城築城の御用板を出雲崎の橘屋が秋田から敦賀湊へ廻漕した際の文書「橘屋次郎左衛門尉板請取状」などの存在からも、山本家が中世から出雲崎で諸国に跨る廻船業を営んでいたことが分る。明治の初め橘屋の古文書が散逸したため、その由緒沿革を文献で裏付けるのが難しくなったが、磯野猛さん（出雲崎町文化財審議委員長、一九二九年生）は二十代の頃、橘屋はもともと井鼻にあり、慶長年間（一五九六～一六一五）以前に名主を命じられ石井に移ったとの話を、耐雪翁《たいせつ》から伝え聞いていた。耐雪は、出雲崎の郷土研究や良寛堂の建立などに尽力した佐藤吉太郎（一八七六～一九六〇年）の雅号。橘屋の菩提寺・円明《えんみょう》院の吉田俊隆住職に尋ねると、過去帳で「円明院開基檀頭」と記される山本家の記載が始まるのは、天正二（一五七四）年からだった。

石井神社が鎮座する十二山　上り際（右下）に出雲崎町による説明板「石井神社と橘屋」が立つ。

代々の山本家が石井神社の神主だったとの説もあるが、円明院過去帳で山本家は「維新后《ご》神道宮守《みやもり》となり」とか、山本伊織（明治二十九年に62歳で没）は「宮守となり明治初年神道に帰依す」と書かれている。現石井神社の池田正美宮司（兼務）によると、同家近世文書「本社末社神名附」の十二権現（石井神社）の記載内容からして、池田家が近世から祭祀の時には赴いていたようだ。そうでありながら、明治二年の石井神社記は橘屋次郎左衛門（山本伊織）の名で書かれ、明治十六（一八八三）年の新潟県神社明細帳の石井神社も祠掌（神官）として山本伊織の名が書かれていることが、同社と山本家の関係を物語る。磯野さんは、石井神社はもともと橘屋の屋敷神（氏

良寛堂＝橘屋屋敷跡　良寛の母の故郷佐渡（相川）を背景に、海に浮んで見えるよう設計された浮御堂。大正 11 年建立。

神）で、また祭祀の記録等から今の石井神社の境内や社殿は、橘屋の移転に伴って江戸時代に始まるとみる。橘屋は文化七（一八一〇）年、名主を罷免されて井鼻に戻り、大正時代に出雲崎を離れ、良寛記念館特別顧問を務める子孫、山本良一さんは今、東京に住む。

　磯部友記雄さんは以前、木折町の石井サキさん（故人）から、昭和十七、八年頃、井鼻の十二株山で土地を借り芋を植え畑仕事をしていた時、純金の杯と幣帛《へいはく》の一部にみえる角板が出てきて驚き、警察に届け出たという話を聞いた。橘屋が石井神社の元宮・十二株山神屋敷の祭祀に携わっていたなら、納得のいく話だ。

　佐藤吉太郎は『出雲崎編年史』で「出雲崎の始祖は……漂着せる出雲人此所《ここ》に一村を墾《ひら》きしとも云ひ、或いは出雲国分裂したるを以て、出雲の岬・出雲の里と伝説区々《まちまち》なり。……出雲崎人は斯《か》かる口碑と南人の骨格を伝ふる以上、潮流相通ぜる出雲と何等の関係結ばれるや疑を挟む余地なし」と記す。石井神社がもともと「出雲崎の草分け」「当町髄一の旧家」（『出雲崎の史的趣味』）といわれる山本家の氏神なら、その先祖は出雲人だったのではないか。大正二（一九一三）年六月十七日の新潟新聞掲載「北海雄風と南人」で「太古に於て、高志民族と出雲民族との間の交渉ありしや疑ふ可からず」と述べた小林存《ながろう》（一八七七～一九六一年）は、若くして新潟新聞主筆となり、のち新潟県民俗学会等も創設した文化人だが、戦後の『新潟地名新考』でも、出雲崎は出雲人によって開かれたという伝承があると記している。

良寛記念館が建つ出雲崎の虎岸《ほぎし》ヶ丘は、かつて橘屋歴代の墓地だった。それに隣接する石井神社も、もとは山本家の土地だったのだろう。良寛顕彰事業に尽力した耐雪翁は『出雲崎編年史』で「祖先が出雲民族として……越後の政治産業の中心地として活躍したことは、私共の誇りである」と書き残している。

5　出雲崎の製鉄跡とオトモ伝説――出雲二神が着いた浜とかくいの沢

子どもの頃、久田《くった》の浜でよく砂鉄とりをして遊んだという磯部友記雄さんは、渚に沿って砂浜が黒くなっているのが遠めにも分った。出雲崎の乙茂《おとも》や旧和島村（現長岡市）など海砂丘地帯では、畑仕事で鉄《てっ》滓《さい》（たたら製鉄で生じる不純物のカス）が出てきたり、古い塚もあったので、昔から製鉄跡の存在が推定されてきた。一九七六年、乙茂でゴルフ場の建設が計画され出雲崎町教育委員会が調査した結果、久田海岸から六〇〇ｍほど内陸の合清水《ごうしみず》と金谷川内《かなやごうち》で製鉄跡（製錬炉の遺構と製錬滓）が確認され、砂鉄を原料とする製錬が行われていたことが判明した（174頁図）。遺跡から出土した木炭による年代測定の結果は、合清水遺跡が西暦七四〇年±九〇年（七世紀半ばから九世紀前半）、金谷川内遺跡が西暦七七〇年±八〇年（七世紀末から九世紀半ば）と出た。

乙茂は島崎川に臨む西山丘陵の麓に発達した古い集落で、鎮守の宇奈具志《うなぐし》神社は出雲国造の祖神とされるアメノホヒ（天穂日）命を祭る。明治二十四年七月の『温古の栞《しおり》』一八篇は、同社の祭神・アメノホヒ（天菩比）命は「大国主神に随ひ此処《ここ》に跡垂《あとたれ》ませし……当時里の名を御供と唱ひしに……（後世）乙茂と改めし由言伝ふ」と記す。天穂日命が出雲大神のお供をしてきたからオトモの名がついたというのだ。

　その大国主神と天穂日命の上陸地と伝わるのが久田《くった》の浜だ。二神が出雲から海路、能登の先端を回って佐渡の海峡に入り、越後に着いて上陸した地が久田で、船を引き上げ囲った場所が「かくいの沢」だという。磯部さんに尋ねると、その沢は赤坂山付近にあった。明治十七年の神社明細帳は、宇奈具志神社は初め「一之坂に鎮座あり、古昔社頭崩れ二之坂に鎮座ありつれも寛治年中（一〇八七〜九四年）社頭崩れ……具志島居山に遷す」と記す。その一の坂、二の坂は、いずれも赤坂山にある。すると出雲二神が久田から船を引き上げ囲ったという伝説の地「かくいの沢」が、宇奈具志神社発祥の地だったのではないか。合清水・金谷川内の製鉄跡は、今の鎮座地からも一kmほどの距離だが、「かくいの沢」なら五〇〇mとより近い。一九八八年には合清水・金谷川内遺跡から一kmほど東、出雲崎町大寺の谷地《やち》でも、製鉄燃料の炭を作る木炭窯三基や多量の鉄滓《てっさい》などの製鉄跡が、九世紀後半頃の土器とともに出土したが、そこも「かくいの

井鼻から出雲二神の上陸地と伝わる久田の浜を望む（後方は弥彦山）

沢」の線上にある。宇奈為《うない》神社（徳島県那賀郡）が海居《うない》で海神を指し、宇奈具志神社の鎮座地がかって「具志の鳥居山」と呼ばれていたことから、同社の神名はウナ（海）＋クシ（奇＝神秘な力）と読みとれ、出雲二神の渡海伝説と一致する。

出雲二神が船を囲ったという、かくいの沢　磯部友記雄さんに案内いただき、広大さに驚いた。

乙茂や十二株山付近の金澤《かなぞう》集落は、出雲から海を渡ってきた製鉄集団の住み着いた地だったとみる磯部さんは、明治になって金澤から木折町へ移ってきた石井家の屋号が「いもじ」であることから、もとは製鉄をしていた金澤や十二谷の人たちが近世になって製鉄をやめ町の方へ引っ越してきたのではともいう。古文書で九田とも書かれる久田は、宇奈具志神社の給田が九田、さらに久田に変わったとも言われ、両者の関係をうかがわせる。その久田から急な山坂を上り、乙茂の赤坂に向かう道が、昔から江戸への入り口だったと、阿部五郎『出雲崎散歩』は記す。磯部さんは、久田の浜には昭和三十年代まで与板藩の米蔵があり、かつて与板藩主らが久田の浜まで海水浴に来ていたともいう。久田の浜と乙茂を結ぶ道は、与板から長岡、信州へ続く。出雲を原郷とする人たちの流れもまた、越後まで来ると内陸に折れて信州—武蔵方面へ向かう。その道の起点の一つが出雲崎の久田・乙茂だったのかもしれない。

6 出雲崎から内陸の出雲田へ——市野坪の出雲神社と字熊野

佐藤吉太郎は明治三十九年の『北越史料出雲崎』で「出雲崎は其初めの名称、出雲の岬、出雲の浦、出雲の里、又浜出雲等種々にして、何れが其最初の名称なるか知り難し」と記す。延喜式（九二七年）巻22（民部省）にある「凡《およ》そ諸国部内の郡里等の名はみな二字を用い、必ず嘉《よ》き名を取る」との方針から、出雲崎という三字の地名は中世以降のものとみられている。これについて佐藤は『出雲崎編年史』で「此地へ居残った出雲民族或いは漂着した出雲民族の子孫から子孫へと語り伝えた口碑が、後代の人々をして祖先崇拝の観念から忘れ去る能はず、一旦官命で三字名を忌む上から大家郷と官命されしを、又出雲崎と復活或いは改称したものではありませんでしょうか」と述べている。

新潟県見附市市野坪の出雲神社

その中世の越後史に、出雲崎とともに登場するのが出雲田《いずもだ》という、やはり三字の地名だ。大永七（一五二七）年十月二十二日、上杉家臣・大熊政秀が安田弥太郎に宛てた蒲原《かんばら》郡出雲田庄三《さん》林《ばやし》の段銭（臨時税）請取状が残っている。その三林（見附市三林町）の南南東六〜八kmの地点にあるのが、大国主命を祭る出雲神社だ。旧南蒲原郡市野坪村《いちのつぼ》（現見附市市野坪）に鎮座する出雲神社は、同村の開発者・板垣氏の先祖による創建と伝わる。「市野坪板垣家歴代譜」をみると、弘治元（一五五五）年に初代喜兵衛が出雲田荘の一部を開発して一の坪と名付け、元和年間（一六一五～二三年）に三代喜兵衛が村の東方に出雲神社を建立したとある。

『中之島村史』は『吾妻鏡』文治二（一一八六）年三月十二日条に、出雲田荘に隣接する大面《おおも》荘の記載があることから、出雲田荘もそれ以前の成立とみる。またその領域について、天正五（一五七七）年の「三条衆給分帳」にある出雲田庄境村（見附市坂井町）、文禄四（一五九五）年六月十一日の直江兼続黒印状に

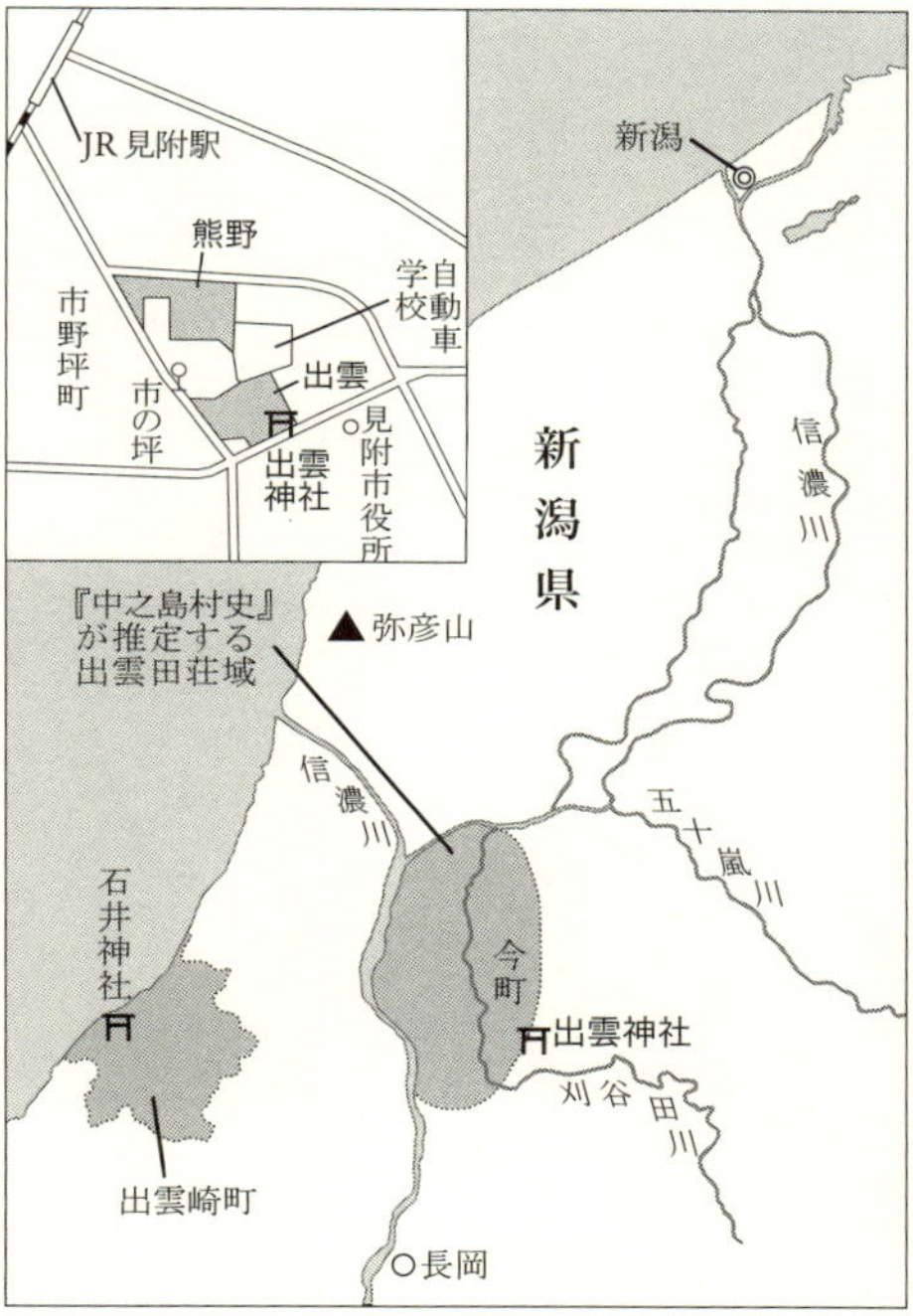

ある出雲田庄一五カ村、慶長十五（一六一〇）年の新発田《しばた》藩「給知方ほど役帳」にある出雲田之庄三一カ村などから、西は信濃川を、北は信濃川―五十嵐川を境とし、東は善久寺・釈迦塚町・坂井町・芝野町・反田町・北野町、南は池之島・坪根あたりで大面荘、大島荘に隣接する地と推定している。旧中之島村一帯（現長岡市内）と見附市西部、旧栄町（現三条市）西部にあたる地域だ。境界部に位置する市之坪村を大面荘と記した十九世紀初め

出雲神社の創建者・板垣本家の第19代板垣博義さん（市野坪在住）

の文書（享和三＝一八〇三年御用留の覚え）もあるが、荘域は時代により一定ではなく、十六世紀半ば、出雲田荘の一部を開発したという板垣家の伝承と矛盾はしまい。

　出雲田の地名由来について『市野坪板垣家家系史』をまとめた板垣良助さん（故人）は「大国主命が出雲の国から船で越後の海浜（出雲崎）に上陸し、以後出雲国と越後の交流がはじまり、地名も出雲田ノ荘と呼ばれたとの伝えがある」と記す。地図を見ていると、海岸部にある出雲の崎に対し、内陸の田園地帯を出雲の田と呼んだようにも思える。近世、出雲崎の塩や海産物が刈谷田《かりやた》川の川船で河港・今町を経由し見附に陸揚げされていた。出雲神社の西側を、今町からの街道が通っていたとも聞く。

　出雲神社は明治四十年十二月、櫛御気野《くしみけぬ》命を祭る市野坪村字熊野の熊野神社を合祀している。本家十九代目の板垣博義さん（一九三六年生）は、市野坪にもともと住んでいた人たちが熊野神社を祭っていたと、父義雄さんから伝え聞いていた。すると中世末期、初代喜兵衛が出雲神社を建立したのは、より古い時代からその地に住んでいた、出雲の熊野大神を祭る人々との関係からだったのではないか。見附市役所の「地籍集成図」（二〇〇九年）をみると、板垣家を挟んで北側が字熊野、南側が字出雲だった。出雲と熊野の名がこんな形で隣接する地も珍しい。出雲神社のまわりは田園だったが、一九八〇年、近くに市役所ができて様変わりした。今では官庁通りの、鎮守の杜になっている。

7 佐渡の熊野神社——古代の潟湖近くに鎮座

下畑に立つ畑野熊野神社遺蹟碑　後方は大佐渡山脈。

新潟県神社庁によれば、新潟県内には現在、出雲の熊野大神＝櫛御気野《くしみけぬ》命を主祭神とする熊野神社が二四社ある。そのうちの七社が集まるのが佐渡島だ。七社中、畉《ふた》田、北川内、北立島の三社は（山の神を祭る）十二権現が明治初期に改称したものだが、畑野、目黒町、武井、青木の四社は創建来、熊野の社名を冠し櫛御気野命を祭り続けてきた。

江戸後期＝十九世紀前半の『佐渡志』が「天正の頃までは比《なら》びなき大社」と記す畑野熊野社の創建は『佐渡国寺社帳』（江戸中期・宝暦年間）で霊亀二（七一六）年とされる。大正十五年の『畑野村志』には、社伝により「出雲国八束《やつか》郡熊野村なる熊野大神の分霊」だとある。畑野の熊野神社は一九五六年、役所や学校が集まる現在地に移ったが、古来の鎮座地は三kmほど北西の下畑だ。自ら「畑野熊野神社略年史」も編纂《へんさん》した氏子総代の本間昭雄さん（一九三四年生）に旧社地へ案内いただくと、北に大佐渡山脈、南に小佐渡山脈を遠望できる、見晴らしのいい平野の田園の中に「熊野神社遺蹟」と刻まれた

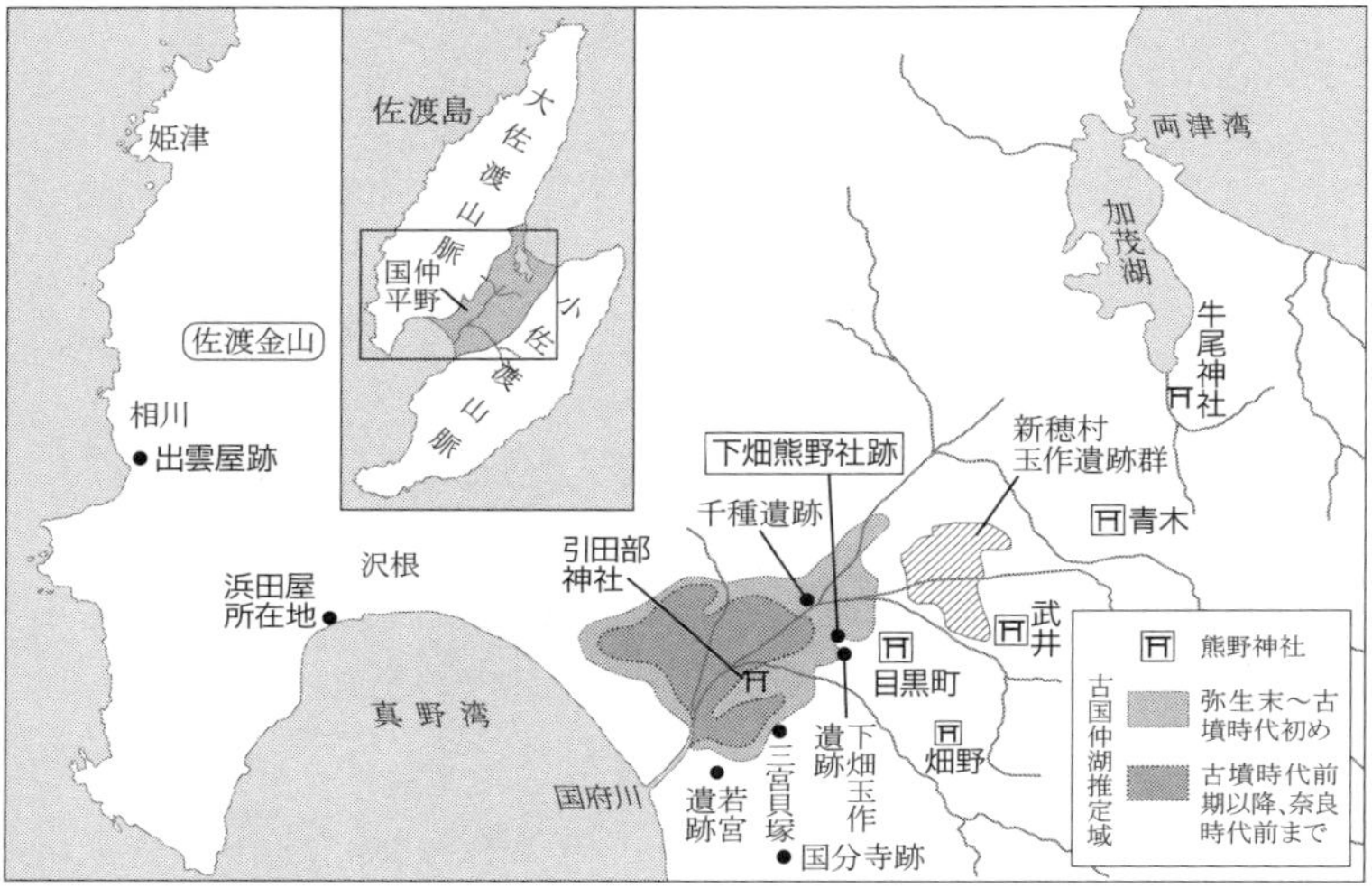

石碑が立っていた。地図で確認すると、国仲平野の真ん中だった。二〇〇～三〇〇mほど離れた所には下畑玉《たま》作《つくり》遺跡（弥生時代）がある。

現在佐渡への航路は新潟港から両津湾が主流となっており、その両津湾には古代からの潟湖が加茂湖として残っている。だが佐渡最大の穀倉地帯・国仲平野の真野湾側にも古代は潟湖《かたこ》があり、その周辺に弥生・古墳時代の遺跡や奈良時代の国府関連遺跡が集まっている。古墳も真野湾側が圧倒的に多い。古代は、出雲や能登方面から対馬海流に乗って辿りつく真野湾の方が主な入航地だったことを、これら遺跡の分布が示している。

国仲湖と呼ばれるその潟湖を作り出したのは、国府《こうの》川河口の両岸幅約一kmにわたる八幡砂丘帯だ。その砂丘の内陸側にあるのが若宮遺跡（弥生～平安時代）。海岸から二・五kmほど内陸に入った所には三宮《さんぐう》貝塚（縄文時代後期）があり、真野湾から国府川を四kmほど遡った所にある千種《ちぐさ》遺跡（弥生終末～古墳初期）は、その後の海面上昇で水没したことが分っている。これら真野湾周辺の遺跡の分布や性格、存在時期、現在の等高線などから、古墳時代前期に潟湖が拡大し、奈良時代以前に縮小したとみる富山の考古学者・藤田富士夫さんは、千種遺跡の時代とそれが水没した時代の国仲湖の復元図を描いた（『日本海と北国文化』）。それを熊野神社の鎮座地と重ねてみると、下畑の熊野社跡と玉作遺跡が、ちょうど拡大期の湖岸にあたった。真野湾から国仲湖に入ってたどり着く岸辺近くに鎮座していたとすれば、その創建は律令以前の時代に遡る可能性もある。いっぽう式内社・引田部《ひきたべ》神社（祭神・大己貴命）の鎮座地は、潟湖拡大期まだ水面下に位置することから、畑野の熊野社の方がより古いとも考えられる。

現在の畑野熊野神社

　佐渡国は養老五（七二一）年、雑太《さわた》・賀茂・羽茂の三郡に分かれるが、もとは雑太郡の一国一郡だった。その雑太郡八多《はた》（波多）郷の中心地・畑本郷に鎮座したのが畑野熊野社だ。この畑野とともに熊野三社と呼ばれた目黒町、武井の熊野社の創建は、目黒町が和銅五（七一二）年（明治十六年の新潟県神社明細帳）、武井が元福元（一二三三）年（佐渡国寺社帳）と伝わる。これらの年号を鵜呑みにはできないが、畑野と目黒町がほぼ同時期で、武井より古いことがうかがえる。下畑の熊野社跡から目黒町の社が一km、武井の社が三km内陸と旧潟湖から離れていくことも、注目される。

　昭和末期の『畑野町史』は、畑野熊野社が紀州ではなく、出雲の熊野であることは、畑野の由来に関わることだと述べている。越中国の章でみたように、中世各地に広がる紀伊熊野三山信仰が成立する平安末期より古い時代に越で創建された熊野社は、まず出雲系とみられる。伝承と地形、遺跡の分布からして、下畑にあった社が佐渡最古の熊野社ではないか。

8　相川の老舗旅館・出雲屋——佐渡に渡った龍蛇様

大佐渡・小佐渡は太古、間氷期の頃は二つの島で、国仲平野は海峡だった。縄文時代になり、国仲平野の原形ができた頃、その両端には大きな入り江が残る。やがて砂州の発達が入り江を塞ぎ潟湖となり、真野湾側では河川が運ぶ土砂の堆積で潟湖が陸地化していった。流入河川が少なく湖岸に段丘が多い両津湾側では、加茂湖が古来の形を大きく変えず残っている。延享三（一七四六）年完成の『佐渡風土記』が周囲五里一八町三〇間（二一・七km）と記す加茂湖を周囲一七kmに縮小させたのは、後世の干拓事業だ。

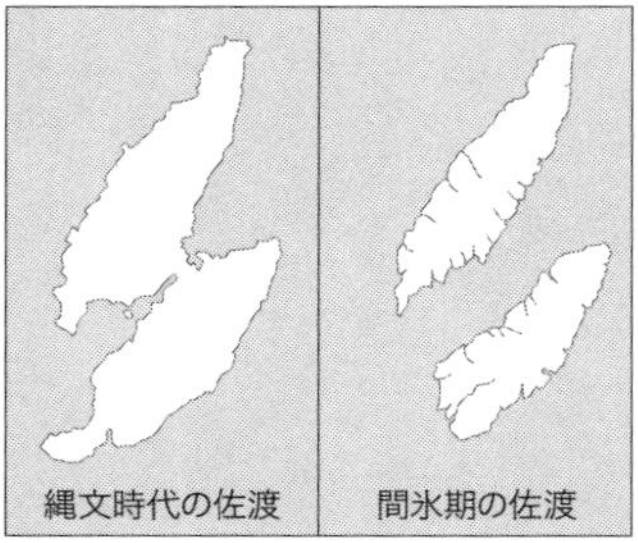

その加茂湖最奥部の潟上集落に鎮座してきたのが、延暦十一（七九二）年、出雲の杵築大社から勧請・創建と伝わる牛尾神社だ。天保十三（一八四二）年の佐州山水図では同湖（越の湖）を見下す潟上丘陵の湖岸に近世「天王社」と呼ばれた同社がみえる。大己貴命を祭る同社の宝物の中に、江戸時代の龍蛇様がある。文政七（一八二四）年、加茂郡正明寺村の五郎作が佐渡金銀山御入用の鉄買入れのため出雲国へ渡海し、杵築大社へ参詣した際に授けられ、帰国後寄進したものだ。北ツ海を介した佐渡と出雲の往来を示す、その奉納経緯を記した受証文と龍蛇様は、佐渡市指定文化財となっている。

佐渡は慶長五（一六〇〇）年、江戸幕府の直轄領＝天領となり、翌年の相川金山発見に伴って慶長八年から相川に陣屋（佐渡奉行所）が置かれた。寒村だった相川を五万人規模の都市に変貌させたのは島外諸国からの移民だ。越前や越中の出身者が多かったが、出雲や石見も少なくない。相川の老舗旅館出雲屋と沢根の廻船問屋浜田屋はその代表格だ。相川町発行の『佐渡相川の歴史』や『佐渡相川郷土史事典』は、相川の宿屋で最も古い歴史をもつ出雲屋の屋号は、先妣の出身国名に由来すると記す。宝暦三（一七五三）年には相川町の郷宿（訴訟や願いごとで奉行所へ出向く在郷の人たちの宿）に指定されている。同じ宝暦年間の羽田番所の問屋名簿に出雲屋庄右衛門の名がある。子孫の渡辺（旧姓竹田）道子さん（一九三六年生）によれば、出雲出身の先祖が佐渡に来て法然寺の住職となり、その子孫が二家に分かれ、問屋と宿屋を営んだ。天明元（一七八一）年五月、出雲崎から佐渡の小木に渡った遊行僧・木食行道《もくじきぎょうどう》（一七一八〜一八一〇）は、同月二十八日から六月一日まで相川二町目の出雲屋に泊まったと、自著「南無阿弥陀佛国々御宿帳」で記している。後年他国旅人宿にも指定され、文政九（一八二六）年の絵図「相川町墨引」には「旅人宿出雲屋庄右衛門」と出ている。

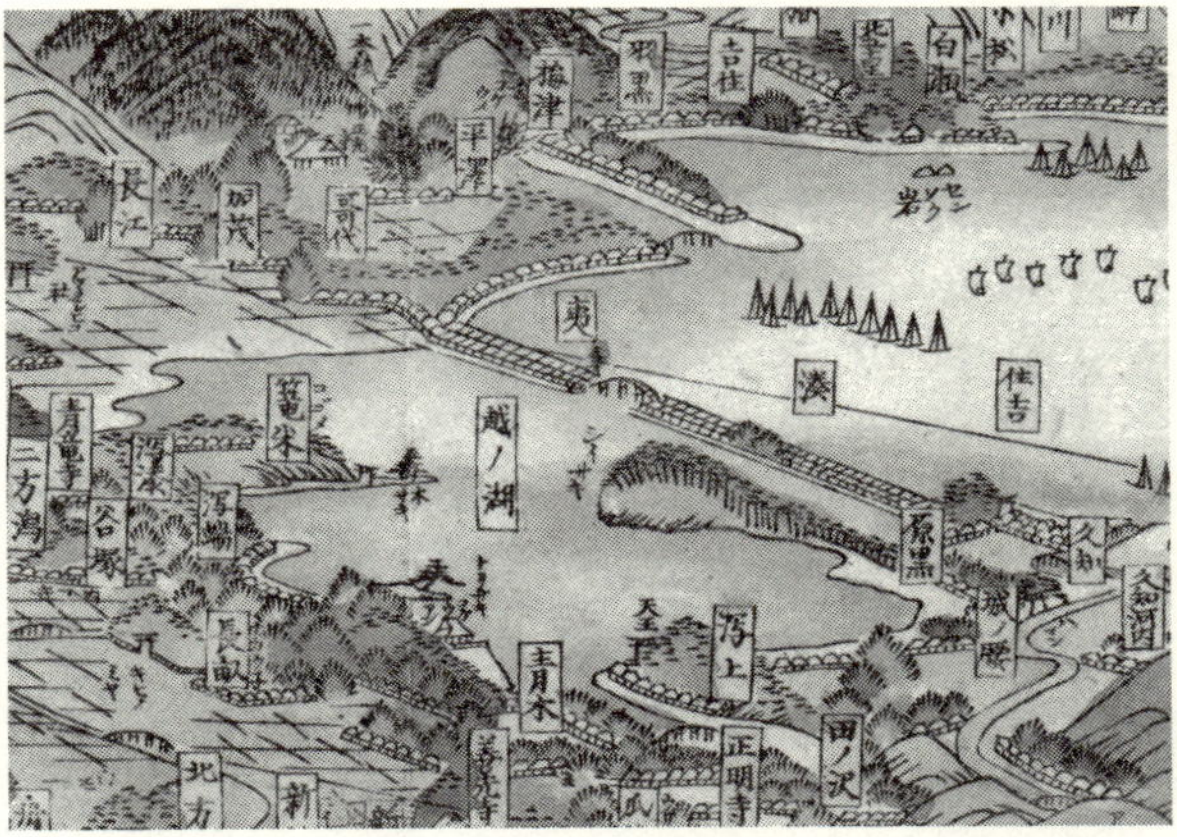

江戸後期の佐州山水図に描かれた加茂湖（越の湖）　中央やや下に、潟上に鎮座する天王社（牛尾神社）がみえる。

三層楼の出雲屋（相川町二町目三番地）相川郷土博物館所蔵の昭和初期の絵葉書。玉泉寺に上がる石段の手前にある駐車場が出雲屋本館の跡地で、別館跡地は今アパートになっている。

出雲屋は一九八八年の廃業までずっと、佐渡奉行所（跡）から六〇〇mほど離れた相川町二町目にあった。大正十四（一九二五）年発行の『佐渡案内写真大集』には「御旅館　相川町二丁目　竹雲館いづもや　電話二九番」との案内が、二階建ての出雲屋旅館と平屋の別館の写真とともに載っている。昭和十三（一九三八）年の『佐渡名鑑』は、明治四十二年に出雲屋を継いだ竹田榮太郎（明治二十一年生）の紹介文でこう記す。「同（竹田）家は出雲屋と称し、相川町五大旅館の一つにして……当主は十一代目、佐渡最古の旅館たり。……木食上人宿泊、軸物二本を残す。其他吉田松陰・蒲《が》生《もう》君平《くんぺい》等も宿泊の歴史あり。……当主は快活にして事業に熱心。増築すでに三回、堂々たる三層楼を築き一ヵ年二万余の旅客を迎へ鉄道指定館たり」。一九四一年生まれの榮太郎の孫・（伊藤）佐世子さんは、祖母ミヨさんから先祖は出雲から来て苗字帯刀を許されていたことなどを伝え聞き、また戦争末期、当時珍しかった三層楼の木造建築が米軍機の標的になるのを怖れて解体された時のこともよく覚えている。一九七一年の小田季吉《すえきち》『佐渡の木食上人』は、出雲屋旅館を訪れて主に会い、木食の遺品「竜水の軸」を見せてもらったと書いていたが、廃業まで昔の看板や宿帳などもたくさん残っていたという。十三代目にあたる竹田榮彦さん（一九四七年生）は、市の嘱託を受けた時など、出雲屋の屋号を使ってきた。いっぽう問屋の出雲屋も十八代目という庄太郎さん（明治四十年生）が亡くなる一九九〇年まで、庄兵衛の名で続いていた。その娘の道子さんが出雲崎の出雲山多聞寺に嫁いだのも、出雲の縁に思える。

9 出雲の鉄を運んだ浜田屋——石見姓が並ぶ姫津の集落

「先祖の由来を尋ねるに、元来、石見の国浜田の住人なり」。佐渡廻船問屋浜田屋の笹井秀山が寛政九（一七九七）年に書いた「笹井氏先祖由来」の書き出しだ。真野湾に面した沢根漁港近くに、今も浜田屋の子孫、笹井家がある。本家初代の川上権左衛門が石見国浜田から渡来したのは、十六世紀末頃という。越前国出身の佐々井九之助の子を娘婿にした浜田屋は、元禄期に沢根町名主となり、佐々井（笹井）姓に変わった。寛政五（一七九三）年には、浜田屋興隆の初祖とされる五代目・宗遠＝治左衛門が、四男の伊助を連れて新屋（分家）治右衛門家を興す。この伊助が秀山（一七七四〜一八二五）だ。浜田屋は明治初期まで廻船業を続け、明治半ばに本家が離島後、新屋が本家の屋敷地に入って今に至る。

浜田屋新屋８代目にあたる笹井敦子さん　掛け軸は本家元祖＝川上権左衛門から新屋の笹井秀山に至る歴代の系図を記した家宝の曼荼羅。

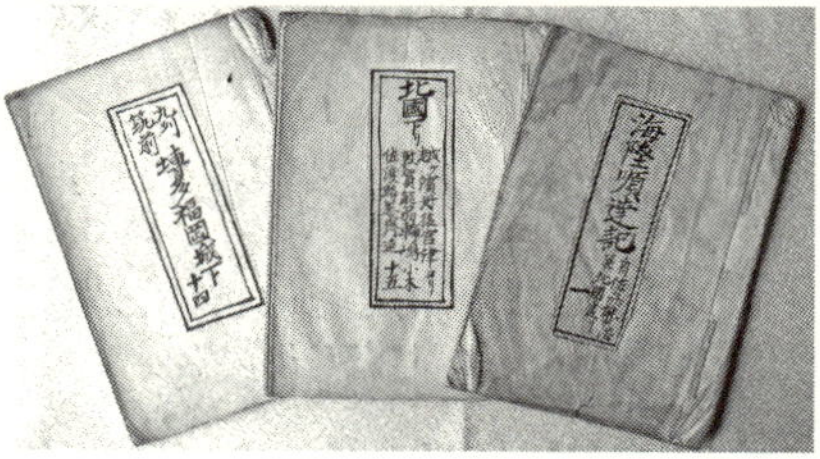

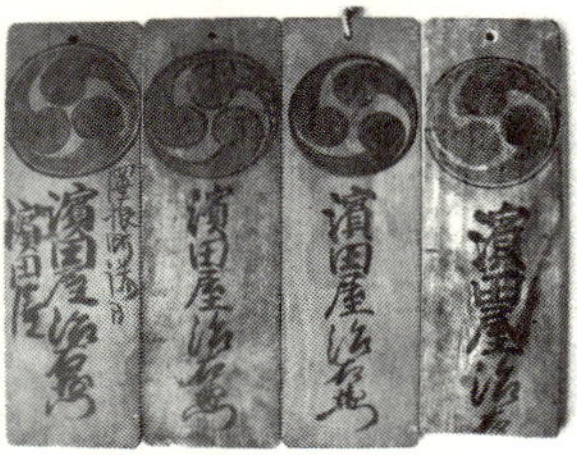

浜田屋の親船、大黒丸の船絵馬（上）と、笹井秀山『海陸道順達日記』の原本（下左）、廻船問屋時代に使われていた浜田屋の木札（下右）　いずれも笹井家所蔵。

二〇一二年六月、沢根を訪れた私を、その新屋八代目の笹井敦子さん（一九三四年生）が迎えて下さった。床の間には歴代系図が記された家宝の曼《まん》茶羅《だら》が掛けられ、目の前には親船大黒丸の船絵馬や奉行所発行の鑑札など、近世廻船問屋時代の貴重な品々が並ぶ。秀山が文化十（一八一三）年、商取引を兼ねて西国を巡った五カ月にわたる旅の記録『海陸道順達日記』を法政大学が出版しているが、その一五巻に及ぶ和綴じ原本も拝見した。それらを解読・校訂し、秀山の足跡を追う現地調査もした上で注記や解説を加え、七〇〇頁近い大著にまとめた佐藤利夫さんは、夫・正《まさし》さん（故人）の教師仲間だったという。

浜田屋は酒田から下関、大阪までの北前船西廻り航路圏を幅広く交易したが、持ち船大乗丸と大徳丸の一八〇〇年前後の船荷取引商い勘定をみると、山陰では出雲が主な取引先で、寺泊や出雲崎、新潟で仕入れた三田尻塩を安来や境港で売る一方、

石（岩）見姓の墓が並ぶ姫津の墓地

宇竜や境港で出雲（米子）綿を仕入れ、沢根や新潟、寺泊で売っている。また例年、安来や米子で鉄（小割鉄、中割鉄、目白刃）を仕入れていた。造船や農器具のほか、採掘用の鏨《たがね》や鉄製道具類で大量の鉄が必要だった佐渡で、古くから鉄を取引していた浜田屋は、鉄屋とも呼ばれた。佐渡の鍛冶屋組頭五人に割鉄を販売した際の享和三（一八〇三）年正月「鉄仕贈り請取通」（笹井家文書）の裏書に「鉄屋沢根町浜田屋治右衛門」とある。佐藤さんはその大著の中で、浜田屋は農器具千歯扱きの鉄材を奥出雲頓原《とんばら》の吉田屋兵四郎から買い入れ、境港の川内屋源兵衛まで陸送、境港から佐渡まで船で送っていたとも記す。

近世の佐渡では、慶長八（一六〇三）年に佐渡奉行となった大久保長安が、慶長六年から石見銀山奉行も務めていた関係で、石見からの移民が多い。『佐渡風土記』の慶長九（一六〇四）年の条に「相川府中開発之事」として「銀山盛んに成ければ、伊豆石見両国より銀山巧者なるものを呼寄せ山師と名付け、銀山を預けらるる」とある。田中圭一編『佐渡相川志』が解説であげる江戸時代前期の町人名簿をみると、出雲久左衛門（羽田町）や出雲藤右衛門（左門町）ら出雲出身者が四人に対し、石見弥蔵（左門町）や石見惣三郎（材木町）ら石見出身者は八人だ。また、そのほとんどの開基出身国が越中・加賀・越前という佐渡相川真宗寺の、寛永〜延宝（一六二四〜八一）期の檀家を出身国別にみると、越前が四五家で最多、越中が三二家で続くが、三番目が石見二六家。出雲一〇家は加賀と並び七番目だ。

相川から六kmほど北の海岸には、石見から来た漁民が開いたという姫津集落がある。相川町の人口増加による魚不足を解消するため、大久保が沖合や延縄《はえなわ》漁が得意な石見の漁師たちを呼び寄せ「佐渡全島漁撈御構ひなし」の特権を与える一方、漁法や漁具の改良を指導させたという。姫津へ着き沿道にあった墓地をふと見ると、石（岩）見姓が並んでいた。後で姫津の住宅地図を見て数えると、石見姓が六四軒もあった。老舗旅館の出雲屋や廻船問屋の浜田屋の他にも、数多くの出雲人や石見人の子孫が、佐渡にはいるのだ。

10　北前船が〝運んだ〟出雲節——越後で船方節に発展

海陸道順達日記をみると、文化十（一八一三）年四月二十一日朝、佐渡沢根湊を発った浜田屋の笹井秀山は黒島沖で一泊し、翌二十二日午後、能登半島西岸の福浦に着いている。五七里（二二八km）の航程を一日半で到達せしめたのはアイの風だった。秀山が福浦で泊まった廻船問屋が佐渡屋だったことも、佐渡と能登の海路による繋がりをうかがわせる。

その佐渡屋には江戸後期から明治にかけて出雲の廻船も二〇三艘来ていたと、仲野義文・石見銀山資料館長はいう。田儀櫻井家の産鉄（江戸後期、出雲国内二位の収益）流通を探る中で佐渡屋の御客船帳に注目した仲野さんは、一八四四～八〇年の間に田儀《たぎ》浦からの船が一四回、松江や猪目、鵜峠《うど》、鷺浦なども合わせると計四四回入津し

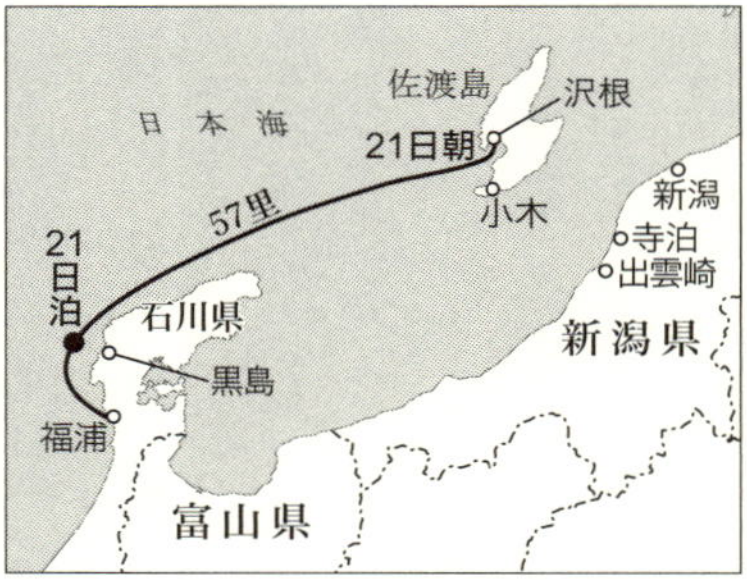

浜田屋笹井秀山がとった佐渡から能登への航路　『海陸道順達日記』をもとに作成。

新潟船方節を練習する節美会のメンバー　2014 年 9 月撮影。

ているのを明らかにした。地元田儀の廻船問屋鳥屋尾家文書も、廻船寄港地に越後・越中・能登の三国が多く、販売品の大半が鉄や鋼だったことを伝える。田儀の廻船は出雲崎の泊屋にも一八四六～七九年の間に二五回ほど入り、鉄や米子綿を降ろしている。

北前船が出雲からもたらしたのは、鉄などの物資だけではない。幕末から明治の日本海沿岸では出雲節が流行していた。「誰しも能登福浦の港に伝わる出雲節を聞けば、それが出雲の安来節と酷似していることに驚くだろう」と記す浅香年木《としき》『北陸の風土と歴史』は、その歌声には上方や江戸の文化とは異質な近世日本海文化が留められているという。

出雲節は、境港を中心に流行った、さんこ節が長編化しつつ、北前船の船乗りにより各港に広まったものといわれる。さんこ節が原調とされる安来節とは同源ということだ。明治三十九年の『北越史料出雲崎』は「出雲で名高きお茶屋の娘、髪は島田でつげの櫛、着物は薩摩の紺飛白《こんがすり》、帯は筑前上博多」という北前船の交易を織り込んだ出雲崎船唄を載せている。佐渡相川町の「酒を造らば出雲酒……寿命が長くて末広い」や、北海道江差に伝わる「出雲で名高い境の港……伝馬いらずの上港」という歌詞にも、出雲のルーツがみえる。

船乗りたちが伝え、流行した出雲節は、新潟県以東で船方節《ふなかた》

第25回秋田船方節全国大会（2012年11月）男鹿市教育委員会提供。

とも呼ばれてきた。新潟市の民謡団体・節美会《せつみ》（一九三二年設立）が伝承する新潟船方節は、鈴木節美初代会長（一八九八〜一九八八年）が昭和の初め、新潟の花街で毎晩賑やかに歌われていた出雲節に、地元の民謡の要素などを加えて完成させたもので、同会では今も、毎週練習しながら継承している。秋田では民謡歌手の森八千代（一九〇五〜六二）が歌い始めた秋田船方節が五大民謡の一つとなり、一九八八年から出身地男鹿市で毎年、全国大会が開かれている。

古厩忠夫『裏日本——近代日本を問い直す』は、熊本のハイヤ節が対馬海流の航路に乗って出雲節となり、佐渡おけさとなり、津軽アイヤと伝播変容していく様は、日本海の海人が担った文化伝播力の奥行きを示すものだと述べる。酒田船方節が知られる山形県酒田市の大町に出雲という小字地名があるのも、北前船の往来と関連がありそうだ。

一九八九年、新潟市内の船方節伝承者と面談した小田節子さん（新潟市文化財保護審議会委員、一九五三年生）の調査報告書をみると、新潟でも昔、出雲節と呼ばれていた船方節は、港町や漁村から農村にも伝播し、各地で新しい歌詞が作られ、人々が集う祝宴、酒席や労働の傍らに歌われたとある。大正十年頃、畳屋の親方から習ったという平野清作さん（一九〇四年生）は、大網元が遠海漁の出発前や帰還時に行う祝宴で必ず歌ったという。子どもの頃、縄縫い作業をしながら歌う伯母たちから習った坂井ヨシさん（一九〇六年生）は、縁起の良い文句や記念に残る文句を自ら作って歌ったといい、古俣トサさん（一九〇一年生）

も、五十嵐浜の海産物行商人が出雲節を伝え、現地の漁師にちなんだ歌詞を作ったと語っている。そうした自由さもあったため、出雲節は再生をくり返しつつ幅広く伝わったのだろう。

11　潟を結ぶ水上の道——越後平野の熊野神社と間瀬の明神橋伝説

新潟市文化財センターによれば、市内の緒立《おたて》（埋没砂丘）、南赤坂、大沢（角田山麓丘陵端部）の三遺跡で古墳時代前期の山陰系複合口縁壺が出土している。なぜ近くに川もない内陸の三地点に山陰系土器出土遺跡があるのか。

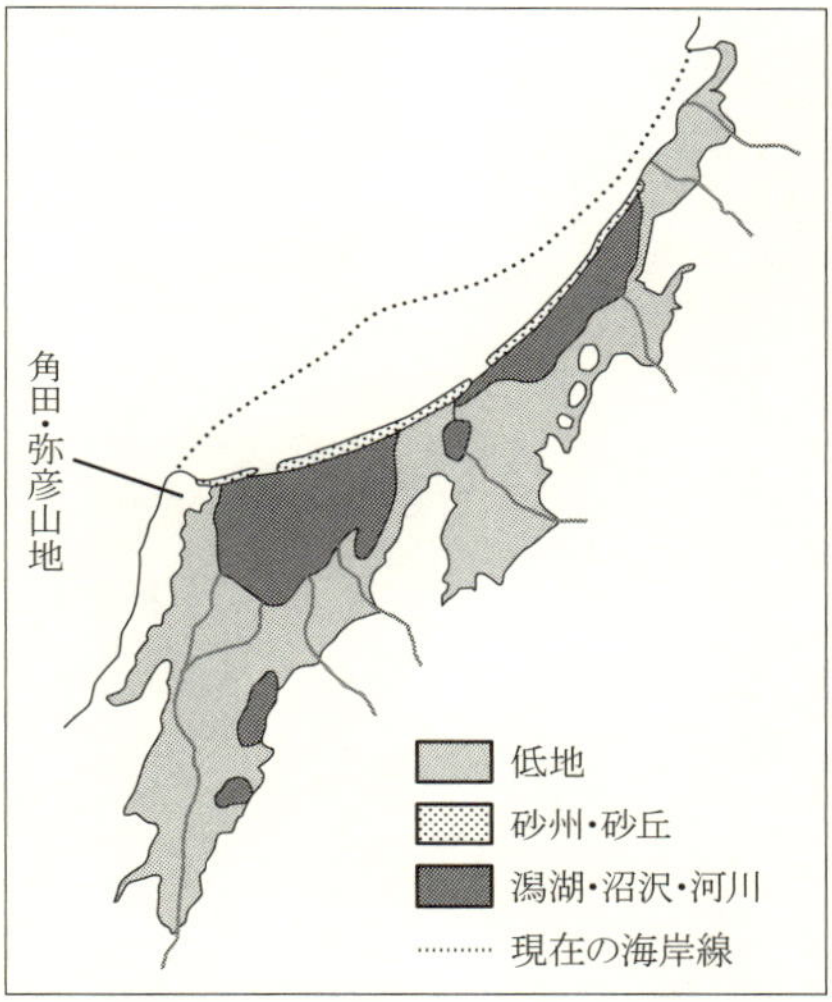

約 6000 年前（縄文海進期）の越後平野　鴨井幸彦さん作成図を簡略化。

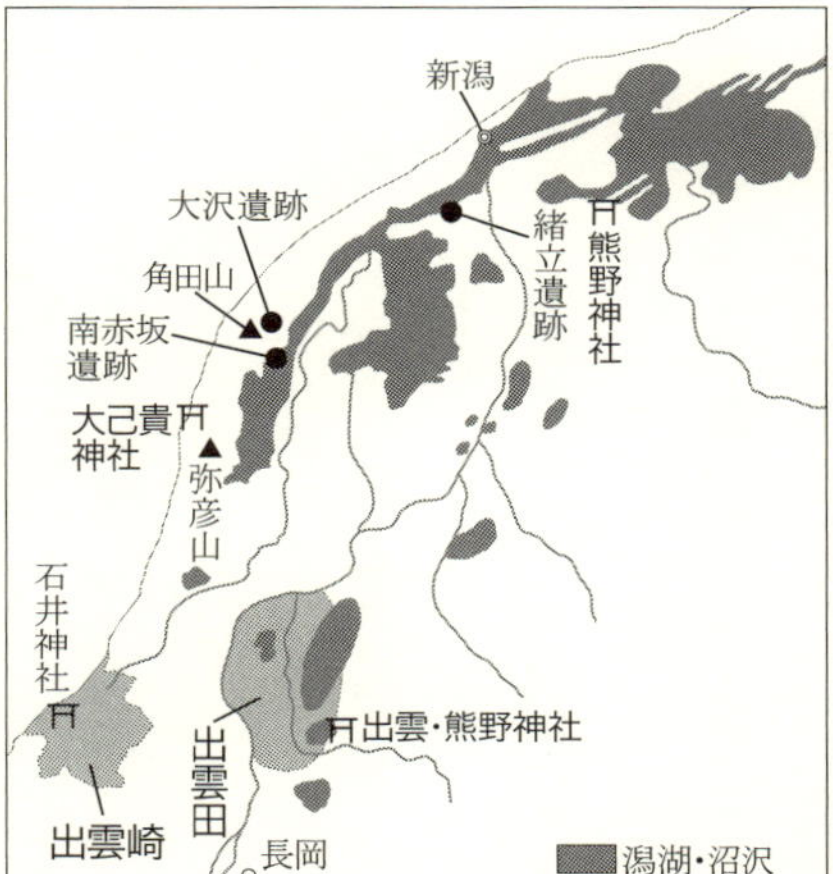

10 世紀頃の越後平野と出雲系神社、山陰系土器出土遺跡の分布

新潟市江南区城所の熊野神社　境内裏手の段差（約1m）は同社が砂丘列の微高地に立地することを物語る。

　信濃川と阿賀野川が運ぶ土砂が埋め立てた中南部の沖積平野と、季節風が運んだ砂が堆積した北（海岸）部の砂丘列からなる越後（新潟）平野は、その形成過程から大きく形を変えてきた。約六千年前の縄文海進期、角田《かくだ》・弥彦山地の北端から伸びる形で発達した砂州が入り江を塞ぎ、今の越後平野の中南部に巨大な潟湖ができた。その後、潟湖の埋積が進んで平野化したが、古墳時代以降、信濃・阿賀野二大河川の流路の変化で湛水《たんすい》域が拡大し、平野中央部の潟や沼沢《しょうたく》が拡大する。いっぽう角田岬から岩船まで約八〇kmにわたる新潟砂丘は、砂丘列（一〇列を数え、最大幅は一〇km）が陸から海へ徐々に広がって出来たものだ。

　この越後平野には古来、多くの潟が存在してきた。江戸時代の正保越後絵図には、今より大きい福島潟、鳥屋野《とやの》潟や、今はなき岩船潟、紫雲寺潟、白蓮潟、鎧潟、赤沼潟など大小様々な潟が描かれている。これら潟湖の多くは近世以降の干拓で次々と姿を消したが、新潟の地質技術者・鴨井幸彦さん（理学博士、村尾技建技師長）が作成に加わった県地盤図の地質断面図や砂丘の発達状況などから作りあげた六段階の詳細な越後平野の古地理図では、大きな潟湖が復元されている。その一千年前（平安時代）の図に山陰系土器の出土地点や出雲系神社を重ねてみると、見事に潟湖や沼沢の岸にあたった。

その一つ、新潟市江南区城所の熊野神社は、新潟県内の出雲系熊野神社二四社のうち、今も世襲宮司が本務社として祭祀する二社中の一社だ。大正時代（一九一〇年代後半）の『中蒲原《かんばら》郡誌』は同社の祭神は「奇気野命《くしみけぬ》、明治初年の書上には祭神熊野加武呂《かむろ》神と見ゆ」と記す。この出雲国風土記上の神名が、創建の古さを匂わせる。同社の片桐宮司家「家系」世代取調書（明治五年）には、先祖は永正年間（一五〇四～二〇）、蒲原郡城山《じょうやま》村の再興に伴い袋津村から当地へ移り、「熊野神社、古代の鎮守故」城山村の鎮守として奉斎するようになったとある。今の片桐康正宮司（一九七一年生）で二十代目だ。明治九年の社殿焼失などで、他の古記録は現存しないが、周辺に城山、養海山、日水《ひみず》遺跡など古代から中世の遺跡が散在し、丸潟、鍋潟、北潟など潟を埋め立てた地名も多い。神社鎮座地の字名も荒木浦で、この地に潟を結ぶ水上交通網があったことを偲ばせる。

新潟と出雲崎を結ぶ越後海岸の中間にあって、佐渡島との距離が三五km以内と最も近い間瀬《まぜ》（旧岩室《いわむろ》村、現新潟市）には、大己貴神社が鎮座する。明治十六年の新潟県神社明細帳にも西蒲原郡間瀬村字瀧ノ上の大己貴神社とあるから、古くから今の社名で祭られてきたのだろう。由緒は不詳だが、間瀬に

間瀬の大己貴神社　拝殿に漁船の写真が飾ってあった。久我正久（兼務）宮司に尋ねると、氏子は100世帯、漁師町で春秋の祭りがあるという。特製の神札が立つ祭壇や神輿、子どもや若者も多い例祭の写真——出雲大神は大切に祭られている。

間瀬の白岩　ここから飛び石状の岩が、後方に映る佐渡島へ向かって並ぶが、その姿が海上で見えるのは年に数回という。

は、海から寄りくる神がケタ（海から陸へつなぐ水上に渡した橋）を通って陸にあがるという気多《けた》神（＝大己貴）信仰を想起させる明神橋の伝説がある。白岩の北側の浜から沖に向かって並ぶ飛び石状の岩が佐渡まで続いており、それは佐渡から明神様が渡ってきた橋だという（『故郷間瀬』）。『間瀬郷土史』は天正年間（一五七三～九一年）、能登から間瀬へ住民の移住が続いたとも記す。出雲（＝気多）大神の信仰も能登経由で来たのではないか。

角田山麓の縄文時代の遺跡からは、弥彦山や角田山の周辺では採れない黒曜石が大量に発見された。成分分析の結果、原産地八カ所の一つは隠岐島と出た。主体は霧が峰（長野県）周辺の石で、それが佐渡の遺跡でも発見されており、角田山麓からの搬入とみられている。海上から眺望できる角田・弥彦山地を目印とする、海の道で運ばれたのだろう。

12　越後のケタ信仰――三嶋石部神社の懸橋伝説と居多神社

出雲崎の石井神社から海岸沿いを柏崎方面へ五kmほど行った所に、式内社御島石部《いそべ》神社がある。沿道から入る社叢は間口は狭いが奥は深く、まっすぐ伸びる三五〇mの参道の先に、弘化三（一八四六）年再

御島石部神社と尊福国造の和歌を刻んだ石碑（柏崎市西山町石地）　本殿の彫刻は幕府のお抱え木彫り師、小林源太郎の作と伝わる。

建の総欅《けやき》破風造りの社殿があり、その傍らに「明治十八年三月……千家尊福《たかとみ》しるす」と刻まれた石碑がたたずむ。同社の祭神は大己貴神。明治十六年の新潟県神社明細帳はその由緒をこう記す。

「大己貴神国々を経営《つくり》ましし時、頸城《くびき》郡なる居多《こた》に坐し……御船に乗り給ひ、此の石地の澳《おき》を通り磯辺を見そなはすに、桟《かけはし》の如き岩、海中より続きて在りけり。怪しく思《おもほ》し其辺《そのほとり》に御船を漕寄玉ふに、岩を敷《しき》なせる如き可美《うまし》小浜あり。面白き三都《みつ》の島石部なるかもと宣玉《のりたま》ふ故に御島石部神社と奉称る」。出雲大神が海上から浜辺まで懸橋のように続く岩礁を見て舟を寄せたという。「桟の如き岩」とは、地元で懸橋と呼ばれる、石地の浜から五〇〇m沖合まで続く岩場だ。『西山町史』は、懸橋の数百の小岩が水面下一mの深さに長々と続くとも記す。「岩を敷なせる如き可美小浜」は、長岩と呼ばれる岩礁があった、今の石地漁港辺りだろう。

明治三十九年の御島石部神社社伝記には、その「長岩の可美小浜は大神の御船を泊させ給ふ旧跡なるにより、春秋の祭典には此処《ここ》に暫《しばら》く神輿《みこし》を駐めて幣帛を捧げ奉る古式あり」と記す。境内の石碑には、同社の由緒と共に「大神もよしとよりけむ長岩の長くつかふる道なわすれそ」という和歌が刻まれている。尊福（第八十代出雲）国造の歌集「越の道ゆきふり」

出雲大神が陸への足がかりにしたと伝わる石地の懸橋

越後海岸沿いに並ぶ出雲大神を主祭神とする古社

（明治十八年の『出雲大神』附録）をみると、当地巡教の折にこの歌を詠んだ背景が「神官山岸巌雄が語るを聞けば、大神……この村の長石《ながいわ》という所を見そなはして、うまし小浜なりとて御船をとどめたまひし」由縁により「今も年毎の例祭には長石に御輿をかきいたして仕えまつるなり」と、記されている。その長岩のある小浜＝石地漁港は、一九七〇年代後半のコンクリート化で往時の姿を失ったが、出雲大神が上陸したという岸辺まで巡幸する祭りは続いている。

　出雲の気多《けた》島（十六島湾の端にある平島）を起点とする気多地名・神社名は上越市の居多《こた》神社に至るが、御島石部神社の由緒も、海から寄りくる神がケタ＝「水の上に渡した橋」「海から陸地へつなぐもの」を通って陸に上がるという、まさに気多神の神格そのものだ。間瀬の明神橋や石地の懸橋など、越後海岸の出雲大神鎮座地にはケタがまつわる。石地のケタ＝懸橋は、越後と佐渡を往来し易くするため、諸仏諸神が集まって一夜で石の橋を掛けようとしたが、魔王の妨害で橋を掛け切れなかったという、岩の懸橋（享保二年、佐向山懸橋寺縁起）や、恋の懸橋伝説も生んだ。

2008 年改築の大社造りをアレンジした上越市五智の居多神社

出雲崎の石井神社記にも出てくる居多神社は、かってはケタ神社と読まれていた。それを明らかにした花ヶ前《さき》盛明宮司（一九三七年生）は、頸城郡の大領だったという社務祖盛香から数えて第四十四代目にあたる。慶応二年、海岸浸食で社地が崩壊して現在地に遷座したというほど、昔は海岸沿いに鎮座していた。数々の著作の中で、同社は「稲作文化を越後に伝えた出雲系の人々が奉斎した」（『居多神社文書』）、「古代における出雲勢力の進出を物語っている」（『式内社調査報告』）と記す、上越郷土研究会会長でもある花ヶ前宮司。二〇〇八年の本殿改築にあたり設計士を出雲へ派遣し、大社造りをアレンジした、越後の積雪にも耐える社殿に変えた。二〇一二年秋、五年ぶりに同社を訪れた私の目に、その真新しい社殿の正面入り口と中の拝殿へ掛けかえられた、見覚えのある古い社名額がとまる。千家尊有《たかもち》大社教第三代管長（在職一九一八～五四年）の書。出雲国造家の足跡も、越後の随所に残っている。

13

越後海岸に残る大国主の伝説——親不知の投げ岩、能生の千束島

越中・越後両国の境を流れる境川。かつて神済《かんのわたり》と呼ばれたこの川を、越中（富山）の海岸沿いから渡って越後の旧頸城《くびき》郡内に入ると、間もなく北陸街道最大の難所とされた親不知《おやしらず》（新潟県糸魚川市）に至る。

一五kmにわたる断崖絶壁の天険は、海岸までせり出した飛騨山脈の北端が海になだれ落ちてできたもの。今のJR市振《いちぶり》—親不知間の海岸が親不知、親不知—青海《おうみ》間が子不知《こしらず》と呼ばれた。この天険は、荒波と相まって古《いにしえ》から旅人を悩ませてきた。明治十六（一八八三）年に山腹の道路が開削されるまで、人々は絶壁が間近に迫る波打ち際を、洞穴や崖の切れ込みに避難しながら、波間をぬって通り抜けたという。その危険な波打ち際では我が身を守るのが精一杯で、親は子を忘れ、子も親を顧みられないことから「親知らず子知らず」の名がついたとも伝わる。二〇一〇年初秋、二度目の越後入りで宿泊した親不知観光ホテルは、親不知の中でも最大の難所「長走り」（波を避ける岩の窪み、大穴から大懐《おおふところ》までの間）の断崖上に建つ。駐車場脇から海岸へ降りると、

親不知海岸。断崖上に見えるのが親不知観光ホテル　尾崎毅さん（同ホテル代表）撮影・提供。

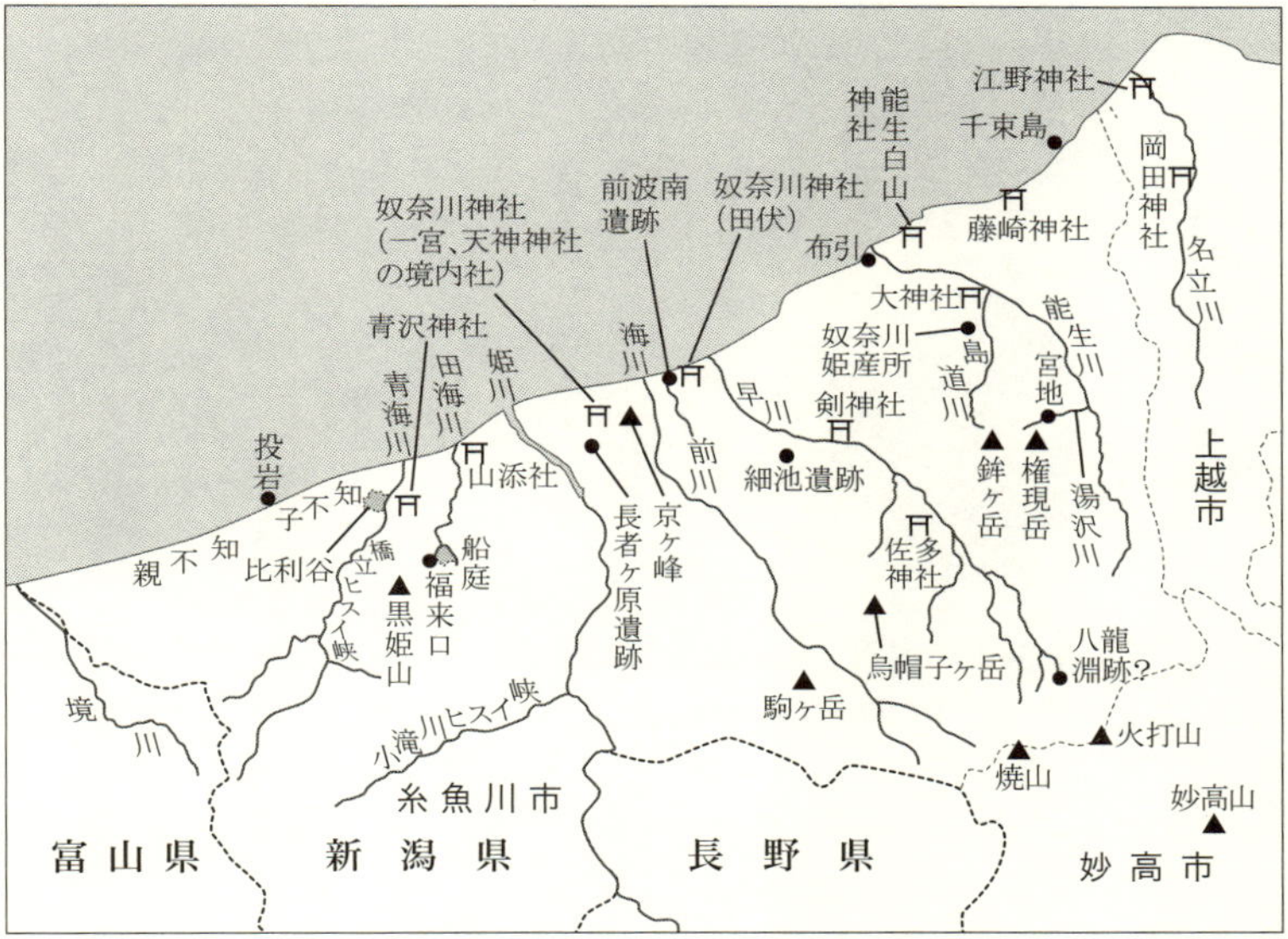

岩礁の多い海だった。安政二（一八五五）年の皇国総海岸図は「親不知難所」「此辺の海瀬すべて荒磯船《ふね》繋かたし、九月より三月まで漁舟の外渡廻船なし」と記す。この海を、出雲や能登から来た海民たちは航行したのだ。

そんな親不知と子不知の間にあって、ひときわ海に張り出した砂浜が、親不知ピアパークがある外波《となみ》の浜だ。その浜からは、隣接する歌《うた》集落の海上（北東の沖合い）に浮ぶ、二つに割れたような大岩がよく見える。大国主（出雲大神）の伝説がまつわる「投げ岩」だ。その昔、ここを通りかかった大国主は、踊りが上手くて美しい歌の綾姫が、裏山に住む鬼に求婚され難儀していると聞き、鬼に岩投げの力比べを挑む。鬼は大岩を抱き上げて、海岸の渚まで投げ飛ばした。それを見た大国主がもっと大きな岩を持ち上げて投げると、なんと渚を飛び越えて海の中に落ち、二つに割れた。負けた鬼は悔しがり、自分が投げた岩を蹴飛ばして姿

海上に浮ぶ投げ岩（新潟県糸魚川市）

を消したという。その時鬼が蹴った足跡があるという「鬼蹴り岩」は今、拡張された線路と一体化し、海上に突き出た北陸自動車道の高架で覆われ渚からも見えづらくなったが、大正二（一九一三）年の『親不知案内記』には、松の大樹を載せた巨大な大岩が波打ち際に座す姿が映っている。昭和五十年頃までは見事な老松が根をはり、沖合の投げ岩と相俟って「親不知の代表的な景勝」だったと、青海町『ふるさとの歴史』（第九集、一九八九年）は記す。

越後西部の沿岸地域には、出雲大神の伝説が随所に残っている。能生《のう》の布引《ののびき》には舟窪《ふなくお》という舟の形をした窪地があって、そこは昔、大国主らが沖合へ往来した舟を置いた所だという。能生川河口に近い、布引《ぬのびき》グラウンドがある今の糸魚川市太平《たいへい》寺《じ》あたりだ。また同じ旧能生町筒石の海上に浮ぶ千束《せんぞく》島は、大国主が立ち寄った島だという。平たく大きなその島の形は、今は平島《ひらじま》と呼ばれる出雲の気多《けた》島を思い起させる。大国主がここで足を洗ったため洗足島とも呼ばれたという千束島の岩の中央には、大国主が休んだ際に掘った井戸の跡があり、海中の岩島にもかかわらず淡水が湧き出たという。これらは昭和十一年の『西頸城郡郷土誌稿・口碑伝説編』が収める伝説の一部だ。

JR糸魚川駅前に立つヌナカワヒメの像

太平寺は、大己貴（出雲大神）を祭る能生白山神社の別当寺があった所。千束島を挟んで海岸沿いに鎮座する能生の藤崎神社、名立《なだち》の江野《えの》神社も、大己貴を祭る出雲系の古社だ。能生川を遡った平《たいら》には大《だい》神社、名立川河口を遡った丸田《まるだ》には円田神社と、やはり大己貴を祭る式内社がある。この一帯はほぼ、十世紀前半の和名抄《わみょうしょう》が頸城郡の筆頭に記す沼川《ぬのかわ》郷にあたる。同郷の産土神は、出雲国風土記や古事記が出雲大神と結ばれたとする高志《こし》の国の女神、奴奈川《ぬなかわ》姫だ。JR糸魚川駅に立つその女神像の横には「出雲の大国主命は、はるばる越の奴奈川姫とヒスイを求めに来た」と記す案内板がある。糸魚川は、随所で出雲を感じられる土地だ。

14　早川谷の出雲神伝説——佐多神社ゆかりの八龍淵と鉾ケ岳

飛騨山脈と妙高山群が海岸近くまで迫る西頸城郡では、その谷間を流れて海に抜ける川沿いに集落が作られ、根知谷、能生谷、名立谷などの谷（川筋）ごとに文化や歴史が育まれてきた。その一つ早川谷に、出雲大神（オオナムチ）にまつわる八龍淵の伝説がある。

大昔、八口《やくち》山に民を苦しめる八口なる者がおり、大穴持《おおなもち》神がこれを征したところ、大蛇と化した八口が八色の血を流して山を下り、麓の池に入った。これが八龍淵で、そこから流れ出る川を八口川と呼ぶ

糸魚川市北山の佐多神社　大国主命を祭る。祭祀遺構付《つけたり》東社叢が糸魚川市指定文化財。

のだという。出雲国風土記が意宇郡拝志《はやし》郷と母理《もり》郷の条で記す、出雲大神による越の八口平定譚に対応する神話だ。早川谷には、大穴持神に鎮められた八口が八龍淵の主となり、高僧や民を助けたという後世譚もある。

　この伝説の八龍淵が描かれているのが「往古早川谷之絵図」だ。噴煙をあげる茶臼山（焼《やけ》山の古称）の隣に八口山（火打山）、その麓に八龍池が、八口川（早川）の源流として描かれている。この絵図が作られた年代も、原図の所在も不明だが、作者は上早川村宮平の剣神社神官と伝わる。写しの一つには嘉永七（一八五四）年七月に写し取った旨記されていたという（泉末雄「焼山火山調査」昭和八年）から、近世には遡る。

　剣神社は出雲国佐太神社からの勧請と伝わる古社で、かつては北山の社と同様、佐多神社（頸城郡式内一三社の一社）と称していたが、古代の剣を神璽《しんじ》とするため剣神社に改称したという。両社の祭祀は、今の佐囲東士良《さいとうしろう》宮司（一九三六年生）で五十三代目となる佐囲東家が担ってきた。佐囲東宮司は父・真咲さんから、剣神社に改称した際、元は佐多神社だったとの記憶を残すため、斎藤姓を「佐多を囲む（鉾《ほこ》ヶ岳の）東」を意味する佐囲東に変えたとも伝え聞いていた。同家の屋号は鉾之者という。昭和五年『西頸城郡誌』などが「佐多の本宮は鉾ヶ岳の頂上にある石祠なり」と記す鉾ヶ岳と

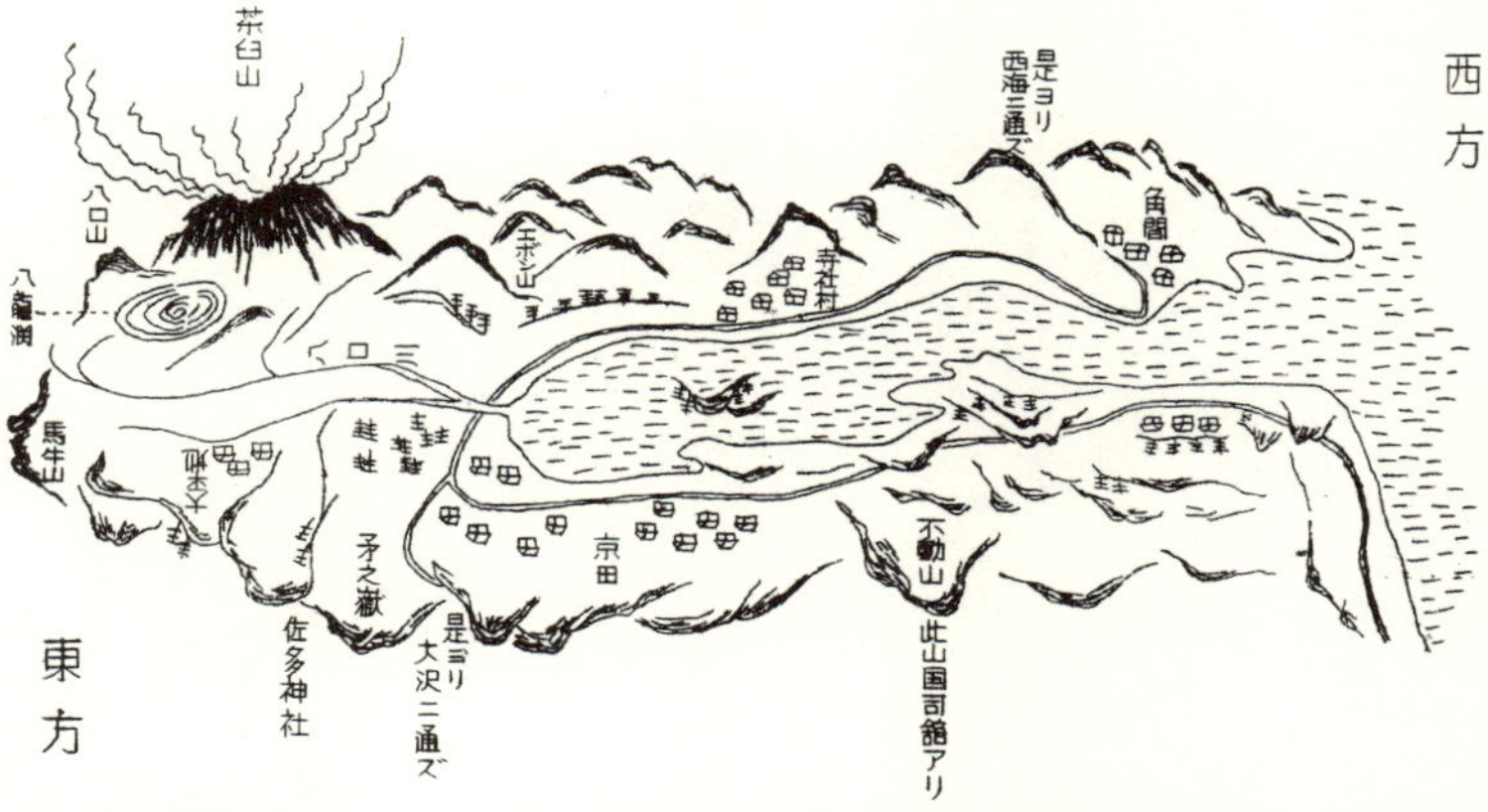

『上早川村勢要覧』（上早川村役場、1952年）所載の往古早川谷之絵図　倉又愛子さん（糸魚川市宮平在住）所蔵本から複写。

の関係もうかがえる。鉾ヶ岳には、大己貴《おおなむち》命が御子の御穂《みほ》須々美《すすみ》命と、この峰に広鉾を捧《ささ》げて祈り、夜星《えぼし》山に棲む悪神を討って国を安らかにしたという伝承があるのだ（明治四十四年『西頸城案内』他）。すると、八口山・川、矛《ほこ》ヶ嶽と佐多神社（元宮）、エボシ山（烏帽子岳）を記した早川谷之絵図は、「佐多神社の南方に八口山あり、此の山中に住める賊を大穴持神が民の哀願を入れて征し給ふ」（佐多神社明細帳、昭和十三年）という、佐多神社の由緒にかかわる絵図だと見えてくる。文化十三（一八一六）年の『越後地名考』で「八口山又赤倉嶽ともいふ焼山」の「山下には竜池あり」と記した頸城郡佐味郷の神官・佐味東《さいとう》正蓮も、佐囲東さんの先祖、第四十八代宮司だ。

「早川谷之絵図」の添書には、仁和三（八八七）年と康安元（一三六一）年の地震を伴う噴火の記述もある。木島勉さん（糸魚川市文化振興課）は、『糸魚川郷土研究』創刊号掲載の論文で、早川下流域の立ノ内遺跡や新井（現妙高）市内の古代・中世遺跡で、これらと年代がほぼ合う火山灰や火砕流堆積物が確認できるとする。さらに絵図の添書きには、

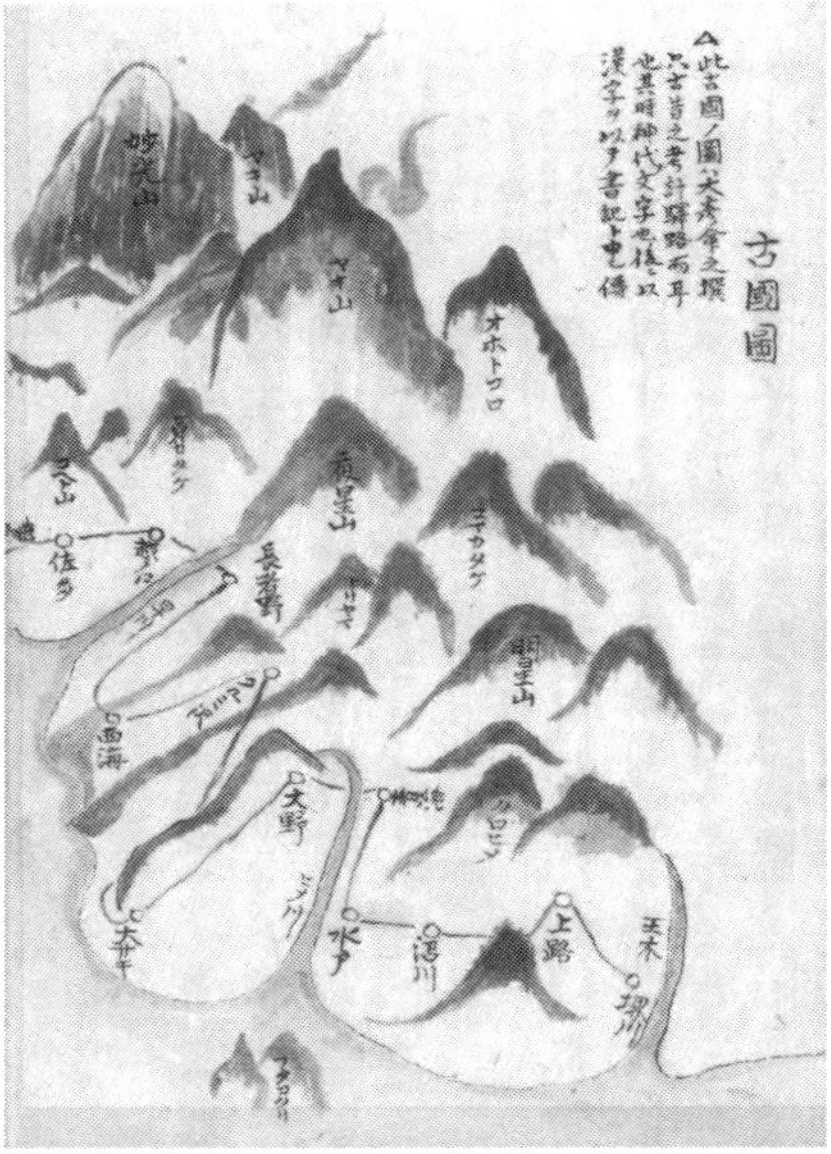

北越風土記（新潟県立図書館所蔵）の古国図に描かれた二つのヤキ山（中央上）

八龍淵は壽永三（一一八四）年、（焼山の噴出物で）押払われ（消滅し）たともある。妙高火山研究の第一人者、理学博士の早津賢二さん（妙高市在住、一九四四年生）は、その記述と絵図に描かれた八龍淵の位置から一九八一年、八龍淵跡とみられる湖沼堆積物の地層を、早川上流の火打川原で発見した。であれば、この絵図が描き記す出雲大神の八口平定譚も、かなり古くから、確かに伝えられてきた可能性が高まる。貞享年代（一六八四～八七年）の『北越風土記』の「古国図」に描かれた、噴煙をあげて並ぶ二つの「ヤキ山」は、昔、火打山と焼山が混同されていたことを物語る。口から黒雲を吐き大蛇と化した八口は、焼山の噴火と溶岩流の比喩だったのかもしれない。その自然の猛威を鎮める力をもつと信じられた神は、やはり出雲国風土記が「天《あめ》の下造《つく》らしし大神」と称えるオオナムチだったのだろう。

15　出雲真山の木簡とヤナカヒメ――ヌナカワヒメゆかりの福来口

「出雲《いずもの》真山《まやま》」と書かれた木簡《もっかん》が二〇〇七年、糸魚川市の前波南遺跡から出土した。早川の河口から二

kmほど西、前川の河口付近に遺跡はある。前（二〇〇六）年には「出雲」何々（解読不能）と書かれた木簡が、八世紀後半〜九世紀の土器とともに出土していた。発掘にあたった松永篤知調査員（当時）は、糸魚川地域と出雲の密接な関係（交流）を示す資料だと報告している（『前波南遺跡Ⅱ』）。木簡を釈読した田中一穂さん（長野県須坂市学芸員）は、「出雲真山」を人名とみる。奈良時代の正倉院文書に「鳥取真山《とりのまやま》」など「真山」という人名もあったからだ。

いっぽう青海川上流の比利谷《びりだに》には「屋奈加《やなか》姫石」の伝説がある。神代の昔、出雲の女神ヤナカヒメが、越後へ派遣された恋仲の男神を慕い、こっそり出雲をぬけ出して越後国へ来た。ところが長旅の疲れで動けなくなり、男神への土産に出雲から持参した石を置いていくことにした。集落の畑の中にある、塔のような形をした石がそれで、石はいくら場所を移しても、一夜のうちに元へ戻る。ヤナカヒメがよそへ移されるのを嫌がるためだという（『越佐の伝説』）。地元で「びりだん」と呼ばれる比利谷（蛭谷）は、青海川河口を一・五kmほど遡った西岸にある。

古代の越後に出雲姓の官人がいたことを、日本後紀や続日本後紀が伝えている。延暦十五（七九六）年、佐渡権目となった出雲乙上《いずものおとがみ》や、嘉祥二（八四九）年に越後守となった出雲岑嗣《みねつぐ》などだ。ヤナカヒメの伝説が語る「越後へ派遣された男神」とは、出雲を原郷とする、こうした官人の反映だったのかもしれない。先端が尖った「出雲真山」の木簡は、荷札として使われたとみるのが一般的だ。この木簡は河川の

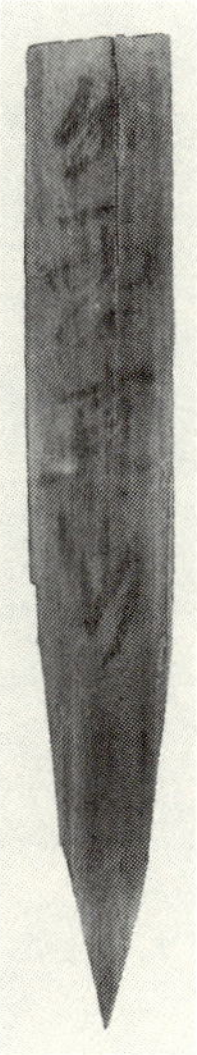

「出雲真山」と書かれた木簡　糸魚川市前波南遺跡出土、高さ一七・二cm、幅二・五cm。新潟県埋蔵文化財調査事業団提供。先端がとがった木簡は、荷物の縄がけなどに差し込んで使われたものとみられている。

ヌナカワヒメが住んだと伝わる福来口の大鍾乳洞（写真中央）
ヌナカワヒメは機を織っては洞穴から流れ出る川で布をさらしたと伝わる。

流路跡附近で見つかった。出雲真山が船で運んだ旅荷の荷札だったのかもしれない。

ヤナカヒメ石の伝説には続きがある。同じ畑の中にあった周囲が七、八間（一三〜一四m）という大杉の話だ。地面から二間（四m）ほどの高さから八本の大枝が出ており、その枝の分かれ目だけで畳が三、四枚敷ける広さがあったという。毎年春、青海の里人が大杉見物といって酒や肴《さかな》を持ちより、その大木の下に集い、一日中歓楽するのが慣わしだったと『伝説之越後』（大正九年）は記す。竜宮からの竜灯が黒姫山頂（権現）へ上がる時、必ずこの大杉で休んで上ったとも伝わる。その大杉は明治半ばの落雷で失われたという（『新潟県伝説集成』）から、大杉見物は明治前半から江戸時代に遡る話のようだ。

黒姫権現はヌナカワヒメを祭るという。確かに黒姫山周辺にはヌ（玉）ナ（の）カワ（川）ヒメゆかりの地が多い。青海川上流には橋立ヒスイ峡があり、西を流れる田海川上流には、ヌナカワヒメが住んだという福来口《ふくがぐち》大鍾乳洞がある。福来口近くの船庭《ふなにわ》は、同神が舟遊をした所だという。田海川河口近くには、黒姫山頂に鎮座するヌナカワヒメを遥拝するため建立されたという山添社が、比利谷から青海川を

ヒスイの二大原産地の一つ、橋立ヒスイ峡にあったヒスイ岩塊　大きさは6×4×3.2mで、重さは102t。翡翠ふるさと館に展示。

渡った東岸の地にも、同神を祭る青沢神社がある。青海もまた、出雲と縁のある神々の伝承が随所に息づく土地なのだ。

青海で生まれ育った八木進さん（一九四〇年生）は、青海町教育委員会に務めていた一九六〇年頃、『青海町史』編纂委員の青木重孝さんと共に、ビリダンを回ったことがある。その時すでに集落はなく、畑はあったが大杉の場所は分からなかったという。比利谷一帯はその後、電気化学工業の敷地となった。私も同青海工場に尋ね、現地を回ってみたが、ヤナカヒメ石の消息も、畑があった場所も摑《つか》めなかった。だが『伝説之越後』はいう。「その名高い神木は今は焼けて跡形もないが、近くの屋奈加姫の石は誰一人手を触れるものもなく、元の姿のままで畑の中にある」と。必ず元へ帰るという神石は、今も比利谷のどこかに、人知れず鎮まっているかもしれない。

16　尊福国造の書が残る奴奈川神社——水神と海民の山岳信仰

千家尊福（出雲）国造が百数十年前に辿った足跡を、自分は後追いしているのか。列島各地を旅しながら、そう感じる時がある。明治十八（一八八五）年三月、石地の三嶋石部神社を後にした尊福国造は、

田伏奴奈川神社

五地の居多神社、名立の江野神社（いずれも祭神大己貴神）を経て能生の白山神社、田伏と一宮の奴奈川神社を訪れている。この三社は、延喜式神名帳（九二七年）が越後国五六座（頸城郡一三座）の筆頭に挙げる奴奈川神社の比定社だ。

出雲真山の木簡が出土した前波南遺跡から五～六〇〇mほど離れた、早川河口にも近い田伏の沿岸部に奴奈川神社は鎮座する。ヌナカワヒメを主祭神とする新潟県内七社のうち、今も世襲宮司が本務社として勤めるのが同社だ。今の榊守夫宮司（一九四二年生）で六十一代目を数える。

出雲国風土記がオキツクシイ（海の沖の神）の子のヘツクシイ（海辺の神）の子という系譜を記すヌナカワヒメは、西頸城最大の河川、沼川《ぬのかわ》＝姫川の水神で、海や船にまつわる伝説が多い。同神が出雲大神と能登へ渡り、再び海を渡って頸城へ帰ってきたという（大正十年『天神神社並奴奈川神社』）のは、能登の先端、珠洲《すず》岬に両神の御子神ミホススミが鎮座するからだろう。

相殿《あいどの》に出雲大神、境内社でオキツクシイ命、ヘツクシイ命も祭る田伏の社の由緒には、ヌナカワヒメが高志《こし》国を治めていた頃、同神のもとへ出雲大神が来て、共に国造りを行ったとある（明治十六年神社明細帳）。その社殿に尊福国造直筆の社名額が掛かり、「大社教管長千家尊福之書　明治十八年三月」と墨書きされた当時の木版も残る。

同じ拝殿に、北前船主の氏子が明治十年代前半に奉納した二枚の船絵馬があった。海民のヌナカワヒメ信仰がうかがえる。『柏崎市伝説集』所収の刈羽（柏崎市）黒姫山の竜灯伝説はこう記す。怪火が時々麓に現れ、黒姫山をかけ上り、大ブナのてっぺんで消える。海上で難波しかけた船に、竜が灯を点じて黒姫山へ上がり、標識となるのだと信仰されている、と。船乗りたちは沖からの目印になる高い山を信仰し、山が見える所までは山の神が守ってくれるが、見えなくなると、もう故郷の神々に守られることはないと感じたという（『風土記日本』一九五八年）。水の神ヌナカワヒメが黒姫山の神でもあると信じられたのは、海人の（海から見える山に対する）信仰なのだ。

明治 18 年千家尊福公直筆による奴奈川神社社名額

ヌナカワヒメ研究の第一人者、土田孝雄さん（一九三六年生）は、黒姫山や駒ヶ岳、鉾《ほこ》ヶ岳など、海上交通や漁場の確認の目印の山として親しまれ、信仰されてきた独立峰に、同神や出雲大神の伝説・地名が顕著だと指摘する（『奴奈川姫とヒスイ文化』）。安政二年皇国総海岸図をみると、これらの山岳が西頸城で沿岸航路の目印になっていたことがよく分かる。駒ヶ岳には、土地神と大国主がヌナカワヒメをめぐって飛び比べをし、牛に乗った大国主が、馬に乗った土地神に勝ったという、越中牛嶽信仰の影響もうかがえる伝説がある。

その出雲（大神）と奴奈川（姫）を結ぶのがヒスイと玉作りだ。姫川の上流に小滝川ヒスイ峡があり、ヒスイを加工した縄文中期の長者ヶ原遺跡を皮切りに、一宮や田伏の奴奈川社付近でも、弥生や古

安政２年皇国総海岸図の頸城郡　国立公文書館所蔵。筆者撮影。

墳時代の玉作遺跡が発見された。列島各地や朝鮮半島の遺跡から出土するヒスイ製勾玉《まがたま》は、ほぼすべて糸魚川産というのが定説だ。だが西日本の弥生・古墳時代の遺跡から出土するヒスイ製勾玉の多くは、北陸で作られた勾玉とは形状が違う。木島勉さん（糸魚川市文化振興課）は、出雲を核とした山陰が、その製造や流通を担った可能性を挙げる。出雲大社の摂社、命主社の境内から江戸時代、最上質の琅《ろう》玕《かん》のヒスイ製勾玉（弥生時代）が出土した。島根半島の対極にある美保神社ではヌナカワヒメを祭る。古事記が記す八千矛《やちほこ》神（出雲大神）のヌナカワヒメへの妻問い神話は、ひときわ目立つ長編歌謡だ。出雲と越はそれほど親密な関係だと、畿内人の目に映っていたのだろう。

17　奴奈川族の思い——社号回復に尽力した明治の有志

「奴奈川族のむかしより、文化を誇るゆかりの地」。一九六一年開校の糸魚川商工（現白嶺）高校の校歌の一節だ。作詞は国際派の詩人、堀口大学（一八九二〜一九八一）。一宮の奴奈川《ぬながわ》神社に近い同校は、一九五〇年代後半に発掘調査が進んだ長者ヶ原遺跡からも一km余。戊辰《ぼしん》戦争で戦死した長岡藩士を祖父にもつ堀口は、ヒスイ玉を生産した古代の大集落に心を馳せながら、越後人の気概をその歌詞に込めたのではないか。

『奴奈川姫とヒスイ文化』の著者、土田孝雄さんに会うべく初めて糸魚川を訪れた二〇〇七年の晩秋、小雪舞う夜の広小路通りで、天空の闇を背に凜と輝く「越《こし》の国奴奈川族」を見た。地元田原酒造がつくる清酒の広告燈だ。土田さんが土産にと下さった、その地域ブランドの箱の中には、西頸城の奴奈川族は硬玉ヒスイとその加工技術を背景に栄え、出雲との交流で金属具や高度の酒造技術も得たとの説明書き「越の国・奴奈川族の話」が入っていた。こうした奴奈川族意識の源に

海望公園（糸魚川市大町）**に立つ奴奈川姫像**　1960年、旧糸魚川市役所の前庭に建立され、同市のシンボルとなったが、今は海辺で能登を眺める。

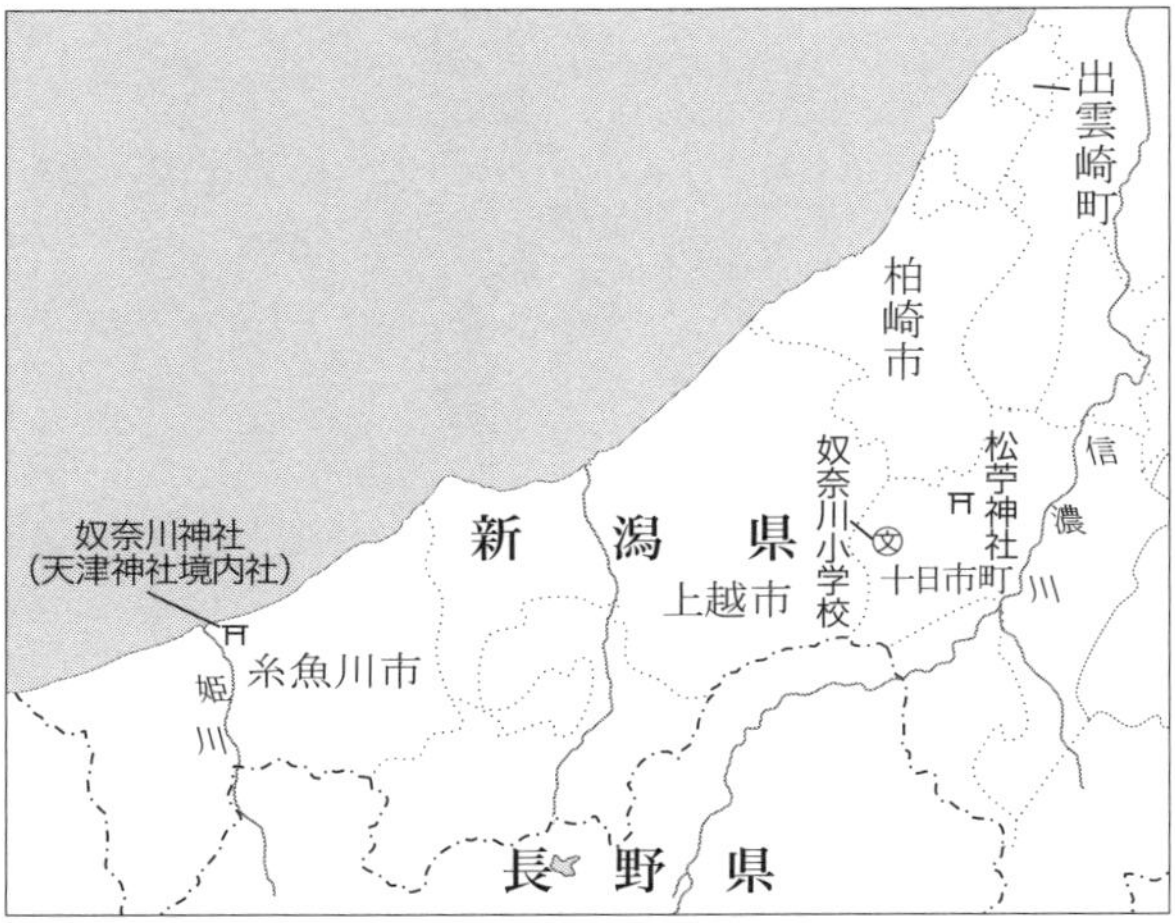

あるのがヌナカワヒメ（伝説）とヒスイ文化で、そこには出雲が密接に関わる。海望公園に立つヌナカワヒメ像の足元には、同神とその御子神が「夕日の向こう遠く離れた出雲に思いをはせながら、旅人を迎えている」と書かれた説明版がある。奴奈川人の出雲を見る目は温かい。

ヌナカワヒメ信仰圏は東頸城にも及ぶ。同神を主祭神とする松苧《まつお》神社（十日町市犬伏、旧松之山郷六六カ村の総鎮守）が鎮座する、刈羽黒姫山南方一帯には、ヌナカワヒメの伝説が随所に残り、犬伏の地名もヒメのお供をした犬にちなむという。奴奈川村（一九五九年、松代町に編入）時代に開校した奴奈川中学（一九四七年～七九年）や、その後の奴奈川小学校（一九八四年創立）が、奴奈川の名を受け継いできた（同校も二〇一四年三月で閉校）。奴奈川の名を冠する学び舎を巣立った子どもたちの行く末を、ヒメ神は見守ってくれるだろう。

同神の本拠地、糸魚川には、日常生活の随所にヌナカワヒメの息吹が残る。太古奴奈川姫の一族が住み、峯の頂に埋めた神に捧げる金幣が毎夜光を放ち、沖の漁師の標識になったという平牛の経ヶ峯（京ヶ峰）は、市街地に近い。同峰にはヌナカワヒメの宮居跡と伝わる稚子《ちご》ヶ池もある。その平牛村の枝村に鎮座していた宮を遷し祭ったと伝わるのが天津神社の境内社だが、その社名は明治十七年まで柳田神社だった。当時、奴奈川の社号回復のため奔走した二人、杉本直樹と藍澤充太郎の名が、尊福国造の「越の道ゆきふり」（明治十八年）に記されている。

杉本直樹（一八九四年に44歳で没）は、明治二（一八六九）年の官員録に越後府社寺方として現れ、同五年の柏崎県校糸魚川分校（糸魚川小学校の前身）の創立に尽力、翌年開校の上刈校では初代校長を務めた。藍澤充太郎（一八四五〜七六）も糸魚川分校で舎監をしていた。教育に携わる二人は、奴奈川の社名が埋もれた状況をいたく嘆き明治七年、新潟県に社号の回復を求めたがかなわず、藍澤は二年後の明治九年、三十一歳で他界する。その遺志も引き継いだ杉本が、より多くの賛同者を集め再び要請した結果、一〇年越しの願いが実り「奴奈川神社と称え奉るべき旨」を公認されたという。この話を聞いた尊福国造は神前に詣でて「白雪の降にしあとも顕れて埋《うずも》れぬ世にあひにけるかな」「宮柱立ちそ栄えむ梓弓ひき違《たが》えごし名をも正して」など三首の歌を献じた。社号の回復を喜び、杉本らの功労を称える歌だ。一宮の社殿にも掛かる尊福国造直筆の社名額を、この逸話や歌を思いながら見ると、その時の晴れやかな思いが伝わってくる。

ヌナカワヒメのため奔走する有志が、明治の初めにもいた。その思いが百年の時空を超えて、今を生きる奴奈川人にも受け継がれているのだろう。

奴奈川の社号回復に尽力した杉本直樹　明治2（1869）年、長崎へ医学留学し、監督権少属に任ぜられた時（19歳）のもの。『糸魚川市史6』421頁より転載。

18　甦るヒスイの女神――市民主催の歌劇、産所の再生

奴奈川姫産所　案内いただいた丸山隆志さんは、近くの自分の土地に奴奈川神社を建立し、子宝祈願の参拝者達がバスで来られるようにしたいと語る。一代で数々の企業を立ち上げた実業家の構想には、少子化に抗する社会事業の志も重なる。

一九八一年秋、「越と出雲の交流」と題する文化展とともに富山市が開いた「日本海文化を考えるシンポジウム」は、一九八〇年代に広がる日本海文化論の先駆けだった。糸魚川では八六、八八、九〇年秋にヒスイ文化に焦点をあてたシンポジウムが開かれ、二〇〇三、〇五、〇七年のヒスイ文化フォーラムへと繋がる。第三回シンポ直後の九〇年末、土田孝雄さんが刊行した『奴奈川姫――その歴史とロマン』は、古代の女神を現代に甦らせる起爆剤となった。同書に触発された糸魚川青年会議所の下山秀一さん（一九五一年生）らは、ドラマ「奴奈川姫物語」のビデオを作り、中学校などに配ったという。一九九七年、奴奈川青年会議所と改称した同会議所では、土田さん監修の漫画『翡翠の精――奴奈川姫物語』も制作する。

土田さんは一九六四年着任の糸魚川高校早川分校

2008 年 12 月、糸魚川市民会館で上演された歌劇奴奈川姫の一幕
歌劇「奴奈川姫」実行委員会提供。

で、細池遺跡の発見を導いたのが契機で、ヒスイ玉がよく出る糸魚川の遺跡調査に加わるようになった。ヒスイを探究すると、ヌナカワヒメ伝説につながる。同神はヒスイの女神だと説いた。『翡翠の精』を企画した永野正司さん（一九六三年生）は、ヒスイと女神をつないだ土田さんの功績は大きいとふり返る。『翡翠の精』は初版四千部が品切れ、九九年再版の四千部も売り切れる大ヒット。民間で語り継がれてきたヌナカワヒメが、地域共通の歴史的シンボルとして表舞台に現れ始めた。

ヌナカワヒメ伝説の地を掘り起こし、新たな息吹を与える活動も起こる。能生谷大沢出身の丸山隆志さん（久比岐開発社長、一九四七年生）は、大正十一年の『中能生郷土誌』が、島道の滝ノ下に水が混々と流れ出る岩井口という所があり、奴奈川姫の産所だと記す場所を、地元の古老に聞くなどして探し当てた。二〇〇二年に産所保存会を立ち上げ、周りの草を刈り、道をつけ、岩にしめ縄を張り、道標を立てる。子宝に恵まれない夫婦が祈願に訪れ、双子を授かったといった実話も伝わり、子宝祈願の参拝者が訪れるようになった。ヌナカワヒメの旧跡とされる権現岳の麓には、大国主が住んだという宮地《みやぢ》もある。能生川上流の柵口《ませぐち》で温泉旅館・対岳荘を営む斎藤武司さん（観光協会能生支部長、一九四一年生）に案内いただくと、湯沢川上流の白滝近く、権現岳が間近に聳える山の麓だった。

上越市在住の日本画家、川崎日香浬さんの作品「神在月―高志から出雲へ」
2015 年 11 月、出雲大社に奉納。その際、上越・糸魚川市から 40 人が出雲を訪れ、祝賀会を開くなど交流した。新たな縁が重なりゆく。

古代の女神が二十一世紀、鮮やかに甦る。二〇〇四年、糸魚川市民会館で公演された歌劇奴奈川姫は、百人を超す出演者の九割以上が地元の住民で、会場を満席の入場者が埋める盛り上がりを見せた。二〇〇八年の第二回公演は、県市町主催の前回と違って市民が実行委員会を立ち上げ、協賛金を集めて開催。二日間に延ばした公演も満席だった。二〇〇九年、世界ジオパークとなった糸魚川の24ジオサイトの中にも、奴奈川姫産所や福来口が入っている。二〇一三年三月、これらジオサイトの紹介を加えた『翡翠の精』増補版が刊行された。

土田さんの『奴奈川姫賛歌』(二〇〇八年)に挿絵を描いたのが契機で、伝説の地を巡りながらヌナカワヒメを描き続けているのが、上越市在住の日本画家、川崎日香浬さん(一九七八年生)だ。ここ奴奈川郷では祭りや風習、郷土民謡などを通して、ヒメの時代の空気を今も感じられるという川崎さん。作品を通じて出雲と越の縁をPRしたいと願い、二〇一一年秋は玉造温泉で「大国主命と奴奈川姫」、二〇一三年秋には上越市で「神在月——高志から出雲へ」と題する個展を開いた。いずれ東アジアの中の奴奈川姫を描きたいと語る。

三条市で生まれた土田さんのルーツは能登の土田庄で、越後海岸域の長岡、燕市や新潟市秋葉区にも、移住した土田一族が集まっているという。その土田庄は能登の出雲を含む一帯。能登出雲の谷崎さんに貰った二〇一〇年復刻の『土田の歴史』（一九五四年）を思い出し、土田さんへ送っていただく。土田さんの遠祖は、能登に移住した出雲人の末裔だったかもしれない。そう思った途端、土田さんがヌナカワヒメに魅せられて追い続けてきた理由も、自宅の土地を買って登記簿を見たら小字名が奴奈川だったという奇縁も、すとんと頷けた。

19　高田城下の出雲町――大己貴・熊野社と出雲御師がいた石沢

式内社の「祭神を知る事は、古代における出雲及び大和両系民族の分布を知る事」だという『越後古代史之研究』（大正十四年）は、越後の式内社五六座五四社中、出雲系が大和系より多く、創立年代も早いとする。また出雲系の社は出雲系に、大和系は大和系に連なり、ある地域には出雲系、ある地域には大和系のみが集まり、両者が混在する地もあると記す。確かに西頸城では六社中五社が出雲系で、中頸城では両者が拮抗している。

上越市南本町一丁目に立つ出雲町の標柱

出雲崎まで続く北国街道が内陸におれて信濃へ向かうのが関川河口、中頸城の要港の地、直江津《なおえつ》だ。居多《こた》神社が鎮座する河口西岸から関川水系を遡ると、信濃へ向かう川・道筋に出雲町―大己貴社―斐太《ひだ》神社―小出雲《おいずも》と、出雲地名と出雲大神を祭る古社が連なる。

出雲町は慶長十九（一六一四）年に築かれた高田城の城下町で、

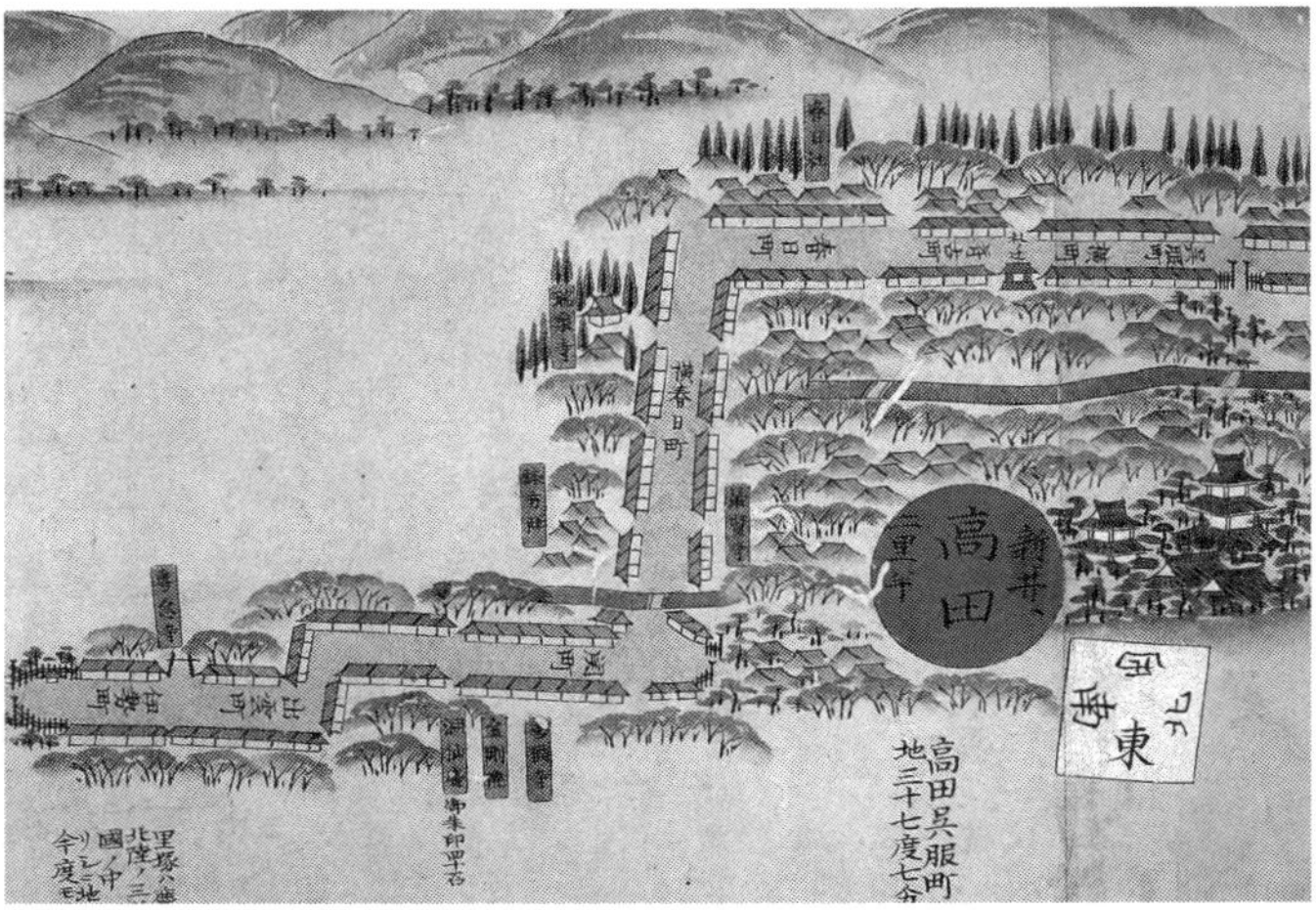

文化７（1810）年「東都道中分間絵図」の高田城下町　左下に出雲町と伊勢町が並ぶ。上越市立高田図書館所蔵。筆者複写。

隣接して伊勢町があった。今も上越市南本町一丁目の字出雲として残る。大正三（一九一四）年の『高田市史』は、出雲・伊勢両町名は高田開府時の町奉行、出雲守某と伊勢守某の竿入（検地）に由来するとの伝承を記すが、上越市公文書センターの福原圭一係長は首を傾げる。正徳年間（一七一一〜一六年）の高田町各町記録（榊原家文書）には「出雲町ト申名由緒不存候」とあるからだ。『松平忠輝と家臣団』に山田出雲守が載っているが、在職期間等からそれが町名由来になるとはみられず、伊勢守は存在記録もないという。

　出雲や伊勢が地名となる場合、産土神に由来するのが一般的だ。高田では神明宮が関・出雲・伊勢三町の氏神だったとされるが、成立当初は町ごとに産土神がいたはずだ。それが早い段階で神明宮に合祀され、十八世紀初めには当町民の間でも由緒不詳になったのではないかと、福原さんもみる。一九五八年の『高田市史』は「出雲系民族がこの地方に進出し……やがて……大和系民族の進出が起り……延喜式に記された頸城郡内一三社の祭神は、これら二系統の産土神を示している」と記す。であれば、北国街道筋に並ぶ出雲町と伊勢町は、出雲と伊勢の信仰が拮抗する当地の状況を反映したものだったのではないか。

現在、南本町の一km東南に位置する下新田には、大己貴社がある。この社自体は寛永年間（一六二四～四五年）に、下新田（村）が下箱井村の新田として開発された時、元村から分祀されたものだろう。その下箱井の大己貴社は諏訪神社に合祀されて今はないが、明治十六（一八八三）年の神社明細帳には境内七二坪、四カ村民が崇敬とある。大己貴社を兼務する足利浩之宮司（一九六五年生）は、今も祭礼では出雲から伝わったとされる出雲神楽を奉納しているという。新井庄箱井の地名を記した中世（天文十七＝一五四八年）の古文書もあり、下箱井の大己貴社は中世以前に遡れそうだ。

上越市内には、出雲の熊野大神＝櫛御気野命《くしみけぬ》を主祭神とする熊野神社も七社ある。そのうち三社が、二つの大己貴社を結ぶ東西線上に、関川と矢代川を挟んで並ぶ。中でも朝日の熊野神社は、世襲第五十

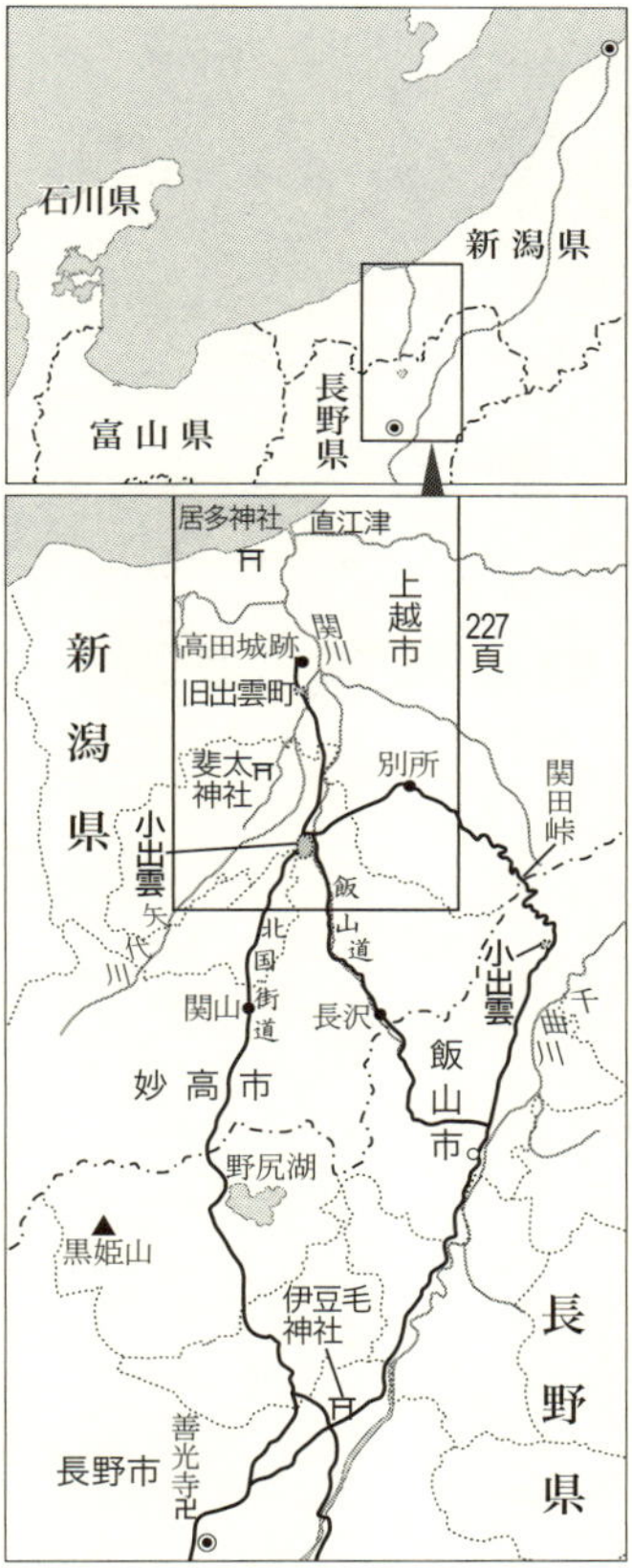

上越市石沢の出雲大社越後石沢講社　2015年8月、大社造りに全面改築した。

代目となる大島美香宮司（一九八二年生）が本務社として祭る古社だ。延宝二（一六七四）年の火災で古記録が失われたが、先代の父・義博さんから一千年以上続く古社だと、大島宮司は伝え聞いている。

中・上箱井に隣接する石沢（旧村）には江戸時代、杵築大社の分社があり、御師の宿所もあったという。その石沢で明治十七年、大社教の認可を受けた出雲神社が創建されている。明治十三年、徒歩による出雲大社詣で分社を発願、御分霊を受けて帰郷したという初代祭主の宮崎沢七は、石沢で出雲御師の布教を受けた信者だったのではないか。同社は一九八三年、建立百年祭を行った。六代目となる雅彦さん（一九五五年生）は、老朽化した社殿を大社造りに改修したいという。出雲信仰は高田でも脈々と受け継がれている。

【追記】上越市石沢の越後出雲神社は、宮崎雅彦さんが六代目講長となった二〇一五年に社殿を大社造に全面改築し、出雲大社越後石沢講社と名を改め、新たなスタートをきった。

20　信越国境を跨ぐ二つの小出雲――北国街道から信濃へ

近世、出雲町のある高田城下を抜けて北国街道を南へ進むと、石沢を経て荒井宿と町続きの小出雲村に至った。今の新潟県妙高市小出雲一、二、三丁目あたりだ。「景勝一代略記」の天正六（一五七八）年の記述から、中世にはこの地名が存在したことが知られている。いっぽう高田から出雲系熊野神社が鎮座する灰塚、朝日を経て荒井へ向かう脇道をとれば、出雲大神（大国主）を祭る式内社、斐太神社が鎮座する宮内へ通じる。弥生時代後期に遡る斐太遺跡群（列島最大規模の高地性環濠《かんごう》集落）や斐太古墳群（約二五〇基）がある、古代からの要地だ。戦国時代、上杉氏が一二八カ村の総社として崇めた斐太神社は、今も二一六の末社を抱える。天正七（一五七九）年の鮫ヶ尾城落城などで古記録を焼失し、社名由来も諸説分かれるが、出雲国風土記記載の仁多郡比太《ひだ》社（島根県安来市広瀬町西比太）や秋鹿郡比多《ひた》社（佐太神社に合祀）との関係も考えてよかろう。

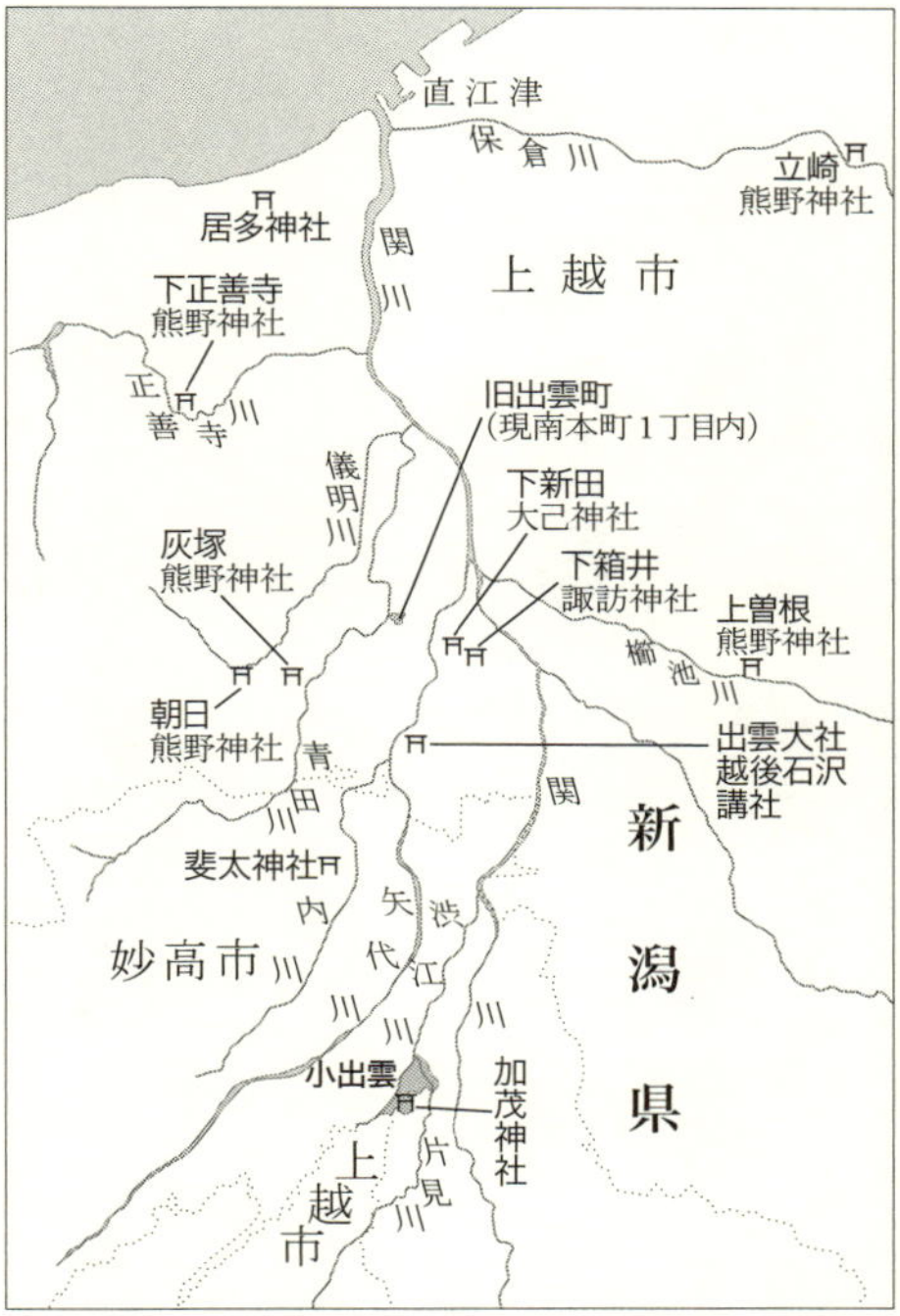

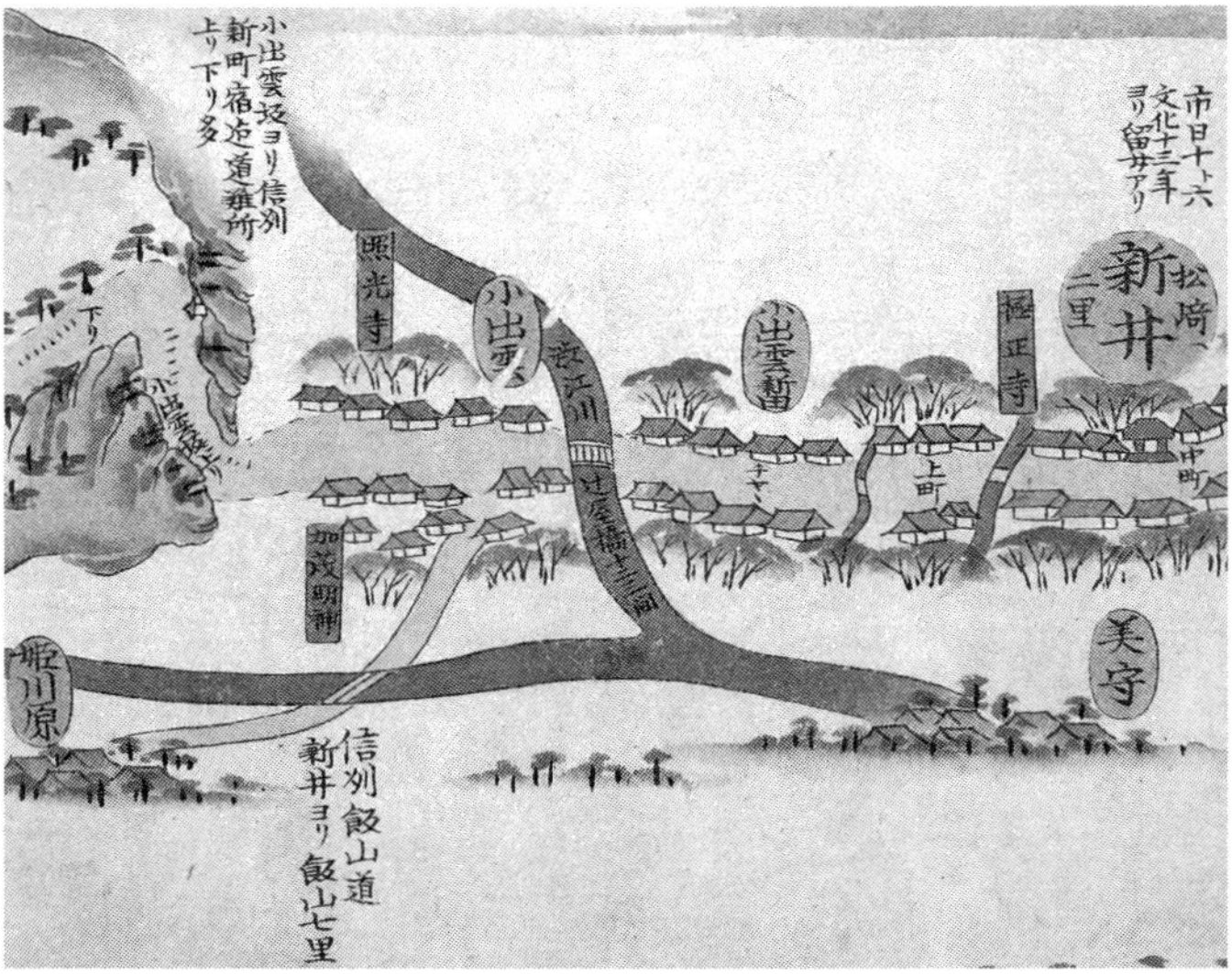

文化７（1810）年「東都道中分間絵図」の小出雲周辺　中央左に加茂明神、小出雲坂、左下に飯山道への分かれ道が描かれている。上越市立高田図書館所蔵。筆者複写。

小出雲の産土神、加茂神社は広大な社叢をもつが、それでも古来、斐太神社の末社だ。同社の倉科信彦宮司（一九二八年生）に尋ねると、先代の父、文衛さん（一八九八年生）から、小出雲は小京都と同じような地名で、加茂神社は出雲の賀茂に由来し、出雲から来て創建した社だと伝え聞いていた。出雲の賀茂といえば、出雲国風土記が、葛城の賀茂社に坐す「天《あめ》の下造《つく》らしし大神の御子、阿《あ》遅《じ》須《す》枳《き》高《たか》日《ひ》子《こ》命……の神戸《かむべ》なり」と記す、意宇郡の賀茂神戸が浮かぶ。その地は「郡家の東南三四里」との記述などから、今の安来市北部にあったとみられている。創建の古い賀茂神社（利弘町、安来町）が二社あり、明治時代の「賀茂神社御由緒調査書」は「加茂社鎮座の処を往古より加茂村と云ふ」とし、「出雲国能義郡安来村誌」も加茂村の名を記す。

葛城の賀茂社は、全国賀茂（鴨・加茂）社の元宮とされる高鴨神社（奈良県御所市）のことだ。古事記には、その祭神「阿遅須枳高日子根神《あじすきたかひこねのかみ》は今、迦毛《かも》大御神といふ」とある。であれば、小出雲の加茂神社の祭神も当初はこの神で、斐太神社が祭る出雲大神の御子神の鎮座地として小出雲の地名がついたとも考えられる。明治十八年に小出雲村を訪れた尊福国造も「ここを小出雲としもいふは我大神の御子神のませるによれるなるべし」と書いている（『越の道ゆきふり』）。

小出雲は小京都と同様の地名、と語る倉科信彦宮司　伊予国造が遠祖という倉科宮司家は、鎌倉時代、信濃国倉科村（更級郡）を経て越後に移ってから斐太神社の世襲宮司を務めてきたという。

新潟県妙高市小出雲２丁目の停留所

平安遷都以降、皇居の艮《うしとら》にあたる山城国の賀茂社（下鴨・上賀茂神社）が王城守護の社として崇敬され、勢力を拡大した。出雲でも平安時代創建の大原郡加茂神社（雲南市加茂町）などは、その京都賀茂社からの勧請だ。安来郷（庄）の賀茂社は中世、京の賀茂社との繋がりを背景に、杵築大社に拮抗する権威を誇ったともいう（石塚尊俊『出雲国神社史の研究』）。小出雲の加茂神社が大永年間（一五二一～二八年）の火災で社殿・古記録を失った時、京の賀茂社から分霊を勧請して再建したというのも頷ける。

渋江川と片貝川が合流する三角州に位置する小出雲は、信州飯山へ通じる飯山道との分岐点でもあった。その飯山道から分かれて西条―山部―宮島―別所へ向

その昔、出雲の流れで住み着いたと伝え聞く信州小出雲の樋口一郎さん

長野県飯山市一山の小出雲のバス停

から脇道を進んで、信越国境の関田（大明神）峠を越えた旧温井《ぬくい》村（現長野県飯山市一山）にも小出雲がある。関田峠から約八km、バス停小出雲のある一帯だ。近世は温井村の枝村で、明治半ば頃まで地元では小出雲村と呼び続けたという。その小出雲在住の樋口一郎さん（一九三六年生）は、子どもの頃、祖父の又右衛門さん（一八八四年生）らから、先祖は「大昔、出雲の流れで住み着いた」と伝え聞いていた。

そこから飯山を経て善光寺方面へ向かうと、式内社の伊豆毛《いずも》神社（出雲宮）が鎮座する神代《かじろ》（現長野市豊野町）で、越後の小出雲から関山を越えて信濃入りした北国街道と交差する。この伊豆毛神社は、沿岸部の居多神社と斐太神社を結ぶ線の延長上に位置している。

信越国境を挟む二つの小出雲は、越後から信濃へ至る出雲の道の生き証人のようだ。「越後見納め小出雲坂よ」と唄われた小出雲を経て、私たちの旅も信濃へ入ろう。

（二〇一三年三月～二〇一四年一月掲載）

信濃国

1　万葉仮名の伊豆毛神社——越後から北信へ流れる出雲の足跡

越《こし》の国からの入り口、信濃の国水内《みのち》郡神代《かじろ》村に、出雲族の奉斎する伊豆毛神社がある——そう記す『信濃国と神社』（一九三〇年）の著者は、同社の大田秀延《ひでのぶ》第二十二代宮司（明治十四年生）だ。現長野市豊野町に鎮座する伊豆毛神社は、石塚尊俊『出雲信仰』が、記紀よりもっと古い時代の出雲からの氏族移動の結果と考える他ないとする出雲国以外の式内出雲神社九社の一つだ。同社は天明六（一七八六）年、神祇管領長上卜部良延（京都吉田家）から信濃国水内郡の式内社、伊豆毛神社に相違ないとの宗源宣旨《そうげんせんじ》を得る前は、出雲宮や出雲大明神と称していた。天正十二（一五八四）年に上杉景勝の臣、関繁国が「神代出雲宮」へ、慶長九（一六〇四）年に大久保長安の手代、平岡帯刀が「神代村出雲大明神領」へ寄進した旨を記す社蔵古文書があり、享保九（一七二四）年の神代村差出帳にも「出雲大明神」と記されている。「伊豆毛」は古事記原文でスサノオが「八雲立つ（夜久毛多都）出雲八重垣（伊豆毛夜幣賀岐）」と歌ったという

長野市豊野町の伊豆毛神社　スサノオ命とオオナムチ命を同殿に祭る。今の大田秀系（ひでつぐ）宮司（1943年生）で第24代という。

段で「出雲」に当てられている万葉仮名だ。「雲いずる国」ではなく、それを使ったところに、延喜式時代（十世紀前半）の同社と畿内の関係がうかがえる。

伊豆毛神社は大永三（一五二三）年に遷座するまで、現社地の一kmほど西北の八雲台（神代山）にあったという。その旧跡には元禄九（一六九六）年に直刀・鏡・勾玉《まがたま》などが出土したという横穴式石室（六世紀末頃）を含む八雲台古墳群や伊豆毛遺跡がある。出土物と伝わる勾玉や管玉、金環や大型土師器などは社宝だ。

長野県内では『上水内郡誌』も「伊豆毛は出雲を万葉仮名にしたもので……出雲系の人々に依って奉祀された神社」だと記す。他の本をみても、同社は「出雲系の氏族が祭った式内社」（長野県『信州の神社百選』）、「出雲民族集団が祭った神社」（信州郷土史研究会『寺と神社』）などと紹介されている。その入信ルートについて『近世信濃文化史』は、「天孫（大和）族は信州へ利根川から吾妻川《あがつま》を遡って入って来たが、出雲族は主として北越方面から入って来た。……越後の国府（直江津）付近から右折して小出雲から信濃路に入っている」という。越後の小出雲と信濃の伊豆毛神社を結ぶ道は、上越から千曲川下流域へ向

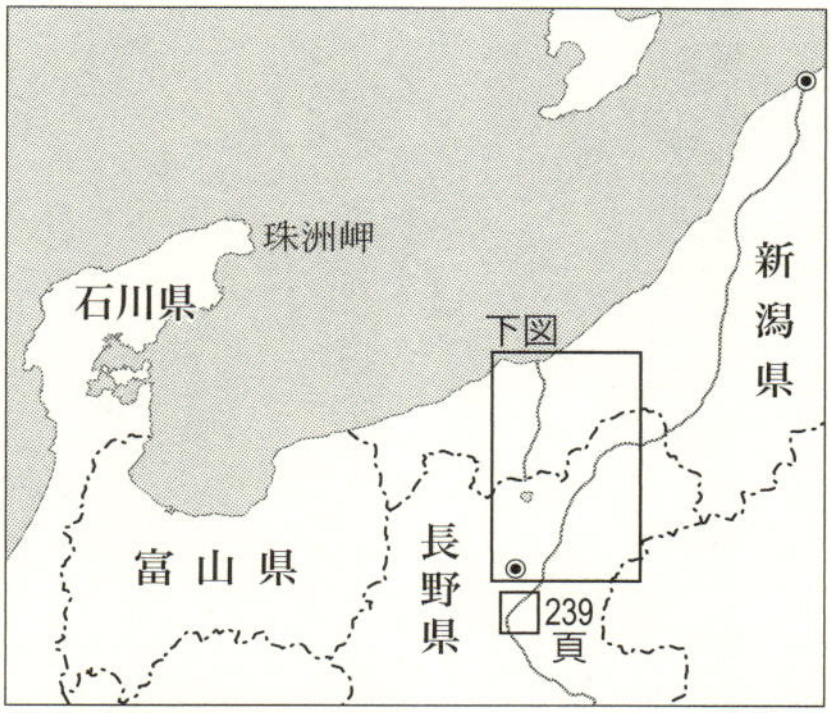

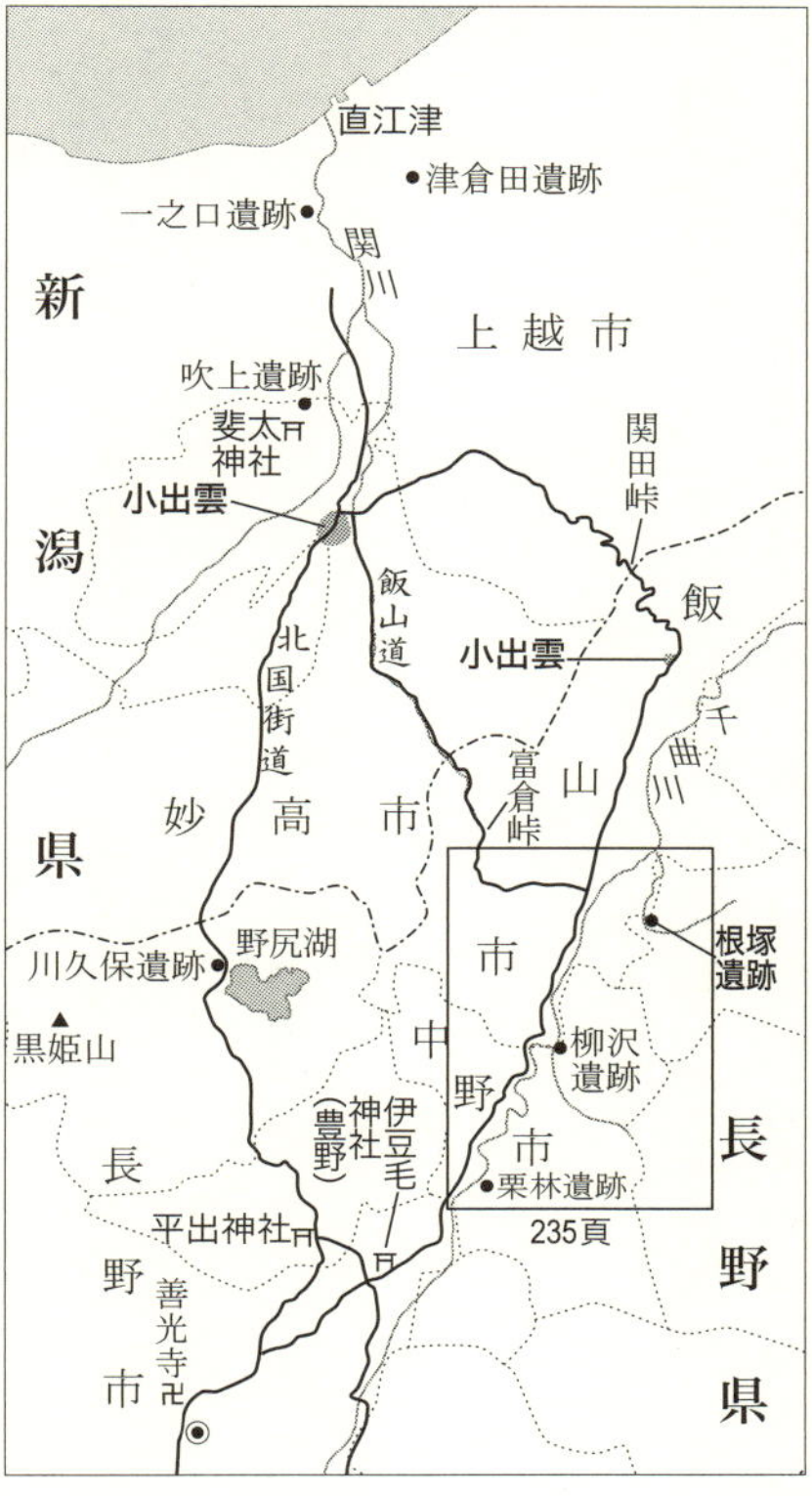

から古代の主要ルートだったとみられている。高田平野から信越国境の富倉峠を下った飯山盆地には、弥生時代の遺跡が多い。飯山から中野、豊野へ向かう千曲川沿いには根塚、柳沢、栗林遺跡など古墳時代に跨る主要な遺跡が連なり、北陸系土器も出土している。いっぽう北国街道沿いの野尻湖西北岸近くにある川久保遺跡でも、弥生時代末から古墳時代前期の北陸系土器が出土している。北国街道は伊豆毛神社の西北三kmの平出《ひらいで》で善光寺と神代方面に分かれるが、そこには大穴牟遅《おおなむち》命を祭る平出神社が鎮座する。出雲大神を祭る山神代、青野、大穴牟遅神社の三社が大正十二年に合併した社だ。この平出から白坂峠を越えて神代へ向かう道がより古く、八雲台の近くへ出たと、上伊豆毛在住の郷土史家・金井清敏さん（一九三〇年生）はいう。

大田秀延第22代宮司　歌集『心の花』（大正14年）より転載。同歌集で「八雲立伊豆毛の神と産子等の中取持つは我にそありける」「八雲立伊豆毛神部のちなみにて神郷の名のふさはしきかも」と詠んでいる。

『長野県の地名』は、日本海文化が沿岸の越後国頸《くび》城《き》郡と水内郡の千曲川沿いを結ぶ古道などを通じて、信濃に入ってきた形跡が各地にあると記す。越後の山陰系土器出土例を調査した新潟県教育庁の滝沢規朗専門調査員は、上越市内の津倉田、一之口、吹上の三遺跡で山陰系の壺や甕《かめ》の出土が確認できるという。そのうち斐太《ひだ》遺跡群の東方一kmの地にある吹上遺跡は、信濃方面へ玉を供給した玉作《たまつくり》遺跡としても注目されている。糸魚川《いといがわ》産のヒスイや佐渡産のメノウなどを使った玉作りが行われ、中部高地（長野）へ搬送されていたようだ（『上越市史』）。こうした越後から北信への人の移動や文化伝播の流れに、出雲を原郷とする人たちの足跡も、沿って残っている。

2　中野の越智神社——豊国文字で刻むミホススミノミコト

長野県中野市越の越智《おち》神社は御穂須々美《みほすすみ》命を主祭神とする、高井郡越智神社の式内論社だ。千曲川から分岐する夜間瀬《よませ》川を三kmほど遡った、長野盆地と越後（十日町）を結ぶ谷街道近くに鎮座する。延宝二（一六七四）年の越村明細帳に越智神社とあり、文政十三（一八三〇）年の越村明細帳も「産土越智神社之儀は往古より唱《となえ》来り候社号」だと記す。明治十二年の下高井郡神社明細帳も祭神御穂須々美命で変わりない。ミホススミは大和（記紀）神話には出てこない出雲（国風土記）神話固有の神だ。国引き神話で結ばれる美保関《みほのせき》（出雲）と珠洲岬《すず》（越・能登）に鎮座する、出雲大神と越の女神ヌナカワヒメの御子神。いわば出雲と越のつながりを象徴する神だ。その祭神名を北部九州の豊国文字《とよくに》（新体字）で刻んだ長さ二mの巨石が、越智神社本殿の背後に横たわっている。

この神名石は『中野市の石像文化財』（二〇〇五年）一覧に「神代文字碑」として載っている。神代文字は近世以降、神社の碑文や神道関係の文書で使われた文字で、豊後国大野郡土師村《はじ》（現大分県豊後大野市）の宗像家《むなかた》伝来とされる『上記《うえつふみ》』の記述で使われたのがその一つ、豊国文字だ。旧体字、新体字と呼ばれる二種類があり、新体字は漢字、片仮名、ハングルを応用して作ったように見え、覚えやすい。天保二（一八三一）年に宗像家文書を委ねられた国学者の幸松《さきまつ》葉《は》枝《え》尺《さか》が、四〇年の歳月を経て明治五（一八七二）年に写本を完成。明治政府教部省に渡った同書の複製を訳した吉良義風が、明治十（一八七七）年に『上記鈔訳』を出版している。いっぽう明治三十六年の『下高井繁昌記』は越智神社の項で「越の里にあり。祭神は御穂須々美命にして、白鳳十三（六八四）年に勧請……本殿の傍に神代碑碣《ひけつ》あり」とし、当時すでにこの石碑

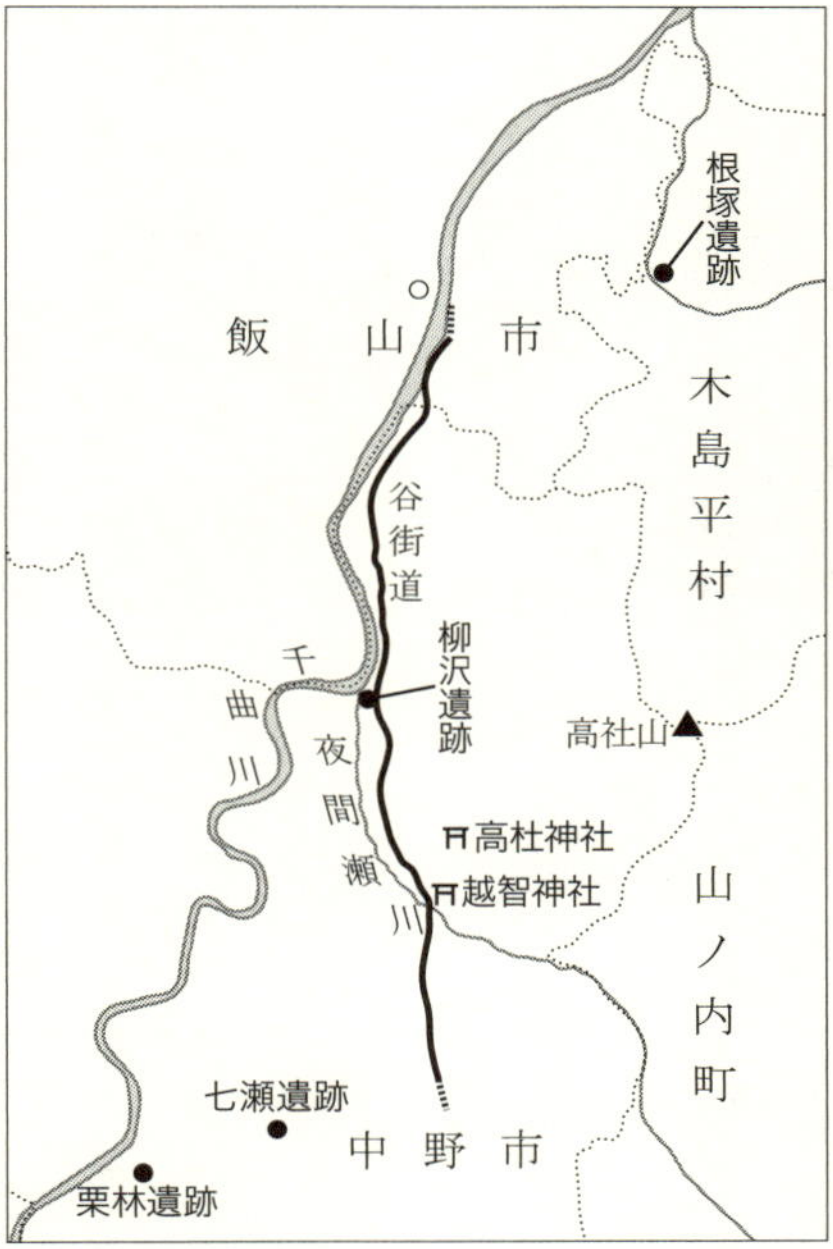

中野市越の越智神社

があったことを伝える。この記述と『上記』の経緯から、越智神社の豊国文字が刻まれたのは十九世紀半ばから後半とみられる。江戸末期に遡るなら、幸松の手に渡り、豊後の国学者らの間で知られるようになった豊国文字を習得した人が、北信にもたらした可能性も考えられよう。

神代文字は修験者がよく使った。鳥取市福部町の坂谷神社にも、石窟に刻まれた神代文字がある。寛政七（一七九五）年の『因幡誌』にも記載があるこの石窟文字は、一九七五年夏、神代文字研究家の吾郷清彦さん（故人）が豊国文字の変形だと語った新聞記事が出て脚光を浴びたが、その坂谷権現も修験者の霊場だった。

越の隣集落、赤岩に鎮座する式内論社、高杜《たかもり》神社（祭神は少彦名命《すくなひこなのみこと》と大国主命）も奥宮が高社《こうしゃ》山頂にあり、修験者の信仰が厚かった。別当高社山神宮寺跡など山麓周辺の遺跡からは、古代以来の祭祀遺物が多く出土する。二〇一二年秋、越智・高杜両社を兼務する望月巌穂宮司（一九三八年生）に高杜神社へ案内いただくと、境内後方に高社山を背にした行者の墓碑が立ち並んでいた。越智神社の神名石を刻んだのも、各地を渡り歩く修験者だったのではないか。

越智神社近くを流れる夜間瀬川は、しばしば氾濫し、慶安年間の大洪水で「居村残らず流失」し「村古記録類一切紛失」（神社明細帳）という被害をもたらしたが、その乱流が肥沃な扇状地を形成した。二

豊国文字（新体字）で䒑巳久久䒑ヘ䒑ユト（ミホススミノミコト）と刻まれた越智神社の神名石　郷土誌『高井』44号（1978年）掲載の外山俊太郎「中野越越智神社の古代文字」が解読した。豊国文字新体字による石碑は、全国でも他に例を聞かない。

〇〇七年秋、その夜間瀬川が千曲川と合流する高社山麓の柳沢遺跡から、弥生時代の銅戈《どうか》八本と銅鐸《どうたく》五個が一括出土した。弥生青銅器文化圏は東日本に及ばないという従来の説を大きく変えるその発見で、さらに注目されたのは、東日本発で近畿地方にも発見例がない九州型銅戈の出土だった。日本海側からの搬入や九州と北信の直接的交流の可能性が論じられている。出雲大社近くの真名井《まない》遺跡からは九州型銅戈と糸魚川産ヒスイの勾玉が一緒に出土している。筑紫と出雲、越と信濃のつながりが浮かぶ。すると北信にある越の地名も、やはり越（能登）が本拠の産土神や千曲（信濃）川による越とのつながりに由来するように思えてくる。

3　一重山の御穂須々美神社——鮮やかな一四〇年前の境内図

明治初期の神社明細帳は、前近代の各社の様子が窺い知れるほか、明治以降の合併（合祀）で失われた数多くの神社の姿を書き留めている貴重な文献だ。

二〇一二年晩秋、二度目の信濃入りは、信州まつもと空港から一路六十数km離れた千曲市へ向かった。信濃国神社明細帳を保管する長野県立歴史館がそこにある。長野県神社庁によれば、県内にミホススミを主祭神とする神社が現在一〇社ある。そのリストにない御穂須々美（命）神社が、明治期の神社明細帳に載っていた。

明治十二年の信濃国埴科《はにしな》郡神社明細帳（稿）は、屋代《やしろ》村一重《ひとえ》山鎮座の御穂須々美神社は、白鳳二（六七四）年創建の「祝《ほうり》神社（の）旧御社域なり」と記す。そして「中古千曲川川添干潟《ひがた》となり開墾して方今《まさに》の地へ人民移住するに及《および》て、祝の神社を今の須々岐水《すすきみず》神社へ遷座し、御子神御穂須々美命を旧社に鎮座し奉りしなり。境内古木の内周囲二十尺余（六ｍ余）の大木あり、御社近辺を祝畑と云ふ」との由緒を綴る。同じ明細帳（稿）で須々岐水神社（屋代村本町）をみると、主祭神は大国主命で「白鳳二年の草創にして延喜式内祝神社是なり」とある。そして「貞観年間（八五九～七六）埴科大領……金刺舎人《かなさしのとねり》正長当郷在城の際、洪水屢《しばしば》有り人民困苦ス、因《よっ》て……日

明治８年『埴科郡延喜式内神社取調原本』所収の御穂須々美命神社（屋代村一重山）境内図　長野県立歴史館所蔵。筆者複写。

吉の神を合祀し祈請して里民を救う」との由緒が続く。祝神社は埴科郡式内五社の一社だ。この二社の由緒を合わせ見ると、屋代の須々岐水神社の前身が祝神社で、その祭神はミホススミの父神、オオナムチ（大国主）だったという関係が見えてくる。

御穂須々美（命）神社の鎮座地、一重山は県立歴史館のすぐ近くだが、町村誌などに同社の名は見えない。一重山近隣の、今の古老の記憶にもなかった。その後調査に協力下さった歴史館の青木隆幸文献資料課長から、同社が明治四十一年、須々岐水神社に合祀されていたことを教わる。須々岐水神社の宮沢春久宮司（一九四八年生）に尋ねると、御穂須々美命神社の社名額が残っているという。数カ月後、青木課長から御穂須々美命神社の境内図が見つかったとの連絡もあり、二〇一三年初秋、今度は上越から陸路で三度目の信濃入りをした。

「一重山麓字山崎、旧祝神社古代ノ社地」と記された、その境内絵図は、明治八年の『埴科郡延喜式内神社取調原本』の中に、須々岐水神社の境内図と共に入っている、活き活きとした彩色画だった。その後、同社の社名額を拝見すべく須々

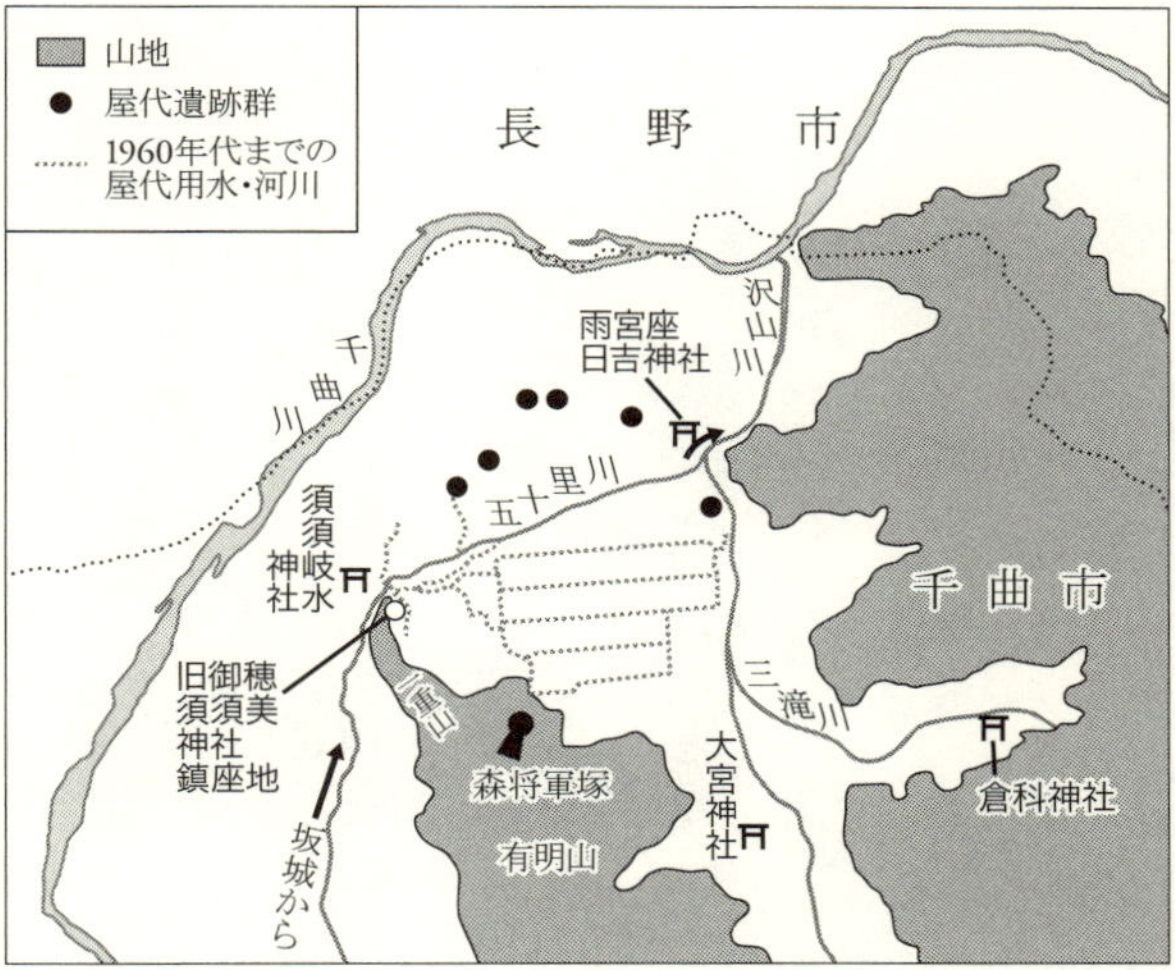

千曲川の上流、坂城から引いてきた水路が分岐する地点に須須岐水神社が、屋代田んぼを灌漑した用水が再び集まり千曲川へ向かう地点に雨宮座日吉神社がある。

須々岐水神社（千曲市屋代）の本殿内陣に納められている御穂須々美命神社の社名額　縦63㎝×横51㎝。明治41年まで使われたとみられる。

岐水神社へ伺うと、日頃は本殿の内陣（扉の中の神座）に保管されている社名額を、宮沢宮司が特別に持ち出して下さっていた。縦六三×横五一cmというその大きさから、それが掛かっていた鳥居の大きさが伺える。額の背面に墨書跡があったので、後日県立歴史館の赤外線カメラで解読してもらうと、合祀時点で御穂須々美命神社の総代だった宮下平吉他三人の奉納者の名があった。宮下平吉は「屋代を語る会」の宮下紘一会長の祖父（一八七五〜一九四〇年）代までの襲名で、曽祖父平吉（明治十六＝一八八三年に50歳で没）の代に奉納したものなら、境内絵図の鳥居に掛けられていた額だったとみられる。

須々岐水神社は近世、屋代、雨宮、土口、森、倉科村など一八カ村、一万二千石の水田地帯を灌漑《かんがい》する屋代用水堰《せき》の守護神だった。須々岐水神社の近く、一重山麓を流れる五十里《いかり》川は沢山川へ合流して千曲川に注ぐ。その合流点近くに雨宮坐《あめみやにます》日吉神社があり、沢山川の上流、森には大宮神社、沢山川に合流する三滝川の上流には倉科神社と、いずれも出雲大神を祭る古社が鎮座している。佐久、上田方面から流れてきた千曲川が大きく「く」の字に曲がり、中野、飯山方面へ向かう湾曲点。そこに広がる出雲神の世界が、この地と出雲（信仰）の深い関係を物語っているようだ。

4　須須の名をもつ二つの社——屋代用水の分岐点を守って鎮座

明治期の埴科郡神社明細帳をみると、屋代村五社の筆頭が須須岐水神社で、御穂須須美神社が次と、須須の二文字をもつ社が始めに並ぶ。須須の名をもつ社といえば、まず能登国珠洲《すず》郡鎮座の美穂須須美命を祭る式内社・須須神社が浮かぶ。珠洲は和名抄《わみょうしょう》が「須須《すす》」と訓じる古代からの郡名だ。大正期の『石川県珠洲郡誌』は「須須の字亦珠洲に通ずる……郡名の起源は此（須須）神社あるに因る」とし、明治期の『大日本地名辞書』も「珠洲郡は和名抄に須須と注し、岬角の名を旧来須々と云ひ、郡名之に因る」と記す。スス＝煤《すす》で、ススミは烽火《のろし》の古訓とみる説もあるが、出雲や信濃の使用状況を見ると頷けず、また「岬を意味する」（平凡社『石川県の地名』）だけとも思えない。天和三（一六八三）年の『風土記抄』が「大芦浦の須々美なり」という出雲国風土記（七三三年）記載の島根郡の須須比埼は、『島根地質百選』（二〇一三年）にも載る須々海《すすみ》海岸とされる。出雲の美保と能登の珠洲、二つの岬を結ぶ海の神ミホススミは、越の川の女神ヌナカワヒメを母神にもつ水神で、航海安全や水難除け、豊漁の神として祭られてきた。須須岐水神社も河川・用水の神。出雲国風土記は出雲郡で須々比池も記す。こうした地名や神名をみると、須須は海岸や湖岸、総じて水辺にかかわる言葉だと見え、須須岐水神は川岸の分岐点に鎮座する水の神、水路の分岐を守り司る神と読みとれる。

須須岐水神社の「元御穂須々美神社跡地并立木調」「合併跡地種目調書」など社務所文書や、氏子総代の白石静男さん（一九三八年生）所蔵の天保二（一八三一）年の埴科郡屋代村絵図などを合わせ見ると、

ミホススミの父神、大国主命を祭る須須岐水神社（千曲市屋代）

御穂須須美神社は明治四十一年七月、須須岐水神社に合祀されるまで、一重山北端部を社叢《しゃそう》とし、その東側麓、祝畑の前あたりに鳥居と社殿へ登る参道があったようだ。長野県立歴史館の資料調査員、久保田廣志さん（一九三七年生）に現地へ案内いただき一重山へ登ると、すぐ登れる上、山頂から周りがよく見渡せた。十六世紀、屋代氏がここを山城としたのも頷ける。

一重山は上空から見ると蟹の爪のように見え、その細長い地形は美保関をも思わせる。そう見ると、ミホススミの鎮座地点も同じだ。『島根県の地名辞典』は、美保のミ（美・御）は神聖を表す語で、ホ（保・穂）は先端・突端を意味し、神霊の寄りつく所だとする。同神は出雲や能登と同様、ここでも岬（一重山）の突端に鎮座していたのだ。

長野盆地南部で「く」の字を描き大きく東へ流れを変える千曲川。その屈曲部の両岸には、度重なる洪水で広大な自然堤防ができ、東岸堤防上には東西三・五km、南北一kmにわたる（城ノ内・生仁・馬口・灰塚・大境遺跡等の）屋代遺跡群が連なる。自然堤防の後背湿地は、今も屋代田んぼと呼ばれる肥沃な田園地帯で、一九六〇年代に平安時代の埋没条里水田も確認された。この屋代と雨宮に跨る旧条里地帯を灌漑する用水は、千曲川を一〇km余り遡った南方の坂城《さかき》で取水され、千曲川の旧流路を利用した水路で屋代田んぼに達する。それを配分する分岐点が、須須岐水神社の手前、一重山の突端近くにあると、長野

一重山周辺の航空写真　千曲市役所提供。

県立歴史館の福島正樹総合情報課長は指摘する。地図で見ると、同社と御穂須須美神社が鎮座する一重山突端の間に、その地点はあった。須須の名をもつ二つの社が、屋代用水の始点を両側から挟み守るように鎮座していたことになる。有明山から細長く延びる一重山は、千曲川が氾濫しても洪水で崩れ落ちない、屋代条里を守る、より屈強な堤防でもあった。この広いとはいえない一重山に、歴史上いくつもの神仏が入れ替わり混在してきたのは、水田地帯を守る要の山でもあったからだろう。出雲大神は能登や越後では寄り神（水神）としての性格が強い。同神と御子神ミホススミ——須須の名をもつ二つの社が、屋代条里の用水を守り、水難を防ぐ水神として、共にこの地に鎮座してきたのは、理にかなった、古くからのことと思われる。

5　祝神社の謎——越後から武蔵へ連なる出雲大神の道

須須岐水神社の境内に、戦後の一重山麓で祝《はふり》神社として祭られてきた社がある。その説明板には明治

戦後、祝神社として祭られてきた御穂須須美神社の祠　集落で祭り続けられなくなり、1999年、須々岐水神社境内へ移された。屋代を語る会『ふるさと再発見　屋代百選（20）祝神社（一重山東側）』1997年より転載。

末、須須岐水神社境内に移った社がその後一重山麓へ戻り、一九九九年再び境内へ戻った旨記されている。祝神社の世話人、山岸八郎さん（故人）らの記録帳には、須須岐水神社に合祀された社が戦後、横町有志により一重山へ遷座したとある。その事情を知る一重山麓横町の諏訪剛久《たけひさ》さん（一九二五年生）によれば、須々岐水神社境内で放置されていた祠を昭和二十二（一九四七）年頃、父、善太郎さんら集落の人が六、七人で、ある夜こっそり、もとの場所へ持ち帰ったという。つまりそれは御穂須須美神社の祠だった。戦前の神社合併政策で合祀された鎮守の社が、戦後の混乱期、抜け殻のように放置されているのを見かねてのことだろう。だが一旦合祀された社名を使えず、祝神社として祭り始めたのではないか。そんな事情から、祝神社の来歴＝御穂須須美神社の存在を知る人も、それを明言してこなかったと思われる。長らく公言が憚《はばか》られた経緯も、今聞けば、鎮守の神を大切に思い続けた人々の心温まる話だ。出雲大神と御子神の絆の深さにも感銘を受ける。

御穂須須美神社を祝神社として祭ったのは、明治十五年の埴科郡神社明細帳などに、同社が式内祝神社だと書いてあるためだろう。いっぽう明治八年の『埴科郡延喜式内神社取調原本』などは、祝神社が現在地へ遷り須須岐水神社となった後、旧地に御子神を祭ったのが御穂須須美神社だとする。同原本にもある、背面に「大国主尊《みこと》一座……信濃国祝神社是也」と書かれた古世の（御神体を納める）樋代《ひしろ》は、今も須須岐水神社本殿内にある。明治期の御穂須須美神社の由緒を書いたのは、須須岐水神社の第四十四代竹田正臣世襲宮司。両社は由緒を共有するほど密接な、一体の関係にあったとみえる。

祝神社といえば、埼玉県内にある出雲祝《いわい》神社（入間市宮寺、天穂日命《あめのほひ》）、出雲伊波比《いわい》神社（入間郡毛呂山町、大名牟遅《おおなむち》神）、伊波比神社（比企郡吉見町、天穂日命）、出雲乃伊波比神社（大里郡寄居町、須佐之男《すさのお》神）など武蔵国の出雲祝系式内（比定）社が思い浮かぶ。『出雲祝（伊波比）神社記』は「イハヒとは斎い或いは祝いの意であり、すなわち祭事を執行すること、或いは祭事を執行する人のこと」と記す。屋代でも同じ解釈だ。また群馬県高崎市には上野国片岡郡の式内社、小祝《おはふり》神社（今は「おぼり」と呼ぶ、少彦名命《すくなひこな》）があり、新潟県出雲崎町にも『特選神名牒』が式内社・石井《いわい》神社だとする石井《いしい》神社（大国主神）がある。越後から信濃、上野、武蔵へと出雲祝系の古社が連なるのだ。

信濃で最も早く開けたという旧埴科郡には屋代、大穴、倉科、坂城など古代の郷が集中し、その要となる社に出雲国風土記が「天《あめ》の下造《つく》らしし大神」と称える大穴持《おおなもち》神が鎮座する。大穴郷に「於保《おほ》奈《な》」の訓を付す和名抄と、オオナムチを於保奈牟知と訓じる万葉集、筑前国夜須郡の式内社、於保《おほ》奈牟智《なむち》神社を照らし合せれば、この郷名が大穴持神に由来するのがみえてくる。同神を祭る大穴神社は明治四十年、境内に阿賀多、古清水の二社を

祝神社の名で祭られている須々岐水神社境内社　一重山からの遷座時、山崎八郎さんの寄進で修繕。

合併し、同社鎮座地に由来する地名をとって大宮神社（千曲市森）となったが、鳥居には今も「大穴神社」の社名額が掛かっている。出雲国風土記は意宇郡屋代郷で神亀三（七二六）年、社《やしろ》の字を屋代と改めたと記すが、埴科郡屋代郷もそうだろう。同郷内にあって創建時「天ノ宮」と称したという雨宮（坐日吉神社）は、もともと「天の下造らしし大神の宮」だったとも思える。大河・千曲川から取水して水路を開くのは、この大神に相応しい所業だが、その水源、坂城にも同神を祭る式内社、坂城神社がある。また越後斐太《ひだ》神社（大国主命）の倉科宮司家は信濃から来たと伝わるが、千曲市倉科に出雲大神を祭る倉科神社がある。越後と北信を結ぶ出雲大神の道が、また一つ見えてきた。

6　千曲川流域で重なる珠洲焼とミホススミ信仰——能登とつながる信濃

長野県上田市に御穂須々美神社がある。現在、全国で唯一ミホススミの神名を社号とする社だ。古くから林之郷の産土神だったという同社は、千曲川の支流、神川《かんがわ》の左岸域に鎮座する。その一〇kmほど上流の左岸には、出雲大神（大己貴）を祭る式内社、山家《やまが》神社（上田市真田町）がある。霊山信仰の四阿山《あずまやさん》から流れ出す神川は山家郷の水源で、山家神社は水分《みくまり》の神（水の分配を司る、灌漑治水の神）としても崇敬さ

上田市林之郷の御穂須々美神社と同社の御守

れてきた。神川の上流に出雲大神が、下流に水神の御子神が鎮座しているのは、千曲市屋代の須須岐水神社と御穂須須美神社の関係に似ている。山家神社を含む信濃国小県《ちいさがた》郡の式内五社の中には、同じく出雲大神を祭る塩野神社（上田市前山）もある。白鳳元（六七三）年、出雲の杵築大社から分霊を勧請して創建されたという社伝をもつ社だ。科野《しなの》国鎮護総社と称えられる科野大宮社（上田市常入）も、大己貴を祭る。出雲系古社の存在は、上田でも大きい。

信濃は北の千曲川と南の天竜川、二つの文化圏に大別されるというが、北信の千曲川流域には、北陸や能登との関係を示す遺物や伝承が多い。弥生時代に千曲川流域で盛行した箱清水式土器は北陸の影響を強く受け、三世紀には北陸系土器が直接北信へ入っている。

信越国境付近の小出雲《おいずも》（長野県飯山市）から三kmほど南西の蕨野《わらびの》には、先祖は能登国蕨野村から移住してきたという伝承がある。それを若い頃、古老から伝え聞いた宮沢仁さん（一九一九年生、故人）は、能登の蕨野（旧鳳至郡、現輪島市美谷町）を幾度も訪ねつつ一九九二年『蕨野村史録』を書き上げた。

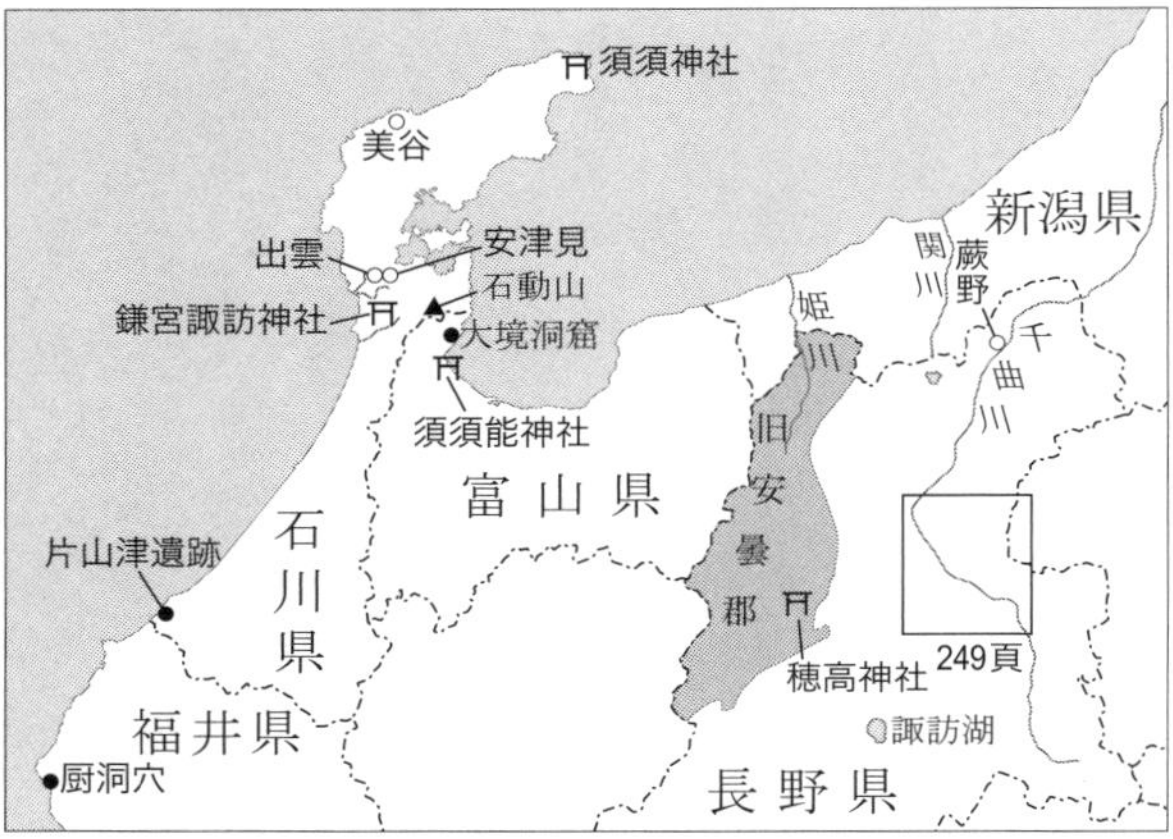

蕨野には、中世能登の石動山《いするぎ》（石川県鹿島郡中能登町）から勧請されたという石動社があった（明治四十年に諸社と合併、山田神社の一神となる）。蕨野妙林寺の縁起も、能登から移封してきた山田丹後守が応永十四（一四〇七）年に開基したと伝える。その山田丹後守の館跡にちなむという字山田から戦前、中世十四世紀頃の珠洲焼の壺が出土した。珠洲焼は十二世紀半ばから十六世紀にかけて、能登半島の先端、珠洲地域を中心に焼かれた中世陶器だ。越におけるミホススミの本拠地、須須《すず》神社の鎮座域で作られた焼物が、信濃の飯山（温井や蕨野）、中野、豊野、上田、佐久など千曲川に沿って出土し、それがミホススミを祭る神社の分布と重なっている。宮沢さんは幾度か能登を訪れる中、断崖で波荒い外浦（半島西岸）と鏡面のように穏やかな内浦（東岸）のギャップに驚きながら、能登と信濃の千曲川流域の間に盛んな交流があったのはなぜかと考えた。それは容易に交流できたからで、珠洲などから船で海路直江津に上陸し、関田山脈を越え信濃へ入る――これが最良の道筋ではなかったか、と書いている。

富山県氷見《ひみ》市の海岸近くに御穂須々美命を祭る須須能《すすの》神社がある。江戸末期、氷見南上町で蔵宿業を営んだ田中屋権右衛門の日記『応響雑記』によれば、天保九（一八三八）年閏四月、不漁のため浦方（漁

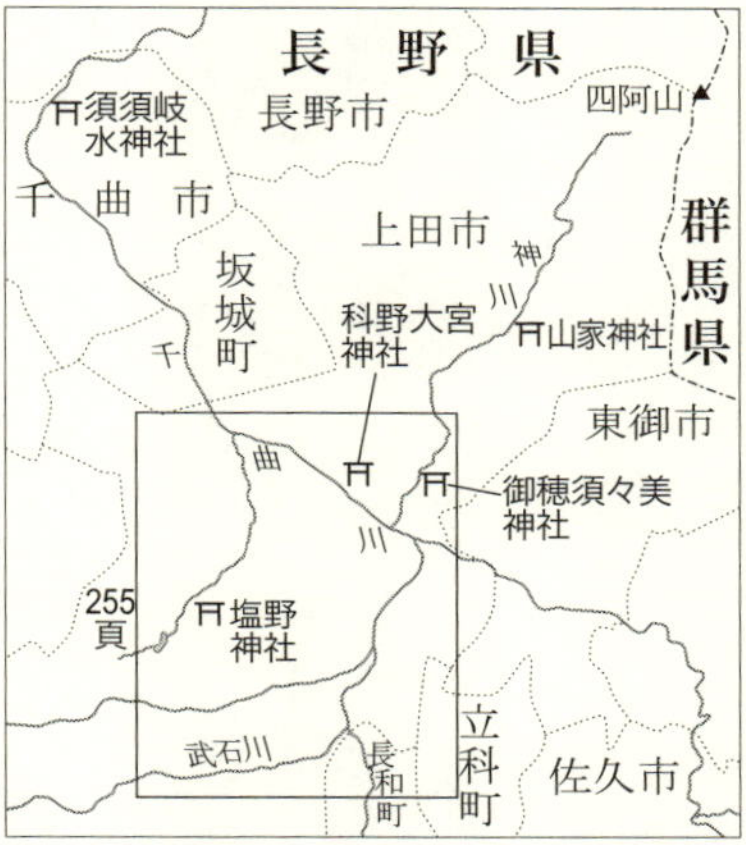

村の住民）が談合し、能州三崎権現（須須神）へ祈禱に出向いたところ、参拝した人々が帰船の日から鯖《さば》、鰯《いわし》、鯵《あじ》、イカなどが大漁となり、町が大いに繁栄したので、同年五月、沖合の唐島に能登の三崎権現を勧請し祭礼を行ったという。須須能神社は、能登半島の内浦を介した近世珠洲神信仰伝播の生き証人だ。

大正十三年『富山県神社祭神御事歴』には、同（ミホススミ）神は父神「大己貴命の国土経営の功を助け給ひし神」とある。屋代や林之郷の御穂須須美神社が出雲大神を祭る古社と連なり、それを補佐するように鎮座したのが頷ける。出雲と越の縁を象徴するミホススミ神は、能登を介した出雲と信濃の縁も結んできたようだ。信濃における同神の存在が、それを物語っている。

7　水神から豊穣の神へ——諏訪神とも習合したミホススミ

沖つ風　能登の三崎を今日みれば　波も心も騒がざりけり。明治十八年、越後（新潟県）の藤崎から能《の》生《う》へ向かう千家尊福《たかとみ》（出雲）国造が、海岸から珠洲岬を見て詠んだ歌だ（越の道ゆきふり）。能生川支流の島道川の源、鉾《ほこ》ヶ岳には出雲大神とミホススミの伝承が残る。中世珠洲焼は珠洲岬と向き合う越後海岸から信濃へ入ったのだろう。上田市では大己貴命を祭る前山の式内社、塩野神社に近い塩田城跡遺跡な

長野県千曲市雨宮の窪河原遺跡で
出土した12世紀後半の珠洲産甕
長野県立歴史館提供。

どで発掘され、その出土域は東信の佐久に及ぶ。そして佐久には、珠洲岬に鎮座するミホススミを祭る神社が二社ある。

全長三六七kmという日本一の長流千曲川は、新潟県に入ると信濃川と呼び名を変える。その信濃川沿いの長岡に、ミホススミを祭る新潟県内一三社のうち一一社が集まる。北信と越後を結ぶ信濃川の水運で栄えた長岡は、能登の（志賀町出雲を含む）旧土田庄から移住した土田一族の集住地でもある。残る二社は能登と海路で繋がる出雲崎だ。

ミホススミのミホは「美しい稲穂」、ススミは「進む」の名詞化で「美しい稲穂の実りを進める神」だとする説もある。能登・越中から越後・信濃へ伝播した同神への信仰をみると、航海安全や豊漁の海神が、内陸に入って河川や用水を司る水神へ、さらに河川灌漑から稲の豊穣の神へと変わりゆく様がうかがえる。上田市林之郷の社も河川灌漑と豊穣を祈る神として祭られてきた。

ミホススミは越後や信濃で諏訪《すわ》神とも習合する。林之郷の社に立つ元文三（一七三八）年奉納の鳥居を見上げると、社名額には諏訪宮と刻まれていた。明治四年と十五年の小県《ちいさがた》郡神社明細帳を見ると、同社は明治三年まで諏訪社と称し、祭神も諏訪大神（建御名方命）とある（現在は御穂須々美命）。だが御柱《おんばしら》祭もやったことがないから、もともと諏訪社ではないだろうと、甲田圭吾宮司（一九五四年生）はいう。実は千曲市一重山の御穂須々美神社も、天保二（一八三一）年の埴科郡矢（屋）代村絵図で諏方《すわ》社と書かれていた。柿崎多膳（一七九二～一八六四）の『屋代記』が屋代郷五社の一つに挙げる「山崎に鎮座有諏訪大明神」だ。同社は戦後の祝《はふり》神社時代も、近隣住民から「お諏訪さま」と呼ばれていた。それが御穂須須美神社の名が郷土史料の中に出てこない一つの理由だった。再び千曲川を遡り佐久市に至ると、横根鎮座のミホススミを祭る社は今も諏訪神社だ。

『北佐久郡志』（一九五六年）は、鎌倉幕府と密接な関係を結んだ諏訪氏の氏神が将軍家からも敬われる軍神になると、その勢力が及ぶ地域で諏訪神社が祭られるようになり、佐久郡では有力氏族がその傘下に入るにつれ、郡内の神社やその祭神が諏訪社や諏訪神に変わっていったという。上田の科野国鎮護総社、科野大宮社（主祭神は大己貴命）も、中世から享保十四（一七二九）年の吉田家許状で大宮の名に戻るまで、諏訪大明神と呼ばれていた。

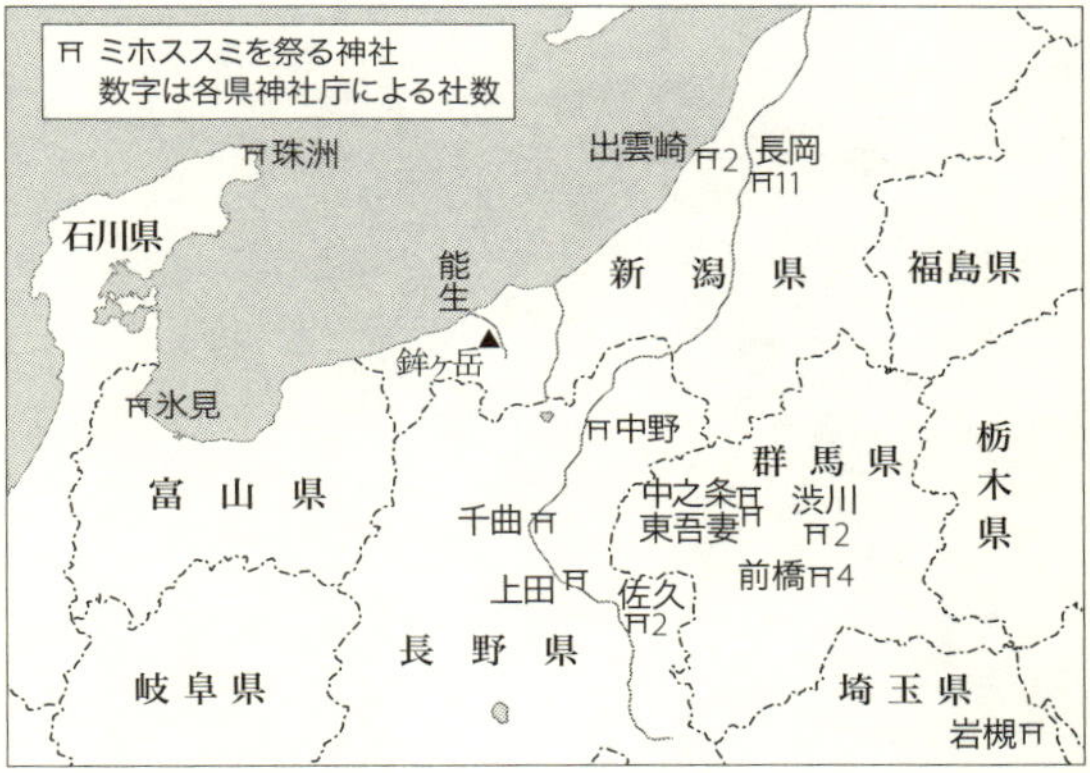

ミホススミを祭る神社の場合、諏訪神タケミナカタとの同一神説が、その現象を促したとみられる。この説の根拠は「大己貴神……高志《こし》の沼河《ぬなかわ》姫を娶りて一男を生む、児建御名方《みこたけみなかた》神、信濃国諏訪郡諏訪神社に坐《いま》す」と記す『先代旧事本紀』だ（巻四「地祇本紀」、九世紀頃の成立）。建御名方を大国主神の御子神として登場させる古事記（七一二年）は、母神を記していない。そこで出雲国風土記（七三三年）が出雲大神とヌナカワヒメの御子神と記すミホススミとの同一神説が生まれた。宮地直一『諏訪史』（一九三七年）は、この説は案外通りがよく、江戸後期の古史伝、書紀伝、顕幽《けんゆう》本記、

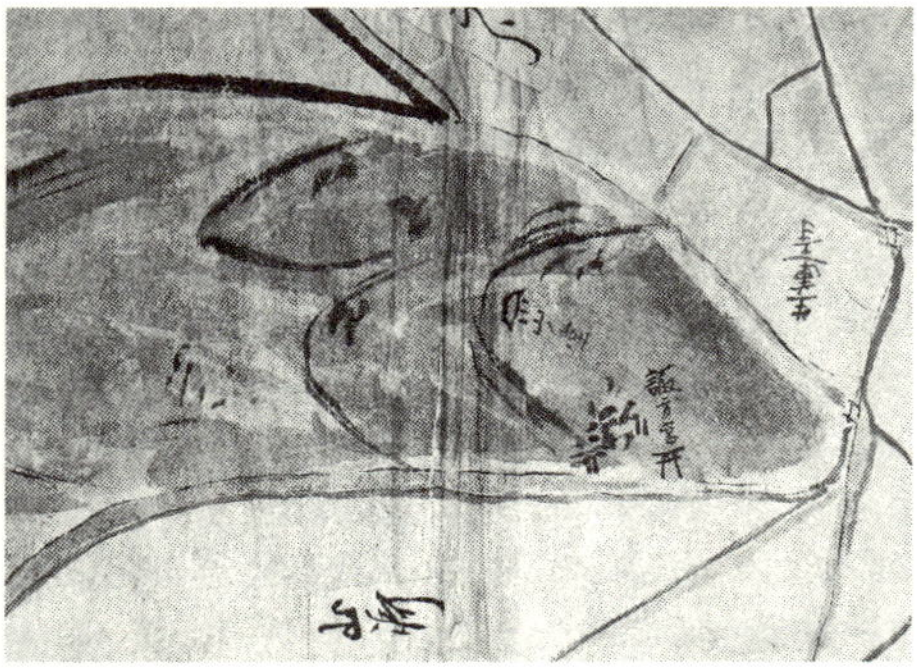

天保２年の埴科郡矢代村絵図の一重山先端部
諏方宮の文字が見える。白石静男さん（長野県千曲市須須岐水神社総代）所蔵。筆者複写。

諏訪旧蹟誌が採り入れ、維新後も明治四年の高島藩神社取調上帳や諏訪神社考に見られ、一時は神社の内部にも入り込んだと記す。群馬や埼玉県内にも、諏訪神と習合したミホススミを祭る神社がみられる。それらを結ぶ線は、出雲信仰の関東への伝播ルートを示しているようだ。

8　龍蛇を象った薙鎌——千曲川支流域に残る海民の足跡

建御名方《たけみなかた》神は出雲国風土記に現れず、出雲国一八四式内社にも同神を祭った社は見当たらない。同神を大国主神の御子神として登場させ、出雲から「科野《しなの》国の州羽《すは》の海」へ逃れたとする古事記の説話は、出雲と信濃には何らかのつながり、又は類似点があるという畿内人の意識の表れともみられる。

日本書紀にいう「信濃の須波《すは》の神」（持統天皇五年八月の条）が建御名方神なら、ミナ（水）カタ（潟）は湖沼や水辺を指すという三輪磐根『諏訪大社』の説は妥当だ。諏訪神は本来、諏訪湖の水神で、古来、龍や大蛇の姿で表されてきた。龍蛇を象《かたど》ったとされる諏訪社の薙鎌《なぎがま》は、分社の際に御霊代《みたましろ》として授けられ、また諏訪上社や北安曇《あづみ》郡小谷《おたり》村の諏訪社では、薙鎌を神木に打ち込む神事が受け継がれてきた。この鎌打ち神事は、能登の旧邑知潟《おうちがた》畔に位置する鎌宮《かまのみや》諏訪神社（石川県鹿島郡中能登町金丸、85頁図）にも残る。

長野県北安曇郡小谷村に残る古い薙鎌　左から大宮諏訪神社（中谷）所蔵の大型薙鎌（鎌倉時代頃のものとされる小谷村宝）、小型薙鎌、土谷諏訪神社所蔵の大型薙鎌（祭器用に木柄をつけたもの）、小型薙鎌。2012年11月、両神社で撮影。

能登と信濃の文化・信仰の交流・伝播は、双方向であったのだ。

正倉院御物に天平宝字八（七六四）年十月付で「信濃国安曇郡前科《さきしな》郷戸主安曇部《あづみべの》真《ま》羊《ひつじ》調布」「主帳従七位上安曇部百鳥《ももとり》」と墨書された布袴《ぬのはかま》がある。古代信濃国に安曇郡があり、安曇部が住んでいた証だ。旧郡内には安曇連《むらじ》の祖先神（穂高見《ほたかみ》命、綿津見《わたつみ》命）を祭る式内社の穂高神社もあり、古代に安曇氏が定着した地とみられている。

安曇は筑前国糟屋《かすや》郡阿曇郷（福岡市志賀島周辺）を原郷とする海民で、能登の出雲（旧村）の隣にも安津見《あづみ》（旧村）があり、古代に開祖が北ツ海を北上して旧福野潟に入り、奈豆美比咩《なつみひめ》神社を創建したと伝わる（『角川日本地名大辞典』）。その祭神（豊玉比咩《とよたまひめ》命）は「海神《わたつみ》の宮より桃木船に乗らせ海水に押し流されて遂に此《こ》の土《ち》に到着し玉ふ」という「古老の伝説」も、田中外余成宮司所蔵の由緒書には記されていた。能登で合流した出雲と安曇が、ともに越後海岸から信濃へ入っていく流れがみえる。

北陸方面から信濃へ移った人や文化の跡は、上田盆地

上田市腰越の鳥羽山洞窟　上田市教育委員会提供。依田川に面した断崖にある5世紀中頃の洞窟を利用した葬所遺跡で、百個以上の土師器や十数本の鉄剣、全国的にも希少な二重𤭯（はそう）の壺など、同時期における長野県内の一般的古墳の副葬品を質量ともに凌駕する遺物が出土した。御岳堂の断崖中腹の岩谷堂洞窟遺跡は6世紀前半頃。

の千曲川支流域あたりまで見られる。浦野川とその支流（産川と湯川）沿いには「北陸系の人々の拠点的集落」の可能性が語られる浦田遺跡をはじめ、宮脇、琵琶塚、宮の前など北陸系土器（弥生末〜古墳時代初期）が出土した遺跡が分布する。産川の上流には、出雲大神を祭る塩野神社や中世珠洲焼が出土した塩田城跡がある。再び千曲川を、北陸系土器が出土した下町田遺跡を左岸に見ながら遡ると、御穂須々美神社が鎮座する神川との合流点に至る。神川上流の出雲系式内社、山家《やまが》神社には、越の泰澄の徒弟が八世紀初め頃、加賀白山社の神霊を遷し祭ったとの伝承もある。神川合流点から一・五km遡ると、依田川への分岐点。その依田川の二・五km上流にある社軍神《しゃぐんじ》遺跡（四世紀後半）は、長野県初の玉作工房跡の発見地だが、その玉作技法は片山津遺跡（石川県加賀市富塚町）の加賀技法そのものだという（『上田・小県誌』）。依田川をさらに遡った中道遺跡も四世紀前半の玉作遺跡で、両遺跡からは北陸系土器も出土した。その間には、出雲の猪目洞窟や越前の厨《くりや》一号洞穴（福井県丹生郡越前町）、越中の大鏡《おおざかい》洞窟（富山県氷見市）など古代海岸の海蝕《かいしょく》洞窟との類似性から、海民の葬所とみられてきた古墳時代の鳥羽山、岩谷堂洞窟遺跡がある。

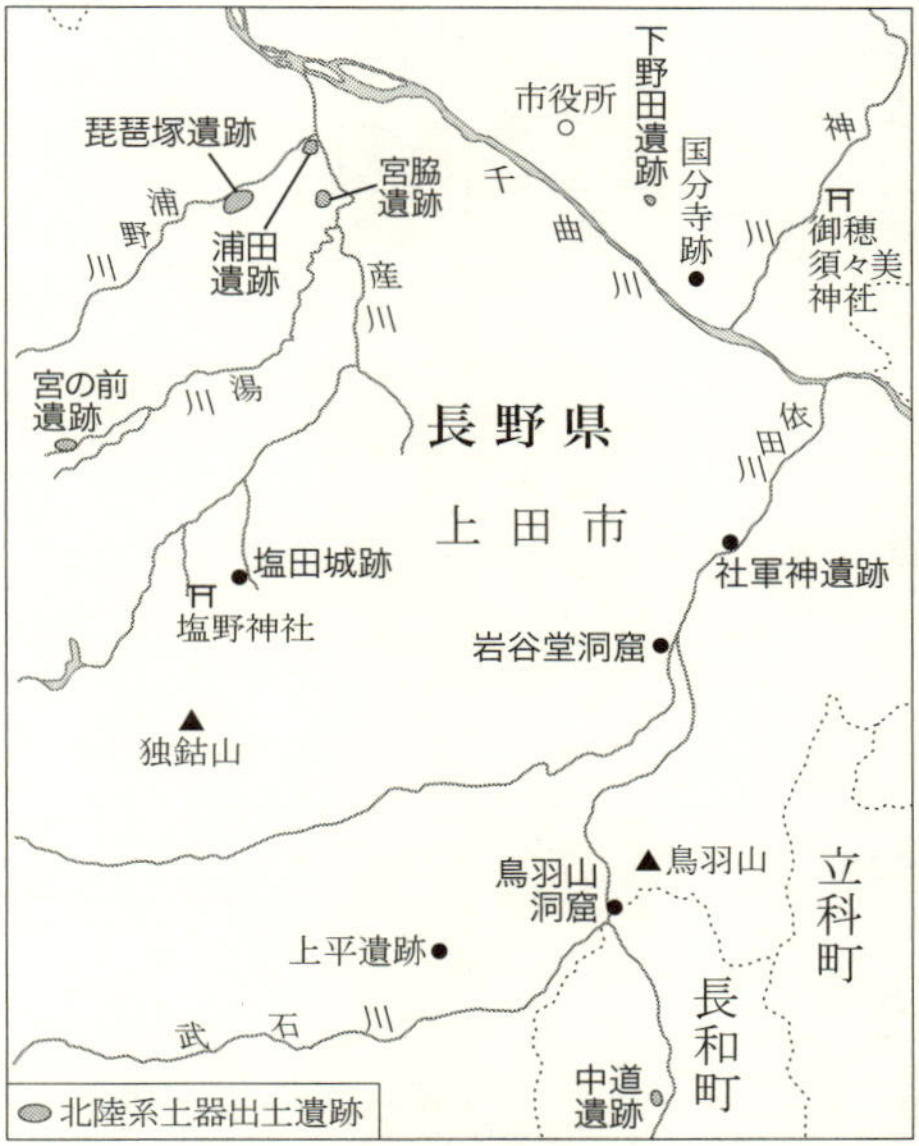

鳥羽山洞窟対岸の武石にある上平遺跡で出土した巴形《ともえがた》銅器（大半が九州出土で、東日本では二点のみ）も、海民の渡来説を裏付ける遺物だ。

北陸土器内の山陰系土器の影響もあわせ見れば、信濃における出雲系古社と北陸系土器の出土は、越で出雲神を祭っていた人々の当地への移住をうかがわせる。その中にはルーツをさらに遡れば出雲、という人たちもいただろう。その北陸系土器が流れゆく上野、武蔵へと、出雲の足跡を辿る旅も向かっていくことになる。

（二〇一四年二～七月掲載）

岩代国

1　幟旗が語る出雲神社会津への道――喜多方市と猪苗代町に一〇社

新潟県新発田《しばた》市米倉に、かつて出雲神社だった社がある。明治十六年の神社明細帳に載る越後国北蒲《かん》原《ばら》郡米倉村字大宮の出雲神社で、明治三十九（一九〇六）年、二〇社を合併し米倉神社に改称した。祭神は大己貴命《おおなむち》、「神亀三（七二六）年八月十九日再建す、従前より出雲神社と称す」と、明細帳が記す古社だ。旧米倉村公民館発行の『米倉郷土史考』には、同社は「米倉大宮とも称され……米倉としては最も早き土着民の氏神」だとある。二〇一四年九月に当地を訪れた私を、総代の渡辺芳雄さんは、出雲神社時代の話は伝え聞いていない、と言いつつ社殿内に案内下さった。そして今も年に一度の夏祭りで使うという「出雲神社」と書かれた幟旗《のぼりばた》を、幣殿内の収納箱から取り出して広げた。長さ六ｍはあるその巨大な幟旗には「昭和五十年八月、宮司佐々木良平謹書」と書かれている。元来は出雲神社だという記憶が、改称から七〇年を経てなお、受け継がれていた証だ。新発田は会津街道の起点で、米倉は近世、その宿場でもあった。今は社殿の後ろを走る新発田津川線（県道一四号、通称「会津通り」）が幹線道路だが、鳥居は旧会津街道側から入るように立っている。その会津街道の先に、出雲神社が集まる福島県喜多方市《きたかた》と猪苗代町《いなわしろ》がある。

福島県は南北に連なる奥羽山脈と阿武隈高地を境にして会津、中通り、浜通りの三地域に分けられるが、出雲神社があるのは、越後と関係が深い西部の会津だ。喜多方市内に神田良一宮司が本務社とする寺南《てらみなみ》の社をはじめ、松山町鳥見山、熱塩加納《あつしおかのう》町の米岡《よねおか》（天《あま》ノ沢）と宮川（山岩尾、与内畑《よないはた》、板ノ沢の三社）、山《やま》都《と》町の一ノ木と蓬来《ほうらい》、高郷《たかさと》町磐見《いわみ》鎮座の社が、耶麻《やま》郡猪苗代町に三ツ和鎮座の社がある。これらはいずれも旧耶麻郡内にある。またその多くは近世、総社神社と呼ばれていたという。

明治39年に改称した新潟県新発田市の米倉神社で今も使われる「出雲神社」の幟旗　拝殿には「大宮」の社名額が掛かる。古来出雲神社だった同社も、近世には「大宮権現」の別称で呼ばれていたという。

福島県神社庁の三浦正文参事のご協力で明治十一年の岩代《いわしろ》国神社明細帳を調べると、旧耶麻郡内の九社は、一ノ木と鳥見山の二社が「社号改替、之《これ》無し」（従前から出雲神社だった）とある他は、明治三～四年の間（磐見村の社は五年）に「惣社」「惣社宮」「総社神」「総社宮」から出雲神社へ改称した旨記されている。

その理由について『熱塩加納村史』は、千

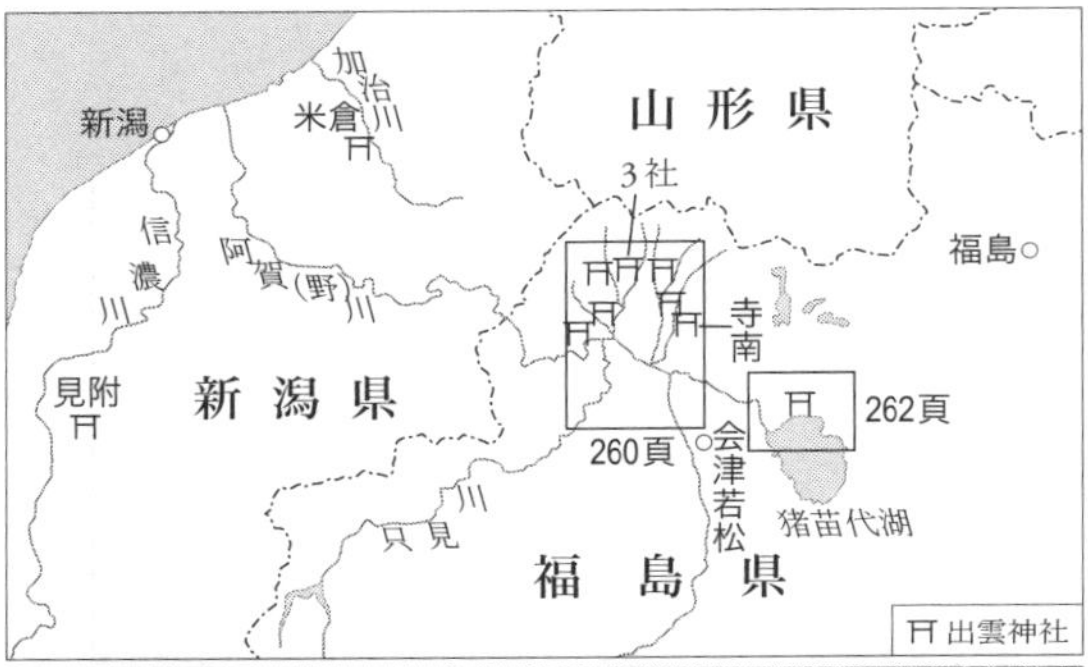

神田宮司家が本務社として祭る福島県喜多方市寺南鎮座の出雲神社

家尊福《たかとみ》（第八十代）出雲国造《こくそう》が明治初期「庶政一新の改革機運に乗じて全国の総社系神社を出雲大社の系列下に包摂し、名称を出雲神社・祭神を大国主命と改めた」と推論しているが、そうした事実はない。尊福国造が第八十代出雲国造に就任したのは明治五年で、明治六年に組織した出雲大社敬神講を基に出雲大社教会を設立したのは明治七年だから、年代的にも合わない。出雲国造には古来、移動の自由を妨げる厳しい戒律が課せられてきた。明治五年、神道西部管長ともなった尊福国造はそれを廃し、各地を巡教し始めるが、当初は中国・四国だった。明治十五年の祭神論争で名を馳せ、明治末期に教徒四三四万人に至った出雲大社教の初代管長でもあった尊福国造の名声から、後年類推したものだろう。明治三年内に改称した喜多方市寺南、熱塩加納町の山岩尾と天ノ沢、明治四年二月に改称した猪苗代町の出雲神社などは、明治四年半ば以降の中央政府による神社改革に伴う改称ともみられない。

いっぽう文化六（一八〇九）年完成の『新編会津風土記』では、明治十一年の岩代国神社明細帳で「社号改替、之無し」と書かれた二社を含め、現在の出雲神社に当たる社がすべて総社神社と書かれている。両者に整合性があるなら、近世、武蔵国の出雲祝神社が一般に寄木明神、玉敷神社が久伊豆明神と呼ばれながら出雲祝、玉敷の名を忘れずにいたように、会津の場合も元来出雲神社であった社が近世、一般に総社神社と呼ばれていたとみられる。明治末に改称した出雲神社の名を、百年以上たった今も使っている新発田市の米倉神社の幟旗が、そう私に語りかけてくる。

2　四隅突出型墓制の終着点
――越後経由で伝播した出雲・北陸文化――

只見川と合流し川幅を拡げた喜多方市高郷町上郷付近の阿賀川　越後と会津を結ぶ阿賀野川は福島県内に入ると阿賀川と呼ばれ、会津盆地の日橋川との合流点以南は大川とも呼ばれる。

阿賀（野）川は古くから越後と会津を結ぶ交通の大動脈だった。新発田（新潟県）を起点とする会津街道は旧出雲神社の鎮座地、米倉を経て阿賀野川の湊町、津川へ向かう。そこから阿賀（野）川を遡って会津盆地（福島県）へ向かうと、山都町で只見川と分かれた後、一ノ戸、鶴沼川などとの合流点を経て、塩川町で日橋川《にっぱし》と分岐する。この会津平を東西に横切る阿賀川―日橋川ラインの北方《きたかた》に位置する喜多方市の阿賀川支流―深山、宮古、一ノ戸、五枚沢、濁、押切、田付川を遡った所に、出雲神社九社が分布している。

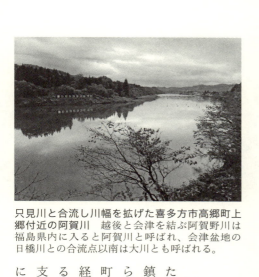

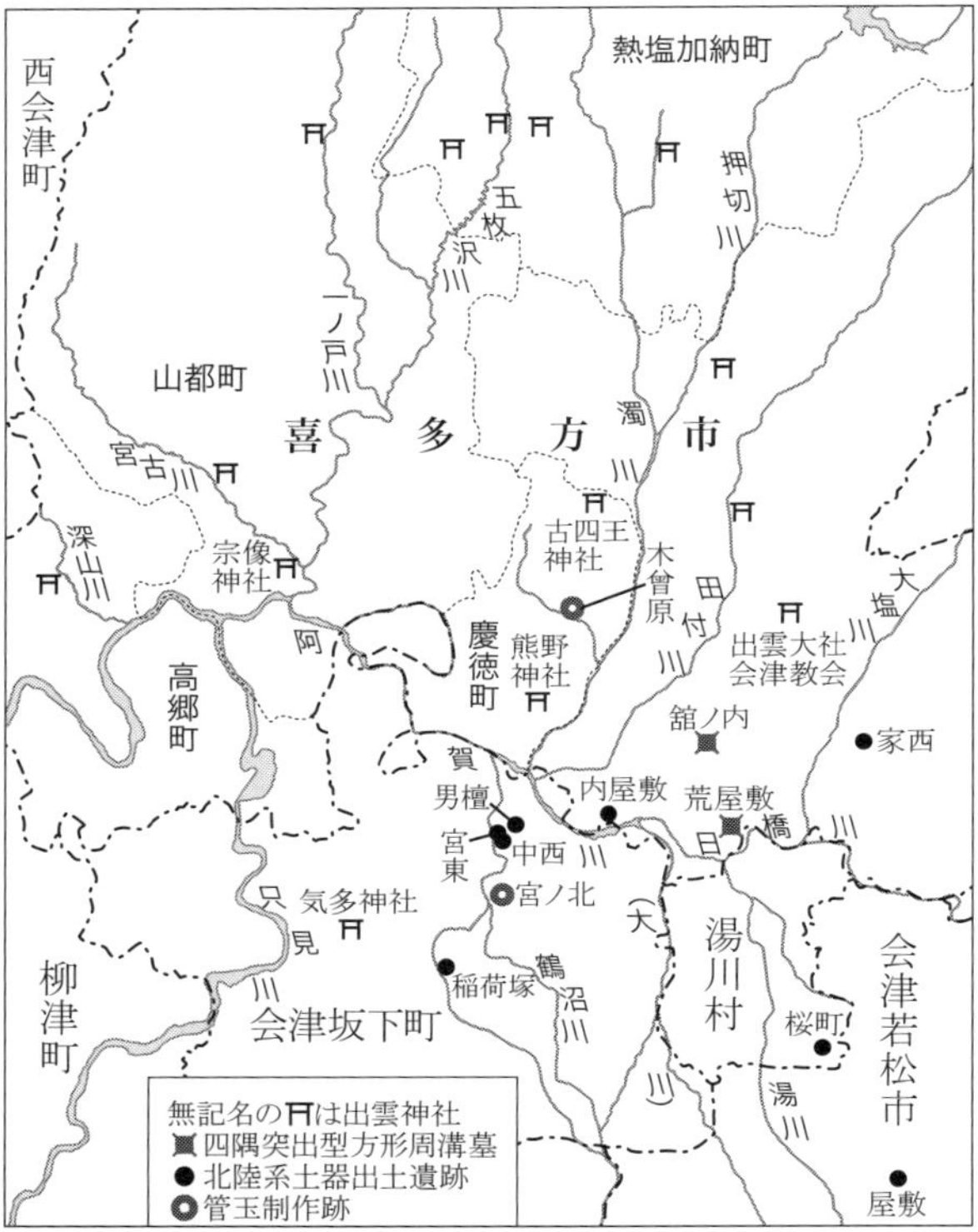

阿賀川（大川）と日橋川が合流するこの盆地は、四方から流れ込む大小様々の川が落ち合い、出会う、まさに「会い津」だ。この阿賀・日橋川とその支流域に、出雲をルーツとする文化伝播が見受けられる遺跡が点在する。塩川町の舘ノ内、荒屋敷遺跡では四隅が突出した方形周溝墓が発見された。周溝墓は周囲に溝をめぐらせ、その内側に遺体を埋葬する弥生中期〜古墳時代前期の墓だ。舘ノ内遺跡の周溝墓二基（いずれも一辺が約一〇m）は削平されていて墳丘や主体部は確認できなかったが、発掘に立ち会った渡辺貞幸・出雲弥生の森博物館長は、周溝が描く曲線から、四隅突出型墳丘墓の間接的影響を受けて、方形周溝墓が変形したものといえると語る。貼石《はりいし》がなく、周溝があるという北陸の四隅突出型墳丘墓との共通性や、舘ノ内遺跡の周溝墓や土坑からは北陸系土器が出ていることから、中村五郎・福島県考古学会顧問（元会長）は「山陰の墓制が北陸を経由して

会津に及んだもの」と、報告書で結んでいる。同じく一辺一〇m程の四隅突出型方形周溝墓とみられている荒屋敷遺跡の遺構からも、弥生時代末頃の北陸系土器（壺）が出土している。

会津盆地では鶴沼川流域の男壇、宮東、稲荷塚遺跡、阿賀川北岸の内屋敷遺跡、湯川流域の屋敷、桜町遺跡や大塩川流域の家西遺跡などの、四隅突出型ではない周溝墓でも、弥生時代末から古墳時初めにかけての北陸系土器がよく出土する。会津の周溝墓自体が、北陸から伝播した可能性が指摘される所以だ。宮東、男壇遺跡に近い中西遺跡は、北陸から来た人々が暮らした集落跡とみられている。発見された六棟の竪穴住居跡から出た土器群の大半が北陸系土器で、柱の位置や内部構造など、竪穴住居の細かい間取りも北陸と一致していたためだ。北陸土器の中には山陰系土器といえるものも多く、会津で北陸系とされる土器の中にも、山陰ルーツの要素は散見される。能登半島（南部）の土器との類似性がよく指摘されるが、能登を含む北陸北東部系土器の分布圏は阿賀野川以南の越後平野まで及んでおり、越後経由の伝播だろう。

舘ノ内遺跡の１号周溝墓（塩川町吉沖）　喜多方市教育委員会提供。

　中西遺跡の一・三km南方の宮ノ北遺跡では、古墳時代前期の竪穴住居跡から、会津では珍しい管玉製作跡が見つかったが、製作過程が分かる未成品から、石川県加賀市の片山津上野遺跡や新潟県十日町市下条の行塚《ぎょうづか》遺跡に近い技法とされている（『宮ノ北遺跡』調査報告書）。その後、同じく緑色凝灰岩の管玉未成品が出土した喜多方市の木曽原遺跡でも、古墳時代初めの北陸系土器が出ており、北陸から移住してきた人々が玉作りをしていた可能性も指摘されている。

会津の四隅突出型方形周溝墓は、現在知られている四隅突出型墳丘墓の中では富山の杉谷四号墳などにより近いが、越後あたりにもう一段階、経由地があるのではないかと、渡辺館長はみる。上越あたりで四隅突出型墳丘墓が見つかる可能性もあるという新潟県の考古学者の見方と一致する。山陰の四隅突出型墳丘墓を直接見たことのない、しかし西方の地に精神的紐帯をもつ人々が造ったものだろうという渡辺館長の言葉が印象深い。会津盆地は四隅突出型墓制の終着点といえるだろうか。

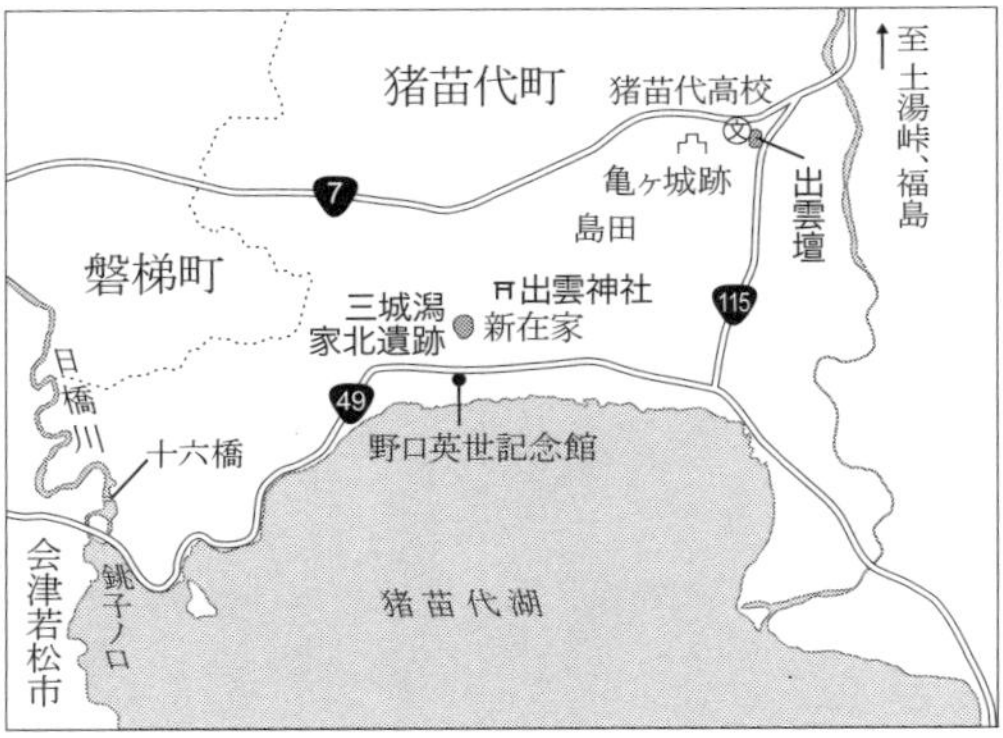

3　猪苗代湖北岸の出雲神社と地名・出雲壇

会津盆地を西から東へ横切る阿賀―日橋《にっぱし》川ラインの北方《きたかた》（喜多方）に分布する出雲神社九社。それと同源とみられるのが、日橋川を源流まで遡った猪苗代湖北岸に鎮座する猪苗代町三ツ和の出雲神社だ。日橋川が流れだす銚子ノ口（戸ノ口）を渡って湖北岸を進む現国道四九号は、十六橋から三城潟へ向かう近世の二本松裏街道にほぼ沿っている。湖北岸の中域に建つ野口英世記念館あたりから北へ折れ、一km余り進むと、磐梯《ばんだい》山と吾妻《あづま》山を背に立つ出雲神社の杜《もり》が現れる。大己貴命を祭る同社も、明治四年初めまで惣社と呼ばれていたことが、「旧神号惣社、明治四年二月今の号に改む」と記す明治十一年の岩代国神社明細帳から分かる。その明細帳には「永保年中（一〇八一〜八三年）人家一六軒あり神在《しんざい》家《け》村と号す」で始まる同社の由緒が記されている。「天正二（一五七四）年七月、渡部内蔵之助（等）三人大阪より下り……出雲大社より大己貴命を勧請」という後段は、江戸時代に新在家《しんざいけ》村の肝煎《きもいり》（名主）だった渡部家のルーツを、大阪夏の陣で奮戦した豊臣家家臣、渡部内蔵助（糺《ただす》）の落人伝説と（年代を多少違えて）結びつけたものだろうか。江戸後期の『新編会津風土記』を見ると、新在家村の「総社神社」は「草創の年代詳ならず」とあるが、同村創立来の産土神とみるのが自然だろう。

猪苗代町三ツ和鎮座の出雲神社、後方は磐梯山　小桧山六郎さん撮影。

この出雲神社一帯は、平安時代を中心とする惣座遺跡の地でもある。新在家村は明治八年、隣接する三城潟《さんじょうかた》村と合併し三ツ和村になったが、その三城潟家北《いえきた》遺跡では、四隅突出型方形周溝墓が発見された喜多方市舘ノ内遺跡と同様の能登甕（北陸北東部系土器）が出土している。阿賀川に沿って会津盆地に入った北陸の文化が猪苗代まで伝播していた証だ。在家は中世の租税収取単位に由来する地名だが、『新編会津風土記』によれば、この中世以来

出雲壇の地名（矢印）を刻む江戸時代中期岡村俊直の墓誌　小桧山六郎さん撮影。

の歴史を物語る地名が、今も残る大在家を含め（古在家や宮在家など）計七カ所当地にあったという。古代の遺跡が集まるこの北岸域に、中世は猪苗代城（亀ヶ城）が築かれ、近世はその城下町を通る二本松（表）街道が会津（若松）と中通り（本宮）を結んでいた。

その要衝の地に鎮座する出雲神社の四kmほど北西には、出雲壇《だん》という地名も残っている。猪苗代地方史研究会が一九八八年にまとめた『猪苗代の字名の由来』には、字「出雲壇」は「岡村家の先祖で、岡村出雲という人の墓あり。その名をとり、この丘を出雲壇と呼び、字名となったらしい」とある。岡村家の親戚で、出雲壇に田をもつ猪苗代町在住の安部守さん（一九四〇年生）は父空吉さん（一九一〇年生）から、岡村家の先祖は出雲から来た人で出雲を名乗り、その人の墓がある小高い丘から「出雲壇」の地名が起こったと伝え聞いていた。福島県立猪苗代高校校庭の東南に岡村家の墓地はあり、小丘上の平地に「岡村出雲」と刻まれた、ひと際大きな墓が立つ。その六角形の石台がある高さ一・五mほどの立派な墓には、寛永十三（一六三六）年とも刻まれている。岡村家の古記録は昔の大火で、菩提寺西勝寺の過去帳も戊辰戦争で焼失したとされ、その家系は定かでないが、小桧山《こびやま》六郎・野口英世記念会専務理事が見つけて下さった岡村儀兵衛俊直の墓碑に刻まれた碑文には「先祖島田村長」という地位や「祖父出雲」などの続き柄が記され、「道夢（俊直の戒名）之を出雲壇に葬る」と結ばれている。俊直の墓は宝永二（一七〇五）

年と刻まれた、横に並ぶ妻の墓と同時期とみられ、出雲壇の地名が近世に遡ることも分かった。出雲神社が鎮座する猪苗代湖の北岸域に、出雲人の移住伝承を伴う出雲壇という地名がある。この地に重ねて出雲からの、あるいは出雲信仰をもつ人々の移住があったことを物語るものではないか。俊直の墓碑には外孫らしき松江教深という人名も刻まれている。福島県内の松江姓の半数が猪苗代町に集まっているのも、近世出雲国との縁によるものかもしれない。

4 福島市の出雲大神宮——出雲人の姫輿入れ伝説が創建由来

岩代国《いわしろ》は明治元年十二月七日の太政官布告によって、陸奥国《むつ》から分立された国だ。養老二（七一八）年、いったん陸奥国から分立された古代の石背国《いわせ》とほぼ同じ範囲とされるが、会津に中通りの半分を加えた領域は「元来、地理的に合わない……有名無実の広域地名」（『角川日本地名大辞典』）ともいわれる。その岩代国神社明細帳（明治十一年）の中に、会津地域、耶麻郡の出雲神社九社と共にもう一社、出雲を冠する神社がある。中通り地域、信夫《しのぶ》郡清水町（現福島市清水町西裏）に鎮座する出雲大神宮だ。同社の古い棟札などには「出雲神社」とも書かれているが、近世「総社神社」と呼ばれた形跡はなく、会津の出雲神社とは違う流れにみえる。私は二〇一四年晩秋、会津の出雲神社分布圏の最西端にあたる猪苗代町から、車で福島市内へ向かった。延長三・四kmの土湯《つちゆ》トンネルが開通する一九八九年まで、冬季は通行できなかったという標高一二四〇mの土湯峠（吾妻・安達太良《あだたら》両連峰の鞍部《あんぶ》）を走りながら、会津と中通りを隔ててきた奥羽山脈の険しさを実感する。出雲大神宮は福島県庁のほぼ真南五〜六kmの地に鎮座する。

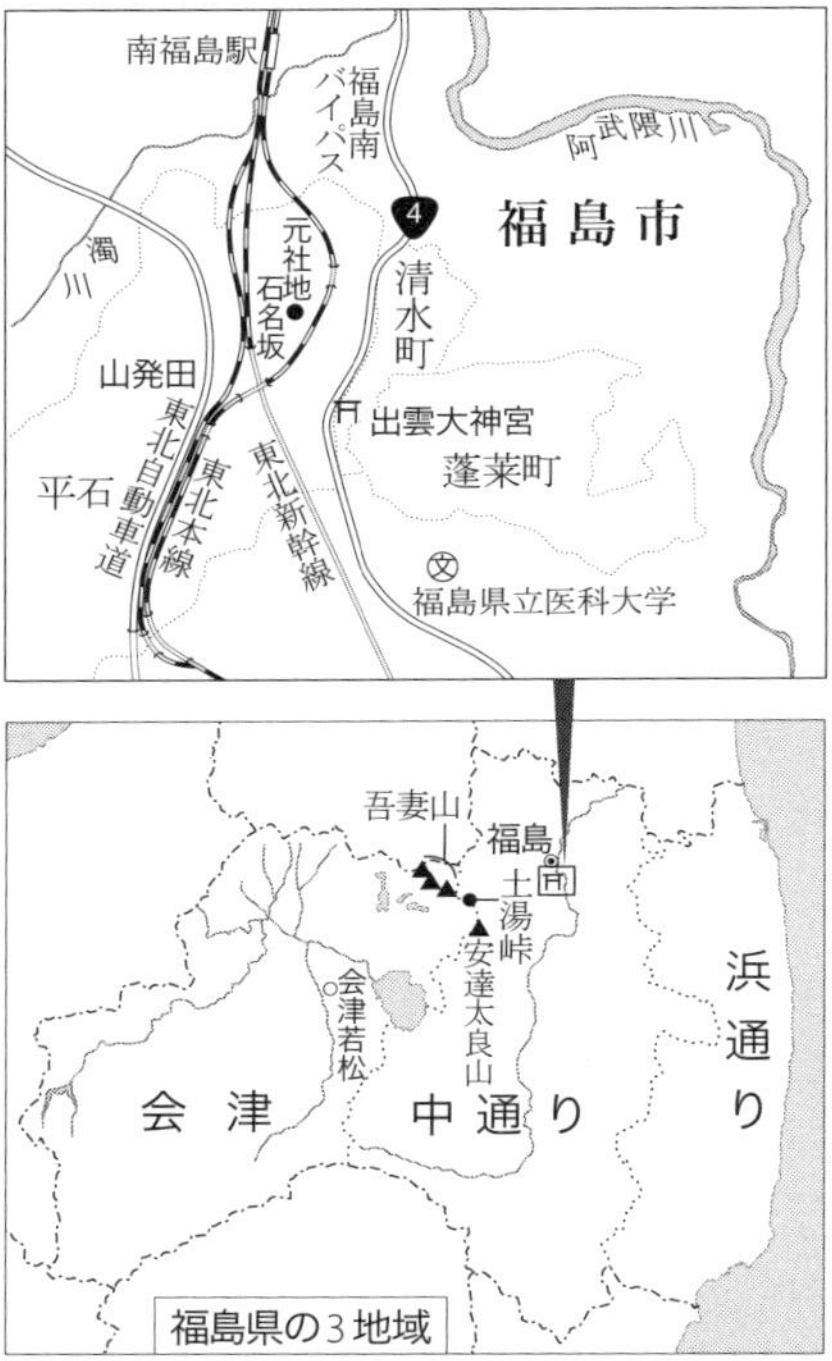

福島県の3地域

その西方一kmの範囲内に福島南バイパス、JR東北本線、東北新幹線、東北自動車道が東のように並ぶ。同社の元社地は七五〇mほど北西の石名坂（平石字谷地）にあったという。そこには「出雲神社元社地」と刻まれた大正四年建立の石碑が立っているが、今や知る人も少ない。

明治十一年の神社明細帳をみると、出雲大神宮の創建は「仁安三（一一六八）年ト申伝」え、「元出雲大明神、文化十四（一八一七）年六月より……出雲大神宮と称す」とある。当地には明治十三（一八八〇）年編纂の信夫郡誌を、伊達郡誌と合わせて刊行した『信達二郡村誌』（明治三十三年）がある。その中の「清水町村誌」をみると、「天正十八（一五九〇）年、石名坂村を割て本村を置く、故に両村同鎮守にして歳時の諸行事も亦同一なり」とある。その鎮守が「西裏に鎮座す」と書かれた「村社出雲神社」だ。石名（那）坂（村）は鎌倉期以来の古い集落だが、明治九（一八七六）年に平沢村と合併して平石村となった。清水町の出雲大神宮が（旧石名坂村域を含む）平石との境界地に鎮座している所以だ。そのため同社の創建由来は「平石村誌」の中に書かれている。その「村社出雲神社」の条は「台に鎮座す、旧石名坂村の村社」で「大国主命を祭る」に続き、こう記す。「金商吉治《きちじ》信高の父を炭焼藤太《とうた》といふ。

福島市清水町鎮座の出雲大神宮（右）と元社地の石碑（左、同市平石字谷地＝旧石名坂村）　石碑は大正４年建立。丹治洋二さん撮影・提供。

本村に住す。其妻初め父某に従て出雲国に居しゅへ同国大社より此神を勧請すと言伝ふ」と。また「古跡」の条でも「炭焼藤太は……山発田に住むと云伝ふ。……其妻は出雲国の産なり」とある。地元では「姫の父親は出雲の国の出身なれば大社を姫と共に勧請し」たとも伝えられる（「出雲大神宮の沿革」『すぎのめ』二二号）。東北各地で語り継がれてきた金売吉次《かねうりきちじ》、炭焼藤太の伝説を出雲神社創建と重ね合わせたものだろう。中世、当地に出雲の姫が嫁いだという古記録は見当らない。だが、古い時代の出雲神社の創建には出雲人の存在が関わっている、出雲人の移住に伴って出雲の神が祭られる、という人々の認識があったのは確かだ。それは会津の出雲神社の創始を考える手がかりにもなろう。

　氏子総代長の丹治《たんじ》耕太郎さん（一九三五年生）の案内で本殿横の宝蔵庫の中に入ると、古い棟札の数々が壁に整然と掛けられていた。天明二（一七八二）年の「出雲大明神」時代の棟札が一番古い。丹治さんの家は先祖が清水町村誕生の折、出雲大明神の勧請に携わって以来、代々宮を守ってきたという。父が早世した耕太郎さんは中学卒業と共に総代の一員となり、

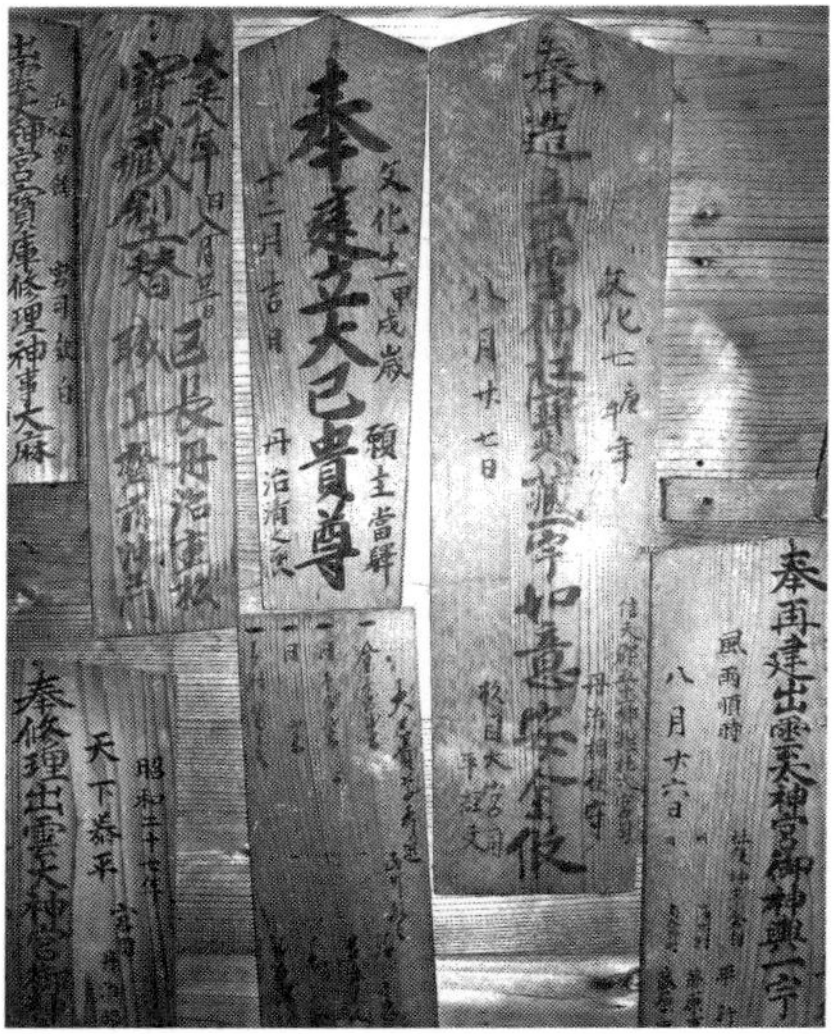

出雲大神宮宝蔵庫の壁に整然と並ぶ古い棟札　同社の祭神は明治以降、素盞嗚命と大己貴命の二神だが、「奉建立大己貴尊」と書かれた文化 11（1815）年 12 月の札が示すように、近世までは出雲大神 1 神だったと思われる。

二十八歳の時から半世紀以上、総代長を務めてきた。二〇〇九年、長老たちの言伝えに基づき元社地の案内図を作り、石碑を記録に留めたのは弟の洋二さん（一九三七年生）だ。出雲大神宮ゆかりの地は、地域の只中を走る四本の高速交通網で寸断されてしまったが、丹治さん兄弟らの思いに支えられ、福島市の出雲神社は今も大切に祭り続けられている。

5　会津の気多神社――八十里、六十里越と只見川ルート

会津にも大己貴命＝出雲大神を祭る気多《けた》神社がある。昭和村小中津川《こなかつがわ》と会津坂下《ばんげ》町気多宮の二社だ。只見川の支流、野尻川沿いに鎮座する小中津川の気多神社は延喜三（九〇三）年の創建で、社殿焼失などを経て、延宝三（一六七五）年の神社改めにより再整備を図った際「能登の国羽咋《はくい》の郡に鎮座される気多の大神より移されたり」という「御神の言伝ひ」に従い、能登から（改めて）気多大神を勧請したという（延宝三年由緒記）。いっぽう気多宮には文治二（一一八六）年、弁慶が笈《おい》の背板を奉納し気多明神を祭っ

た時から気多宮の地名がついたとの伝承がある。

二つの気多神社の関係を示す記録はない。小中津川から野尻川沿いの国道四〇〇号、只見川沿いの二五二号を通って気多宮まで車で移動すると五三km、七〇分かかった。『東遊雑記』が記す天明八（一七八八）年の幕府巡見使一行が通った、美女峠を越えて柳津《やないづ》へ抜ける近道を使ったとしても、同じ神社を祭る集落としては遠い。昭和村出身の菅家《かんけ》博昭会津学研究会代表（一九五九年生）は、両社は関連なく別個に創建されたとみる。であれば気多宮の社は阿賀川ルート、小中津川の社は只見川ルートによる伝播とも考えられる。

大己貴神を祭る昭和村小中津川気多神社（上）と同社の扁額（下）　正徳6（1716）年、京都吉田家から「正一位気多大明神」の神位を授かった。それを祝って始まったという渡御祭が2010年夏、約130年ぶりに復活した。本殿隣の舞台でも1994年、37年ぶりに芝居舞台が復活。取材中も観光客が参拝するなど、健在ぶりが窺えた。

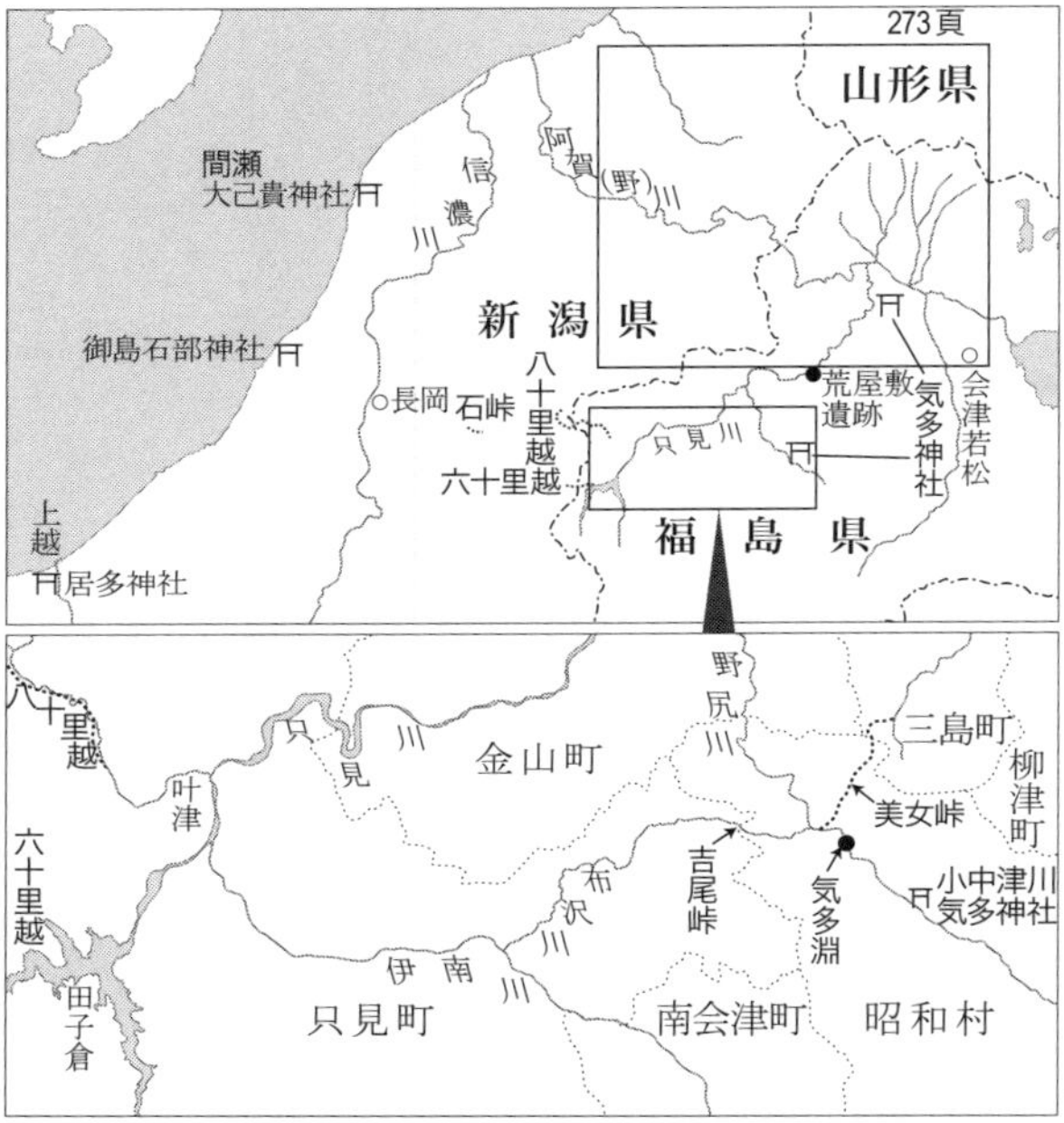

越後から会津へ到る道には古来、阿賀川沿いの会津（越後）街道の他、八十里越と六十里越で只見川沿いに入るルートがあった。八十里越は越後蒲原《かんばら》の吉ヶ平から会津叶津へ、六十里越はその一〇kmほど南にある、越後魚沼の大白川から会津田子倉へ抜ける山越え道だ。歴史も古く、福島県立博物館の森幸彦学芸員は、只見川沿いの只見町や金山町に弥生時代中期の遺跡が多いのは、稲作文化が越後から六十里越や八十里越の峠道で只見川流域にもたらされた結果とみる。三島町の荒屋敷遺跡で出土した弥生時代前期の（北九州）遠《おん》賀《が》川系土器（形状が本場に近い搬入品）も只見川ルートではないかと語る。

延宝三年気多神社由緒記には「能登の国よりの御道中、当社より西二十町程の処に沢あり、其の沢を越ゆる時、御神の御勧請（神幣）を落し申したり、其処を気多淵と名付けたり」ともある。越後海岸から六十里越か八十里越で只見川に至り、伊南《いな》川―布沢《ふざわ》川―野尻川沿いに進む道が浮かぶ。天明八年の幕府巡見使一行も、布沢川沿いに吉尾峠《よしょう》を通って野尻へ出ている。気多淵は、その布沢川と野尻川の合流

阿賀川と並ぶ会越の人・文化を運んだ大動脈、只見川

点から少し気多神社方面へ遡った所に残る地名だ。八十里越は慶応四年夏、北越戊辰戦争で重傷を負った長岡藩家老の河井継之助が、担架で運ばれながら会津へ抜けた道として知られる。司馬遼太郎の小説『峠』の舞台だ。小中津川の気多信仰も、もとはこの越後経由で伝播したのだろう。

会津を巡る中、間瀬《まぜ》大工の名を重ねて聞いた。江戸から明治期、会津で多くの寺社や家普請を手掛けた越後間瀬（旧岩室村、現新潟市西蒲区）出身の大工集団だ。旧岩室村時代の広報誌連載「間瀬大工を追って」の第八回目に、江戸末期に名を馳せた間瀬大工の名工（棟梁《とうりょう》）篠原嘉左衛門に弟子入りした込山米蔵が「オラは会津にいる、親方の元に往くしかなかった」と言いながら六十里越えをする、十六歳晩秋の「忘備録」が紹介されている。米蔵はこの時、石峠に野宿し、朝日に輝く弥彦山や間瀬の海を見ながら握り飯を口に入れ、朱に染まる山を駆け下りるように会津へ向かったという。

越後・佐渡国の章でみたように、海から寄りくる気多神としての出雲大神信仰は上越の居多神社に止まらず、出雲崎近くの御島石部神社、間瀬の大己貴神社まで及んでいる。『間瀬郷土史』は、天正年間（一五七三〜九一年）に能登方面からの移住があり、次いで加賀・能登方面から名工が来て大工をしたのが当村大工職の始めとなった、との伝承を記す。越後海岸を介した能登と会津のつながりが見えてくる。

6　越後からの玄関口——山三郷と出雲神社

間瀬大工ら越後海岸村の出稼ぎ者たちは、阿賀野川ルートでも会津入りしていた。会津街道は新発田を起点とし、五十公野《いみじの》、米倉、山内を経て津川へ向かう。その新発田領山内番所の天保七〜十（一八三六〜三九）年の記録では、会津への出稼ぎ者（一七七四人）の大半が五ヶ浜（四三一人）、間瀬（三四五人）、越前浜村（一五九人）の出身だった。彼らは、行きに新発田経由の会津街道をとり、帰りは津川から阿賀川を川船で下ったと、三川史談会の斉藤永重さん（一九三七年生）はいう。弘化四（一八四八）年十二月、越後へ帰省する人々の乗った船が阿賀野川で転覆し、四四人が溺死した。斉藤さんが住む新潟県阿賀町岩谷《いわや》に立つ供養塔「哀溺鑑戒之碑《あいできかんかい》」によれば、犠牲者のうち二一人が五ヶ浜村民だった。

上田良光宮司の案内で訪れた山岩尾の出雲神社（喜多方市熱塩加納町）　2013年、近在の氏子たちの出資で改修されたという赤い屋根が印象的だった。

　このルートは信仰伝播の道でもあった。新発田市五十公野鎮座の古四《こし》王神社が、喜多方市慶徳町にもある。「越人の神を祭りしもの」（『北陽史談』第八年五号）といわれ、「古志」「高志」「越」王とも書くこの神社は、会津街道上の津川や野沢（西会津町）にもある。五十公野の社の三km南に米倉の旧出雲神社が、慶徳の社の三km東に寺南の出雲神社があるのも偶然ではなかろう。古代の創建と伝わる慶徳町の新宮熊野神社の本宮は出雲の熊野大神、櫛御気野《くしみけぬ》命を祭る（大正八年『福島県耶麻郡誌』）。出雲信仰も古くから会津に入っていたようだ。

慶徳を通る道は、山三郷《やまさんごう》（西会津、高郷、山都の阿賀川以北）から北方《きたかた》（喜多方）へ向かう会津裏街道だ。

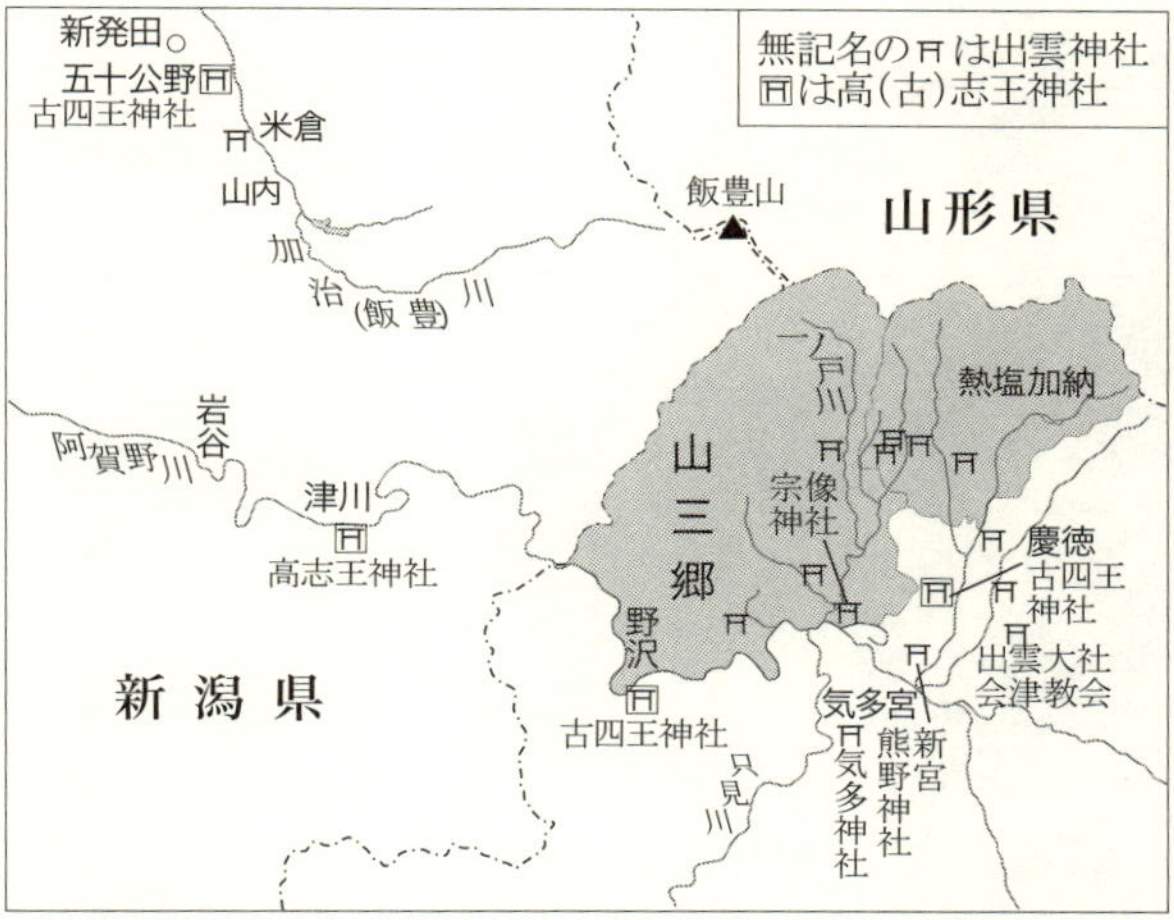

応永二十七（一四二〇）年七月、高館城（慶徳町）落城後、奥川（西会津町）の城に籠もった新宮盛俊は、そこも攻め落とされ、五十公野に逃れたという（『新宮雑葉記』）。山三郷の小布瀬や堂山、大舟沢などに中世の館跡があり、より古い時代、この道筋が会越を結ぶ主要道だったことを窺わせる。戦国期、北方の小田付《おだづき》、小荒井の定期市で取引された塩も、山三郷の農民たちが津川から越後裏街道を馬の背に積み運んだものだった。

越後方面からの玄関にあたる山三郷には、明治十一年の神社明細帳が「社号改替、之無し」と記す一ノ戸の出雲神社がある。山都町で阿賀川と分岐する一ノ戸川の上流だ。その分岐点近くには天喜年間（一〇五三～五八年）の創建と伝わる宗像《むなかた》神社もある。いっぽう一ノ戸川の手前で分岐する只見川《ただみがわ》を遡れば、気多神社の鎮座地、気多宮に辿り着く。

対馬海流で北上した宗像、出雲の信仰が、共に越後から会津入りした足跡といえよう。

一ノ戸は飯豊《いいで》山への登り口にあたる古い集落で、飯豊山神社の麓宮もある。近世の会津では飯豊山五社権現が総社と呼ばれ、一宮に準ずる地位を得ていたという（『熱塩加納村史』）。『新編会津国風土記』が小田付村（現喜多方市寺南）の総社神社の祭神を大山祇神《おおやまつみ》・埴山姫神《はにやまひめ》としていることにも、会津で盛行した山神信仰の強い影響がうかがえる。山三郷と岩尾には峠越しの交流や縁組が戦前まで続いたと

一ノ戸の出雲神社（喜多方市山都町一ノ木）　集落を見渡す丘の上の社殿に六十数段の石段を上がって辿り着くと、拝殿内に白く美しい幔幕が掛けられていた。

いうが、熱塩加納町の出雲四社は、その中心とされる山岩尾の社と一ノ戸の社を結ぶ、ほぼ東西直線状に並ぶ。『山都町史』は、総社神社は八百万の神を司る福の神、縁結びや農耕神として信仰されてきた

と記す。大国主神信仰と相通じる。

会津藩内の神社には、寛文年間（一六六一～七三年）の神社改めで大々的な整理統合が加えられた。その時、出雲大神を祭る社に総社の称号を与え、周辺諸社を合祀したのが近世会津の総社神社だったのではないか。寛文十二（一六七二）年の『会津神社志』耶麻郡七六座の中に、初めて小田付総社神社が現れる。それが出雲神社に改称したのは、明治二年五月、会津に新政府直轄の若松県が置かれた翌（三）年だ。同年に始まった郷村の組織改革という若松県下の新政と連動した動きと思われる。

耶麻郡では明治二十一年四月、西勝《さいかつ》村講社を母体とした出雲大社会津教会が、東條勝現教会長の高祖父、源之輔らによって設立された。会津教会（喜多方市関柴町）は現在、御札配布二三〇〇世帯という教勢で、近年も信者が増えているという。出雲信仰は会津の地にしっかりと根付いている。

（二〇一四年十一月～二〇一五年二月掲載）

武蔵国

1　関東平野の西端に並ぶ出雲イワイ系神社——尊福国造直筆の扁額と石碑

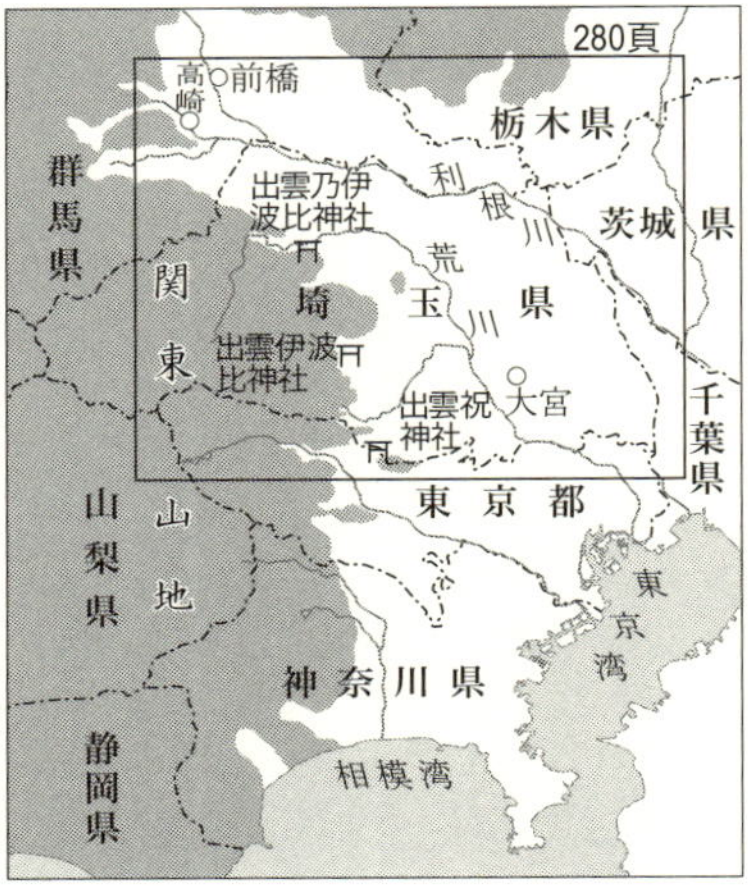

石塚尊俊『出雲信仰』が、記紀よりもっと古い時代の出雲からの氏族移動の結果と考える他ないという、出雲国以外の式内出雲神社九社。その中で出雲から最も遠く離れながら二社もあるのが武蔵国だ。この二社——入間《いるま》郡（埼玉県）の出雲伊波比《いわい》神社と男衾《おぶすま》郡（同県）の出雲乃伊波比神社——の比定社は、関東平野の西端を南北に走る（八王子と高崎を結ぶ）八高線に沿う寄居、毛呂山、入間に分布している。地図で見ると、小祝《おぼり》神社（祭神・少彦名命《すくなひこな》）が鎮座する高崎方面から、利根川と荒川が作り出した扇状地の西際＝関東山地の麓に

沿って、出雲祝系神社が南下したかのようだ。

　延喜式神名帳（九二七年）が入間郡五社の筆頭に挙げる出雲伊波比神社は、すでにその一五〇年前、宝亀三（七七二）年十二月十九日付太政官符（応奉幣帛神社事）に「入間郡家（役所）の西北の角にある出雲伊波比神」（武蔵国司上申書）として現れている。この旧入間郡内に現存するのが出雲伊波比神社（埼玉県入間郡毛呂山町岩井）と出雲祝神社（入間市宮寺寄木森）だ。

尊福国造直筆の扁額（明治7年11月）が掛かる出雲祝神社拝殿

　毛呂山の社は大名牟遅《おおなむち》神（出雲大神）と出雲国造《こくそう》の祖とされる天穂日《あめのほひ》命を主祭神とし、出雲臣武蔵国造《くにのみやつこ》の兄多毛比《えたもひ》命が祭祀したと伝える。いっぽう入間の社は天穂日命とその御子神（天夷鳥命《あめのひなどり》）及び兄多毛比命を主祭神とする。そのまま受け取れば、初代牟佐志《むさし》国造とされるエタモヒが出雲大神を祭ったという出雲伊波比神社が、エタモヒを祭神として祭る出雲祝神社より古いことになる。だが中世、宮寺郷一八カ村の総鎮守だった出雲祝神社も、古くからの有力社だ。

　出雲祝神社は、武蔵野台地に東西一〇kmにわたって横たわる狭山丘陵の西北麓にある。明治九年『狭山のしおり』は、社名の「伊波比」は出雲氏族がいわいまつる神、氏神を意味するとし、『宮寺小史』（一九七五年）も「この社は

尊福国造が賛助者（317 人）と共に建立した石碑「牟佐志国造御社」（出雲祝神社境内、明治 14 年 4 月）

……出雲系民の総社で出雲大社の分家の如きもの」だと記す。実際、寄木宮とも呼ばれてきた同社の縁起は、出雲との深い関わりを示している。「天仁三（一一一〇）年七月四日、大木百支海上より稲佐浦による」（国日記）で始まる杵築大社の「寄木の造営」を思わせる寄木の社名は、同社の社叢が、アメノホヒ（の子孫）が武蔵へ来た時、出雲から携えてきた樹種を蒔《ま》いてできた寄木森だとの伝承に由来する。同社を近村へ分社造営する際は、その寄木（境内の古木）をもって行われたという。

そのため近世は一般に寄木明神と呼ばれたが、古来「出雲祝神社」が正式な名であったことは「出雲祝神社中棟別之事」云々と記す弘治三（一五五七）年十一月二十七日の北条氏康印判状（入間市指定文化財）からも分かる。同社の御神体は、アメノホヒが上半分を杵築大社に残し置き、下半分を持参した石捧（剣）だという社伝や、出雲大社と同じ神紋（二重亀甲に剣花角）を使う点にも、出雲が原郷との意識がうかがえる。平安時代には管原道真の三男（道武）が、旅の途中で先祖アメノホヒを祭る当社に二人の子（道英、道利）を連れて参拝し、道真公の像を収めたという。天応元（七八一）年、道真の曽祖父、土師宿弥《はじのすくね》古人《ふるひと》らが菅原に改姓。その土師氏の先祖がアメノホヒ（十四世の孫が野見宿禰＝出雲国人）だと続日本紀は記す。道真の子にも、先祖は出雲人だという記憶が伝わっていたことを思わせる逸話だ。

同社は近代、再び出雲との縁を重ねる。本殿に掛かる千家尊福《たかとみ》（第八十代）出雲国造直筆の扁額《へんがく》は、尊福国造が明治七年十一月に当社を訪れた時、奉納したものだ。尊福国造は明治十四年四月にも同社を訪れ、「牟佐志国造御社」と刻まれた石碑を建立している。「牟佐志国造之御社国中さだかならず、若《も》くは出雲祝神社なるやと。出雲国祖へ上申したり」で始まる碑文「国祖千家尊福書」も全文が『式内出雲伊波比（祝）神社記』に転載・保存されている。

2　出雲の神を斎う社——太政官符に記された神威

出雲伊波比神社（埼玉県入間郡毛呂山町岩井）　同社が鎮座する臥龍山のすぐ東に「伊波氷」という地名が小字名として残る。室町時代から紫藤家が祀職を務め、正臣現宮司で25代目。

武蔵国臥龍山《がりゅうざん》（埼玉県入間郡毛呂山町）に鎮座する出雲伊波比《いわい》神社は、この地に移住して開拓を進めた出雲系の豪族集団が、出雲の祖神を祭祀した社（さきたま文庫65）、また「出雲の神を斎《いわ》う」社（『埼玉の神社』）などと表される。そのイワイを意味する出雲系式内（論）社が、越後海岸の出雲崎（新潟県）や信州千曲川沿いの屋代（長野県千曲市）にあり、いずれも出雲大神（大国主神）を祭る。武蔵のイワイ（祝）系神社も、初めはみな出雲大神を祭っていたのではないか。出雲伊波比神の祟りで起きたという神火事件を記す、八世紀半ばの太政官符「応《まさ》に神社に幣帛《へいはく》を奉るべき事」（国指定重要文化財、天理図書館蔵）が、それを窺わせる。

この宝亀三（七七二）年十二月十九日の官符（神祇官あての下達書）は、前年九月十七日に入間郡正倉四宇（棟）が火災にあい、一

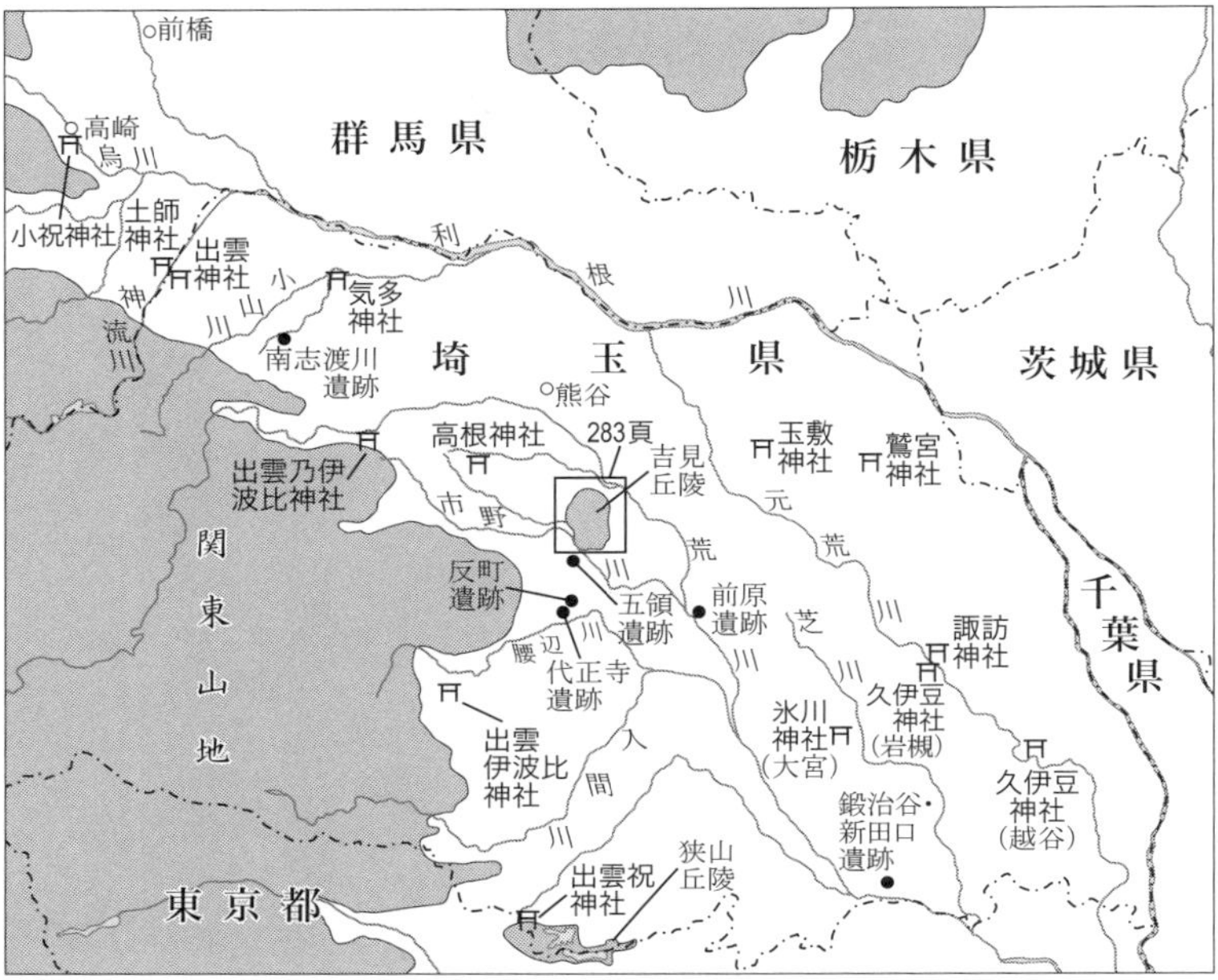

万五一三斛（石）の糒穀《びこく》が焼け、百姓一〇人が重病に臥し、二人が頓死した、との同（九）月二十五日の武蔵国司の解（上申書）で始まる。卜占《ぼくせん》すると「郡家（役所）西北角に在《いま》す出雲伊波比神の祟《たた》り」で、同神は常に朝廷の幣帛を受けていたが、近年奉献されないため、郡内外の雷神を引いて火災を起こしたという。事情を調べると、確かに朝廷が幣帛を奉献していた神で、太政官の天平勝宝七（七五五）年十一月二日の符にも「武蔵国幣帛に預る社四処……入間郡出雲伊波比社」とある。しかるに幣帛の奉献に漏落があったとし、右大弁藤原百川（鎌足の曾孫）らの署名で、前例にならって奉幣するよう神祇官に指示している。

　八世紀初めの古事記には、出雲大神の祟りが重ねて現れる。崇神《すじん》天皇の段では疫病が蔓延し人民が絶えそうになり、垂仁《すいにん》天皇の段では御子《みこ》ホムチワケが言葉を発せられない。前者の場合、三輪山《みわやま》に大神を斎《いつ》き祭ると疫病が治まり、後者では御子が出雲を訪れ大神を拝すると、初めて意味をなす言葉を発したという。出雲大神の祟りを恐れる畿内人の意識は、出雲服属の経緯に端を発するものとみられるが、出雲伊波比神＝出雲大神であればこそ、その祟りは太政官の役職者をも震撼させる神威があったはずだ。

関東平野西北部の扇状地にあたる武蔵・上野《こうずけ》国境地域には、能登経由で伝播した出雲信仰の足跡が残る。上信（上野・信濃）国境から流れ出す烏川の西岸に鎮座する上野国片岡郡の式内社、小祝《おはふり》神社（今は「おぼり」と読む、群馬県高崎市石原町、祭神は少彦名命《すくなひこな》）は、烏川で夜に光り輝いたという小鼓形の石を御神体とする。同社近くの川中には聖石や神籠石《こうご》（神霊が宿る石）と呼ばれる大石も浮かぶ。『式内社調査報告』が能登の大穴持《おおなもち》神、宿那彦《すくなひこ》神像石《かたいし》神社との関連を指摘する所以だ。烏川は小祝神社の十数km下流で利根川に合流する。そこから七km南東の小山川（利根川の支流）の右岸には、能登国一宮、気多《けた》大社の分霊を祭ったと伝わる気多《きた》神社が鎮座する（埼玉県深谷市西田）。江戸後期の『新編武蔵風土記稿』が「大己貴《おおなむち》命を祀る」と記す同社の創建は天正年間（一五七三〜九二年）ともいうが、珠洲焼やミホススミ信仰の信濃方面への伝播時期と合わ

出雲乃伊波比神社の神名石（埼玉県大里郡寄居町赤浜）　荒川岸の赤浜集落は天正8（1580）年の洪水で集落ごと流され、現在地へ移ったという。

埼玉県比企郡吉見町黒岩鎮座の伊波比神社　出雲伊波比、出雲乃伊波比神社と同じ神を祭る社として創建されたとみられている。

せ見れば、もっと古い気もする。出雲国気多島が源という、寄り神としての出雲大神＝気多信仰が、能登を経て武蔵へ伝播した証だ。

その気多神社の一二km南方、埼玉県大里郡寄居町赤浜に、武蔵国出雲イワイ系神社のうち最北部に位置する出雲乃伊波比神社がある。同社は天喜年中（一〇五三～五八）、源頼義が白旗を献じてから白旗八幡社と呼ばれたが、世襲の高橋宮司家では代々、出雲乃伊波比神社の名を受け継いできたという。荒川の洪水や神社の火災で古記録がほぼ失われる中、中興の祖とされる高橋出雲守吉久が宝永七（一七一〇）年に受けた神道裁許状などが保存されてきた。祭神は素佐之男命《すさのお》とされるが、出雲イワイ系神社が越後海岸から南下してきたなら、この寄居の社が最も古い社となり、やはり大元の祭神は出雲大神だったとも思われる。

3　吉見丘陵東部の出雲系古社――水流に囲まれた古代の要地

出雲の名は冠していないが、入間郡の出雲伊波比神社、男衾郡の出雲乃伊波比神社と同じ武蔵国出雲イワイ系神社の一つとされるのが、横見郡の伊波比神社だ。横見郡は三郷（高負《たけふ》、御坂、余部）の小郡だが式内社が三社あり、他の二社――高負比古《たけふひこ》神社と横見神社――を含め、すべてが出雲系という点が注目されてきた。現在これらの比定社は埼玉県比企郡吉見町内に鎮座する。「横見《よこみ》」は今「吉見」と称す、という和名抄《わみょうしょう》（十世紀前半）の記載から、吉見＝横見だと知れるが、この三社はさらに町内の南北四km、東西二kmほどの吉見丘陵の東部と東麓に（式内社としては）密集している。そこから『吉見町史』は「古代この地が出雲系の勢力下にあったことは明らか」で、「住民には出雲系の血が濃く、生活文化の伝統にも大和とは異質のものが強く流れていた」という。

吉見丘陵東側の山腹（吉見町黒岩）に鎮座する伊波比神社は、出雲国造が祖先神とする天穂日命を祭る（一八七三年『神祇志料』などは大己貴命説をとる）。続日本後紀の嘉祥二（八四九）年二月五日条に「武蔵国伊波比神」として現れる古社だ。高負比古神社の初出はもっと早く、入間郡出雲伊波比社と同様、天平勝宝七（七五五）年十一月二日の太政官符が記す「武蔵国幣帛に預る社四処」の一つ、「横見郡高負比古乃社」として、宝亀三（七七二）年十二月十九日付の官符に現れている。その比定社、高負彦根《たかおひこね》神社は吉見丘陵の東北端、吉見町田甲《たこう》に鎮座し、味鉏高彦根《あじすきたかひこね》命とその父神、大己貴命を祭る。伊波比神社の四〇〇mほど東南、御所に鎮座する横見神社は、須佐之男《すさのお》命と櫛稲田姫《くしなだひめ》命を祭る（『特選神名牒』によれば、明治期の神社明細帳では大己貴命も主祭神）。御所古墳群中にあり、本殿と境内社が古墳の上に建つという同社は、近世七カ村の総鎮守でもあった。

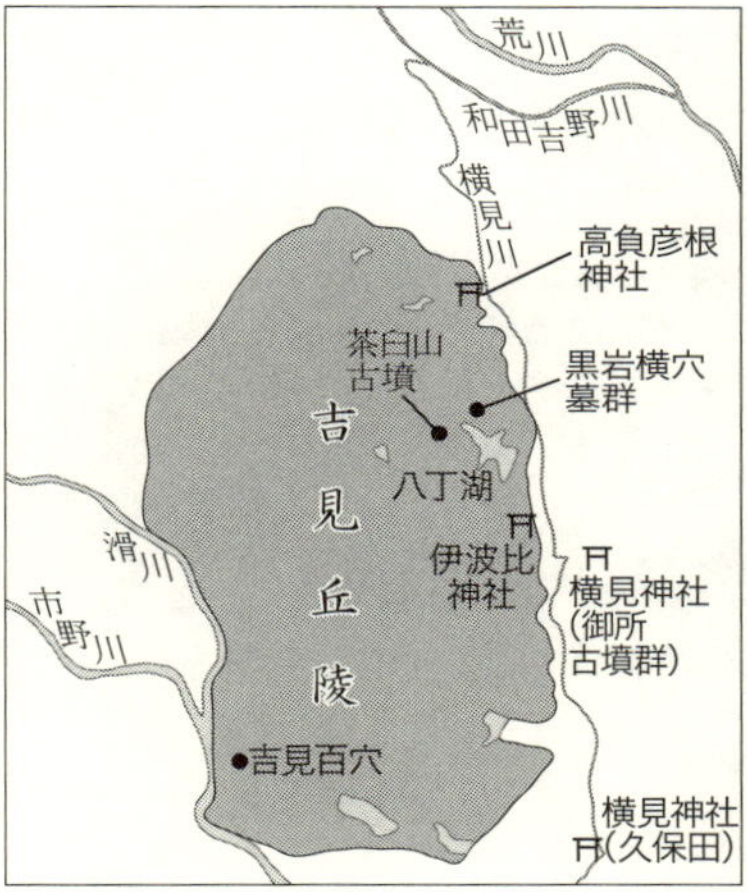

この地に出雲系式内社が集まる理由は、吉見丘陵を取り巻

埼玉県比企郡吉見町田甲の高負彦根神社　鎮座地「玉鉾山」の通称は「ポンポン山」。社殿後方、頂上付近の地面を強く踏み鳴らすとポンポンと響くその岩山は、江戸時代の『武蔵国風土記稿』にも、鼓のように響く玉鉾石として紹介されている。和名抄が記す高生（たけふ）郷、今の字名「田甲（たこう）」も、高負比古の神名に由来するとみられる。

く環境から窺い知れる。寄居町赤浜の出雲乃伊波比神社と高負彦根神社を結ぶ線のほぼ中間点に、味鉏高彦根を祭る高根神社がある。同社に近い和田川はその下流で吉野川と合流して和田吉野川となり、吉見丘陵の北東で荒川と合流する。この「荒川」が実は、もと和田吉野川だ。寛永六（一六二九）年、江戸の水害を防ぐため、利根川に合流していた荒川を切り離す大規模な瀬替え（流路付け替え工事）が行われた。今の熊谷市久下あたりから新しい河道を作り、荒川を和田吉野川と合わせ、入間川につなぐ。その結果、和田吉野川の中下流域と、和田吉野川との合流域から下流の入間川が、新たな荒川となった。こうして荒川（の一部）となった旧和田吉野川は、古代は今（現荒川）より西、吉見丘陵の東麓沿いを流れていたといわれる。

高負彦根神社が鎮座する玉鉾山の北側は断崖だが、直下二〇mの平地から先は一転して水田が広がる。そこには昔川が流れていたといわれ、船の綱を結んだと伝わる湊石もあった（現在、本殿下に奉安）。また伊波比神社の約三〇〇m北、八丁湖近くの字立石には、高さ一〇mほどの巨岩がある。明治四十年に同社へ合祀された岩崎神社があった、荒藺崎《あらいがさき》と呼ばれるその地に聳える黒く切り立った岩石は、かつての河川に洗われた岸壁の残存ともいわれる。御所の横見神社は建長年間（一二四九〜五六年）に起きた大洪

寛永六年瀬替え前（上）と後（下）の荒川・利根川

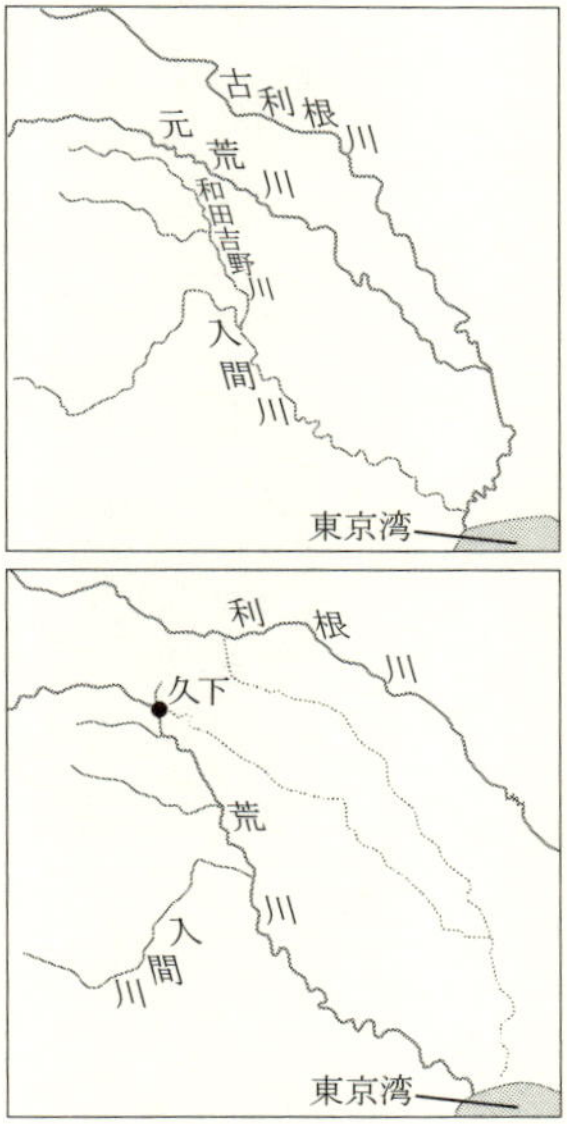

水で流され、窪田村（当時）に漂着したその御神体を祭ったのが、久保田の横見神社の始まりとも伝わる。すると、現在の横見川が旧和田吉野川の流路を再現しているようにも見える。

吉見丘陵は海抜四〇～八〇ｍと比較的平低で、八丁湖など池沼が多い。人々は丘陵下の沖積平野に水田を開き、その水を使って農業を営んできた。八丁湖付近には古墳時代後期の黒岩横穴墓群（五百基以上と推定）や茶臼山古墳があり、この地が古代北武蔵の要地だったことを窺わせる。丘陵の西には滑川があり、それと合流した市野川が南部を東流し、沖積平野を作った。この二河川の合流点付近にあるのが国指定史跡、吉見百穴だ。

4　出雲系とされる横穴墓・吉見の百穴——近隣遺跡で山陰系土器も出土

吉見の百穴《ひゃくあな》は、古墳時代後期～終末期（六世紀後半～七世紀後半）、吉見丘陵の岩山斜面を掘削して造られた横穴墓群だ。明治二十年の発掘調査で二三七基が確認されたが、第二次大戦末期の地下軍需工場建設で約二〇基が破壊され、今は二一九基を数える。横穴墓は、古墳時代後期に出現した横穴式石室（高塚古墳の死者を埋葬する主体部）構造を、丘陵や台地の斜面を掘削する形で応用したものだ。五世紀後半に

出雲系横穴墓とされる吉見百穴（古墳時代後期）

北部九州で出現した横穴墓が六世紀半ば出雲に伝播し、出雲の横穴式石室構造を応用した横穴墓が六世紀後半、さらに東方へ伝播したとされる。横穴墓は横穴式石室と同様、棺を納める奥の広い部屋＝玄室と、入り口から玄室に至る細長い通路＝羨道《せんどう》からなる。『日本の横穴墓』で、吉見百穴墓群の変遷を五段階に編年整理した池上悟立正大学教授は、その初期型は玄室が方形で、左右の側壁沿いに縁取りされた二つの棺座（遺体を安置した棺を乗せる場所）を付設し、それに対し直角に羨道がつく特徴をもつと分析。平面でみればT字形をなすこの横穴墓は、出雲意宇型に系譜をもつ出雲系横穴墓だとする。東海から南関東にかけて畿内・河内系横穴墓が分布する中、北武蔵の吉見百穴が出雲系なのは異彩を放つと、池上教授はいう。

出雲と同様、横穴墓が多いのが加賀・能登で、珠洲《すず》だけで約二百基が確認されている（珠洲の総数は推定五百基以上）。その系譜を考察した『珠洲市史』は、山陰・九州の強い影響を指摘し、九州—山陰—北陸へ帯状に連なる横穴墓の分布は、古墳時代の北ツ海を介した文化波及の大動脈を示すものだという。越中で確認できる横穴墓の構造（玄室に対し羨道が一方に偏って付く）も、出雲の横穴墓に系譜が辿れると、池上教授は指摘する。

吉見百穴初期型（出雲系横穴墓）の玄室部（左）と平面図（右）

視点を武蔵に戻せば、利根川に流れ込む小山川の支流、志戸川――その上流域南岸にある南志渡川遺跡（埼玉県児玉郡美里町）から、山陰系とみられる古墳時代前期の複合口縁甕《かめ》が、北陸（東部）系甕と共に出土している。遺跡の約七km下流の東岸には、能登気多《けた》大社からの勧請と伝わる気多《きた》神社があり、出雲を原郷とする人や文化の、北陸経由の流れを窺わせる。吉見百穴の一・五km南西には、山陰特有の鼓《つづみ》型器台ほか、山陰系もしくは北陸西部系とされる複合口縁の甕や坩《つぼ》、杯が出土した古墳時代前期の五領遺跡（東松山市）がある。この鼓型器台は一九五四年、社会福祉施設・育心寮の子どもたちが農園で芋掘りをした時に出てきた多量の土器を、近くで試掘調査をしていた金井塚良一さん（当時松山高校教員、元埼玉県立博物館長、一九二九年生）に委ね、金井塚さんらが整理・復元する中で発見されたものだ。

付近には、古墳時代前期の水晶を石材とした玉作工房跡が検出された反町《そりまち》遺跡（東松山市）と前原遺跡（桶川市）もある。水晶を石材とする勾玉《まがたま》作りは古墳時代前期の出雲で現れ、盛行したもので、関東では反町、前原の二遺跡しか例がない。さらに前原遺跡の水晶勾玉には出雲特有の穿孔《せんこう》技術である片面穿孔も

東松山市五領遺跡で出土した山陰特有の鼓型器台（古墳時代前期）
東松山市埋蔵文化財センター所蔵。筆者撮影。

施されていた。反町遺跡は五領遺跡の三㎞ほど南方、前原遺跡は吉見百穴の麓を流れる市野川を一〇㎞ほど下った、荒川との合流点東岸にある。

埼玉県内では戸田市の鍛冶谷・新田《しんでん》口遺跡でも、山陰系低脚杯とされる土器が出土しているが、同県埋蔵文化財調査事業団の福田聖主査は、東松山市代正寺遺跡で出土した古墳時代前期の壺にも注目する。この土器の頸部《けいぶ》には、在地に類例のない、山陰土器に特徴的な竹管《ちっかん》刺突文《しとつもん》が鋸歯《きょし》文と共に施されており、鳥取県大山町の徳楽墳丘墓の周溝で見つかった古墳時代前期の甕によく似ているという。論文「東国の中の出雲世界」をまとめた川口市教育委員会の黒済和彦さんは、こうした事象に加え、七世紀末の須恵器糸切り離し技法も検証した上で、武蔵北部には四、六、七世紀、確実に出雲からの人と文化が存在していたと結論付けている。

5　氷川、久伊豆、鷲宮——武蔵東部に広がる出雲系神社群

武蔵国に出雲系神社が多いという時、東部に拡がる氷川《ひかわ》、久伊豆《ひさいず》、鷲宮《わしのみや》神社群の存在も大きい。埼玉県神社庁調査資料室の高橋寛司学芸員の集計によれば、氷川神社は二八四社（埼玉県二〇四社、東京都七七社、神奈川県三社）、久伊豆神社は五四社（全て埼玉県内）、鷲宮神社は百社（埼玉県六〇社、東京都四〇社）にのぼる。

文化七（一八一〇）年「東都道中分間絵図」に「武州一ノ宮氷川大明神」の鎮座地と記された大宮。その地名由来ともなった足立郡式内氷川神社について、文政十一（一八二八）年の『新編武蔵国風土記稿』は「出雲国氷の川上に鎮座せる杵築大社をうつし祀りし故、氷川神社の神号を賜れり」と記している。「氷の川」は古事記で「肥河《ひのかは》」、日本書紀で「簸川」とも書かれた斐伊川で、それが氷川神社の社名由来だという。今の斐伊川は出雲平野で東に折れて宍道湖に注ぐが、中世末期の洪水で流路が変わるまでは、

さいたま市大宮区の氷川神社参道（二の鳥居前）　旧中山道から分岐する一の鳥居から神社境内までは約2㎞。同社は現在、須佐之男命、稲田姫命、大己貴命を主祭神とする。

西に折れて杵築方面へ流れていた。出雲国風土記は、出雲郷の北で西に折れ、杵築郷を経て神門水海《かむどのみずうみ》に入る古代の流路を「出雲大川」の名とともに今に伝える。

　大宮の氷川神社の境内案内版に書かれた由緒には、出雲族の兄多毛比命《えたもひ》が武蔵国造となって氷川神社を奉斎したとある。「出雲臣の祖……の十世の孫、兄多毛比命を以て无邪志《むさし》国造に定賜ふ」と記す平安期の『国造本紀』と対応する社伝だ。『埼玉県の神社』は、同社は「无邪志国造任命以前から、この地に来住した出雲民族によって祭られた」社とも説く。同社の世襲宮司だった角井家の末裔で民俗学者の西角井正慶元國學院大學教授は『古代祭祀と文学』で、武蔵は出雲民族系統の首長が奉じる神の力で鎮めた国で、氷川の神は出雲族が祭った神だと

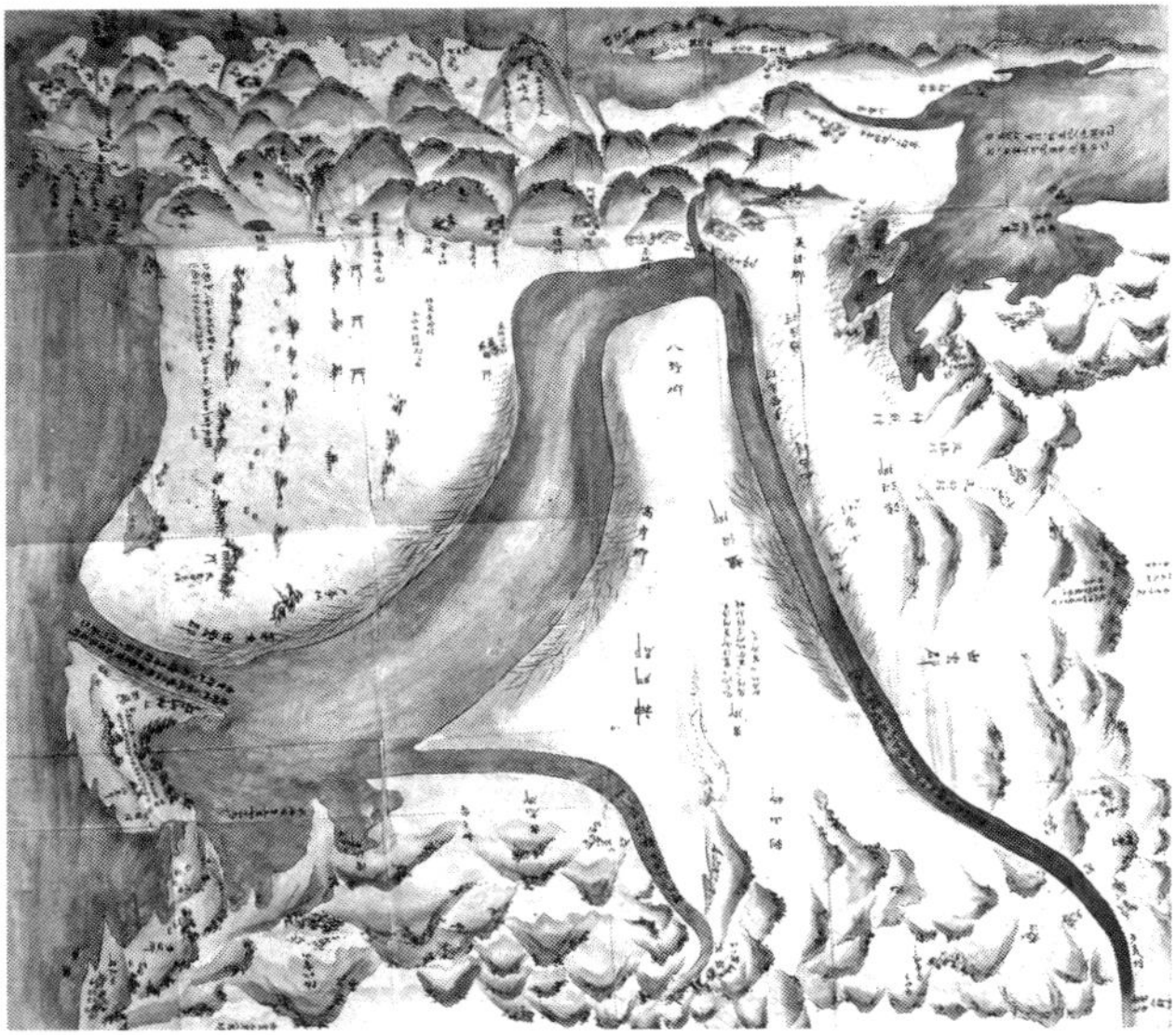

神亀時代出雲郡之図　斐伊川西流時代を描いた絵図を明治 43 年に模写したもので、出雲市斐川町神庭の出川節郎さん所蔵。2013 年、荒神谷博物館で一般公開された。島根県立図書館所蔵の往古簸川西流絵図（大正 3 年模写）と原図は同じとみられる。潟湖だった神門水海と斐伊川河口部が一体で描かれているのが目を引く。

する。角井家の始祖は出雲国造と同じ系統で、当主の多くが出雲守を称し、出雲国造家と同じ紋所を用いるなど「出雲の一族のごとく自任してきた」とも記している。

この大宮の社を本社とする氷川神社は、荒川や芝川流域の主に台地上の古い集落に多い。これに対し、洪水の危険が伴う元荒川流域の低地部に分布するのが久伊豆神社で、氷川神社より新しい時代の創建とみられている。とはいえ、『吾妻《あずま》鏡』建久五（一一九四）年六月三十日の条に「武蔵国大河戸御厨《みくりや》において久伊豆宮神人等」云々と出てくる久伊豆社の創始も、古代には遡りそうだ。中でも古社とされるのが騎西《きさい》の玉敷《たましき》神社や岩槻、越谷《こしがや》の久伊豆神社だ。近世は一般に久伊豆大明神と呼ばれた玉敷神社（埼玉県加須市騎西）は埼玉郡の式内社で、武蔵国造になった兄毛多比命が出雲大神を祭ったのが始まりともいう。各社とも大己貴命を主祭神とする久伊豆神社だが、さいたま市岩槻区の社では古代、東国に移動した出雲族土師《はじ》氏が出雲国から勧請したのが始まりとも伝える。

久伊豆宮と同時期、『吾妻鏡』建久四年十一月十八日の条に「武蔵国……太田庄鷲宮御宝前に血流る」云々と出てくる鷲宮神社は、元荒川と利根川に挟まれた旧埼玉郡の北東部に半数が集まる。その本社とされる埼玉県久喜市鷲宮の社は「出雲族の草創に係る武蔵国最古の大社」を称し、「太古天穂日宮……部族等を率ひて此の地に……大己貴命を奉祀し給ふに始まり、次て天穂日宮の御霊徳を崇め別宮を建て奉祀せる是草創なり」とその『由緒記』で伝える。土師宮《はじのみや》に由来するとも言われる鷲宮は、野見宿禰《のみのすくね》の子孫が土師部として武蔵国に来住して祭った神社だという伝承もある（『埼玉県の神社』）。

武蔵と上野の国境に『和名抄』が記す緑野《みどの》郡土師《はにし》郷があり、その比定地内の群馬県藤岡市本郷に野見宿禰を祭る土師《どし》神社が、神流《かんな》川を挟んだ埼玉県児玉郡神川町に出雲神社がある。宮地直一「埼玉県の神社に就いて」は「出雲系の有力者が居住し子孫が関係ある神を奉祀したるが故に、県内に出雲系の神が多数を占めて居る」というが、その信仰は古い時代に利根川と荒川が作り出した上武国境の扇状地から入り、氷川―久伊豆―鷲宮と東へ拡がったのではないか。

（二〇一四年七～十月掲載）

上野国

1　旧緑野郡土師郷——尊福国造書の扁額が掛かる神流川両岸の土師、出雲神社

群馬県と埼玉県を区切る神流《かんな》川——その両岸に、いずれも千家尊福《たかとみ》（第八十代）出雲国造《こくそう》の筆による扁《へん》額《がく》を掲げた神社がある。群馬県藤岡市本郷の土師《どし》神社と埼玉県神川町肥土《ひど》の出雲神社だ。本郷と肥土は、もともと同じ上野《こうずけ》国緑野《みどの》郡土師《はにし》郷（和名抄）内にあった。集落の東を流れていた神流川が洪水で西に移った結果、肥土が武蔵国に変わったのは元禄十五（一七〇二）年十一月。それ以来の国境が県境に引き継がれ今に至るが、両地域が古代の土師郷から十七世紀まで同じ地域だったという昔の地形に立ち戻ることで、そこにある出雲の所以は見えてくる。

土師神社「従三位尊福書」の扁額（群馬県藤岡市本郷）

肥土の出雲神社は、（出雲国造の祖神とされる）天《あめの》穂《ほ》日《ひ》命を祭

る廣野大《ひろのだい》神社の土師《はにし》宮司家に隣接する。廣野大神社と土師神社は「上野国神名帳」総社本（永仁六＝一二九八年の書写）に載る緑野郡の「従三位廣野明神」「正五位上土師明神」に比定される古社だ。

土師神社は神流川西岸の河岸段丘上に鎮座し、二〇〇mほど北に国指定史跡の本郷埴輪窯跡がある。この一帯には、同じ河岸段丘の自然傾斜を利用した登窯が二〇～三〇基あったと推定され、発掘調査した二基の状態のよい方が保存された。それが全長約一〇mに及ぶ本郷窯跡だ。発見の翌（明治四十）年に建てられた、傍らの石碑「埴輪《はにわ》製造之竈址《かまあと》」は尊福国造の書。窯では六世紀を中心に円筒埴輪や人物、馬、家などの形象埴輪が作られた。藤岡台地一帯には今も当地の特産品・瓦の生産に使われる良好な粘土層がある。その独特の胎土から、当地の窯製造とみられる埴輪が高崎市や安中市、利根川以東の前橋市や伊勢崎市に及ぶ広い範囲で出土している。

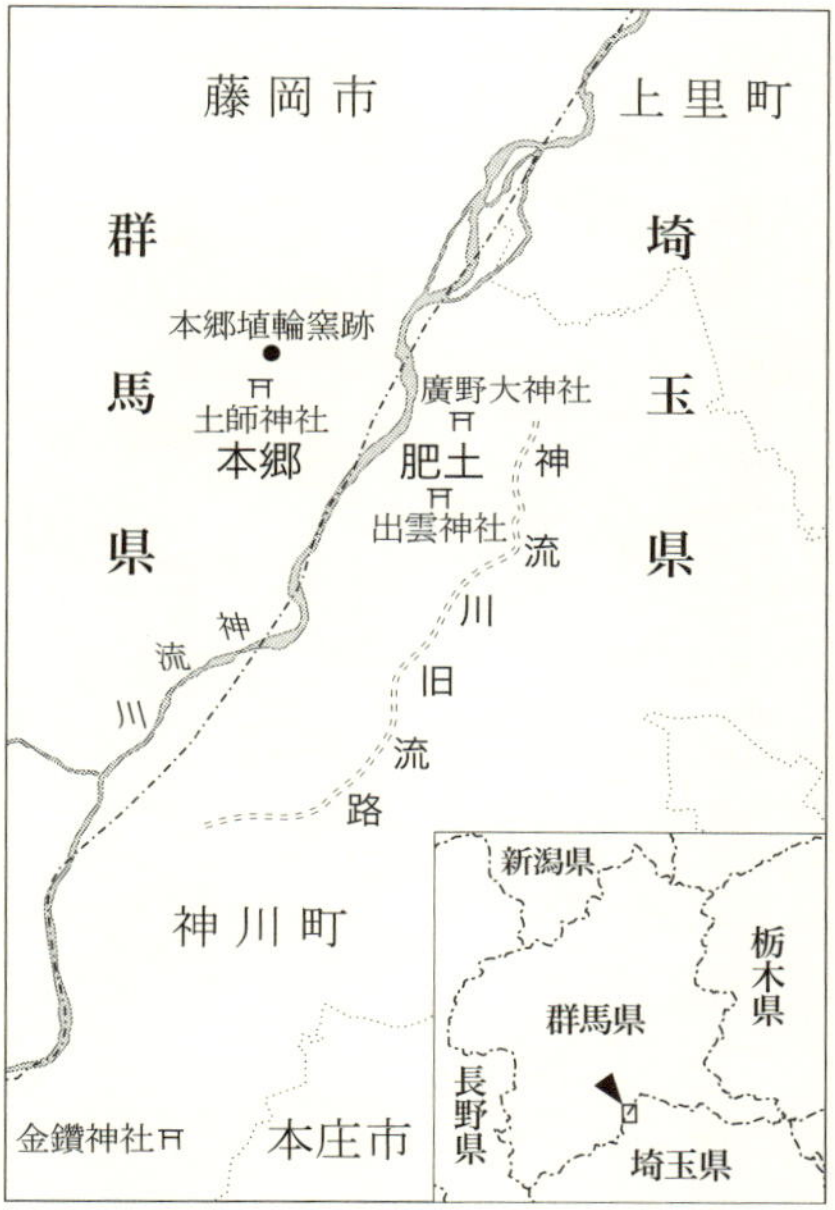

その埴輪製作集団、土師部《はじべ》の祖で出雲出身とされる野見宿禰《のみのすくね》を祭るのが土師神社だ。『群馬県多野郡誌』（一九二七年）は、野見宿禰はその部族を諸国に分けて埴輪を作らせたが、その土師部がここにも置かれたと推察している。武蔵国加美《かみ》郡（現神川町周辺）の由加麻呂《ゆかまろ》は「土師氏と同祖」と記す続日本紀・承和七（八四〇）年十二月の条も、この地に土師氏の子孫がいたことを裏付ける。廣野大神社が祭

埼玉県神川町肥土の出雲神社　扁額には土師神社と同じく「従三位尊福書」。土師宮司に拝殿内へ案内いただくと三つの内殿があり、中央の神殿の扉に出雲大神を祭る大社教の教紋（亀甲に大）が、祖霊殿に高橋家家紋の陣笠が浮き彫りにされていた。

る天穂日命は、野見宿禰の祖神ともされる。同社が後世祭った菅原道真も、曽祖父古人《ふるひと》の代まで土師氏だった。廣野大神社と土師神社は、もともと密接な関係にあったのだろう。土師神社と肥土の出雲神社が共に尊福国造書の扁額を掛けるのも、縁の表れだ。

この出雲神社は肥土の名家、高橋家の氏神とされる。実は廣野大神社の土師宮司家、そして神川町二ノ宮鎮座の式内社で素盞嗚《すさのお》命を祭る金鑽《かなさな》神社の金鑽宮司家も、高橋家の分家だ。昭和の初め頃、本家が東京へ移転してから、出雲神社の宮守をしてきたのが土師宮司。だが当主の高橋茂夫さん（横浜市在住）も土師守宮司も、同社の創建年代は不明という。

近代高橋家の礎を築いた周兵衛《しゅうべえ》（天保五＝一八三四年生）は明治維新後、廣野大神社の神主肥丹《ひたん》家を再興すべく名を肥丹真守《まもり》と改め、同社と金鑽神社の神官を兼任した。その事績を刻んだ「寿碑」が明治三十三（一九〇〇）年、出雲神社境内に建立されたとの記録があるから、同社の創建は十九世紀には遡る。高橋家は明治以降、大社教との関係を深めた。同家文書には、尊福国造や大社教東京出張所からの書簡が一〇点以上ある。明治十七年八月八日付け尊福国造（大社教管長兼大教正）直筆の「神道大社教々旨信仰附属の趣承認状」（埼玉県立文書館蔵）から、肥丹真守が大社教に属し、その布教を担ったことも分かる。

出雲神社はその頃建てられたものではないか。

ただし肥土には、別の出雲神社もあった。一九三五年『児玉郡神社一覧』が、明治四十年に廣野大神社の境内社になったと記す大国主命と須勢理姫命《すせりひめ》を祭る出雲神社だ。同社はそれ以前に今宮神社（祭神は大名持命《おおなもち》・少彦名命《すくなひこな》）の境内社になっていたというから、近世以前に遡るだろう。一九五三年埼玉県認託の廣野大神社宗教法人規則にも明記される境内社だが、今は祖霊社と呼ばれる石祠がそれらしい。社殿をもつ出雲神社が古い出雲神社を受け継ぎ、或いは一体化したのか。出雲神社を氏神とする高橋家の祖先は、出雲を原郷とする人だったとも思える。建築した橋に出雲橋の名を付けた周兵衛の事績にも、それが窺える。

2　川上より流れくる石神——北陸系土器の流れと重なる出雲信仰の伝播

クシミケヌ、ミホススミを祭る神社

	クシミケヌ	ミホススミ
南勢多郡	13	7
那波郡	1	
東群馬郡	4	
西群馬郡	2	
北甘楽郡	1	
吾妻郡		3
利根郡	11	
碓氷郡	1	

（明治12年上野国神社明細帳より）

上野《こうずけ》は上毛野《かみつけぬ》を二文字に縮めた国名だ。平安期『国造本紀』の下毛《しもつけ》野《ぬ》国造の条に、「元の毛野《けぬ》国を分ちて上下《かみしも》（二国）となす」とある。本書では武蔵国内の出雲信仰や文化が、上野の中南部から伝わる様相を見てきた。少彦名命を祭る群馬県高崎市の式内小祝《おぼり》神社の御神体は、烏川中で光り輝いたという小鼓形の自然石だが、その下流域にある埼玉県上里町の（大己貴命・少彦名命を祭る）石神社も、往古烏川から引揚げたという石棒を御神体として祭る。海から寄りくる出雲神の像石《かたいし》信

少彦名を祭る上野国片岡郡の式内社、小祝神社（群馬県高崎市石原町）

仰（能登国の章4参照）が、川上から流れくる石神信仰に転じたものだろう。

上野には出雲の熊野大神クシミケヌと、出雲国風土記固有のミホススミを祭る社が分布する。明治十二年の上野国神社明細帳で調べると、前者が三三社、後者が一〇社あった（295頁表）。両者とも中南部に多いが、北部の利根郡に前者が、西北部の吾妻《あがつま》郡に後者が分布する違いも注目される。信濃国の章ではミホススミ信仰が北信の中野・千曲から、中信の上田・佐久へと千曲川を遡りながら伝播した形跡を追った。上野のミホススミ信仰はその信濃から、クシミケヌ信仰は越後から入ってきたものだろう。明治十二年の吾妻郡神社明細帳は、吾妻川流域の旧山田村字中居と字上深町鎮座の諏訪神社二社について、祭神を御穂須々美《みほすすみ》命と明記した上で「（明治）十年調には建御名方《たけみなかた》命、八坂刀売命の二神と之有《これあり》候ども、古来本文之通り一柱祭祀仕《つかえ》来り候」として、同十年調査記録の訂正を求めている。明治四十年に両社を合祀したのが、中之条町山田の吾妻神社だ。

いっぽうクシミケヌを祭る神社は越佐に多く、信濃では見当たらない。上野国神社明細帳に載る同神を祭る社の由緒はほぼ不詳だが、うち七社の鎮座地名は熊野だった。江戸後期『新編武蔵風土記稿』は、同神を祭る入間《いるま》郡権現堂村の熊野社について「当社は村名の由《よっ》て起る所の社なれば、古き鎮座なること知らる」と記す。同神を祭る埼玉県内の九社も、群馬県境の児玉郡（上里町二社、美里町一社）や出雲祝《いわい》系神社がある入間郡域（毛呂山《もろやま》町二社、坂戸市二社、越生《おごせ》町一社）に集まる。上野を介した伝播なら、上野における出雲系熊野社の創建は武蔵より早いだろう。上里町の嘉美《かみ》（旧熊野）神社の境内には、今も応永十二（一四〇五）年の石塔が残る。

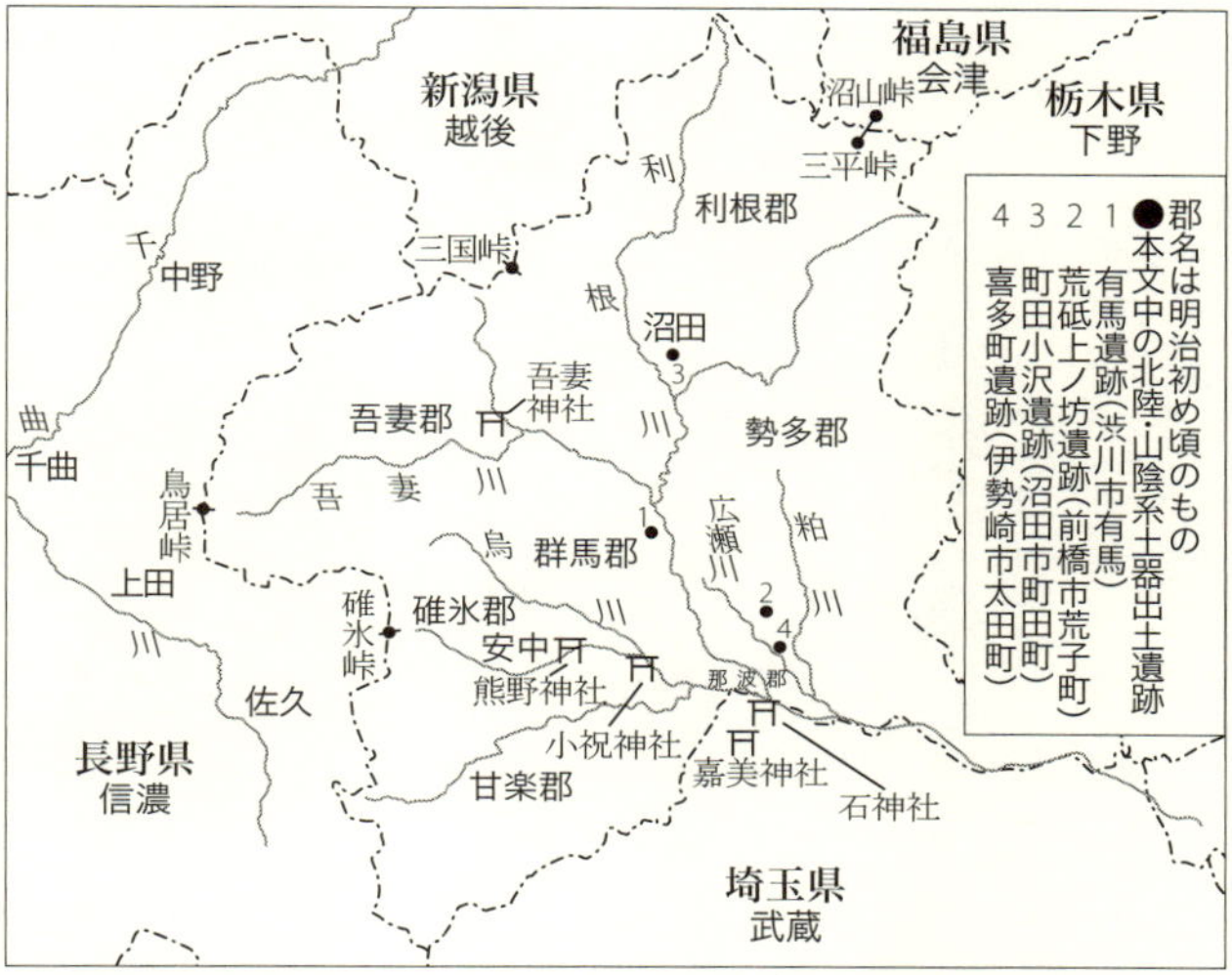

他方時代は下るが、上野にはクシミケヌ信仰が越後から伝播した経緯を伝える、安中市の熊野神社がある。同社はもともと大穴牟遅《おおなむち》、少名毘古那《すくなひこな》の二神を祭る野尻郷の鎮守だったが、永禄二（一五五九）年に安中城を築く際、越後国新発田《しばた》から櫛御気野《くしみけぬ》命を勧請し、鬼門の守護神として祭ったという。文政・天保年間（一八一八～四四年）に編まれた『安中志』は、その祭神は「出雲国造神賀詞《かんよごと》に戴たる……熊野大神櫛御気野命と称まつれる神にて……出雲国意宇《おう》の郡熊野宮に鎮座」する御霊だと明記している。

信濃や武蔵、会津では出雲信仰の伝播が、より古い時代の北陸系土器の流れとも重なっているが、群馬県内の遺跡でも北陸系土器はよく出る。新潟県教育庁の滝沢規朗専門調査員によれば、その数は現時点で四〇遺跡を越える。うち半数が中南部の烏川と利根川、広瀬川と粕川

出雲の熊野大神、櫛御気野命を祭る安中市安中の熊野神社　大穴牟遅、少名毘古那も祭る。

に挟まれた一帯に集まっている。北陸系土器の出土は北信に多く、北中信から吾妻川沿いへの流入経路が想定されやすい。上田から鳥居峠を越え、吾妻川沿いに進む道は、信州上田（城）から上州沼田（城）にわたる一帯を領した真田家が往来に使ったルートでもあった。吾妻川と利根川の合流点から四km南下した有馬遺跡では、前橋市荒砥上ノ坊遺跡と共に、北陸系土器が五〇個体以上も出土している。

搬入品との指摘がある北陸甕《かめ》が出土した沼田市の町田小沢遺跡などは、北の越後から三国《みくに》峠を南下する経路を思わせる。北陸系と東北南部系土器が伴出する遺跡もある。越後新発田を発する会津街道は坂下《ばんげ》の気多宮《けたのみや》で沼田街道と分岐し、そこから柳津《やないづ》方面へ向かって沼山峠―三平《さんぺい》（尾瀬）峠と越えれば上野国だ。北東の会津を経た流れもあろう。群馬県では山陰系土器の出土例が埼玉県を下回っていたが、二〇一一年の伊勢崎市『喜多町遺跡』報告書では低脚坏、有段高坏、大型台付甕の三個体を山陰系土器と分類した。出土例の増加を期待したい。

（二〇一五年三月掲載）

大和国

奈良県桜井市出雲の風景　出雲は明治22年に初瀬村の、昭和34年からは桜井市の大字となった。

1　野見宿禰伝説と出雲人形の里――奈良県桜井市の出雲

二〇一三年の早秋、私は出雲人形の窯元を訪れていた。そこは出雲大神の和魂《にぎたま》が鎮まるという大和国三輪《みわ》山の南麓、奈良県桜井市出雲。大正四年刊行の『奈良県磯城《しき》郡誌』は、当地「出雲の称は古昔野見宿禰《のみのすくね》出雲より来りて此地に居住し、土偶を造りたるに依りて起りたりと伝ふ。……出雲国より来りたる土師《はじ》の氏人此地に居住し、後子孫蕃殖して終に一郷をなしたるには非ざるか」と記す。出雲集落の鎮守、十二柱《ばしら》神社調査書中の「老翁の伝説」には「垂仁《すいにん》天皇の御世に出雲国より野見宿彌を召し給ひ、當麻蹶速《たいまのけはや》と相撲をなさしめ、宿禰は蹶速……を斃《たお》し其領

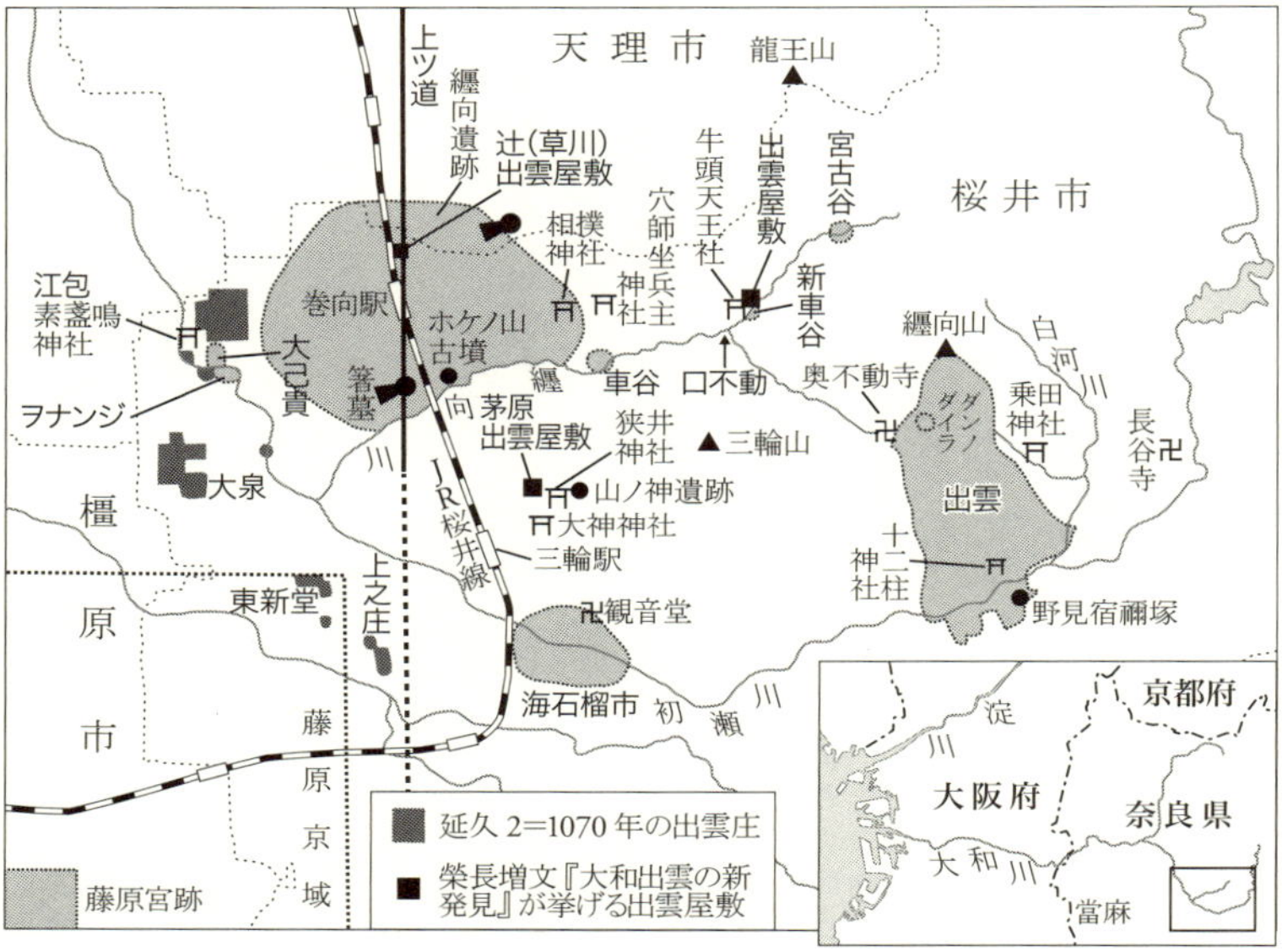

地を賜はり後ち遂に此地に終る、依て以て村名を出雲村と称せるなり」ともある（昭和十四年『磯城』二巻五号に転載）。これは相撲の起源とされる日本書紀・垂仁《すいにん》天皇七年七月の条に基づく伝説だ。その舞台が大和王権揺籃の地とされる三輪山麓なのだ。桜井市穴師《あなし》の相撲神社（祭神野見宿禰）の境内には、二人が対決した場所と伝わる「カタヤケシ」がある。垂仁天皇は纒向《まきむく》に都を作り、纒向宮で崩じたという（紀）。穴師の西に広がる纒向遺跡がその有力な比定地だ。その一五kmほど西に蹶速ゆかりの葛城市當麻（旧葛下《かつげ》郡當麻村）もある。

　野見宿禰は日本書紀・垂仁天皇三十二年七月の条に、再び埴輪の考案者として登場する。皇后の送葬にあたり殉死（近習の生埋め）に代わる方法を望んだ天皇に対し、野見宿禰が出雲国の土部《はじべ》（土器作りの職人）百人を呼びよせて埴土《はにつち》で人や馬などを作り、陵墓に供えることを提案。天皇は喜んで宿禰の案を採用し、功賞として鍛地《かたしところ》（陶器を成熟さ

出雲人形の窯元、水野佳珠さん（奈良県桜井市）の作品
右から天神、大黒、三番叟。出雲人形は「奈良県指定伝統的工芸品」に選ばれている。

せる地）を授け、土師の職《つかさ》に任じたという。この時、出雲から来た土部たちが住み着いた地が今の桜井市出雲、というのが先の伝承だ。出雲集落の古墳が古くから野見宿禰塚と呼ばれてきたことも、宿禰の故地という意識があったことを物語る。

嘉永六（一八五三）年の『西国名所図会』が「出雲村は長谷《はせ》にいたる街道にして」云々と記す当地は、明治前半まで式上《しきじょう》郡出雲村だった。中世は出雲郷と呼ばれていたらしい。興福寺大乗院門主三代の日記『大乗院寺社雑事記《ぞうじき》』の明応二（一四九三）年六月二十二日条に「長谷之出雲郷之内喧嘩の事之《これ》在り」とある。文献上は「長谷の下出雲と云所を過ければ」云々と記す鎌倉初期（十三世紀初め）の仏教説話集『長谷寺霊験記《れいげんき》』までは、異論なく遡れよう。出雲村は三輪山南麓を流れる初瀬《はせ》川沿いに名刹、長谷寺へ向かう街道筋で、伊勢へも通じ、参詣者の往来で賑わった。「長谷は照る照る、黒崎ゃ曇る、中《あい》の出雲は雨が降る」という長谷音頭も伝わる。その長谷寺詣での人々が土産にと買い求めたのが出雲人形だった。

水野家は初瀬街道に沿う国道一六五号のバス停「出雲」近くにあり、玄関に「初瀬名産 大和いずも人形窯元」の木製看板が掛かる。初代清七から数えて八代目を担うのが水野佳《か》珠《ず》さん（一九五五年生）だ。「気持ちが（人形の目に）表れるから、心が落ちつく時を待って、さっと目を入れる」という佳珠さんの作品は受注生産で、納期も定まっていない。早くて一カ月、「急がない」と言った私が頼んだ三体（大黒、天神、三番叟）は一〇カ月後に出来上がった。武井武雄『日本郷土玩具』（一九三〇年）は、四代目の亀吉さん（一九二九年、72歳で没）が「遠祖は出雲の国よりこの地に転住して出雲路の郷を拓いた」のであり「自分は野見宿禰の末孫に当る」と語った言葉を書き留めている。出雲人形は一般に江戸時代の始まりとされるが、太古に遡る伝承や思いもあって、それは作られてきたのだ。佳珠さんは自分の腕はまだまだ、と精進に励む。

大和国一宮、大神《おおみわ》神社神体山の三輪山麓には、出雲庄や出雲屋敷の地名が散在し、出雲氏の末裔が住む。その足跡を訪ねていこう。

2　三輪山麓出雲氏の伝承と出雲庄

奈良県桜井市辻に、かつて出雲屋敷と呼ばれた地がある。JR纏向《まきむく》駅の三〇〇mほど北、古代の上《かみ》ツ道を辿る道から西へ二〇〜三〇m入った、辻酒造家の向かいで、今は駐車場と畑になっている。この出雲屋敷へ通じる小路が出雲街道とも呼ばれたという。そこにいた出雲氏の子孫が、今は同市草川に住む出雲一夫さん（一九四二年生）だ。その父利一さん（大正元＝一九一二年生）を『野見宿禰と大和国出雲村』は三輪山西麓の「出雲一族八軒の本家」と記す。一夫さんによれば、安政三（一八五六）年生れの曽祖父菊松さん（大正八＝一九一九年没）の時代に、辻の出雲屋敷から現住所へ移ったという。出雲屋敷には明治期まで人が住んでいたとする、穴師坐兵主《あなしにますひょうず》神社の中由雄（先代）宮司の言葉（同書）とも合う。

利一さんが生前語った家伝によれば、出雲一族は野見宿禰の末裔で、出雲村の宿禰塚を祖廟《そびょう》として敬い、中世は出雲庄の地侍をしていたという。永禄二（一五五九）年、松永久秀の大和侵攻に抗し、筒井順慶に従って戦い敗れ、家を焼かれ、古記録も失った。久秀の統治下で迫害を受け、十市《とうち》氏が築いた龍王山城に身を寄せたり、纒向川上流の宮古谷に潜んだりした。天正五（一五七七）年、織田信長の後ろ盾を得た順慶が松永家を攻め滅ぼした後、故地に戻ったが、順慶が当地を離れる中、かつての功労も報われず帰農したという。

出雲庄は古代から中世にかけて城上郡《しきのかみ》にあった興福寺領の荘園だ。延久二（一〇七〇）年の興福寺雑役《ぞうやく》免帳では二一町三反半。同庄は文治二（一一八六）年の検注帳（三箇院家抄）で四三町五反に増えているが、その根幹は城上郡十八条一・二里と二十条一里の二カ所で変わらない。前者は桜井市江包《えつつみ》、後者は大西、大泉にあたる。特に庄全体の半分を占め、寺堂敷地などもあった現江包の集落一帯が出雲庄の中核だったとされる。

奈良県桜井市の出雲一族８軒の本家といわれる出雲一夫さん（同市草川在住）

この古代に遡る出雲庄の地名由来は不明だが、岸俊男京都大学名誉教授（故人）は著書『日本古代文物の研究』で、日本書紀に「出雲臣《いずものおみ》の祖」の肩書きで登場する淤宇宿禰《おうのすくね》との関わりを説く。

同書紀は仁徳天皇即位前記で淤宇宿禰は「倭屯田《やまとのみた》（御料田）の司《つかさ》」で、大鷦鷯尊《おおさざきのみこと》の命を受け、韓国《からくに》に滞在中の倭直《やまとのあたい》の祖、吾子《あご》龍《こ》を連れ戻すべく、淡路の海人《あま》八〇人を水手《かこ》として海を渡ったと

出雲庄の中心的集落があった桜井市江包に鎮座する素盞嗚神社　国指定重要無形民俗文化財の御綱祭りで知られる。

記す。淤宇＝意宇《おう》の名は、奈良時代に至っても本拠地出雲国意宇郡大領の座を維持していた出雲国造との関わりを窺《うかが》わせる。岸教授は淤宇宿禰が長官だったという倭屯田が出雲庄の前身とみたのだ。

　奈良県立橿原《かしはら》考古学研究所が作成した「大和国条理復元図」をみると、桜井市江包の、大西との境をなす初瀬川の北岸に「大己貴《おおなむち》」と書かれている。文明五（一四七三）年の「出雲庄土帳　并《ならびに》名田字《みょうでんあざ》帳」と坪付・田数などが一致する絵図「出雲荘土帳」の城上郡十九条二里にあった地名だ。その南岸には今も大西地区に残る「ヲナンジ」の小字名が記される。大己貴神は「大汝命」と書いたり「オナンジ様」と呼ばれたりもする。この初瀬川両岸域は、もともと大己貴＝ヲナンジと称する一連の地だったのではないか。その名は、ここが出雲大神を祭る地だったことも窺わせる。この「大己貴」の五〇〇m下流の初瀬川東岸に鎮座するのが、江包の鎮守で古代の創建と伝わる素盞嗚《すさのお》神社だ。昔から大西との間で行われてきた男綱と女綱を契り結ぶ御綱祭りは、両地域の縁を物語る。

　淤宇宿禰は伝説上の人物だが、古代の大和には実在の出雲臣たちがいた。神亀三（七二六）年「山背《やましろ》国愛宕《おたぎ》郡出雲郷計帳」（正倉院文書）は、確認できる戸主のほとんどが出雲臣で、平城京に出仕する同郷出身の出雲臣君麻呂ら出雲臣官人約三〇人の名も伝える。その中には中高年者も多かったから、出雲郷出身の官人は和銅三（七一〇）年の平城京遷都以前の藤原京時代から続くものだったと見るのが自然だ。淤宇宿禰伝説はそうした人々の投影でもあったのだろう。

3　纒向遺跡の山陰土器——移住の足跡と出雲国造の大訪京団

万葉集に「溺れ死《みまか》りし出雲娘子《いずものおとめ》を吉野に火葬《やきはふ》りし時に、柿本朝臣人麿の作れる歌」として収録される二首がある。「山の際《ま》ゆ出雲の児《こ》らは霧なれや吉野の山の嶺にたなびく」と「八雲さす出雲の子らが黒髪は吉野の川の沖になづさふ」だ（巻3、429、430）。「出雲の娘子」は一般に「出雲出身の采女《うねめ》か出雲氏の氏女」（中西進『万葉集』）と解される。この二首は持統天皇の吉野行幸に同行した人麿の歌という点から七世紀末（六九〇年代頃）の作とみられる。吉野川で水死したその薄命な娘が、大和国内に実在した出雲人の、文献上の初出といえよう。

纒向遺跡出土の山陰系土器　桜井市教育委員会提供。ホケノ山古墳などで鼓型器台も出ている。

だが実際は、これに先立つ野見宿禰伝説よりもっと早い時代から、大和へ移り住む出雲人たちがいたことを、纒向遺跡出土の山陰（系）土器が物語る。纒向遺跡は三世紀から四世紀初め（二〇〇〜三二〇年頃）、三輪山《みわやま》の西北に展開した大規模な集落跡だ。全長二八〇ｍの巨大な箸墓古墳や、それに先立

出雲大神の和魂が座すという三輪山（奈良県桜井市）　鳥居は大和国一宮、大神神社。

つホケノ山古墳（全長八〇m）など初期（三世紀中頃〜後半）の前方後円墳が散在する遺跡は、大和政権発祥の地、邪馬台国の有力候補地とも見られてきた。前半期、直径一kmほどの範囲だった纒向遺跡は、後半期に東西二km、南北一・五kmへ拡大する。

その後半期（三世紀後半〜四世紀初め）、爆発的に増えたのが外来系土器だと、纒向学研究センターの橋本輝彦主任研究員はいう。比較的近在の河内、近江、東海（伊勢湾域）だけでなく、瀬戸内東部の阿波、吉備、播磨、さらに山陰や北陸西部、南関東、九州北東部の土器も出土。その出土数・割合も突出して多く、橋本さんは全土器の一五〜三〇%が外来系で、そのうち八〜一〇%が山陰系だという。最多を占める東海系に次ぐ河内系と並ぶ多さだ。搬入品が多いのも特徴で、在地の胎土で作った外来系土器も形状的には変わりないという。この土器の有り様は、新天地を求めた人々の移住や文化伝播の結果ではなさそうだ。

時代は戻るが、八世紀には政治的理由から、出雲国造率いる大勢の出雲人が度々大和国を訪れていた記録がある。出雲国造は就任にあたり、朝廷に出向いて任命を受け、いったん出雲へ帰って一年間潔斎した後、再び入朝して神賀詞《かんよごと》を奏上。また出雲に戻り、さらに一年の潔斎をした後入朝し、二度目の神賀詞を奏上していたことが、十世紀前半の延喜式臨時祭式条などから窺える。文献上の初出は出雲臣果《はた》安《やす》が奏上した続日本紀・霊亀二（七一六）年二月十日の記事だ。この時、果安以下祝部に至る一一〇余人に位を進めたとある。平城京時代には果安、広嶋、弟山《おとやま》、益方《ますかた》をへて宝亀四（七七三）年の国上《くにかみ》に至る五人の出雲国造が就任している。その都度、三度の入朝があったなら、約六〇年間に一五回という頻度だ。各回入京団の全体数は定かでないが、出雲臣広嶋の奏上には祝《はふり》（神職）や神部《かんべ》（用人）が随行し（一度目、神亀元＝七二四年正月）、随行の祝部一九四人も禄を賜わった（二度目、神亀三＝七二六年二月）と続日本紀は記す。神護景雲二（七六八）年二月の出雲臣益方の奏上時は、随行する祝部の男女一五九人に各々位一階と禄を賜ったとある。位を得た者だけで百数十人にのぼる出雲人が大和を訪れていたのだ。出雲国造率いる一大訪問団を、大和在住の出雲人は当然出迎え、滞在中も何かと世話をしただろう。一行の中に親類縁者がいた可能性も高く、随行者の中には連絡要員などで留まった人もいたのではないか。国造たちにとっても大和国内に住む出雲人の存在は心強く、頼りにしていたことだろう。

大方が服属儀礼説をとるこの神賀詞の中で、国造は「大穴持《おおなもち》命の申し給はく……己命の和魂《にぎたま》を……大《おお》御和《みわ》の神奈備に坐せ」云々と語る。三輪山を御神体とする大神《おおみわ》神社の祭神、大物主神が神奈備《かんなび》の三輪山に鎮る大己貴《おおなむち》神の和魂と言われる所以だ。三輪山周辺に散在する出雲の地名や出雲氏。そのルーツはこの神賀詞に合わせ、国造が出雲大神の和魂を祭るべく配した出雲人たちだったのかもしれない。

4　纒向川上流の出雲屋敷——故地ダンノダイラへ至る道

奈良県桜井市には、現在草川区長を務める出雲一夫さんが本家の出雲家六軒の他、巻野内の出雲宗雄

新車谷の牛頭天王社　もとは出雲家の屋敷神だったという。出雲宗雄さん（右）に案内いただくと、祠のすぐ横を纒向川が流れていた。「辻の小宮」と呼ばれる同社の御霊は2005年頃、辻集落の人々が繹尊寺境内の須佐之男神社に合祀し、祭っていると聞く。

さん（一九二三年生）が本家の二軒もある。宗雄さんを訪ねると、父や祖父から幾度となく出雲家のルーツは出雲国だと聞いてきたという。纒向川上流にあった出雲家の屋敷跡へも案内してもらった。そこは奥《おくの》不動寺への分岐点（口《くちの》不動）から二〜三〇〇mほど上流で、中世、出雲一族が逃れ住んだと伝わる宮古谷にも近い。転居したのは父亀太郎さん（明治三十二年生）が尋常小学校を終えた年というから、明治四十五（一九一二）年春頃のようだ。

かつては川上から谷、出雲、南、梅村家が並ぶ五、六軒の小集落だったが、最後に残った南家も一九九〇年頃に転居し、道沿いに往時の面影は窺えない。

宗雄さんは杖で大きく弧を描き、出雲家の屋敷は今の車道の両側にわたり建っていたと語る。北側の雑木林へ分け入ると、纒向川の辺に立つ「小宮」と呼ばれる社があった。大人の胸元ほどに築かれた石垣の上に白木の祠《ほこら》が建つ、高さ三mほどの宮だ。その格子戸内に、さらに二つの祠があり、それぞれ「天王社」「水神社」と書かれた木製鏡台があった。安政三（一八五六）年六月に石垣を奉納した時の棟札も収められ、祇園牛頭《ごず》天王社と水神罔象女《みづはのめ》命の名が記されていた。大和国内の牛頭天王社は明治維新の神仏分離、神社改革で素盞鳴《すさのお》（須佐男）神社や八坂神社などに改名している。明治十二年の大和国式上郡神社明細帳で、辻村字巻向山サゴシカ原の素盞鳴神社（氏子七戸）として載っているのが、この社らしい。宗雄さんは祖父権蔵《ごんぞう》さんから、石垣は出雲家の屋敷神だった宮を集落全戸の神として祭ることになった際、築造したものと聞いていた。棟札には宗雄さんの五代前、大工儀兵衛ほか六人の名も記されている。出雲神スサノオを氏神とする川辺の社に、水神を配したのだろう。纒向遺跡の扇状地を作り出した纒向川が往昔かなりの水量だったことは、柿本人麻呂が「巻向の山辺響《とよ》みて行く水の……」（万葉集巻7）と詠んだ歌からも窺える。穴師座兵主《あなしにますひょうず》神社南の纒向川沿いに位置する車谷の地名も、その水量と急流を活かした水車小屋が多かったことに由来する。牛頭天王社の棟札には「新車谷中」という集落名も記されていた。車谷の枝集落だったらしい。

出雲一夫さんは、奥不動寺近くの白山《しろやま》は子どもの頃の遊び場で、（辻出雲屋敷近くの）草川からこの纒向川沿いの道を、友達と歩いてよく往来したという。白山の近くには、出雲集落の故地と伝わるダンノダイラがある。奥不動寺へ至る道を介して、纒向の出雲氏と初瀬《はせ》の出雲集落がつながる。私は渓谷沿いの道を一・五kmほど進んで奥不動寺まで行ってみた。桜井市滞在中、三輪山北麓の纒向川沿いと南麓の初瀬川沿いの道を、大きくU字を描きながら何度も往来したが、この山道はその三分の一ほどの距離で、新車谷と初瀬川沿いの出雲集落を結ぶ。

飯田充範住職に教わり、境内裏手の山へ入ると「東（左）へ約二〇〇mでダンノダイラ西端」と書かれた

安政3年の「牛頭天王社」棟札

古代〜中世の土器片が見つかったダンノダイラの小川跡　2015年7月、西野武弘さんに案内いただき撮影。

案内があった。そのダンノダイラから一・四km山道を南下した所に出雲集落はある。ダンノダイラ（桜井市出雲北山）は標高約四五〇mの尾根上に開けた平坦部だが、一九九七年秋、その「小川跡」と呼ばれる山水の流路の窪み付近で、六世紀末（古墳時代後期）から十三世紀後半（鎌倉時代）にわたる土器片が見つかった。東端には高さ、幅ともに二〇mほどの磐座《いわくら》があり、明治の初め頃まで、出雲の全村民が年に一度、ダンノダイラへ来てその磐座を拝み、食事や相撲をしながら一日を過ごしたという。纏向山頂の五〇〇mほど南に位置するダンノダイラは、三輪山からも尾根続きだ（東方一・七km）。二〇一五年、出雲に隣接する白河の、大己貴命を祭る秉田《ひきた》神社近くの尾根でも、平安時代の土器が見つかった。纏向学研究センターの橋本輝彦主任研究員は、三輪山から初瀬へ続く尾根上のルートを示す遺跡だと注目する。

5　三つの出雲屋敷——地名の由来を考える

桜井市出雲の子ども会役員だった一九六三年、出雲市の子ども会と交流したのがきっかけで、榮長《えいなが》増文さんは大和国出雲（村）の郷土史を研究し始めたという。その成果をまとめた『大和出雲の新発見』（二〇〇〇年）では、出雲屋敷と呼ばれる地が、纏向山の宮古谷、兵主神社一の鳥居近くの草川、神武天皇聖蹟碑建立地あたりの茅原《ちわら》の三カ所挙げられている。宮古谷は出雲宗雄さんの出雲家屋敷があった所（新車谷）だろう。現地で複数の人がそこを宮古谷と呼んでいた。消防小屋の隣前とも説明される草川は、出雲一夫さんの現住所だ。

狭井川（河）のほとり　出雲屋敷と呼ばれる北岸（写真右）の一角には今、白壁に囲われた月山日本刀鍛錬道場が建つ。

茅原の出雲屋敷は一九四三年、内閣官房総務課が刊行した『紀元二千六百年祝典記録』に出てくる。同書は一九四〇年実施の「紀元二千六百年祝典」記念の一つだった、神話上の神武天皇の足跡を探し出す「神武天皇聖蹟ノ調査保存顕彰」事業を収録している。その一つ「狭井河之上《さいがわのほとり》に関する件」はこう記す。「狭井河之上は古事記に拠れば伊須気余理比売命《いすけよりひめのみこと》の御家ありて神武天皇行幸あらせられたる処なり。……大神《おおみわ》神社の北約三百米の処に摂社狭井坐大神荒魂《さいにますおおみわあらみたま》神社ありて……三輪山中に源を発して此の社の背後なる丘陵の北麓に沿ひて流るる小渓は狭井川と称せられ……左岸丘陵に相対して右（北）岸に稍《やや》広き平担地あり、俚俗《りぞく》此の辺を出雲屋敷と称す」。古事記は「美和《みわ》の大物主神の御子」イスケヨリヒメと出会った神武天皇が狭井河のほとりにあるヒメの家へ行き、一夜を過ごしたという。調査担当者は、

出雲屋敷エリアの北端に立つ神武天皇聖蹟狭井河之上顕彰碑（桜井市茅原）

出雲屋敷の地名から出雲系ヒメ神の家を連想し「此の附近は狭井河之上と推せられ、伊須気余理比売命の御家も此の辺にありしものならん」としたようだ。その結果、旧三輪《みわ》町の三輪字鎮女《しずめ》から織田村の茅原字堀田にわたる地域が「神武天皇聖蹟狭井河之上推考地」とされ、堀田に顕彰碑が建った（一九四〇年末着工、翌年五月竣工）。この文献を紹介いただいた大神神社の山田浩之主任研究員（権禰宜）の案内で現地へ行くと、一九六五年に人間国宝の月山貞一刀匠が開いた日本刀鍛錬道場を含む一帯だった。『大三輪町史』（一九五九年）は、そこから東へ四〇〇ｍほどある山ノ神祭祀遺跡あたりも「広く出雲屋敷と呼ばれている」と記す。この部分を書いた樋口清之國學院大學教授（当時）が、一九二八年『考古学雑誌』に発表した、その元となる論文「奈良県三輪町山ノ神遺跡研究」を見ると、出雲屋敷の名はなく、所在地は三輪町の馬場字山ノ神茶臼山とある。一九四〇年の聖跡顕彰活動をへて、出雲屋敷と呼ばれる範囲が拡大したのだろう。

　だが一般に出雲氏や出雲出身者の住居（跡）地に付けられる出雲屋敷は、それほど広範囲の地名ではない。仙台空港の南側、宮城県岩沼市下野郷にも出雲屋敷の地名があるが、大村全守『岩沼市の小字』は「豪族鎌田出雲の屋敷にちなむか」と説く。尾道の出雲屋敷は松江藩が設けた出先機関で、松江藩士が駐在する屋敷地だった。その点、出雲氏が何軒もある三輪山周辺に出雲屋敷の名が複数あるのはおかしくない。近世、出雲御師が各々の檀場《だんば》（布教担当地域）で行った土地屋敷のお祓《はら》いも出雲屋敷と呼ばれた。祈禱《きとう》により出雲大神が守る屋敷となる出雲屋敷は、今も大社教や出雲教の教会で行われている。村上重良『日本宗教事典』は「出雲信仰」「御師」の項で、西日本の農村部では出雲神主と呼ばれる、祈禱や呪術も行う布教者が住みつき、その住居が出雲屋敷と呼ばれたという。

出雲御師の子孫、出雲大社讃岐分院（香川県三豊市）の西村忠臣分院長を訪ねた時、教会の周辺に出雲地、出雲屋と呼ばれる名田（田に付く名）が複数あると教わった。出雲大社土居教会（愛媛県四国中央市、一九二八年設立）創立者の娘・古川相静枝さんから、文久二（一八六二）年建立の出雲舎があった旧跡が「出雲地」と呼ばれてきたとも聞いた。茅原にも出雲大神を祭る宗教者の屋敷があったのか。いずれにせよ、出雲ゆかりの実在した人の家があったのだろう。そこで今、奥出雲（日刀たたら）産の玉鋼《たまがね》による作刀が行われているのも宿縁ではないか。

6　出雲建雄神鎮座の都祁高原――初瀬川流域と交流

桜井市出雲の集落を流れる初瀬川。その表記は泊瀬―長谷―初瀬へ、読みはハツセからハセへと変わった。万葉集で「始瀬」とも書くハッセは「水が流れ出す川の上流」ととれる。「泊」の当て字は「川舟が着き、泊まる所」という意識の表れだと、石井繁男元奈良文化女子短大教授が著書で述べている。大阪湾から奈良盆地へ至る主要水路が大和川で、佐保川との合流点から上流が初瀬川と呼ばれる。その初瀬川が三輪山麓を通る古道、山辺道《やまのべのみち》と交わる要所が海石榴市《つばいち》だった。日本書紀は推古天皇十六年四～

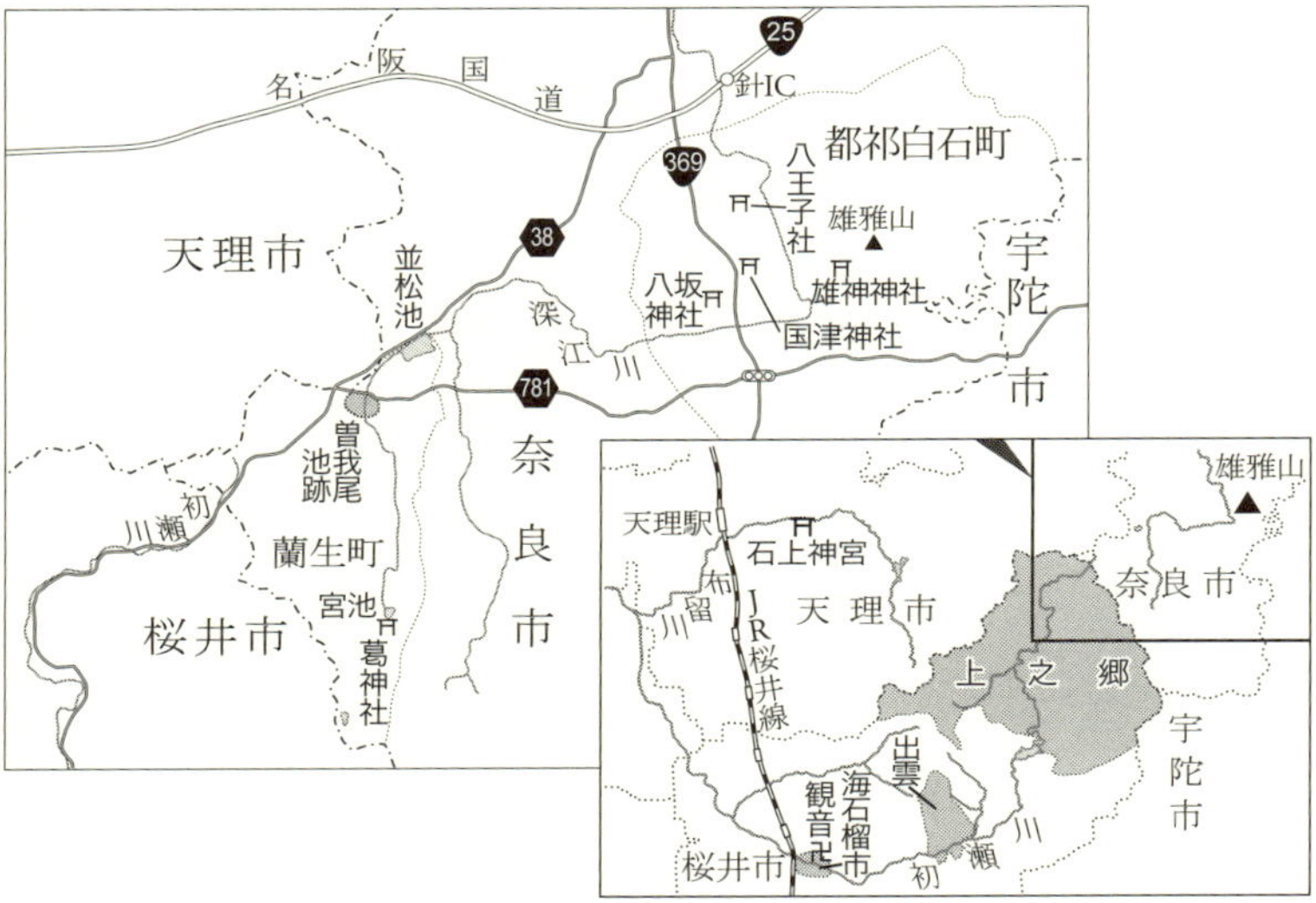

八月の条で、隋使裴世清《はいせいせい》らを飾船三〇艘《そう》を遣わし難波（津）で迎え、のち飾馬七五匹を遣わし海石榴市で迎えたという。難波から大和―初瀬川を船で遡り、海石榴市で陸路に転じたことになる。交易、宴遊、歌垣の場でもあった海石榴市は、桜井市金屋の海石榴市観音堂付近を北端とする一帯とされる。「隠国《こもりく》の泊瀬の川に舟浮けて」という万葉歌（巻一―79）からも、古代泊瀬川の舟運が窺えるが、その「隠国の泊瀬」「泊瀬小《お》国《くに》」は、金屋に隣接する慈恩寺から初瀬川上流の脇本、黒崎、出雲、初瀬、上之郷（和田・瀧倉・小夫など）に至る峡谷地帯といわれる。

その上之郷に隣接する初瀬川源流の都祁《つげ》高原に、『式内社調査報告』が大和国山辺郡の出雲建雄《たけお》神社の論社とみる二社がある。奈良市藺生《いう》町の葛《くず》神社と都祁白石町の雄神《おが》神社だ。享保二十一（一七三六）年刊行の『大和志』は、出雲建雄神社の「在る所未だ詳《つまびらか》ならず、或は藺生村に在りと曰ふ、今葛神と称する即ち此《これ》なり」と記す。初瀬川水源地帯の藺生には川の水を調整する溜池もあり、下流域の村々と交流があったという（葛神社略誌）。享保十四（一七二九）年の北弥兵衛吉品『聞書覚書』には「蘭生村昔は池地にて長谷川四十八井手《いで》（郷の比喩）の溜池にて六月朔日《さくじつ》（一日）四十八石《こく》地子《じし》（池の利用料）並びに四十八荷《か》の酒肴《さかな》持来り、……泊瀬の祭之有る由、申し伝ふる也。泊瀬社と云ふ祠《ほこら》、旧堤に之有り、旧跡有り、池底三丁余に五六丁程の沢なり、次第に田となる。堤の長さ三丁余、今は並松の堤と云ふなり」とある。大正三年の『奈良県山辺郡誌』は、その泊瀬社の祭りを「郷民ら泊瀬の建雄祭と称し、毎年六月朔日……酒饌を奉供し各大池大沼の江畔に於て……神祭を挙行せし旧跡地あり」と記す。蘭生の西並松に曾我尾池があって初瀬四八郷の溜池だったが、天正（一五七三～九二年）の頃に池を廃して水田と化した（『奈良県の地名』）とも、初瀬川下流域の灌漑に用いた蘭生の溜池が廃されて蘭草が繁殖し、蘭生の村名が生じた（『角川日本地名大辞典』）ともいう。曾我尾池は今の並松池の南西にあったらしい。

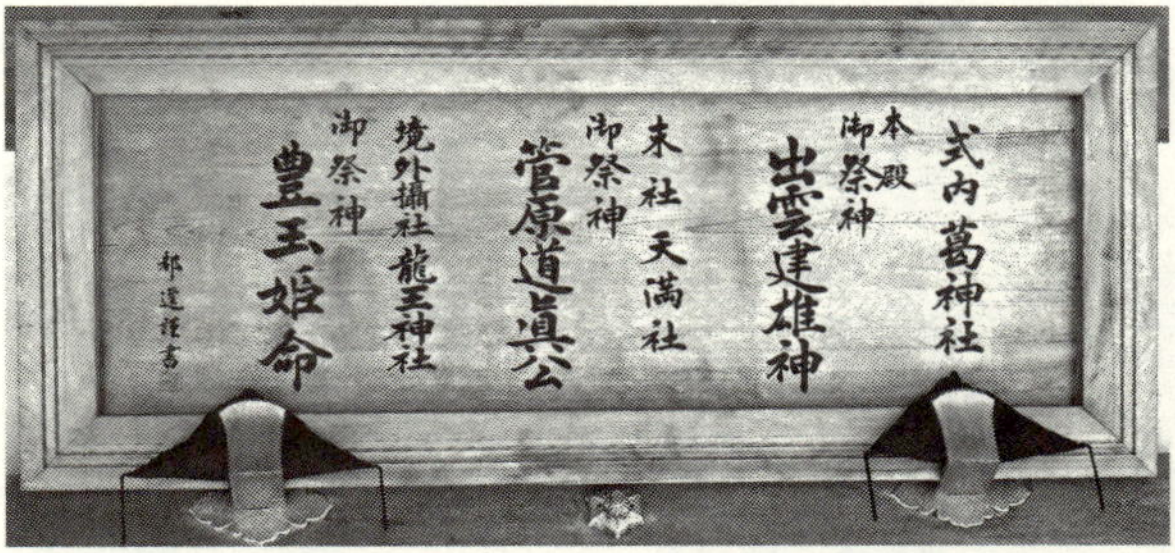

奈良市蘭生町の葛神社祭神を記す額（同社拝殿）

都祁高原に水神信仰を表すクズ（九頭・葛・国津）を称する神社が多いのも、水源地ゆえだろう。都祁高原を流れる深江川の源流の一つは、今も農業用水路として、蘭生の葛神社に隣接する宮池を経て北流し、もと曽我尾池があった地を経て並松池に注いでいる。並松池からの落水は、ほどなく深江川本流に合流して白石へ向かう。その白石で深江川を挟んで東西に並ぶのが、大国主命を祭る国津《くにつ》神社と出雲健男《たけお》命を祭る雄神神

出雲健男命を祭る奈良市都祁白石町の雄神神社　雄雅山（野野上《ののがみ》岳）を神体山として祭り、本殿はない。参詣者は拝所から杜の叢林を拝む。

社だ。四〇〇mほど離れた両社を結ぶ道筋には、「休んば」という叢林が四カ所残され、神様が往来時に休まれる場所とされる。両社の祭神の密接な関わりを示唆する伝承だと『日本の神々』はいう。この国津神社の二〇〇mほど南西に素戔嗚《すさのお》命を祭る八阪神社が、三〇〇mほど北にはその御子神を祭る八王子社が鎮座するなど、当地には出雲神を祭る社が密集する。

初瀬川の流域に出雲集落が、その水源地に出雲建雄神を祭る社がある。同神は出雲の勇者・英雄を意味する出雲建《たける》（古事記景行天皇段）と同義の神名とみられる。出雲人が祖先神として祭り始めた神だろう。

【追記】 初瀬川の支流、布留《ふる》川を遡った地に鎮座する石上《いそのかみ》神宮（天理市）摂社にも出雲建雄神を祭る社がある。神剣布都御魂《ふつのみたま》を祭る同宮では、近世は石上振若宮と称したこの摂社・出雲建雄神社を草薙剣（天叢雲剣《あめのむらくものつるぎ》）の御霊として奉斎している。

7　十二神社と大穴持神——山ノ神祭祀とのつながり

桜井市出雲の鎮守、十二柱《はしら》神社は、延宝七（一六七九）年八月の出雲村検地帳では十二社権現と記されている。その名から出雲大神（大国主神）を祭る越後出雲崎の鎮守、石井神社を思い出した。元宮があった十二山の名を遷した地（字十二山）に鎮座する同社も江戸時代、十二権現と呼ばれていたからだ。社伝では出雲大神が十二山の木を切って造った船で佐渡へ渡ったという（越後・佐渡国の章1）。その佐渡の十二権現を論じた『日本海と北国文化』は、十二という数を伴う古い型の山ノ神信仰が源にあるとする。大和出雲の十二柱神社も、もともと山ノ神信仰の社で、出雲大神とも関係があったのではないか。背後の山の尾根近くには出雲集落の故地とされるダンノダイラがあり、出雲大神が和魂《にぎたま》を鎮めたという三輪《みわ》山へ繋がる。

菊池章太東洋大学教授の「十二山ノ神の信仰と祖霊観」によれば、十二、十二山など十二を冠する神社は全国に六百余りある。その七割近くが越後というが、大和では吉野郡に多く、川上村に一一社、吉野町に五社の十二社神社がある。当地の『川上村史』も、十二社の名は十二柱の神々を祭ることに由来し、各地にある十二神社、十二所神社、十二祖神社など

吉野郡川上村西河宮山の十二社神社　社前の石柱は2011年12月建立。明治12年神社明細帳でも祭神は大名持命で変わりない。

と同類の社とする。十二柱神社も同源だろう。出雲集落の南方一km、初瀬《はせ》川を挟んだ岩坂にも十二神社がある。

三度目の大和入りをした二〇一五年七月、私は出雲区の郷土史家、西野武弘さん（一九三九年生）の車で三輪山麓から寺川沿いに南下し、吉野へ向かった。多武峰《とうのみね》を越え、吉野川に突き当たる地——吉野町河原屋の妹山《いもやま》には吉野郡の式内社（名神大社）とされる大名持《おおなもち》神社が鎮座する。神聖な妹山に斧は入れない——その禁忌で保たれた樹叢（原生林）は国の天然記念物だ。この出雲大神が鎮まる妹山から吉野川を遡ると、十二社神社の分布域。十二社神社のある吉野町宮滝、梶尾を経て川上村へ入る。梶尾に隣接する西河の鎮守、十二社神社へ行くと、山を背に広がる境内の入り口に「祭神大名持大神」と刻まれた、新しい石柱が立っていた。

大和十二社神社の祭神は、記紀神話に由来する天神七代《てんじんしちだい》地神五代《ちじんごだい》が多いが、川上村寺内の社は大山祇《おおやまつみ》命、高原の社は大屋毘古《おおやびこ》神、入之波《しおのは》の社は大年《おおとし》神を祭るともいう。こうした二面性から、天神地神一二柱は後代当てられた祭神とも思える。『民間信仰・吉野川流域』は、当地では山ノ神に対する信仰が強いという。西河の十二社神社も境内で山之神を祭る。

出雲国風土記と同じ表記の大穴持神社（御所市朝町宮山）

十二権現の呼び名は、紀州熊野の十二所権現信仰の影響だろう。だが姫神と一二男神＝一三体の神像を祭る西河などの十二社神社には、姫神とその一二御子神という山ノ神祭祀の典型がみられる。

妹山の大名持神社は、吉野川の水や小石を持ち帰る大汝詣《おなんじまい》りでも知られ、多武峰を中心とするその信仰圏は桜井市、宇陀《うだ》市、御《ご》所《せ》市に及ぶ。その御所市にも葛上《かつじょう》郡の式内社、大穴持《おおなもち》神社とされる社がある（朝町宮山）。唐笠山《とがさやま》中腹に鎮座する同社も大神《おおみわ》神社と同様、古来神殿を持たない。同社の三kmほど西方には同郡式内社、高鴨《たかかも》阿治須岐《あぢすき》託彦根《たかひこね》命神社とされる高鴨神社がある。出雲国造神賀詞《かんよごと》は、自らの和魂を三輪山に鎮めた出雲大神（大穴持命）が「御子阿遅須伎《あじすき》高孫根《たかひこね》命の御魂《みたま》を葛木の鴨の神奈備《かんなび》に坐せ」たともいう。この地にも三輪信仰との繋がりがあるのだ。

出雲集落の周囲には出雲大神を祭る社が分布する。初瀬川支流の吉隠《よなばり》川に近い宇陀市榛原柳《はいばらやなぎ》の大己貴《おおなむち》神社も神殿がなく、拝殿背後の宮山を神体山とする。境内の享保二（一七一七）年奉納の石灯《いしどう》篭《ろう》には「三輪明神」と刻まれていた。

「大和」の用字は天平宝字元（七五七）年実施の養老令が初出で、原義は「山門《やまと》」「山処《やまと》」（山の在る所・麓）とみるのが一般的だ。出雲大神の和魂が鎮まるという三輪山の大神神社を一宮とする山門（処）国で、山ノ神と出雲大神が結びつくのも自然な流れであったろう。

8　三宅町の出雲と杵築神社――故地にちなむ旧国地名

三宅町但馬の杵築神社　境内に元応元（1319）年建立の石造十三重の塔（写真中央）があり、創建は古そうだ。

奈良盆地中央に位置する磯城《しき》郡三宅町は面積四km²、人口七千人の町だが、杵築《きずき》神社三社（屏風《びょうぶ》・但馬・伴堂《ともんど》、祭神は須佐男命《すさのお》）と小字「出雲」がある。大和には備後、土佐、能登、飛弾、武蔵、薩摩など旧国地名が多く、その数は五六カ国に及ぶという。七大字《おおあざ》（旧村）中、石見、但馬、上但馬、三河の四つが旧国名の三宅町は、その縮図のような町だ。小字には佐渡もある。これら国号地名は、古代に各国から大和へ移住してきた集団が、故地の名を付けたものだろうと『三宅のあゆみ』は記す。奈良県内の旧国地名は、大和川が分岐する盆地中央から南の藤原宮跡付近にかけての同川支流域に多く、『地名伝承学論』は藤原京時代の発生とみる。西日本の地名が多く、

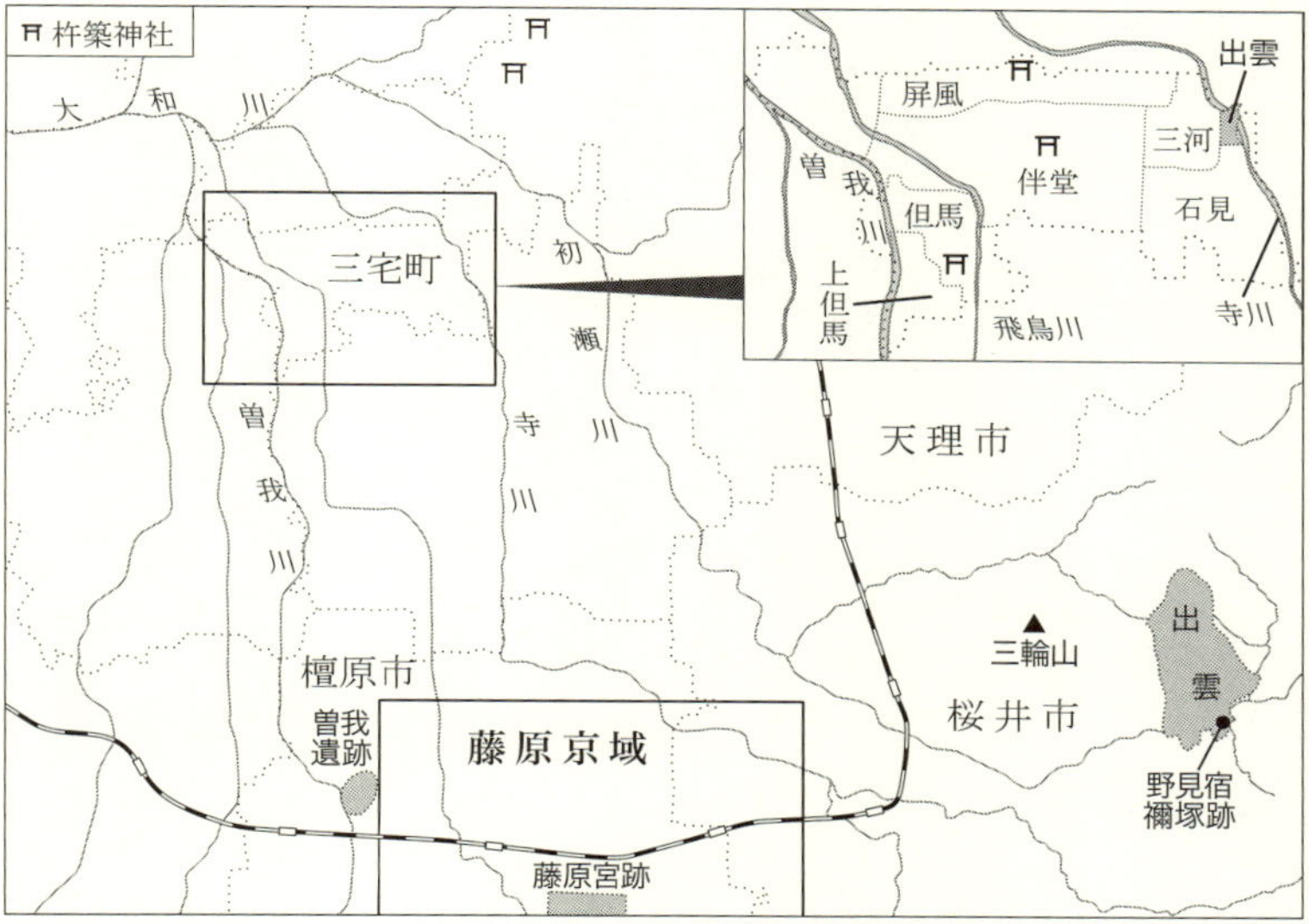

東北はない点も、古代畿内政権時に生じた地名と思わせる。その多くは由緒不明だが、桜井市の大字「吉備」は、吉備出身で養老元（七一七）年、唐に渡った吉備真備《きびのまきび》ら吉備氏ゆかりの地と『桜井風土記』はいう。三宅町但馬には、但馬国の住民が阿弥陀さんを背負って国を出たという伝承もある。小字出雲の南に大字石見が隣接する配置は、人為的ともとれる。そんな大和に出雲という国号地名があるのは、特に珍しいことではない。

小字出雲がある三河はもと大字屏風（旧村）の支郷で、鎮守は今も屏風の杵築神社だ。杵築の名は「天の下造らしし大神の宮奉らむとして……杵築たまひき」とする出雲風土記に由来する。だから杵築（現出雲）大社の祭神は元来出雲大神だが、中世から近世初めにかけて素盞嗚命《すさのお》とされた時代があった。そのスサノオが一方で中世、牛頭天王《ごずてんのう》と習合。畿内「二十二社」となった、牛頭天王を祭る祇園社（現京都八坂神社）が各地に勧請される中、スサノオを祭る

野見宿禰塚　野見宿禰顕彰会が2000年に建立。五輪の塔は明治16年に古墳が発掘された際、十二柱神社に移された。

社も祇園社、牛頭天王と呼ばれる現象が生じる。三宅町の杵築神社三社も、江戸期は牛頭天王（宮）と呼ばれていた。明治元年の神仏判然（分離）令で祇園や牛頭天王の名が禁止され、八坂神社や素盞嗚神社などに改称、祭神はスサノオとされた。大和盆地や三輪山麓周辺に同神を祭る社が多い所以だ。

　つまり現在スサノオを祭る神社の中には、中世以降、祇園・牛頭天王社として創建された社も多い一方、近世、祇園・牛頭天王と呼ばれていた社の中には、大元の祭神が出雲大神だった社もあり得るということだ。実際近世「牛頭天皇社」と呼ばれていた天理市中町や二階堂上ノ庄町の杵築神社は大国主命を祭る。複雑だが、杵築神社の場合、出雲の杵築大社の神を祭る社として創建されたとみればよかろう。

　大和での山陰系土器の出土は古墳時代初めからで、弥生時代後期に始まる越前や加賀より遅い。それが出雲から大和への人や文化の流れが、畿内勢力との関係によることも窺《うかが》わせる。橿原市の曽我遺跡は古墳時代中～後期の大規模な玉作《たまつくり》専業集落で、各地から滑石、碧玉《へきぎょく》、緑色凝灰岩などの原石と玉作工人を集めていたという。そこには松江花仙山産とされる碧玉製管玉に、出雲特有の片面穿孔《せんこう》を施す工人もいた。

出雲と大和の往来を反映したような伝承もある。旧出雲村には野見宿禰の墓と伝わる古墳が集落の対岸、初瀬川を越えた字太田の畑中にあり、その上に鎌倉期の四m余の五輪塔が置かれていた。幕末、当地の史跡を調べた藤堂藩谷代官所の辻市三郎は、この「五輪塔は野見宿彌之因縁なり……此出雲村より宿彌之《の》生国出雲国迄五十丁目毎に此五輪塔あるといふ」との古老伝承を、元治元（一八六四）年八月二日の日記に留めている。出雲の名が残る三輪《みわ》山麓には、出雲から大和へ移住し、出雲大神の和魂《にぎたま》（大物主神）を祭り、故郷出雲国と緊密な関係を維持する人々が住んでいたと、水野正好・奈良大学名誉教授も述べている（『大三和』一〇九号）。その記憶が、近世末まで残っていたのではないか。

（二〇一五年四～十月掲載）

山城国

1　京都賀茂川西岸の出雲路——愛宕郡出雲郷に由来する社寺が分布

賀茂川と高野川が合流し鴨川となるY字地帯——京都市左京区下鴨に鎮座する賀茂御祖《かもみおや》神社（下鴨神社）の境内に、山城《やましろ》（背）国愛宕《おたぎ》郡の式内社、出雲井於《いのへの》神社の比定社（通称比良木《ひらき》社）がある。この出雲社に近い西鳥居を出て賀茂川へ向かうと、出雲路《いずもじ》橋を渡り、同川西岸に広がる出雲路（松ノ下・立テ本・俵・神楽）町に至る。そのまま鞍馬口通を西へ向かい、出雲路橋郵便局方面へ曲がって南へ進むと、出雲寺跡といわれる御霊《ごりょう》神社に辿り着く。その二〇〇mほど南西には現出雲寺がある。この賀茂川西岸に分布する出雲の地名や社寺は、古代・中世の愛宕郡出雲郷《いずものごう》に由来する。正倉院文書に神亀三（七二六）年の愛宕郡出雲郷計帳がある。断簡だが、二百数十の出雲姓の人名を連ね、戸主のほとんどが出雲臣などの点で注目されてきた。『京都市の地名』など諸文献は、山陰道を（丹波の亀岡盆地を経て）移動してきた出雲出身者が定住・形成した郷と説く。

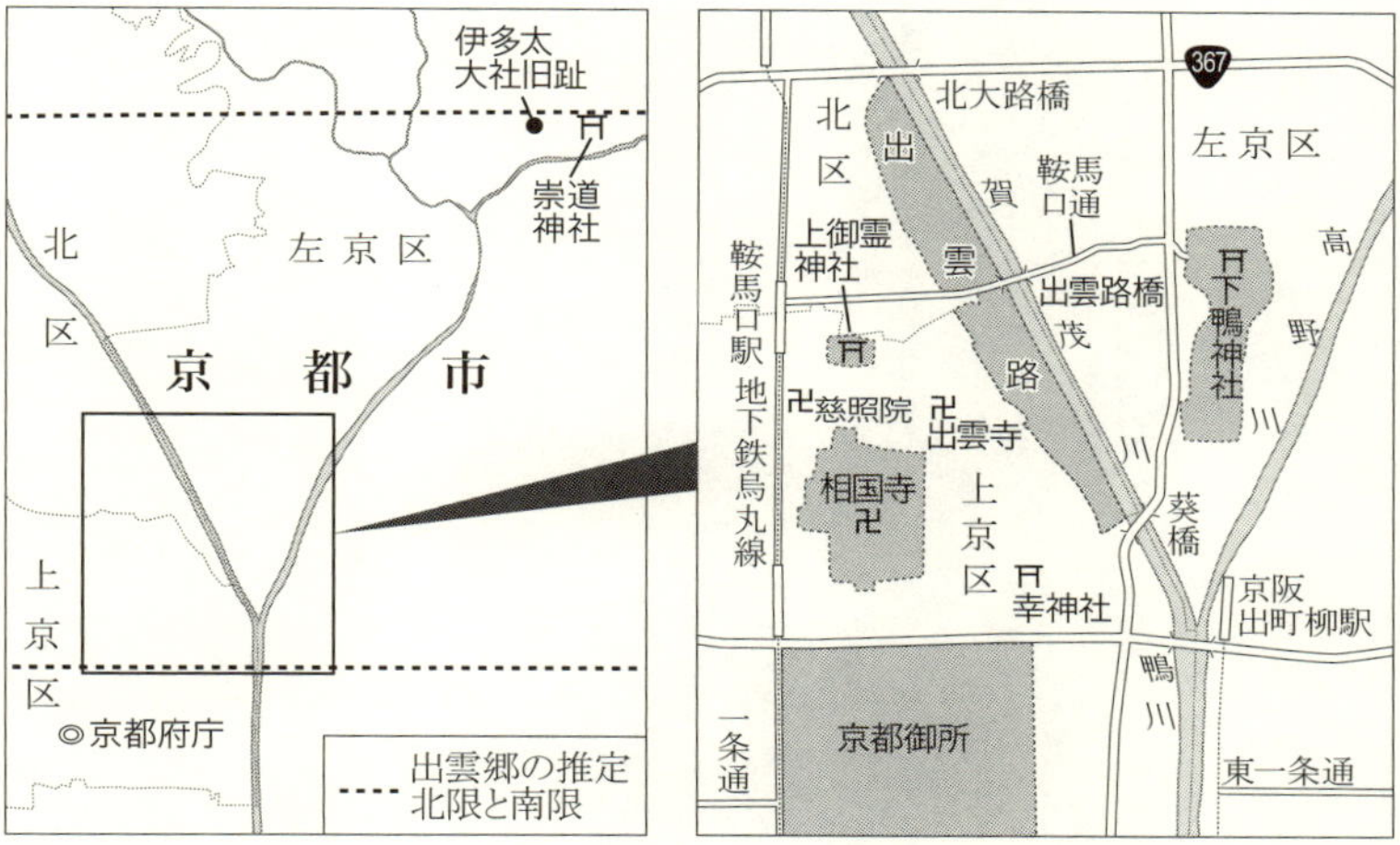

神亀三年当時は五〇戸単位の郷に下に二、三の里を置く体制がしかれ、出雲郷も雲上里《うんじょうり》と雲下里《うんげり》の二里に分かれていた。計帳は各里ごとの租税台帳だが、同郷の特殊な性格も伝える。まず平城京に出仕する官人が多い。家族員四三人の出雲臣麻呂や四一人の出雲臣真足の戸からは、郡司層の子弟が就く兵衛《ひょうえ》や舎人《とねり》も出ている。一九八八年、奈良市の長屋王邸宅跡から出土した木簡《もっかん》で知られる出雲臣安麻呂は、計帳では四十二歳、大初位下で北宮帳内とある。長屋王の妻、吉備内親王《きびのないしんのう》の宮に仕える下級役人だ。木簡には二十九歳で無位、山背国乙当《おたぎ》郡出身で年間三二〇日出勤し、一八五日の夜勤をこなした旨、記される。七一三年頃無位だった安麻呂は一三年間勤勉に働き、三階位昇進していたのだ。出雲郷では技術者も目立ち、出雲臣深嶋は造宮省の工《たくみ》、出雲臣冠《かがふり》は中務省図書寮《ずしりょう》の紙戸《かみへ》、出雲臣阿多は宮内省園池司の使部だった。

　山城の表記は延暦十三（七九四）年の平安京遷都に伴うもので、それまでは八世紀を通じて山背と書かれた。「山《やま》門《と》に背する国」の意だろうが、出雲からみれば、その手前

出雲路俵町のバス停（上）と出雲路橋（下）　上の写真の後方に見えるのが賀茂川と出雲路橋。

だ。八世紀、神賀詞《かんよごと》奏上のため六〇年間で一五回という頻度で大和入りしていた出雲国造たちは、途上にある山背の出雲郷に立ち寄り、藤原・平城京で官人として働く出雲臣たちから畿内政権の動向など聞いていたのだろう。出雲国造は延暦十七（七九八）年まで大領として政治権力を維持していた。山背の出雲郷は、その出雲国造の意向で作られた、出雲人の一大拠点だったのではないか。であれば、出雲郷に官人になり得る一定の教養や技能をもつ者が多く、婚姻関係を外部の異姓者にほとんど開いていなかった特異性も頷けよう。

出雲井於神社は、出雲氏が霊泉に示現する水神を祭ったのが始まりともいう（『京都大事典』）。貞観元（八五九）年一月、従五位の神位を受けている（三代実録）が、寛仁二（一〇一八）年、出雲郷が下鴨神社へ寄進された後、中世には同社域の開き神（開拓神）、比良木社に包摂されたようだ。愛宕郡には式内社、出雲高野神社もあった。同社は今、下鴨神社から高野川を五kmほど遡った上高野の崇道《すどう》神社境内にある。

京都市左京区上高野の伊多太大社旧趾

その境内には出雲郷の農業神だったという式内社、伊多太《いたた》神社もある。明治四十一（一九〇八）年、四五〇ｍほど西の大明神町から、同社の遥拝所があった現在地に遷された。旧社地は永和三（一三七七）年九月の賀茂御祖神社所領注進状に「出雲郷一条以北、至大明神御敷地、皆当郷内也」とあるのと符号する。旧社地へ行くと、見晴らしのよい高台に、赤い鳥居と石碑が立っていた。きれいな境内としめ縄。元宮の地は大切に祭られている。昭和四十八（一九七三）年建立とある石碑の背面には「伊多太大社は出雲族の守護神で上古より御湧水の神として信仰」されてきたと刻まれていた。『崇道神社誌』も、伊多太神社の神事は、古来よりほぼ出雲系の神社の様式で行われてきたという。出雲人が祭り始めた社という記憶が、現地で受け継がれてきた証だ。

2　御霊神社になった出雲寺——相国寺境内で出土した出雲郷集落跡

京都市上京区の御霊《ごりょう》神社は中京区の下《しも》御霊神社に対し、上《かみ》御霊神社とも呼ばれる。同社地にあったという出雲寺も、度々上出雲寺と呼ばれた。江戸中期『山州名跡志《さんしゅうめいせきし》』は、上出雲寺は「今の上御霊社地

出雲寺の本尊だったという木彫聖観音像（京都市上京区の出雲寺）

にあり。（平安）遷都已前の草創也。……地を出雲路と称す」（巻21）という。出雲路《いずもじ》＝出雲寺だったのかもしれない。文献上は『智証大師年譜』に天安二（八五八）年十二月二十七日「帝城に入り、出雲寺に寓《ぐう》す」とあるのが早いが、創建は神亀《じんき》三（七二六）年の愛宕《おたぎ》郡出雲郷計帳以前に遡るとみられる。御霊神社境内で一九三六年頃、白鳳時代の瓦が出土した。出雲寺の遺物とされるその瓦を二〇〇五年に調べた前田義明・現京都市考古資料館長は、早期の瓦が藤原京本薬師寺跡の瓦と酷似する点から、出雲寺の建立を七百年前後とみる。

延長四（九二六）年三月十四日付「出雲寺流記《るき》」は瓦葺《ぶ》きの金堂や食堂、各種仏像を擁する大伽藍《がらん》を伝え、同時期の延喜式は、盂蘭盆《うらぼん》供養料を送る七寺に出雲寺を列する（巻33大膳下）。『日本紀略』が康保三（九六六）年、天下疾疫により延暦寺や上出雲寺等七大寺で読経ありと記す（七月七日条）など、平安期前半まで史書にも度々現れた。長和四（一〇一五）年に京都で疫病が流行した時も、出雲寺で御霊会を行っている（『小右記』同年八月十八日）。出雲寺を御霊信仰と結びつけたのは「出雲の神は祟《たた》る」と考えた畿内政権貴族だろう。『類聚符宣抄《るいじゅうふせんしょう》』の「疫病事」天徳二（九五八）年五月十七日付官宣旨《せんじ》に、仁王般若経を転読した一四寺社の一つ「上出雲御霊堂」の名がみえる。中古京師内外地図に「上出雲寺大伽藍、鎮守を上御霊と称す」と書かれた御霊神社は、社伝では延暦十三（七九四）年の創始という。御霊堂（鎮守社）

が栄える傍ら出雲寺が衰退し、主従逆転したようだ。『京都市の地名』は、もと出雲氏の氏寺だった出雲寺が、のち御霊会の修法堂になったと説く。今昔物語集は巻20「出雲寺別当浄覚」の説話で「今は昔、上津《かみつ》出雲寺と云ふ寺あり。建立より後、年久しく成りて、当に倒れ傾きて、殊に修理を加ふる人なし」と、その荒廃ぶりを語る。江戸中期には観音堂が残るのみだった。『山州名跡志』に、御霊社の観音堂は「神殿北に在り。本尊聖観音（立像五尺四寸）……此の地始め伽藍あって上出雲寺と号す。其《そ》の一堂の本尊なり」とある（巻22）。その観音堂は明治維新の神仏分離に伴い、光明山念仏寺に遷された。戦後、出雲寺に改称した念仏寺が、今の出雲寺だ。「浄土宗出雲寺」の表札が掛かる門を入ると、「出雲路観音」と書かれた本堂と石柱がある。上田朋裕住職の案内で二〇一三年、その出雲寺の遺産を拝した。

出雲郷の集落とされる相国寺境内遺跡　手前が掘立柱の穴、四角いのが竪穴住居。京都市埋蔵文化財研究所提供。

　近年、出雲寺をめぐる考古学上の発見が続く。二〇〇四年、京都市埋蔵文化財研究所が相国寺《しょうこくじ》境内で行った調査では、古代出雲郷の集落跡とみられる、七世紀後半の竪穴住居二〇棟と八世紀前半の掘立柱建物二棟が見つかった。江戸前期の『雍州府志《ようしゅうふし》』は「出雲寺町は相国寺慈照院の北に在り……是《こ》れ古の上出雲寺の有る所也」と伝える。慈照院は相国寺境内の北西角にあり、上御霊

出雲寺の瓦とされる御霊神社境内出土の瓦　京都市埋蔵文化財研究所提供。

神社にも近い。竪穴住居跡では、鞴《ふいご》の羽口など鉄製品を作る道具や鉄くず、白鳳時代の瓦も発見された。発掘を担当した東洋一さんは、大型の掘立柱建物は出雲郷計帳に載る出雲臣の屋敷で、それに先立つ竪穴住居には製鉄技術を備えた出雲人が住み、出雲寺の建設に関わっていたとみる。二〇一五年夏にも、御霊神社西隣の上京遺跡で七世紀後半の建物跡が見つかった。発掘にあたった古代文化調査会の家崎孝治代表は、出雲郷計帳の有力出雲臣の早期屋敷跡とみる。

神亀三年計帳に「筑紫国在」とある出雲臣真足の子女や、天平十（七三八）年周防国正税帳にも現れる出雲臣君麻呂など、愛宕郡出雲郷の出雲臣たちは広く移動もしていた。だが出雲国造の意向で生じた集落なら、国造が神賀詞奏上もしなくなった平安期以降、存在目的を失ったことになる。それが山城国出雲氏の解体につながり、出雲寺も氏寺の性格を失ったのではないか。そう問いかけるが、出雲路観音は黙して語らない。

（二〇一五年十月掲載）

丹波国

古山陰道沿いに分布する出雲社——保津峡開削と若狭湾を遡る出雲族の伝説

「丹波に出雲という所あり、大社《おおやしろ》を移して、めでたく造れり」。徒然草の一文だ。そこは丹波国桑田郡出雲村、同国一宮の出雲大神宮《いずもおおかみのみや》が鎮座する、今の京都府亀岡市千歳《ちとせ》町出雲だ。古代の延喜式神名帳は、丹波国七一座の筆頭に出雲神社を挙げる。十四世紀前半の吉田兼好は杵築大社《きずきのおおやしろ》からの勧請と語るが、同社は石塚尊俊『出雲信仰』が、記紀より早い時代の出雲からの氏族移動の結果だとする、出雲国以外の式内出雲九社の一つだ。貞観十一（八六九）年完成の続日本後紀は承和十二（八四五）年七月十六日条で、丹波国桑田郡の出雲神に従五位下を授けたと記す。日本書紀は崇神天皇六十年七月十四日条で、出雲大神の神宝をめぐる出雲振根《いずものふるね》との軋轢《あつれき》を語るが、そこに「出雲人の祭る真種の甘美鏡《うまし》」などと神託を語る丹波国の小児が現れる。「出雲と大和、両文化の接点の国」（ふるさと口丹波風土記）という丹波の立ち位置が窺える逸話だが、後の丹波出雲社の神階上昇とも関連するかもしれない。

京都府亀岡市千歳の出雲大神宮　大国主命と三穂津姫命を祭る。鍬山神社と同じ和銅2（709）年の創建という。

桑田郡には出雲大神の神話を伝える式内社、鍬山《くわやま》神社（亀岡市上矢田町、祭神大己貴神）もある。亀岡盆地が泥湖の底だったという太古の昔、当地に来た出雲大神が黒柄岳《くろがら》で八神と神集いをし、相談の上、（樫船神社辺りから）一葉の樫船を浮かべ、一把の鍬を振り上げて浮田の峡（保津峡）を切り拓《ひら》き、湖水を流し出した。こうして湖底だった盆地が肥沃な農地となり、里が開けたという。伝説の地は、鍬山神社近くを流れる年谷川が大堰《おおい》川に合流する辺り、開削に携わったという神が両岸の請田、桑田亀岡―嵐山間の保津川下りで知られる保津峡の入り口で、神社に鎮座する。この神話は「出雲の神々を奉斎する出雲系の人々が丹波を開拓した偉業を語り伝えるものに他ならない」と『出雲大神宮史』はいう。

出雲大神宮が鎮座する亀岡盆地東端の山裾には縄文〜中世の集落跡、出雲遺跡が広がる。境内の出雲二号墳ほか出雲古墳群が点在し、同社の七〇〇m西南には全長八二mの千歳車塚古墳（六世紀前半頃の前方後円墳）もある。同古墳と国分寺跡を結ぶ線が、奈良時代の山陰道とみられている。当時は大堰川を渡り、老ノ坂を越えて山城国へ入った。平安時代になると、大堰川の南を通り、天引峠へ抜ける、ほぼ今の国道三七二号の道筋が山陰道の幹線となる。亀岡市ひえ田野などを通り南丹市園部町を越え、兵庫

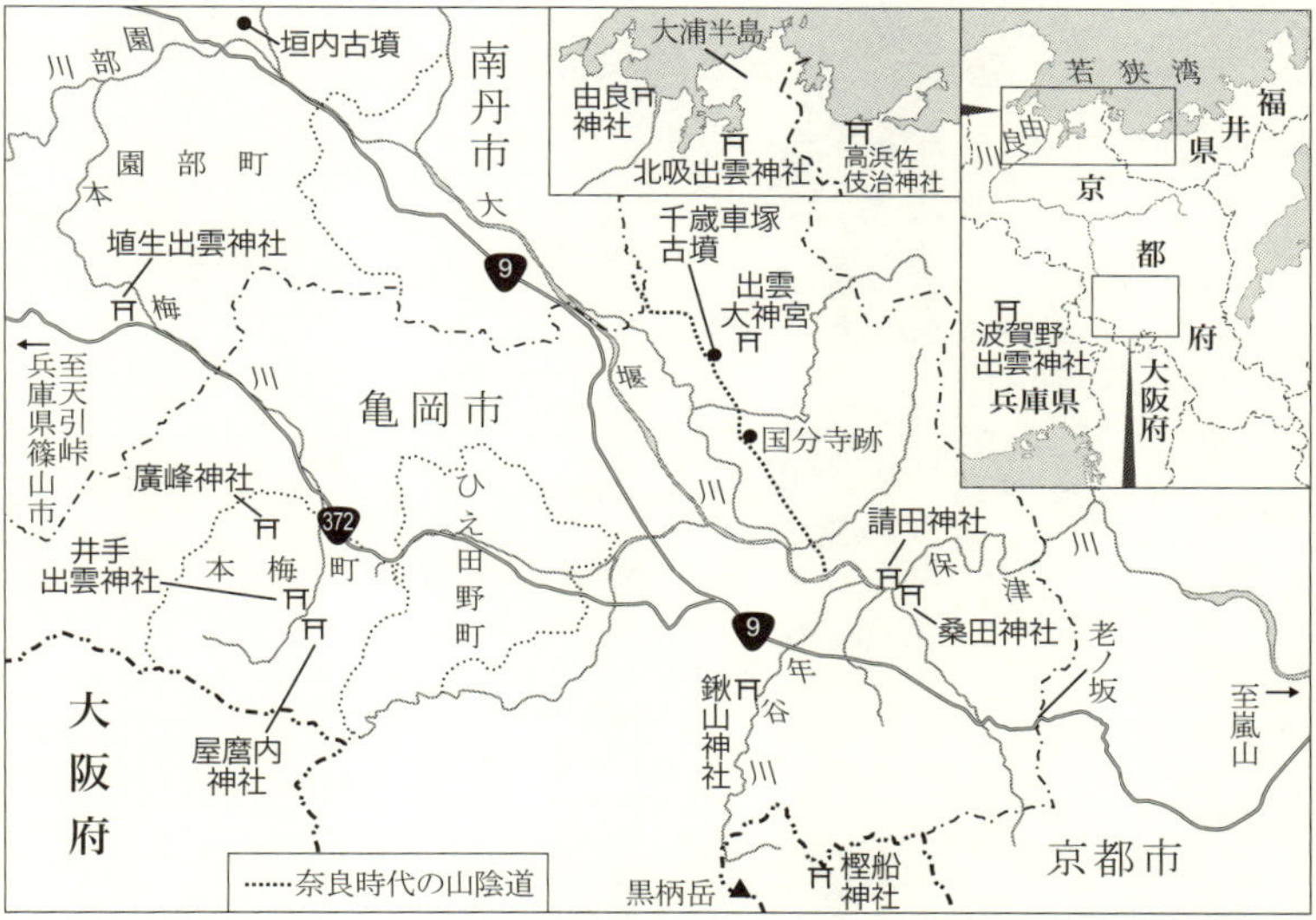

県篠山市（旧丹波国多紀郡）に至る、笹山街道とも呼ばれる道だ。そのルート上の亀岡市本梅町《ほんめちょう》井手と南丹市園部町埴生《はぶ》にも、大己貴（大尊己）命を祭る出雲神社がある。井手の社は、往古から大岩の傍らに祠《ほこら》を設けて祭り、天正年間（十六世紀後半）に社殿を建てたという（亀岡神社誌）。本梅町域には須佐之男命を祭る廣峯神社や奇稲田姫《くしいなだひめ》命を祭る屋磨内神社もあり、出雲神が集る。井手出雲神社の近くを流れる本梅川を下ると、埴生の出雲神社に辿り着く。同社は天安二（八五八）年の創建で、建治二（一二七六）年まで社領と神主、宮寺もある神社だったが、下司による社領没収や永禄年間の宮寺等の焼亡などで衰微、その後は村人が守ってきたという（船井郡神社誌）。元文五（一七四〇）年の園部藩『社寺類集』には、埴生村の出雲大明神とある。近世は井出、千歳の出雲社も、そう呼ばれていた。本梅川は埴生の下流で園部川と合流する。その合流点から三km下流の北岸域には、松江花仙山産の碧玉製の勾玉《まがたま》と鏃《ぞく》形石製品が

出土した垣内《かいち》古墳（古墳時代前期、全長八四m）がある。『新修亀岡市史』は、丹波は京と出雲を結ぶ山陰道沿いに位置するため、早い段階から出雲氏一族の勢力が扶植されたという。神亀三（七二六）年の山背国愛宕郡出雲郷計帳は、出雲臣子足売（33歳）と出雲臣依売（66歳）の二人の女性が丹波国多紀郡に在り、と伝え、それを裏付ける。廣峯神社には、出雲系部族が若狭湾の由良川水系を遡り、本梅川筋に入って創始したとの伝説もある。その由良川が注ぐ若狭湾沿岸にも、古い出雲系神社が分布する。北ツ海から山陰道へ、というルートが見えてくる。

亀岡市本梅町井手の出雲神社鳥居横に鎮座する大岩　明治3年まで出雲大明神と呼ばれていた同社は、古代この地に住み着いた出雲系部族によって祭られたものとみられる旨記した、亀岡市設置の案内板が本殿前に立つ。

［追記］　神亀三年の山背国愛宕郡出雲郷計帳が、出雲臣の二人の女性がいたことを伝える丹波国多紀郡。そこにも近世、出雲大明神と呼ばれた出雲神社がある。亀岡市井手、南丹市埴生の社と篠山街道で繋がる兵庫県篠山市波賀野の出雲神社だ。天長七（八三〇）年、出雲の杵築大社の分霊を勧請・創始したと伝わる同社も、大国主神を祭る。武庫川とその支流が作り出した扇状地の山裾に鎮座する同社の一帯には、古くから人々の営みがあった。同じ山裾の北側に縄文、古墳、平安時代などの集落跡が見つかった波賀野遺跡があり、南側には横穴式石室の波賀野古墳三基も並ぶ。篠山街道沿いに鎮座する三つの出雲神社は、

山陰道を介した出雲からの人の移動や信仰の伝播が生み出したものだろう。

二〇一六年九月、その波賀野から若狭湾までの約六〇kmを、私は一時間で北上した。舞鶴若狭自動車道を通行中、福知山市と綾部市の境で由良川と交差する。その由良川河口西岸に鎮座する由良神社は、出雲国意宇郡熊野神社から古代に勧請したと伝わる櫛御気野命《くしみけぬ》を祭る社だ。明治二十一（一八八八）年に京都から八幡宮を勧請・合祀するまで、社名も熊野神社だった。ここは和銅六（七一三）年、丹波国を割き設置した丹後国五郡の一つ、加佐郡凡海郷《おおしあま》。丹後国風土記逸文はその地名由来を、天の下治《しろしめ》す大穴持神《おおなもち》と少彦名神《すくなひこな》がこの地に至り、海中の大島小島を引き集め、十の小島を以て一つの大島となしたためと伝える。

同じ若狭湾の大浦半島を回った福井県高浜町には、大己貴命《おおなむち》を祭る式内社の佐伎治神社《さきち》がある。能登国の章3で紹介した石川県羽咋郡《はくい》志賀町高浜町と西宮神社のルーツだ。延宝三（一六七五）年の由緒書に、往古は白浜から注ぐ笠原川を五〇〇mほど遡った薗部村園地の森にあったとあるが、赤坂靖夫宮司は、佐伎は岬を意味し、城山公園あたりが最初の地との説もあるという。同社には、かつて鳥居に掛けられていた千家尊統《たかむね》第八十二代出雲国造（一九一一〜四七年在職）直筆の扁額がある。

いっぽう舞鶴市北吸にある出雲神社は明治二十二年、軍港建設のため全村移転させられた旧北吸村の人々が明治末、出雲大社へ赴き御分霊を受けて建てた社で、出雲大社教の教会も併設された。波賀野の出雲神社では明治三十五年、出雲大社教の千家尊愛《たかちか》第二代管長による臨時祭典が行われ、千家尊紀第八十一代出雲国造の直筆「大国主大神」一幅が贈られている。出雲神社を介した出雲との縁が、近現代も結ばれていたのだ。

（二〇一五年十一月掲載）

播磨国

1　最も古い播磨国風土記——出雲の神や人々が頻繁に登場

　播磨国風土記は現存する五風土記の中で最も早い、七一〇年代半ばの成立とされる。和銅六（七一三）年五月、朝廷が諸国に対し、地名のいわれや古老伝承などをまとめて報告するよう求めた（続日本紀）。これに対し諸国が編纂した文書が、後に風土記と呼ばれる。出雲国風土記の総記に「霊亀元《りょうき》（七一五）年の式に依り、里を改め郷と為す」とあり、郡里制から郡郷制への変更が知られるが、播磨国風土記のみが、他の風土記と異なり、郡里制で書いているからだ。七二〇年の日本書紀に先立ち、七三三年の出雲国風土記の二〇年近く前にできた播磨の風土記。そこに出雲神や出雲人が頻繁に現れる。

　美作国《みまさか》（岡山県）と接する讃容郡《さよ》柏原里《かしはばら》（兵庫県作用郡作用《さよう》町一帯）では、出雲国から来た大神が、島村の岡に腰かけて、筌《うえ》（魚をとる竹の器）を置いたので（今の千種川を）筌戸《うえど》と名付けたという。賀古郡日岡の比礼墓《ひれはか》（加古川市加古川町大野の日岡山）では、別嬢《わきいらつめ》に仕える出雲臣比須良比売《ひすらひめ》が登場し、息長命《おきながのみこと》の妻となる。

播磨国風土記には、他国やその地名が頻繁に出てくる。それを数えた是川長《これかわひさし》『播磨国風土記のひみつ』は、総数一九カ国のべ五二カ所のうち出雲が一番多いという（但馬、讃岐、筑紫、河内が続く）。出雲と但馬に伯耆《ほうき》・因幡・石見・意伎《おき》を加えた山陰諸国で半数近くを占める。播磨との深い結びつきが窺える。

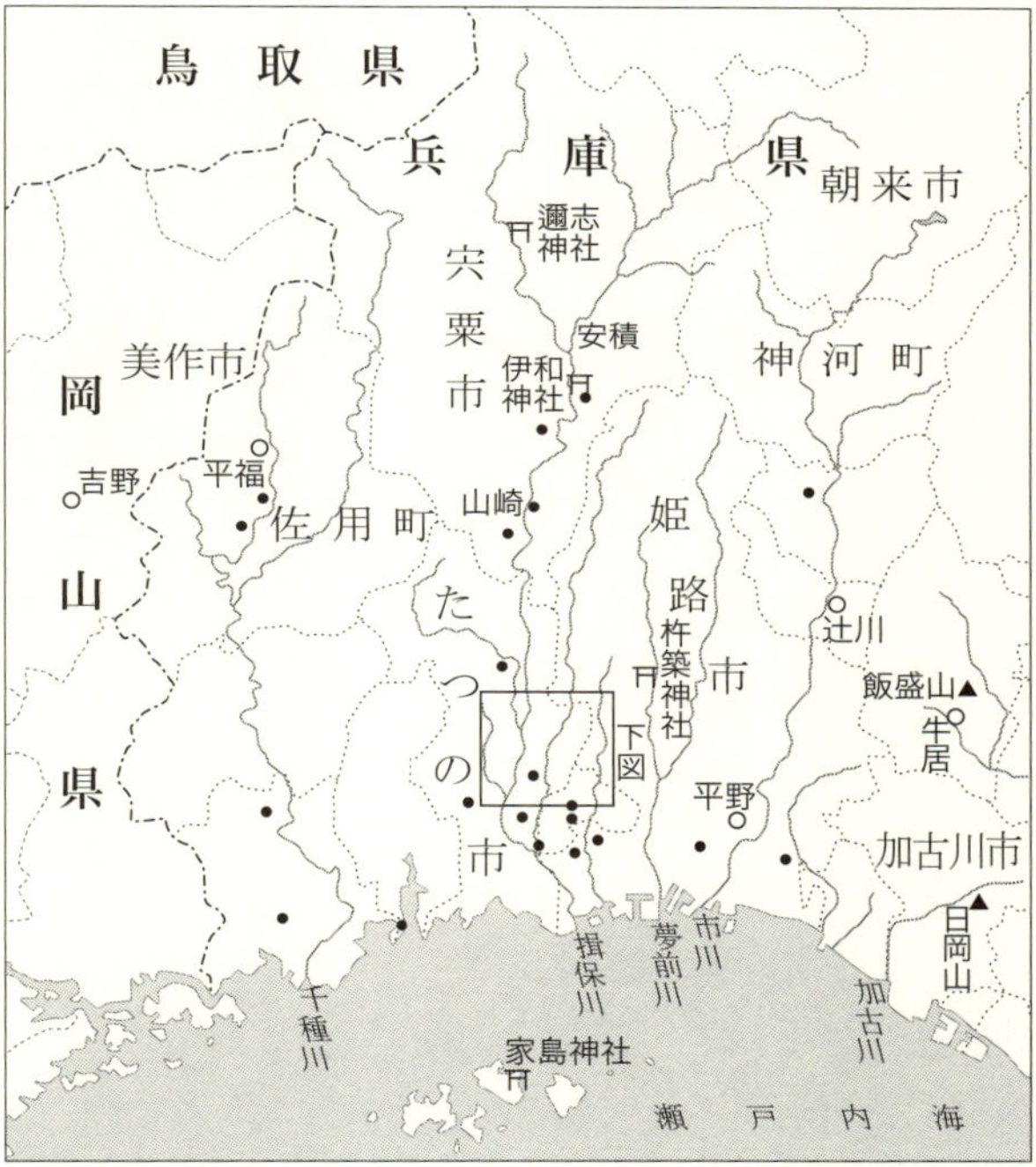

●は主な山陰系土器の出土地。たつの市埋蔵文化財センター図録『因幡街道』による。

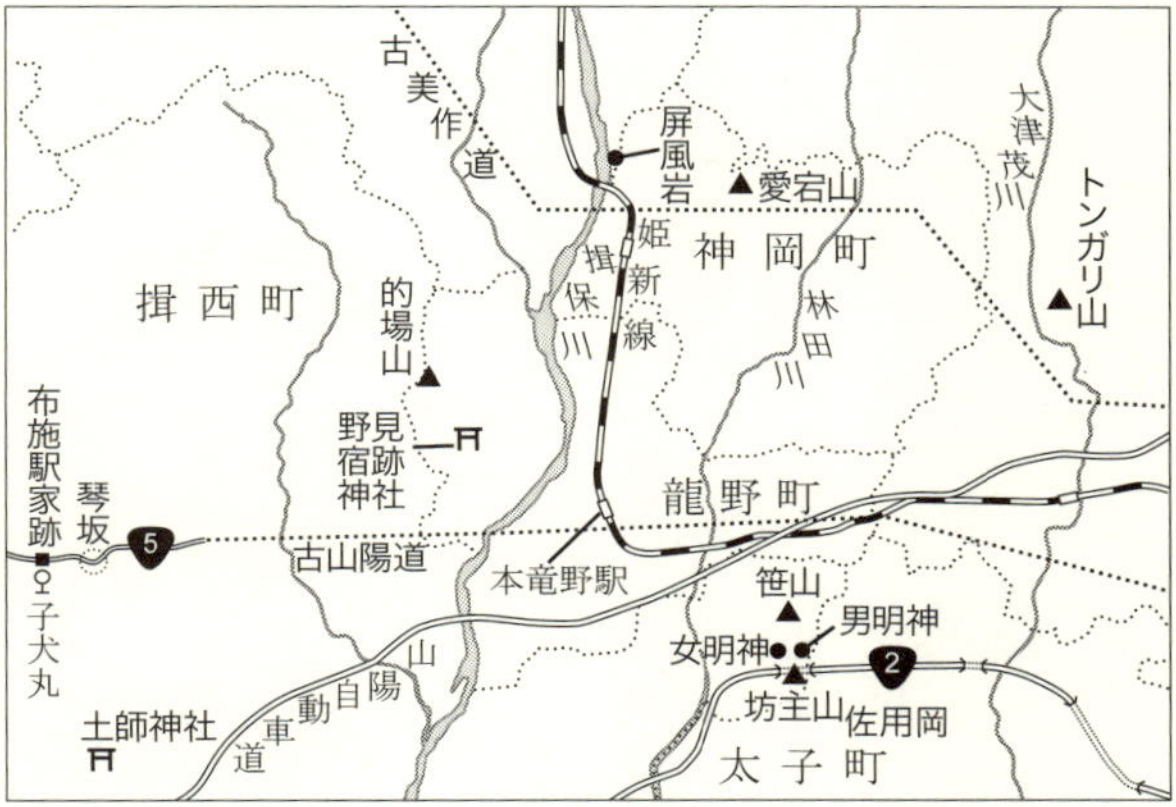

古美作道は揖保川東岸、愛宕山南一帯で今の県道 724 号と、古山陽道は揖保川西岸で今の県道 5 号と重なる。

千家尊福国造ゆかりの野見宿禰神社（兵庫県たつの市龍野町）

出雲の神や人が最も多く登場するのは、古代の美作道と山陽道が通っていた揖保《いいぼ》郡だ。揖保郡日下部《くさかべ》の里（たつの市龍野町あたり）では、立野《たつの》の地名由来をこう伝える。「昔、土師弩美宿《はにしのみのすく》禰《ね》、出雲国に往来し、日下部の野に宿り、乃ち病を得て死す。その時に出雲国人来到り、人衆を連ね立て、川礫《いし》を運び伝え上げ、墓山を作る。故に立野と号《なづ》く。其の墓屋《はかや》を号けて出雲の墓屋となす」。日本書紀で相撲の開祖、埴輪《はにわ》の考案者として登場する野見宿禰《のみのすくね》の初出は、この播磨国風土記なのだ。両者を合わせ見れば、野見宿禰は出雲と大和を往来中、播磨の日下部で没したことになる。それは現たつの市龍野町の揖保《いぼ》川西岸あたりという。この伝説に基づく野見宿禰神社が的場山（台山）中腹にある。明治十五年、千家尊福《たかとみ》出雲国造《こくそう》が「出雲の墓屋」調査に人を派遣したのが同社創建の端緒。鳥居に刻まれた出雲国造家の紋章が、その縁を表す。

揖保郡上岡《かみおか》里（たつの市神岡町）では、大和三山の闘いを諌《いさ》め止めるべく、やって来た出雲国の阿菩大《あぼのおお》神《かみ》が、闘いは止んだとこの里で聞き、乗ってきた船を覆し鎮座したので神阜《かむおか》と名づけたという。その神阜は美作道沿いの愛宕山だと、案内いただいた、たつの市文化財課の岸本道昭主幹はみる。同郡枚方・広山の里では、神尾山に坐す出雲御蔭大神《みかげのおおかみ》が、道行く出雲国人の半数を遮り留めるため、出雲国人らが佐比《さひ》（鋤の類）を作り祭ったという、佐比岡《さひおか》の地名由来が語られる。先に来た比古《ひこ》神（男神）が留まら

出雲の阿菩大神が来て鎮座した神皐とされる愛宕山
風土記は「皐の形（船を）覆すに似たり」と記す。山裾を古美作道が通る。

神尾山とされる笹山　右が男明神で左が女明神。

ず立ち去ったのを、後で来た比売神《ひめ》（女神）が知って怒り怨んだからだという。佐比岡は太子町佐用岡《さよおか》に跨る坊主山とされ、その北に神尾山に比定される誉田《ほんだ》町の笹山《ささ》（佐佐山）がある。今もある男明神、女明神と呼ばれる大きな石神（奇岩）が目印だ。この伝説には、出雲人の都伎也《つきや》、伯耆人の小保氐《こほて》、因幡人の布久漏《ふくろ》の三人も登場する。これらの伝承から、播磨が出雲と大和を結ぶ古道の要路で、出雲人が頻繁に往来していたことがうかがえる。

神皐（愛宕山）の一km余り西北にある天然記念物の屏風岩（新宮町觜崎《はしざき》）は、揖保郡越部里で「大汝命《おおなむち》、俵を積み橋（天に昇る梯子）を立てる。山石、橋に似たり。故に御橋山《みはしやま》と号く」とある山だという。揖保川流域には、風土記が語る場所がいくつも、ほぼそのままの形で残っている。私は故郷出雲を巡っているような錯覚と、心地よさを覚えた。

2　雲播を結ぶ陸海の道——出雲の若者、琴を奏でる

出雲国風土記が「天《あめ》の下造《つく》らしし大神」と称える大穴持命《おおなむち》。その伝説が兵庫県の加古川支流域にも点

オオナムチとスクナヒコナの二神が稲種を積んだ稲積山とされるトンガリ山（姫路市林田町）

在する。播磨国風土記は賀毛郡で、大汝《おおなむち》命の御飯《みいひ》を盛った飯盛嵩《いいもりだけ》（楢原《ならはら》里、加西市豊倉町の飯盛山）や、大汝命が碓を造り稲を舂《うすづ》いた碓居谷《うすいだに》（下鴨里、同市牛居町）などを挙げる。その大己貴《おおなむち》神を祭る宍粟《しそう》市の伊和神社が播磨国一宮だ。播磨では国作り神話を代表する伊和大神の伝説が揖保《いぼ》川流域を中心に広がる。それは出雲の神・人の逸話が多い地と重なる。出雲大神の信仰が播磨に伝わり、伊和大神と混じり合ったと説く『兵庫県史』によれば、延喜式神名帳の「伊和坐大名持御魂《いわにいますおおなもちのみたま》神社」の名は、両神習合の表れといえよう。西播磨では弥生末から古墳時代初めの遺跡で、山陰系土器の中でも特徴的な鼓《つづみ》形器台や甑《こしき》形土器が出土している。有史以前に始まる出雲から播磨への人や文化の移動。それを支えた古からの美作《みまさか》、因幡、但馬、山陽道は、近代も健在だった。

辻川（兵庫県神崎郡福崎町）出身の柳田国男は『故郷七十年』で、明治十年代半ば頃、出雲から但馬路をへて来た千家尊福国造《たかとみこくそう》の行列を、村民一同、道傍に並んで迎えたという。尊福国造は、早くから美作・播磨を訪れていた。明治七年夏、上京の途中、美作で神職一同を集めて講話。明治十五年末には出雲大社美作分院（岡山県津山市田町）が開院。明治十九年春の巡教では、その津山から吉野郡吉野村（現美作市豆田一帯）をへて播磨に入り、佐用郡平福村（佐用町平福）、宍粟郡へと至り、各地を巡教した。今も宍粟

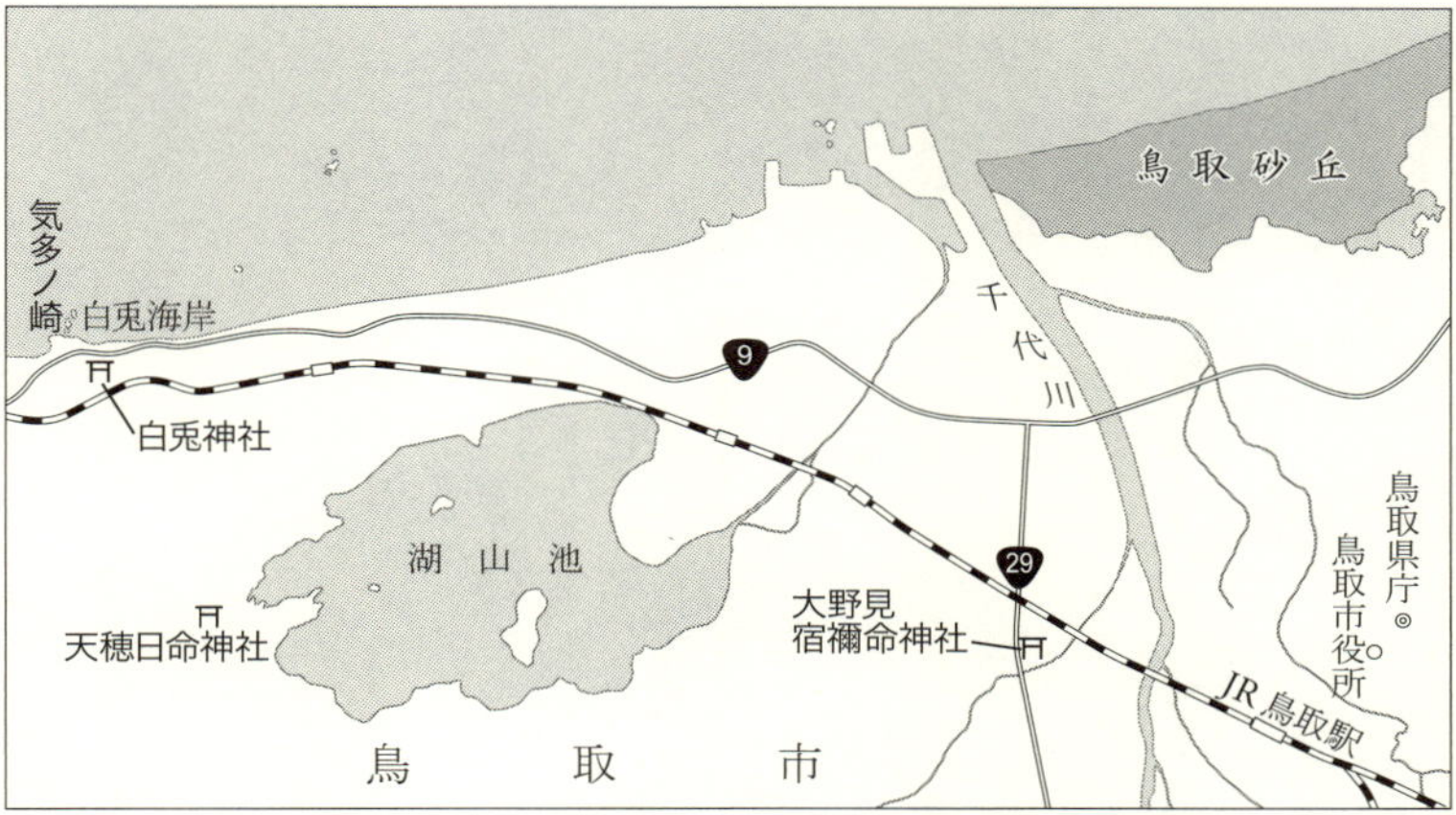

市波賀町の邇志《にし》神社、たつの市揖西《いっさい》町の土師《はぜ》神社に残る尊福国造直筆の扁額が、その足跡を伝える。

播磨国風土記には、飾磨《しかま》郡枚野《ひらの》里（姫路市平野）の筥丘《はこおか》、神前《かんざき》郡の埴岡《はにおか》里（神河町と朝来市南部）など大汝・少日子根《すくなひこね》（小比古尼）命が二神で現れる地名由来もある。揖保《いいぼ》郡林田里では、この二神が稲種を積んだので稲種（稲積）山という、とある。その稲積山とされるトンガリ山（姫路市林田町）の三㎞西北、姫路市夢《ゆめ》前《さき》町には大国主大神を祭る杵築《きずき》神社が鎮座。近世は気多《けた》明神と呼ばれ、野見宿禰《のみのすくね》も祭るという同社の信仰は、因幡道での伝播だろう。白兎《はくと》海岸の気多《けた》ノ前《さき》、潟湖だった湖山池と鳥取砂丘を作り出した千代川が集まる一帯の地に、鳥取市徳尾の大野見宿禰命神社が鎮座する。明治二十一年、宍粟郡で出雲大社安積分支が誕生した時、世話人らは御分霊勧請のため、行きは因幡道を北上し鳥取から沿岸を米子、松江へ進み、宍道湖を船で渡って杵築に至り、帰りは美作道を通って津山、佐用、山崎、一宮に着いたという（安積分支略縁起）。

出雲信仰や文化は瀬戸内海路でも伝播したとみられる。播磨国風土記が揖保《いいぼ》郡で「人民、家を作りて之に居り、故に家島と号く」という家島。揖保川河口の一〇kmほど南の播磨灘に浮かぶこの島に、続日本後紀・承和七（八九〇）年六月二十日条に「揖保郡の家嶋神」と出てくる式内社がある。凹形をした天然の良港の先端（天神鼻）に鎮座する、その家島神社は大己貴・少彦名命《すくなひこな》を祭る。玄界灘から瀬戸内海の両岸にかけて山陰系土器の出土遺跡が点在し、道後温泉（愛媛県松山市）の由来を記す伊予国風土記逸文など、瀬戸内海域に、この二神の伝説が古くからあるのは、伊予・讃岐国の章でみた通りだ。

出雲人が琴を弾いたという琴坂　西側手前の布勢駅家跡（小犬丸遺跡、県道5号小犬丸バス停）からみる。

たつの市揖西町にある古代山陽道の布勢駅《ふせのうまや》家跡（小犬丸遺跡内）近くにも、出雲人ゆかりの地名「琴坂《ことさか》」が残る。播磨国風土記は揖保郡桑原里で「出雲国人、此の坂に息《いこ》ふ。一老父有り、女子《むすめ》と倶《とも》に、坂本の田を作る。是に出雲人、其の女《むすめ》を感《かま》けしめむと欲し、琴を弾いて聞かしむ。故、琴坂と号《なず》く」と記す。坂の麓で田を耕していた播磨の娘。その娘の気を引こうと琴を奏でる出雲の若者。二人はその後、心を通わせたろうか。一三〇〇年も昔とは思えない、平穏な日常の一コマ。播磨国風土記の中で、私が一番好きな逸話だ。

（二〇一五年十二月掲載）

壱岐・新羅国へ

地名に刻まれたルーツ——海路で広がる出雲の世界

私が二〇〇八年度、一年滞在した米国西海岸には、サンノゼやエンバルカデロといったスペイン語地名が多かった。移住者たちが自らのルーツを地名に刻んだのだ。列島各地の出雲地名も、多くは移住した出雲人が名づけたものではないか。本書の構想を閃いた背景の一つだ。一九〇六年創建のハワイ出雲大社（オアフ島）を含め、米国に日系人建立の寺社は多い。

より近い例は北海道にもある。明治十七〜十八（一八八五〜八六）年に旧鳥取藩士一〇五戸五一三人が移住した釧路市鳥取（旧村）などは有名だが、虻田《あぶた》郡倶知安《くっちゃん》町出雲も明治二十八年、島根県の山陰移住会社と出雲団体の募集に応じた旧出雲国出身者が多く移住した地だ。明治三十一年に出雲大社から大国主神を勧請した山陰神社が建立され、明治四十年に出雲神社と改称している（一九六六年、倶知安神社に合祀、同社の相殿となる）。人と共に神も移動するのだ。

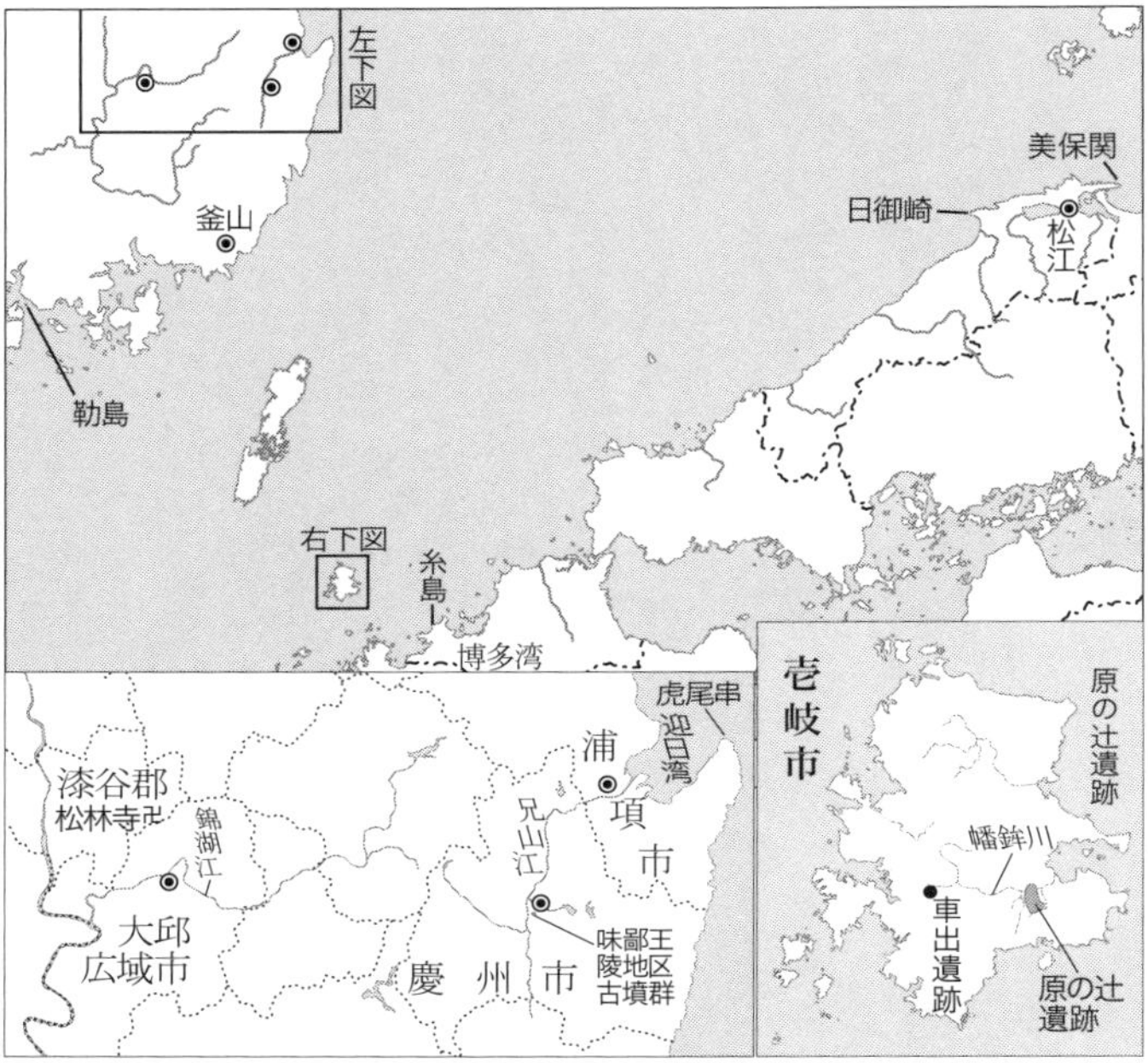

新羅と繋がる出雲文化は海路で能登から越《こし》へ伝播し、信州・北関東へと南下していく。その学説を現地を巡って確かめようと始めた旅が、五年近い新聞連載となった。出雲からの人の移動や文化・信仰伝播の大動脈は確かに越方面だ。それは本書のほぼ半数が越前・加賀・能登・越中・越後・佐渡の越諸国であることが如実に示している。その縁が古代・中世・近世・近代を通して続いていたから、話題も多かった。能登半島福野潟周辺のように、出雲地名が出雲系古社や山陰系土器、出雲神の伝説などと重なる「濃厚」な地もある。

その能登の出雲では松江放送局のＮＨＫラジオが入ると、集落開祖の子孫、谷崎紀男さんが語っていた。出雲一中生の頃、初めて聞くラジオが拾う韓国語放送を不思議な気持ちで聴いたのを思い出す。海の高速道路（海流）で繋がる地は、電波も通りやすいようだ。

出雲の国引き神話では杵築の岬と新羅の岬、美保関と越の岬という陸の先端同士が結びつく。韓国東海岸最大の岬、虎尾串《ホミゴ》を擁する迎日《ヨンイル》湾には古代新羅王の時代、海辺にいたヨノが、乗っていた岩ごと海原を渡って日本に着き、妻のセオも後を追ったという伝説がある（十三世紀末『三国遺事』）。その虎尾串や日御碕、美保関や能登半島珠洲《すず》岬の細長い半島を巡るうち、国引き神話が「国の余りありやと見れば、国の余りあり」という「国の余り」とは、本島から突き出した、いわば陸の余り＝岬の比喩ではないかと思うようになった。岬は海路で陸を往来する際の目印であり、本島への足がかりでもある。土地を引き寄せたというのも、それらの地から大勢の人が海を渡ってきたことの比喩に思える。

迎日湾から兄山江《ヒョンサンガン》を遡った新羅の古都、慶州《キョンジュ》市の味鄒《ミチュ》王陵地区古墳群（五世紀末〜六世紀前半頃）では、この国引き神話が描く新羅と出雲と越の繋がりを象徴するかのように、松江花仙山《かせんざん》産碧玉《へきぎょく》（出雲石）の勾玉が、糸魚川《いといがわ》産ヒスイの勾玉と一緒に出土している。慶北大学の朴天秀《パクチョンス》教授は、古代新羅王室と関わる漆谷《チルコッ》郡松林寺《ソンリムサ》の五層塼塔《せんとう》で見つかった碧玉の管玉も、出雲石とみる。朴教授らは大邱《テグ》博物館に収蔵されたその管玉の複製品を、松江玉作資料館提供の花仙山産の碧玉で作り、二〇一四年松林寺に寄贈した。

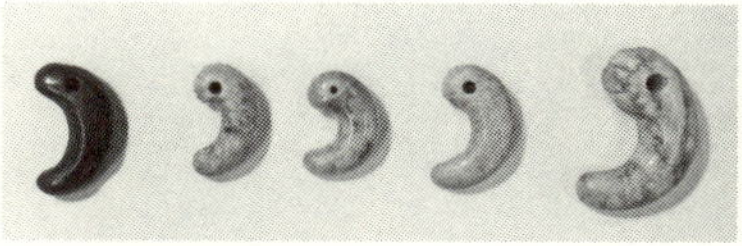
韓国慶州市鶏林路（ケーリムノ）の味鄒王陵地区古墳群出土の碧玉とヒスイの勾玉　碧玉は片面穿孔（せんこう）。慶北大学博物館で筆者撮影。

二〇一五年十一月には新潟県上越市在住の日本画家、川崎日香浬《ひかり》さんが横幅五・四mの大作「神在月――高志《こし》から出雲へ」を出雲大社に奉納した。古来人々は、対馬暖流が生み出す沿岸の逆潮やアイの風を利用して越から出雲へ、また出雲から筑紫へも移動していたのだ。博多湾沿岸域の西新《にしじん》町遺跡で、搬入品とされる山陰土器がいくつも出土し、糸島の潤地頭給《うるうじとうきゅう》遺跡では、出雲石を使った出雲固有の技法による管玉作り工房が見つかっている。その先、壱岐《いき》島の原《はる》の辻遺跡から

原の辻遺跡の山陰系土器。古墳時代初め頃の複合口縁壺（上）と鼓形器台（下）
山陰系土器は幡鉾川を遡った車出遺跡でも出土している。長崎県埋蔵文化財センター提供。

も、古墳時代初め頃の山陰系土器が数十点出土している。胎土や焼成などから一見して壱岐の外で作ったものが多いと、壱岐市文化財課の田中聡一さんはいう。福岡市埋蔵文化財調査課の久《く》住《すみ》猛雄さんに見ていただくと、糸島や福岡・早良《さわら》平野など北部九州で作られた土器が主体のようだ。出雲石の玉も北部九州経由で新羅へ渡ったのだろう。

山陰系土器は韓国東南部の釜山市東萊《トンレ》貝塚や南部の勒島《ヌクト》遺跡でも出土している。

大和文化が畿内を中心とし放射線状に拡がったと言われてきたのと比べれば、出雲文化は海流の道に沿った一定の方向へ、顕著に伸びている。それは政治的統合による大和世界の広がりよりも古くからある、出雲を原郷とする人たちの移住がもたらしたものだろう。出雲が多くの人々を惹きつける一因に、そうした潜在的なルーツへの記憶があるのではないか。

五年近くにわたる新聞連載は、数百人の方々のお力添えを得ながら、至る所で思いの外順調に進み、その度に出雲の神々が私に託した仕事なのだと感じた。今は福岡に住む出雲人の私が、列島各地の出雲を訪ね歩く旅が、出雲を原郷とする人たちの縁を随所で結びなおす一助となったなら、何より嬉しい。

（二〇一六年一月掲載）

あとがき

本書の元となる新聞連載は、二〇一〇年末発表の拙稿「島国観再考」から派生したものだった。海でつながる多元的な世界（観）を、その拠点の一つ、出雲の視点から説いたこの論文は、連載の一部を取り入れた「海の道のフロンティアとしての出雲」（『現代思想』四一巻一六号）を盛り込んで大幅に加筆再編し、拙書『民族の創出』に収録している。

本書は私が行ってきた民族・移民研究を、自分の出自に応用したものでもある。私自身、出雲を原郷とし、移住した出雲人だ。大学進学で、生まれ育った先祖代々の地、出雲を離れてから、日本の首都圏や北京、福岡、サンフランシスコ湾岸と、いつしか出雲の外で暮らす年月が上回るようになった。新聞連載は、そんな私が同郷の末裔たちが移り住んだ地を訪ね歩きながら、自身のアイデンティティを探る旅ともなった。

二〇〇六年春、生まれ育った出雲を、出雲国風土記ゆかりの海辺や古社を辿りながら巡った。幼少期を過ごした古志、初詣や遠足で参った出雲大社、少年期に友達と自転車で回った日御碕や加賀の潜戸《くけど》――それとは知らず訪れていた、懐かしい土地や場所が、まさに風土記の舞台だった。その前月、初めて巡った沖縄、宮古、八重山の琉球弧で、御嶽《うたき》の多くは、その立地に意味があることを肌身で知ったが、出雲の古い神社も海岸沿いに分布していたり、宍道湖《しんじこ》西岸域では神名火《かんなび》山（仏経山）に向かって鎮座していた。

現地に身を置いて初めて分かることがある。四十二浦と言われる島根半島のリアス式海岸を巡って、陸路主体の今は寸断された浦々が、海路ならいかに近く、密接に結びついていたかも実感できた。海岸や川沿いを走ってみる取材スタイルは、ここから生まれた。

二〇〇七年十一月の越《こし》（福井・石川・富山・新潟）訪問が、新聞連載へつながる取材の始まりとなる。二〇〇八年度の米国滞在中には、保高英児《やすたか》さんの貴重な先行研究『日本列島に映える「古代出雲」紀行』が刊行され、日本から取り寄せた。私の連載は、保高さんが切り開いた道を後追いできるありがたさの一方で、二番煎じにならず、その成果の上積みをし、違う特色も出さねばというプレッシャーを感じながらの仕事となった。

二〇一〇年六月には、古代新羅と出雲の海路を丸木舟で再現しようという「からむし会」の錦織明先生に誘われ、初めて韓国の迎日湾《ヨンイル》岸の都市、浦項《ポハン》市を訪れた。その後、浦項で開かれた国際セミナーに招かれるなど、この新羅の岬や古都慶州《キョンジュ》を度々訪れる縁に恵まれ、国引き神話の舞台、出雲と新羅、越がつながっていく。浦項でご一緒した山陰中央新報社の藤原秀晶論説委員に寄稿を誘われ、それならとこの企画を提案し、生活文化部主幹の岡部康幸論説委員（当時）とお会いしたのは二〇一一年三月末。ちょうど古代出雲歴史博物館で企画展「古代出雲の壮大なる交流——神々の国を往来した人と文物」が開かれていた時だった。その際、岡部さんから出雲というと古代のイメージが強い中、中近世や近現代の話も取り入れてほしいと依頼され、私が今住む福岡（筑前）から始めることも決まった。

当初は何回続けられるか分からず、スタートの筑前国、周防国編はかなり圧縮した記事となったが、反響がよいとのことで、越前国編からは長期連載が見通せるようになった。その越前国編で、反子《そりこ》の末裔のルーツ探しを丁寧に追ったのは、この連載は今を生きる私たちのアイデンティティにつながる企画だという、私の思いの表われでもあった。その後も伊予・讃岐編の大社教と御師、信濃編のミホススミの神など、各国ごとに特徴的な主題を設けた。

四年九ヶ月にわたる連載記事の一つ一つは、岡部さんや後任の引野道生《ひきのみちお》さん（二〇一二～一四年度）、土谷康夫さん、似内《にたない》貴幸さん（二〇一五年度）の四人の記者と一緒に作りあげたものだ。新聞連載が初めての私にとって、プロの記者の手直しや整理部のつける見出しなどは、たいへん勉強になり、ありがたかった。取材や文献の蓄積があって週一の連載ができた前半に比べ、後半は取材から執筆までの間が短くなり、掲載間隔も二週、三週おきと延びがちになった。不足部分は記事掲載後でも現地へ行ってあと追い取材し、そのいくつかは本書で追記にした。越中国編の後に伊予・讃岐～紀伊国編を入れたのも、越後から内陸に折れて北関東へ至るルートの見定めに時間を要したからだが、千家尊福国造《たかとみこくそう》と近世・近代の出雲信仰を主題にした伊予・讃岐国編を先に置いたことは、結果的によい流れとなった。

その山陰中央新報の連載が今年一月に終わった後、二月から五月にかけては、新潟日報で「越佐と出雲」全七回を連載した。新潟の読者向けに山陰中央の越後・佐渡国編を中心に再構成し、書き下ろす記事を依頼下さった鈴木聖二代表取締役（当時）、福岡まで打合わせにお越しいただいて以来お世話になった文化部の佐藤稔治記者に、お礼申し上げたい。最近、その新潟日報で寄木神社の記事を読んだ出雲崎の人が、出雲市の日御碕神社へ訪ねて来られたと、宇龍の加地敦子さんから伺った。出雲とゆかりのある地との、忘れられかけた、途絶えかけた縁を結びなおすことを願ってこの仕事に取り組んできた私には、何より嬉しいニュースだ。

平成の市町村大合併で、古代からの記憶を千数百年にわたり伝えてきた地名の多くが消えた日本で、地名から中世や古代に遡る歴史を追う作業は、今後より難しくなるだろう。すでに現れ始めたその影響に度々驚く一方で、地域に根ざした郷土史研究家や、その人たちと顔見知りの地元出身の職員が役所や図書館にいる地では、取材がスムーズに進んだ。この連載を通して得たものは、何よりそうした、郷土とその歴史を大切にする人たちの貴い思い、そして協力下さった人たちの温かい心だった。

五年近い連載の間には、本書でお名前を載せた他にも、数百人にのぼる人々のお世話になった。お一人お一人のお名前を挙げられないが、心から感謝している。それまで接点のなかった神社、考古学、文化財や郷土史分野の多くの人々と知り合えたし、民俗学の大家、谷川健一先生に越前そり子についてご教示いただく機会も得られた。その谷川先生に続き、亀岡のご自宅でお会いして以来、連載に注目下さっていた上田正昭先生も他界された。上田先生から二〇一五年十一月二十二日付けでいただいた葉書には、連載の「完結を待望しています」と書かれている。ご健在のうちに完成・刊行できなかったことが残念でならない。

千家尊祐《たかまさ》国造には、連載が楽しみで、各地の巡拝の参考にしているとの心強いお言葉をいただき、この度は推薦文を賜るご厚情に恵まれた。出雲大神の御杖代《みつえしろ》たる現国造のお言葉を巻頭に戴けることは、出雲人としてたいへんな光栄である。最後になるが、私の仕事に興味をもち編集を担当下さった藤原書店の刈屋琢さんと、厳しい出版事情の中で刊行にGOサインを出して下さった藤原良雄社長に、あらためて感謝申し上げたい。

二〇一六年十月吉日

岡本雅享

著者紹介

岡本雅享（おかもと・まさたか）

1967 年生。島根県出雲市出身。一橋大学大学院博士課程修了。福岡県立大学人間社会学部教授。専門は社会学（多文化社会論）。著書に『中国の少数民族教育と言語政策』（社会評論社、1999 年）『民族の創出――まつろわぬ人々、隠された多様性』（岩波書店、2014 年）『千家尊福と出雲信仰』（ちくま新書、2019 年）など。

出雲《いずも》を原郷《げんきょう》とする人《ひと》たち

2016年 12 月10日　初版第 1 刷発行©
2021年 1 月20日　初版第 3 刷発行

著　者　岡　本　雅　享
発行者　藤　原　良　雄
発行所　株式会社　藤　原　書　店

〒 162-0041　東京都新宿区早稲田鶴巻町 523
電　話　03（5272）0301
FAX　03（5272）0450
振　替　00160 - 4 - 17013
info@fujiwara-shoten.co.jp

印刷・製本　中央精版印刷

Printed in Japan
ISBN978-4-86578-098-7

不可避的に迫る「移民社会」にどう向き合うか

別冊『環』⑳
なぜ今、移民問題か

編集協力＝宮島喬・藤巻秀樹・石原進・鈴木江理子

〈座談会〉中川正春＋宮島喬＋石原進＋鈴木江理子＋藤巻秀樹（コーディネーター）
〈寄稿〉宮島喬／藤巻秀樹／鈴木江理子／石原進／旗手明／井口泰／趙衛国／大石奈々／横田雅弘／安里和晃／李惠珍／二文字屋修／岡本雅享／郭潔蓉／山下清海／柏崎千佳子／佐藤由利子／チャオ埴原三鈴／樋口直人／毛受敏浩／榎井縁／松岡真理恵／高橋恵介／塩原良和／善元幸夫／坪谷美欧子／イシカワ エウニセアケミ／関本保孝／近藤敦／佐藤信行／明石純一／水上洋一郎／嘉本伊都子／李善姫／エレン・ルバイ／石川えり／金朋央／森千香子／猪股祐介／二宮正人／藤井幸之助
〈資料篇〉Ⅰ 外国人／移民関連統計資料　Ⅱ 戦後の外国人／移民をめぐる年表（鈴木江理子）

菊大並製　三七六頁　**三三〇〇円**
（二〇一四年七月刊）
◇ 978-4-89434-978-0

大幅増補した決定版

増補新版
新・古代出雲史
『出雲国風土記』再考

関 和彦　写真・久田博幸

気鋭の古代史家の緻密な論証と写真家の豊富な映像が新たな「出雲像」を浮き彫りにし、古代史再考に一石を投じた旧版刊行から五年。巨大風力発電建設の危機に直面する出雲楯縫の地をめぐる、古代出雲史の空白を埋める最新の論考を加え、今ふたたび神々の原郷へ、古代びとの魂にふれる旅に発つ。

菊大並製　二五六頁　**二九〇〇円**
（二〇〇一年一月／二〇〇六年三月刊）
◇ 978-4-89434-506-5

日本古代史の第一人者の最新随筆

歴史と人間の再発見

上田正昭

朝鮮半島、中国など東アジア全体の交流史の視点から、日本史を読み直す。平安期における漢文化、江戸期の朝鮮通信使などを例にとり、誤った〝鎖国〟史観に異議を唱え、文化の往来という視点から日本史をたどる。部落解放など人権問題にも早くから開かれた著者の視点が凝縮。

四六上製　二八八頁　**二六〇〇円**
（二〇〇九年九月刊）
◇ 978-4-89434-696-3

人類学的視点からの刺激的な「移動」論

移動する民
「国境」に満ちた世界で

M・アジエ　吉田裕訳

一〇〇万人以上が欧州に移動し、人道的対応が大きく問われた二〇一五年「難民危機」。「国境」が社会の内外に遍在化し、移動への明確な意志も、安住できる目的地ももたず、移動状態への〝宙吊り〟を強いられる民がますます増える中、「移動」をどう捉え直し、社会は彼らをどう迎えるべきなのか？

四六変上製　一六八頁　**二二〇〇円**
（二〇一九年七月刊）
◇ 978-4-86578-232-5

LES MIGRANTS ET NOUS　Michel AGIER